U0685132

陈玉祥　武汉大学国际法法学博士，现任湖北大学商学院国际贸易系副教授，硕士研究生导师，资深执业律师，武汉仲裁委员会仲裁员，高级企业法律顾问，中国法学会国际商法研究会会员，中国国际经济法学会会员，湖北省法学会国际法研究会常务理事，中国海商法学会理事，武汉仲裁委员会仲裁基础理论研究专业委员会委员。主讲《国际商法》、《国际经济法》和《国际贸易规则》等课程，主要研究国际贸易法、WTO规则和国际投资法。

武汉大学国际法博士文库

Series of Doctoral Thesis on
International Law
of Wuhan University

美国反倾销自由裁量权制度研究

A Study on the Discretionary Power System in the U.S. Anti-dumping Law

陈玉祥 / 著

WUHAN UNIVERSITY PRESS
武汉大学出版社

图书在版编目(CIP)数据

美国反倾销自由裁量权制度研究/陈玉祥著．—武汉：武汉大学出版社，2011.12
武汉大学国际法博士文库
ISBN 978-7-307-09376-8

Ⅰ．美…　Ⅱ．陈…　Ⅲ．反倾销法—研究—美国　Ⅳ．D971.222.9

中国版本图书馆 CIP 数据核字(2011)第 275983 号

责任编辑：陈　红　　责任校对：黄添生　　版式设计：马　佳

出版发行：**武汉大学出版社**　(430072　武昌　珞珈山)
(电子邮件：cbs22@whu.edu.cn 网址：www.wdp.whu.edu.cn)
印刷：湖北民政印刷厂
开本：720×1000　1/16　印张：22.25　字数：396 千字　插页：2
版次：2011 年 12 月第 1 版　　2011 年 12 月第 1 次印刷
ISBN 978-7-307-09376-8/D·1130　　定价：38.00 元

版权所有，不得翻印；凡购买我社的图书，如有质量问题，请与当地图书销售部门联系调换。

内容摘要

反倾销自由裁量权是指美国反倾销行政机关在进行反倾销的过程中对于作出何种决定享有很大的自由，即反倾销行政机关可以在各种可能采取的行动方案中进行选择，根据自己的判断决定采取某种行动，或不采取行动。从理论上讲，反倾销自由裁量权表现在反倾销立法和裁决两个方面。但就其作用的大小、使用的频率和影响的程度来看，反倾销行政机关在裁决时享有的自由裁量权是导致倾销幅度升高、反倾销法被滥用的主要原因。

反倾销自由裁量权是美国国会立法授予商务部和国际贸易委员会的一种行政权力，这种权力是反倾销行政机关行政权力的主要表现形式，反倾销法中的一切概括性、模糊性或者含糊性的指令是这种权力的主要来源。美国反倾销法中的自由裁量权存在于反倾销法实体规则和程序规则之中。

本书的内容分布如下：

绪论部分阐述了国际反倾销法的演进、冲突与变革、美国反倾销法的历史沿革、国际影响与标本价值、美国反倾销自由裁量权制度的性质、地位与实效以及本书的研究意义。

第一章阐述了美国反倾销自由裁量权制度涉及的几个基本理论问题。包括美国反倾销自由裁量权的含义、性质、形式、渊源以及对反倾销自由裁量权进行行政控制和司法控制的理论与制度模式。

按照美国反倾销法实体规则的规定，美国对进口产品采取反倾销措施应当具备三个实质要件，即倾销、损害和因果关系。基于美国国会立法的授权，在美国商务部裁决倾销、美国国际贸易委员会裁决损害与因果关系时它们都享有广泛的可自由裁量权。

第二章研究了美国商务部在裁决倾销时的自由裁量权。美国商务部在裁决倾销是否成立前，首先必须确定与被诉产品可比的国外相似产品及其范围；然后再根据正常价值和出口价格或出口构成价格计算被诉产品的倾销幅度，并以此裁决被诉产品在美国市场上的销售是否构成价格倾销。目前，美国商务部在计算、调整和比较上述价格时在方法上的自由裁量权是反倾销裁决中争议最大的领域。

出口价格是认定倾销的第一个相关价格，出口价格包括出口价格和出口构成价格两种情形。在反倾销调查中具体采用哪一种，取决于被诉产品出口商与美国境内的交易商是否有关联关系，并由商务部认定。

美国商务部在确定相似产品时，通常考察产品的物理特征、化学性能、用途、生产设备、制造工艺、消费者和生产者的评价、产品的可替代性、销售渠道、价格等诸多因素。此外，美国商务部还需确定产品的原产地。这些都给商务部留下了很大的可自由裁量空间。

对于来自市场经济国家的被诉产品，美国商务部通常采用三种方法确定其正常价值，即本国市场价格、第三国销售价格和构成价值。美国商务部在实践中往往排除前两种方法的使用，而乐于使用构成价值的方法。对于来自非市场经济国家的被诉产品，美国商务部放弃了早期单纯采用“替代国价格”的方法，而改用优先使用“生产要素法”，只有当其认为“资料不充足”时才采用“替代国价格”的方法。在选择采用上述价格时，美国商务部享有很大的自由裁量权。

根据美国反倾销法，正常价值与出口价格或者出口构成价格不能直接进行比较，必须经过一系列的调整后方可予以比较。可用来比较的正常价值和出口价格应当处于相同的贸易水平，商务部有权决定是否对各项可能影响差异的因素进行必要的调整。通常需要调整的因素主要包括：贸易渠道、销售数量、产品物理特性、销售环节、初始成本、汇率等因素，有时还包括对每个因素中的若干量值进行调整。商务部对是否决定进行调整以及如何进行调整享有很大的自由裁量权。

第三章研究了美国国际贸易委员会在裁决损害时的自由裁量权。确定损害的裁决机关是美国国际贸易委员会，美国反倾销法规定，如果美国国际贸易委员会确定“美国的一项产业受到实质损害，或实质损害的威胁，或美国某一产业的建立受到实质性阻碍，是由于该产品的进口，或由于该进口产品的销售或可能销售”，即可裁决美国的国内产业遭受了损害。

在确定国内产业是否遭受损害前，美国国际贸易委员会的首要任务是需界定与被诉产品相同的产品范围以及建立在相同产品之上的国内产业。美国国际贸易委员会在确定相似产品时一般以“最相近似的特征与用途”为标准，综合比较产品的海关税则号、物理特性和用途、产品的可替代性、销售渠道、消费者的消费习惯、生产者的生产习惯、制造设备和对雇员的技能要求等各种因素，如果适宜的话还将考虑价格。在认定产业时，美国国际贸易委员会还将进行一系列调整，在对上述相同产品和国内产业进行调整时，美国国际贸易委员会享有很大的自由裁量权。

"实质损害"是指"并非无关紧要的、非实质性的、或不重要的危害"，其含义本身具有较大的模糊性。美国国际贸易委员会在裁决时需要考虑大量的经济因素，这些因素多达20多个。实质损害威胁是指"虽然进口产品尚未对国内产业造成实际的实质损害，但有充分证据表明，若不采取相应的反倾销措施，将导致实质损害的发生"。美国国际贸易委员会在判断实质损害威胁时也需考虑大量的经济因素，这些因素也有近10个。此外，美国国际贸易委员会有时会根据需要对实质损害和实质损害威胁进行累积评估，累积评估时也要考虑大量的经济变量。在作上述考虑和评估过程中，美国国际贸易委员会享有很大的自由裁量权。

第四章研究了美国反倾销行政机关在反倾销行政程序上的自由裁量权。美国商务部和国际贸易委员会在反倾销程序规则上也享有很多自由裁量权，其具体表现在立案、调查、初裁和终裁、行政复审等各个阶段。

为了保障反倾销的执行符合国会的立法意图，美国反倾销法完全按照美国行政程序法的制度构架，建立了一整套监督和控制机制，从机关内部和外部、行政和司法等方面对反倾销自由裁量权进行控制。

第五章研究了对反倾销自由裁量权的行政控制制度。在控制权力方面，实行权力分立，将反倾销的行政权力分别交给美国商务部（DOC）、美国国际贸易委员会（ITC）和美国海关署；在控制调查权方面，明确发起调查的依据、强化调查档案的公开和保密；在控制裁决权方面，明确规定裁决必须听证、扩大当事人的范围、严格听证程序、证据应当充足、坚持案卷排他性、裁决相互制约、遵守先例等。

第六章研究了对反倾销自由裁量权的司法控制制度。在司法控制方面：目前美国对反倾销司法审查设立了两套制度，对于美加自由贸易区的反倾销案件采用由两国专家进行审查的制度；对于有关其他国家的反倾销案件则设立专门法院即国际贸易法院进行司法审查。本书针对后者进行研究。在司法审查中法院扩大了当事人的范围；在审查范围上，包括对法律事实的审查和法律结论的审查；在审查的标准上，采用"具备案卷记录中存放的实质性证据的支持或在其他方面符合法律"和"专横、任性、滥用自由裁量权或在其他方面不符合法律"两个标准。表面上看来，司法审查有一套严格的制约机制。但是，由于在审查范围上采用有限审查原则；在审查标准上采用合理审查标准。因此，司法审查的制约作用是非常有限的。

第七章阐述了美国政府行使反倾销自由裁量权的真实性与正当性。美国反倾销行政机关大量运用自由裁量权的事实已被美国学者的数量经济学研究成果所证实，反倾销案件数量居高不下，倾销幅度的逐年上升就是其广泛使用自由裁量权的证据。本书认为，授予反倾销行政机关自由裁量权并无行政法制度上的缺陷；保护国内产业的立法意图是反倾销自由裁量权滥用的思想根源；模糊授权是导致反倾销自由裁量权滥用的制度根源；程序正义难以有效控制反倾销自由裁量权的滥用；司法审查难以有效监督反倾销自由裁量权的滥用；美国内外改革呼声可能影响反倾销自由裁量权制度的未来发展。

结语部分阐述了研究美国反倾销自由裁量权问题对中国的意义：有利于进一步完善中国反倾销法制度，提高中国立法的技术和水平，同时对中国的司法制度改革也有一定参考价值；有利于提高中国处理反倾销案件的水平；有利于增强中国企业应诉反倾销案件的能力。

目　录

绪　论

一、国际反倾销法的演进、冲突与变革

倾销是国际贸易的伴随物，从一开始它就与国际贸易结下了不解之缘。100 多年前，当倾销出现的时候，它就被认为是一种不公平的贸易行为，被倾销的国家往往通过反倾销立法制裁倾销行为。1904 年，加拿大在《海关关税法》中首次规定了反倾销措施，开反倾销国内立法之先河。① 此后，新西兰、澳大利亚、南非、美国和英国等国也先后制定了本国的反倾销法。

光阴荏苒，一个多世纪过去了，反倾销制度借助全球关税与贸易多边回合谈判和多边贸易管理体制这一平台，由原来仅由少数国家使用的国内法制度，已发展成为国际社会普遍使用的国际法制度。第二次世界大战后，在由美国发起的 1947 年关税与贸易总协定谈判中，反倾销立法成为当时多边贸易谈判的一个重要议题。作为本次谈判成果内容的《关税及贸易总协定》第六条，即《反倾销协定》就脱胎于美国的《1921 年反倾销法》，该协定首次对成员国采取反倾销措施作了规定。自此之后，经过肯尼迪回合、东京回合和乌拉圭回合后，国际反倾销法逐步发展成为我们通常所称的《反倾销协定》。②

反倾销法从其诞生之日起，就承担着制裁不公平的贸易行为，维护正常的国际贸易秩序的重任。反倾销法的发展史，就是一部滥用与反滥用、规制与反规制之争的历史。现在，这些制定和实施了反倾销法的国家大多被指责滥用了反倾销法，它们无一不成为身兼反倾销法滥用者与受害者的双重身份。从各国政府的态度来看，它们一方面指责他国滥用反倾销法，以维护公平贸易之名，行贸易保护之实；另一方面又越来越热衷于运用反倾销制裁手

---

① 参见［美］雅各布·瓦伊纳著：《倾销：国际贸易中的一个问题》，商务印书馆 2003 年版，第 167～177 页。

② 参见曾令良著：《世界贸易组织法》，武汉大学出版社 1996 年版，第 280～283 页。

段打压本国相关产业的竞争对手，保护国内产业，追求国家利益的最大化。尤其是乌拉圭回合后，各国原本所能维持的进口关税水平已大大降低，通过关税壁垒措施保护国内产业的做法已似明日黄花，这正好为非关税壁垒被各成员国广泛使用提供了客观需求。作为非关税贸易措施和 WTO 认可的合法的贸易救济手段的反倾销，便应因了这种需求。

从目前世界各国适用反倾销法的数量和反倾销法的发展趋势来看，制定、颁布和适用反倾销法的国家越来越多，反倾销案件数量居高不下。反倾销法不仅扮演了贸易救济的角色，而且还更多地充当了国家间贸易对抗的工具。原来那些反倾销法的适用大国如今有的变成了被反倾销的大国，反过来，昔日那些被反倾销的大国有的现在成了反倾销法的适用大国。①

从中国出口产品遭受反倾销的情况来看，近年来，中国出口产品遭受反倾销的立案数目不断增加，对中国出口产品提起反倾销调查的国家和地区越来越多，中国出口产品遭受反倾销指控已经成为影响和袭扰中国对外贸易的重要因素，使中国企业遭受了不公平待遇。

为了抵制进口产品低价不公平竞争行为，维护公平竞争的国际贸易秩序，从 20 世纪 90 年代中期起，中国开始了反倾销立法工作。1994 年《中华人民共和国对外贸易法》确立了反倾销的基本原则；1997 年 3 月 25 日国务院颁布了《中华人民共和国反倾销和反补贴条例》；2001 年 11 月 26 日，中国修改并颁布了《中华人民共和国反倾销条例》，并于 2002 年 1 月 1 日起实施。在此基础上，调查主管机关又先后制定了一系列部门规章，至 2002 年底，中国反倾销的立法业已基本完备。

自 1997 年 12 月 10 日中国原外经贸部根据国内新闻纸企业的申请，对来自韩国、美国和加拿大的进口新闻纸进行立案调查以来，截至 2008 年底，中国共发起 54 起贸易救济案件。其中，反倾销 53 起，保障措施 1 起。② 在

---

① 2003 年 5 月 23 日，美国 CATO 研究所发表了题为《反倾销法在世界蔓延与扩大对美国的威胁》的研究报告。报告指出，过去部分发达国家采取的传统的反倾销措施，最近在南非、阿根廷、印度等发展中国家被采取的数量激增。这些发展中国家过去很少采取反倾销措施是因为没有太大的必要，20 世纪 80 年代以前，考虑到多数发展中国家国际收支的需要，他们被允许采取高关税和配额限制等贸易保护主义政策，因此，对反倾销措施的需要不多。从这个意义上讲，发展中国家大量采取反倾销措施是贸易自由化进展的结果。这些反倾销措施新的采取者将过去的采取者——发达国家作为反倾销对象。报告最后指出，美国等部分发达国家过去经常采取的反倾销措施正在世界扩散，美国也正在成为许多国家反倾销的靶子。

② available at http：//www. cacs. gov. cn/cacs/anjian/anjianmore.

过去的近十年里，中国发起的反倾销案件已经引起了国外的关注。① 从已决案件的整体情况来看，中国反倾销调查机关能严格依照法律规定的条件和程序进行立案和裁决，利害关系方大多数能给予调查合作，反倾销措施维护了市场秩序并促进了公平竞争。但是，与一些发达国家运用反倾销措施的经验和技巧相比，中国尚有一些不成熟和不完善之处。

在反倾销领域，中国目前正处于两面作战的态势。一方面，越来越多的中国企业需要应对他国发起的、针对中国出口产品日益增多的反倾销调查；另一方面，中国国内产业正遭受越来越多的外国产品的倾销，迫切需要中国政府运用反倾销工具，制裁外国企业的倾销行为，维护本国的产业利益和国家利益。因此，研究反倾销法，学习和借鉴国外先进的反倾销立法和实践经验，具有十分重大的理论意义和现实指导意义。

二、美国反倾销法的历史沿革、国际影响与标本价值

有位美国评论家曾经说过："美国对人类进步所作的贡献，不在于它的技术、经济和文化方面作出的成就，而在于它发展了这样的思想：法律是对权力进行制约的手段。在历史上，就法律对社会支配的程度来说，任何其他的国家都比不上美国。在其他国家，权力之争由武装部队来解决；在美国，权力之争由法学者组成的法学大军来解决。"② 这位评论家的这一论断让我对美国及其法制充满好奇，但好奇并不能作为我研究美国反倾销法的理由。更为准确地讲，我认为研究国际反倾销法首先应当研究美国反倾销法，是由美国在国际多边贸易体制中的强势地位以及美国的反倾销制度和反倾销主张对国际反倾销法的演进长期具有的影响力决定的。美国一向被誉为是世界上法制最为完善的国家之一，也是世界上制定反倾销法最早的国家之一，同时，美国也是当今世界上发起反倾销调查最多和遭受国外反倾销制裁最多的国家之一。美国拥有的这种历史、经验、心态和境界可能是其他任何国家都不具备的。

美国反倾销法的历史最早可以追溯到美国在独立之初对英国倾销商品的抵制。美国第一部调整国际贸易的法律《1816 年关税法》就是把制止英国商品在美国的倾销行为作为主要目的之一而制定的。美国最早的反倾

① See Thomas Weishing HUANG, *The Gathering Storm of Antidumping Enforcement in China*, *Journal of World Trade*, Vol. 36, No. 2, 2002, pp. 255-283.

② 参见［美］伯纳德·施瓦茨著：《美国法律史》，中国政法大学出版社 1997 年版，第 2 页。

销法制定于1916年，该法沿用了反托拉斯法的立法原则，对倾销行为采取民事或刑事处罚制度。鉴于在适用《1916年反倾销法》时存在举证困难，1921年5月，美国国会通过了以维护公平贸易为价值取向的《1921年反倾销法》。

在《1921年反倾销法》的基本框架被纳入GATT成为国际反倾销制度后，美国反倾销法便借助GATT和WTO这一体制平台，向国际社会，至少是该体制内的各成员国输送了自己的反倾销规则，包括美国的法律文化和法治精神。在GATT和WTO的每一次多边回合谈判中，美国反倾销法都能成功地对国际《反倾销协定》施加影响，当然，美国反倾销法本身也在随着国际反倾销法的修订而不断演进。

美国对国际反倾销法的这种影响在当今并没有减弱的迹象，这一点从美国对待多哈回合谈判的态度中可见一斑。2001年11月，142个国家的代表在多哈举行了新一轮的全球贸易谈判，贸易代表们拟就反倾销法中较隐蔽的技术性问题和有争议的部分进行谈判，可是美国强烈地反对此次反倾销法谈判。同年11月7日，即多哈回合谈判前夕，美国参议院以410票赞成、4票反对的结果通过决议，62名议员还致信总统不要同意任何将会削减反倾销法及其他贸易法的协议。美国国会议员们固守美国反倾销法的坚定态度在2002年8月美国国会通过的《贸易促进权法》（TPA）中再次得以体现。从该法案的措辞中可以看出，任何贸易谈判都必须"严格地执行贸易法来确保美国利益，包括反倾销法、反补贴法以及保障法；反对降低惩罚不平等贸易有效性的协议，确保美国工人、农民及公司进行公平竞争，享受互惠、贸易的利益"。考虑到国内的政治压力，克林顿政府和小布什政府都反对把反倾销法纳入新一回合贸易谈判的议事日程，克林顿政府拒绝就该问题改变态度，因此1999年该问题没有进行谈判。小布什政府本来想坚持克林顿政府的做法，但由于国际上出现了占压倒性优势的压力，后来同意将反倾销法纳入多哈回合谈判议程，同时限制了谈判的范围。①

当今国际舞台仍是凭借实力说话的地方。美国是当今世界上唯一的超级大国，美国在政治、经济、军事、文化等方面的强势地位仍使其有能力在较远的将来对国际的众多事务发挥主导作用。因此，我们没有理由怀疑美国以及美国的反倾销法仍将会对国际反倾销法未来的演进产生重大影响。

改革开放以来，中国对外贸易实力与日俱增，综合国力节节攀升。2009

① See Brink Lindsey and Dan Ikenson, *Reforming the Antidumping Agreement—A Road Map for WTO Negotiations*, *CATO Institute*, No. 21, December 11, 2002, pp. 2-3.

年，中国进出口总额22 072.2亿美元，其中出口总额12 016.6亿美元，超过德国成为世界第一大出口国；进口总额10 055.6亿美元，居美国、德国之后，为世界第三大进口国。① 2009年，中国GDP总量约为4.9万亿美元，在美国、日本之后，居世界第三位。② 针对中国近年来良好的发展态势，美国政府、"think tank"以及美国众多国内人士均明确地将中国视做未来美国最大的竞争对手，中国与生俱来的天然禀赋、民族个性和特色国情等也不可避免地强化了人们对两国此种关系的定位。③ 中美关系是中国最重要的外交关系之一，处理好中美关系，特别是两国之间的经贸关系是我们对外关系的重中之重。目前，中国出口产品越来越频繁地遭受反倾销，美国便是对中国出口产品采取反倾销措施最多的国家之一，这已经严重地影响了中国对外贸易的发展。因此，加强对美国反倾销法的研究，以保障中国对外贸易健康稳定地发展，是现实的客观要求。

国际反倾销法并不是一个孤立的单一的规范性文件，它是由众多的法律规范、法律原则构成的一个法律体系，这一法律体系所体现的法治精神、法律理念和法律价值被深深地包裹在英美法系的法律机理之中。国际反倾销法在各国的执行状况，除受各国反倾销法自身规范性文本内容的制约外，在更大程度上取决于各国行政机关和司法机关在多大程度上理解、接受和遵守了被西方国家顶礼膜拜的正当法律程序制度。④ 因此，仅仅对国际《反倾销协

① 根据世界贸易组织（WTO）公布的数据，2009年中国出口占全球出口的比重由2008年的8.9%提高到9.6%。

② 2010年7月30日，中国央行（PBOC）副行长易纲表示，中国已经赶超日本成为世界第二大经济体。

③ 比如，2006年2月6日美国国防部在向国会提交的《四年防务评估报告》中首次提及中国的军力时，直接使用了"中国最具有与美国进行军事竞争的潜力"的表述。报告在论述中国军力部分的第一句话就称："作为一个主要的和新兴的大国，中国最具有与美国进行军事竞争的潜力；如果美国没有反制措施的话，中国很可能发展破坏性军事技术，从而打破美国在传统武器方面的优势。"

④ 为了表达的方便和适应中国行政法的使用习惯，本书有时使用了"行政机关"或"行政机构"的概念，除明确使用美国商务部和国际贸易委员会的名称外，一般是将其作为这两个美国政府部门的替代名称使用。关于行政机关、行政机构、行政组织的定义，国内学界并无一致的看法，本书在使用时也没有对它们进行严格界定，而是视做同义词或近义词使用。严格地讲，是不能使用"行政机关"或"行政机构"的术语来替代对美国商务部和国际贸易委员会的称谓的。从美国关税法的条文来看，只有美国商务部被简称为"行政当局"，而美国国际贸易委员会被简称为"委员会"；再者，从美国行政法学和行政职能上讲，美国国际贸易委员会也不能被看成是一个行政部门，它事实上是一个享有独立地位的政府部门，即所谓的"独立的控制委员会"。

定》的18个条款的阐释和解读无法满足现实的需要，只有追根溯源才能把握其真谛。美国反倾销法正是我们从事此类研究的“活”的标本。这不仅是因为WTO反倾销制度来源于美国的反倾销法并一直受制于美国，更由于美国一直是反倾销法的适用大国，美国政府信息对外开放的程度也使得我们在研究反倾销法时可以享受获得信息的便利。

需要说明的是，将美国作为研究反倾销法的目标国，并不能就此认为美国是唯一滥用反倾销法的国家，也不能认为美国反倾销规则存在着最多的疏漏或瑕疵，或者说美国反倾销法应该是WTO谈判的重点。研究美国反倾销法除了可以使我们较全面地了解国际《反倾销协定》之外，还可以使我们从中获取熟练运用反倾销措施的经验。

三、美国反倾销自由裁量权制度的性质、地位与实效

为了较全面地把握美国反倾销法的实体规则和程序规则以及其中所包含的法律原则和法治精神，本书在研究方法上放弃传统上习惯采用的比较研究法，而改用专门的国别研究法。这样做的好处在于可以将笔墨专注于美国反倾销法制度的各个方面，从美国国内法制上透视反倾销法，而不仅仅是阐释反倾销法的各个条文本身。①

纵观当今各国对反倾销法制度的评判，最严厉的指责大多指向各国反倾销调查机关滥用了反倾销法，致使反倾销案件数量增多，倾销幅度增大。那么，导致反倾销法如此广泛地被滥用的原因究竟何在？这是制度设计的缺陷，还是一国的行政机关或司法机关乱作为使然？在思考这一问题之前，笔者有一个基本的信念，即既然美国是一个法治国家，美国的国内法制本身不应允许反倾销法被滥用，在理论上，美国的司法制度不会去保护行政机关非法的行政行为，因为权力滥用是非法的行政行为。即使美国为了保护国内产业，它也不会以牺牲美国的法律价值为代价，为反倾销法网开一面。因此，可以得出这样的结论，这就是即便美国反倾销法被“滥用”，一定原本也是美国反倾销法所允许的。这就推理出了一个表面上自相矛盾的结论，即美国反倾销法在适用时所暴露出的上述种种诟病即便被指“滥用”，也是美国反倾销法所允许的。这种思考一直是本书苦苦寻觅的论题的出发点。

研究美国反倾销法不能脱离美国的国内法以及其所属的法律体系。从美国行政法学的视角评判，美国反倾销法也具有行政法的属性。从中国学者以

---

① 就现有的关于反倾销法的著述来看，学者们多是对反倾销法进行比较研究，或者对反倾销法进行国别阐释，对反倾销法中的某一专门问题进行系统研究的尚鲜见。

往研究反倾销法的视角和已有的研究成果来看，反倾销法通常被置于经济法的范畴予以解读，这一研究方法过多纠缠于政府对倾销这种经济活动进行制裁的正当性和合法性，强调对国际反倾销法和西方国家反倾销法条文的理解、阐释和对比分析，而忽略了将反倾销法置于西方国家尤其是英美法系国家的整个法律体系中，分析研究该制度的设计理念和运行机理，以便揭示其中包含的行政意图和司法要领。

从行政法学的视角评判，目前，反倾销行政行为存在的主要弊端是反倾销行政机关作出行政裁决的弹性太大。① 按照行政法学理论，自由裁量权是行政行为的主要形式，是对立法中模棱两可的授权的使用。② 对一个法治国家的行政机关来讲，仅有行使自由裁量权的行政行为才最有可能是介于“非法”和“合法”之间的行政行为。因此，反倾销法中的自由裁量授权应当是反倾销法被指“滥用”的缘由所在。

2003 年 4 月，美国国家经济研究局的 Bruce A. Blonigen 发表了一篇题为《美国反倾销自由裁量权惯例的演变》的研究报告，这份研究报告采用计量分析法，运用大量的计量模型演算后认为，美国反倾销行政机关过多地行使自由裁量权是导致倾销幅度上升的主要原因。③ 这一研究结论支持了本书将反倾销法中过多的关于反倾销自由裁量权的立法授权作为反倾销法被“滥用”，并且不受归责的根本原因的基本判断。

本书的研究意义在于，通过对反倾销法中的自由裁量权制度的研究，揭示反倾销法的贸易保护性质的掩蔽性及其被“滥用”的必然性，并进一步指出其根源在于美国反倾销立法机关立法意图的偏执以及美国行政程序制度与司法制度的精妙遮蔽。因此，尽管美国有世界上最为完善的行政程序制度和严格的司法审查制度，仍难以阻止反倾销法被“滥用”。相反，反倾销法中的自由裁量权制度天衣无缝地迎合了美国立法者的这种意图和需要。在美国，反倾销法的实施尚且如此，其在世界其他国家的实施情况便可想而知了。因此，从一定程度上讲，在一国的对外贸易政策中，当前的反倾销法已经具有了救济和对抗的双重功能。从某种情况上讲，应诉反倾销的功效可能还远不如使用反倾销更有效。当然，这取决于本国是否具备采取反倾销对抗

① 美国行政法学中并没有行政执法之说，它将行政行为分为行政立法和行政裁决，因此，这两种行政行为中都存在行政自由裁量权的问题。

② 参见［美］理查德·B. 斯图尔特著，沈岿译：《美国行政法重构》，商务印书馆 2002 年版，第 12～18 页。

③ See Bruce A. Blonigen, *Evolving Discretionary Practices of U. S. Antidumping Activity*, *National Bureau of Economic Research Working Paper*, April 2003, p. 20.

措施的实力或“资本”。

不过，就反倾销法在国际上被广泛地滥用的现实而言，想要改变这一现状，对国际反倾销法律制度进行设计理念改革或者寻求替代方案，已是一种非常必要的选择。①

① 参见［日］长冈贞男：《反倾销措施的动向和今后的改革》，载《国际贸易译丛》，1999年第4期，第14～21页。

第一章　美国反倾销自由裁量权制度概述

第一节　美国反倾销自由裁量权的基本理论

反倾销法提供的贸易救济在于改变外国企业在进口国市场上以低于被诉产品“公平价值”或者“正常价值”的价格进行销售的状况。当倾销发生，并且进口国的国内产业因为此种倾销遭到“实质损害或实质损害威胁”时，进口国便可以根据WTO《反倾销协定》征收不高于倾销幅度的反倾销税，或者采取其他反倾销措施，反倾销措施是WTO认可的维护公平贸易的合法手段。这一论述既是适用反倾销法的前提条件，也是反倾销措施的本质属性，换句话说，反倾销法原本性“善”，但是这一本性“善”的法律在实施过程中却可能会出现很多问题。比如，如何确定“正常价值”，从而避开潜在被诉产品的多样化以减少计算过程？怎样算是构成“实质”损害或实质损害威胁？怎样将损害“归因于”倾销？怎样取舍和调整倾销或损害认定时涉及的各种要素及其变量？尽管WTO《反倾销协定》为各成员国提供了采取反倾销措施的框架，但是，已经颁布和实施了反倾销法的国家如美国，早已建立起了一整套可超越WTO《反倾销协定》的法律来实施反倾销规则，并且上诉法庭能对反倾销的实施程序进行较全面的审查。然而，实践显示，美国发起反倾销调查的案件数量并未因此而减少，反而越发居高不下，裁定的倾销幅度越来越高，被反倾销的国家越来越多。

为什么在法制如此健全的美国也会如此呢？如果美国如此，反倾销法在其他国家的实施的情况就可想而知了。基于这种质疑，本书将研究的触角伸向了美国反倾销法中的自由裁量权。

一、美国反倾销自由裁量权的含义

自由裁量是行政法学上的概念，它是指行政机关对于作出何种决定有很大的自由，可以在各种可能采取的行动方案中进行选择，根据行政机关的判断采取某种行动或不采取行动。行政机关自由选择的范围不限于决定的内容，它可以包括选择执行任务的时间、地点、方法，也包括选择决定不采取行动的自由。一般来讲，在法律对某一事项没有具体规定官员应当作出什么决定时，官员可以根据自己的判断，在各种可能作出的决定中，选择他们认为对执行职务最有利的决定。反之，如果法律在某一事项上对官员应当采取什么行动已经有了详细的规定时，则官员不能自由选择和决定。根据美国法院的判例，官员对具有自由裁量权的行为享有特免保护。① 美国的行政法学家们认为，当代行政的特点是行政职务和行政权力迅速扩张，行政权力扩张的明显表现是行政机关拥有巨大的自由裁量权力。法律在授予行政机关自由裁量权时，往往规定，如行政机关认为"适宜"，"可能"，"合理"，"必要"，"安全"，"符合公共利益"，"有助于某一发展"，"能防止某种倾向"时得为某些行为，或根据自己的判断采取最适当的方式，进行某项活动，完成某项任务等。因此，现代行政机关在从事行政行为时享有广泛的自由裁量权，这当然也包括实施反倾销法的行政机关在内。

根据上文的分析，本书认为，美国"反倾销自由裁量权"是指美国反倾销行政机关在受理、调查、裁决反倾销案件时，在法律授权的范围内，享有选择采取何种行政行为的权力与自由。② 美国反倾销自由裁量权的存在和发展并不是一种孤立的法律现象，它既沿袭了美国行政法中行政权力可自由裁量的传统，又适应了反倾销案件的复杂性的个性要求，满足了美国国会要求反倾销行政机关根据形势的变化，通过采取贸易救济措施实现保护美国国内产业免受不公平竞争的立法意图。这是因为：第一，现代社会纷繁复杂，美国国会很难预见立法调整对象未来的情势，只能授权行政机关根据各种可能出现的情况作出决定；第二，社会情势变化万端，反倾销行政机关必须根据具体情况作出具体决定，国会立法不能严格规定强求一致；第三，反倾销案件技术含量高，国会缺乏能力制定专业性的法律，只能规定需要完成的任务或目的，由反倾销行政机关采取适当的执行方式；第四，反倾销案件涉及范围广，国会无力制定行政活动所需要的全部法律，不得不扩大反倾销行政机关的决定权力；第五，反倾销案件往往涉及一些新的情势，无经验可以参考，反倾销行政机关必须作出试探性的决定，积累经验，不能受法律严格限

---

① 参见王名扬著：《美国行政法》，中国法制出版社 2003 年版，第 545 页。

② 应当说明的是，美国《1930 年关税法》对负责反倾销调查的行政机关有专门的称谓，对美国商务部简称为"行政当局"；对美国国际贸易委员会简称为"委员会"。由于这两个机关都是行使反倾销行政权力的机关，因此，本书将它们笼统地称为反倾销行政机关，只有在涉及论述它们不同的行政职能时才分别予以称谓。

制；第六，制定一部法律往往涉及不同的价值判断。

二、美国反倾销自由裁量权的性质

（一）美国反倾销法的行政法性质

1. 行政法定义之争

在当代国际行政法学界，对何谓行政法尚未有统一的定义，不仅英美法系和大陆法系的专家学者对此的看法差异较大，而且在美国国内，学者们对此也各持己见。① 欧洲大陆法国家的行政法既包括行政实体法和行政程序法，又包括外部行政法和内部行政法。美国早期的大多数学者认为行政法是关于独立的控制机关的法律，这是因为美国学者对行政法的研究是由独立的行政机关的活动引起的。② 美国当代具有代表性的行政法概念有两个：一个是以戴维斯、施瓦茨为代表，他们持狭义的行政法概念。③ 在狭义的行政法概念中，行政法是关于行政机关的权力和程序的法律，包括行政机关的程序法和法院对行政机关的行政活动进行司法审查的法律。行政法不包括行政实体法，如税法、反垄断法等都是专门的法律，不是行政法；行政法也不包括内部行政法，比如行政机关的组织、文官制度、行政机关的财产管理制度等。与此观点相反，美国一些著名的行政法学者，如斯图尔德教授，不认同狭义的行政法概念，他们认为行政法是关于公共行政的法律，既包括行政实体法，也包括行政程序法；既包括外部行政法，也包括内部行政法。④

从理论上讲，这两种观点并没有对错之分。狭义的行政法认为行政法仅限于行政程序法，不包括实体法的观点，是抓住了行政法的核心问题，能够

① 参见王名扬著：《美国行政法》，中国法制出版社 2003 年版，第 39～44 页。

② 联邦政府中除部是主要的行政机关外，还存在大量的其他类型的行政机关，这些行政机关在活动上具有很大的独立性质，受部长的控制较少，大多是为了控制某一方面的经济活动或社会活动，需要执行公平的政策，不受政治的影响，所以，法律给予它们一定的独立地位，它们被称为独立的行政机关，主要表现为三种形式：部内的独立机关、隶属于总统的独立机关和独立的控制委员会。

③ 如戴维斯认为，行政法是关于行政机关的权力和程序的法律，包括行政机关的程序法和法院对行政机关的行政活动进行司法审查的法律。行政法不包括行政机关所执行的实体法，不论实体法是立法机关制定的，法院判例产生的，还是行政法规制定的，都不是行政法。施瓦茨也表达了同样的观点，他认为行政法是控制政府活动的法律，它规定行政机关的权力，权力行使的原则和人民受到行政活动侵害时的救济手段。行政法的重点是行政机关行使权力的程序，不是它的实体法。

④ 如斯图尔德教授认为，行政法是规定行政机关的组织和权力的法律规则和原则，它还规定行政机关所使用的程序，确定行政决定的效力等。

实现对行政的权力的控制。因为行政机关享有巨大的权力，权力的行使必须满足公平和效率的要求，而这在很大程度上取决于行政机关所使用的程序。从抽象的角度看，实体法是基础，处于首要的地位。程序法是执行，处于次要的地位。但是在实践中，程序法的重要性超过了实体法，因为法律的生命在于执行。英美两国都是重视实际的民族，程序问题在执法过程中占有极其重要的地位，这一点在美国的立法技术和立法体例上表现得尤为明显，最直接的实例体现在美国反倾销法本身在篇章节的内容安排上，就是按先程序规范，后实体规范的次序编排的。

2. 美国反倾销法的性质

英美法系和大陆法系是当今对国际法制影响最大的两大法系，在一系列的国际经贸条约中，我们都可以看到它们的影响。WTO《反倾销协定》是在美国《1921 年反倾销法》的基础上逐步发展起来的，美国国内法至今仍对包括 WTO《反倾销协定》在内的诸多国际法律制度产生着影响。无论是从研究美国反倾销法的角度，还是从研究 WTO《反倾销协定》的现实需要来看，弄清楚各个法律制度赖以产生和演变的国际国内的法制环境和法律语境，是正确把握各该法律制度的前提条件。

从法律的传统来看，中国法算不上自成一体的中华法系，中国法本质上也属于大陆法系，大陆法系在法律渊源、法律结构、法律体例和法律语言等方面都与英美法系有明显差异。我们在研究美国反倾销法时，如果按照大陆法系或者中国传统的或者习惯的对法学分类的标准，我们会很自然地将美国反倾销法划分到经济法学的范畴。事实上，从中国现有的经济法学教科书的内容和体系中，我们几乎找不到与此相反的体例。再从中国学者研究反倾销法的视角看，大多是从实体上研究反倾销法，只是最近几年少数学者才开始关注反倾销法中的程序问题。① 其实，无论是从实体规则出发，还是从程序规则着手，中国学者对反倾销法的研究方法都不全面，对美国反倾销法的研究更是如此。因为实体制度和程序制度仅仅是从立法体例层面上构成了反倾销法的两大组成部分，但实际上，各国反倾销法的运行机制和执行实效在很大程度上受制于各该国的行政体制和司法体制以及影响、牵制这些行政体制和司法体制运行的法律意识与法治精神。

有趣的是，仔细阅读美国《1930 年关税法》的学者会发现一个反常和

① 专门研究和专门设专章研究反倾销行政程序制度的著作如刘敬东、姚臻主编的《反倾销案件行政复议、司法审查制度的理论与实践》，中国人民公安大学出版社 2004 年版；孔祥俊著：《WTO 法律的国内适用》，人民法院出版社 2002 年版。

诡秘的现象，作为以成文法形式出现的美国关税法，其立法条文的体例和含义十分复杂和晦涩难懂，以至于我们很难找到一条完整的反倾销规定。因为在该成文法文本中，程序性规范被编排在实体性规范之前。这种做法与中国立法体例和条文编排次序上的差异，决不能简单地用立法习惯进行解释，如将其看成是法律文化和法律价值上的差异，可能更有助于我们理解同样一部法律或者政策在中西方引发冲突或质疑的现实必然性。因此，对美国反倾销法的性质进行法学上的甄别和界定，是我们研究美国反倾销自由裁量权的前置性理论基础。换句话说，讨论美国反倾销法的法律性质有助于我们把握美国反倾销自由裁量权的法律性质，进而在此基础上研究和认识其作为一种在美国反倾销法中广泛存在的行政行为必然伴生的其他法律问题，例如，反倾销自由裁量权的表现形式、来源以及如何对其进行控制和监督的问题。

如果根据美国行政法学者所持狭义论的分类标准，美国反倾销法属于行政法范畴；如果根据美国行政法学者所持广义论的分类标准，美国反倾销法既属于行政法，又属于经济法。结合中国的法学理论和法律实践以及我们研究美国反倾销自由裁量权问题的现实需要，将美国反倾销法视为集实体法和程序法于一体、具有行政法和经济法的双重属性的法律部门是合适的。这也便于我们在与美国学者进行法律语境对接后，交流和探讨美国反倾销法，这是本书研究美国反倾销自由裁量权的理论前提。

（二）美国反倾销自由裁量权的法治性质

鉴于美国反倾销法具有行政法学的属性，因此，从理论上将美国行政法中的自由裁量权制度用来比对和阐释美国反倾销自由裁量权制度在学理上并无不妥之处。

行政行为必须依法进行，这是行政法治的核心内容，也是法律对行政行为的最基本要求，但法律又允许行政机关的行政人员根据自己的判断行使自由裁量权力，这似乎又具有明显的人治色彩，与行政法治的原则不符。从表面上看，自由裁量和行政法治原则总有存在冲突之嫌。

行政法学者认为，法治不同于人治，这是就法治和统治者的专横、武断、全凭个人意志行事的统治方式相反而言的，这种方式的人治不能存在。但是法治不排斥执法人员发挥主动性、积极性和创造性，根据自己的判断选择最好的方式达到法律的目的。这种人治是法律授予行政人员的自由裁量权力，它与法治不但不冲突，而且是法治的重要补充。因为任何法律都不能自行执行，都依赖于行政人员的存在及其行政行为，法律是否产生实效以及实效如何，在一定程度上取决于行政人员的素质及责任心和创造性。如果行政人员不享有自由裁量权力，则无法达到立法者期望的最佳效果。因此，美国反倾销自由裁量权具有法治的本质属性，且应当满足行政法治的内在要求。自由裁量并不等于放任行政人员全凭个人主观意志行事。具体地讲，虽然美国反倾销行政机关在执行反倾销法的过程中享有广泛的自由裁量权力，它们被授权在任何情况下都能根据客观情势，按照自己的判断作出最佳选择，以便忠实地实现美国国会制定反倾销法的立法意图。但是，它们在行使这些权力时不能专横和武断，不能脱离美国行政法治的原则和制度，必须遵守美国行政法的各项程序规则，接受美国国会、总统和其他联邦政府部门、国际贸易法院及其上诉法院、民众和社会舆论的制约、控制与监督。从这个层面上讲，美国反倾销自由裁量权既是一种行政权力，也是一种行政法制度。

三、美国反倾销自由裁量权的形式

美国《1946 年联邦行政程序法》第 551 节将行政行为分为法规（rule）和裁定（order）两大类，美国《1946 年联邦行政程序法》第 551 节第 4 款规定："法规是指行政机关为了执行、解释或者规定法律或政策，或者为了规定机关的组织、程序或活动的规则而颁布的具有普遍适用性或特殊适用性而且对未来有拘束力的文件的全部或一部分；包括批准或规定未来的收费标准、工资、法人体制或财政体制及其改革、价格、设施、器具、服务或津贴在内；也包括批准或规定各种估价、成本费用、记账方式以及与上述事项有关的活动在内。"裁定是裁决（adjudication）的结果，范围很广，没有确定的意义，凡是行政法规以外的一切最后决定都是行政裁定，它是区别其他行政行为的一个重要标准。① 在美国，传统行政法学的观点认为，行政机关制定法规的行为具有立法性质，这种行为和行政机关进行裁决的行为性质不

① 美国行政法学中的"裁定"概念既不同于中国行政法学中的"裁决"和"决定"，也不同于中国诉讼法学中的"裁定"或"判决"。中国行政法学中的"裁决"是指行政机关或法律授权的组织，依照法律授权，对平等主体之间发生的、与行政管理活动密切相关的、特定的民事纠纷（争议）进行审查后作出的具体行政行为，而在行政处罚和行政复议中，有权作出行政处罚和行政复议的机关对行政相对人作出的具体行政行为，称为行政决定。中国诉讼法学中的"判决"和"裁定"也是含义完全不相同的两个概念。以民事诉讼为例，一般认为：判决解决的是案件的实体问题，而裁定是解决诉讼中的程序事项；裁定发生于诉讼的各个阶段，一个案件可能有多个裁定，而判决在案件审理终结时作出；裁定可采用书面形式，也可采用口头形式，而判决只能采用书面形式；除不予受理、对管辖权的异议、驳回起诉的裁定可上诉外，其他裁定一律不准上诉，而一审判决可以上诉。本书在使用"裁定"和"裁决"时，并未按照美国行政法学上的定义进行严格区分。

同，行政机关进行裁决具有司法性质。行政法规和行政裁决的区别类似于立法和司法的区别。① 因此，行政机关在行政行为上的自由裁量权，即表现在行政法规（rule）和行政裁决（order）上的自由裁量权。具体就反倾销法而言，反倾销自由裁量权就表现为反倾销行政机关制定反倾销行政法规和作出反倾销行政裁决两个方面。前者如反倾销条例、反倾销手册以及反倾销行政机关制定的其他规范性文件；后者如反倾销行政机关作出的各类反倾销裁决、决定等。可以说，反倾销自由裁量权是美国反倾销行政机关广泛享有的一项行政权力，也是美国反倾销行政机关行使反倾销行政权力的主要方式。特别需要说明的是，从研究反倾销自由裁量权的逻辑体系和内容上讲，对反倾销自由裁量权的研究应当包括对反倾销行政立法和反倾销行政裁决两方面的研究，由于反倾销的行政立法主要是指行政机关就实施美国《1930年关税法》应遵守的程序和实施细则所作的补充规定、解释与说明，其中虽然也包含自由裁量权，但是，它们不构成反倾销自由裁量权的主体部分。因此，本书的研究范围仅限于反倾销行政裁决部分。

第二节 美国反倾销自由裁量权的来源

正如前文所言，美国反倾销自由裁量权既是一种行政权力，也是一种行政制度。因此，在研究美国反倾销自由裁量权时，弄清楚这一权力的来源显得非常必要。根据美国宪法的分权原则，行政权力属于行政机关，行政机关的权力来源于法律的授权。就反倾销行政机关的行政权力而言，它们均来源于反倾销法的授权。因此，从理论上讲，凡是调整倾销与反倾销法律关系的法律，均应成为反倾销行政权力的来源，理所当然，也就是反倾销自由裁量权的来源。换句话说，我们在导出反倾销自由裁量权的来源这一问题前，必须先回答反倾销法的渊源这一问题。

关于法律的渊源在中外法学著述中有多种诠释，它并非特指某一确定的

---

① 这种区别，传统上有两个判断标准：一个以时间为标准；另一个以适用范围为标准。前者以大法官霍姆斯（justice Holmes）为代表，他认为司法的目的是对于现在或过去的事实，按照已存在的法律进行调查、确认并强制履行其责任。立法则着眼于未来，制定新的规则，适用于它管辖范围内的全体人或部分人，以变更现状。后者以首席大法官伯格为代表，他认为法规是对某一广泛集体全体成员普遍适用的规则，裁决是适用于特定的人或情况的决定。法规抽象地影响个人的权利，在任何特定的人的法律地位受到确定的影响以前，必须还要有一个适用法规的程序。裁决是对特定的人以其个体资格所采取的具体行为。

含义，包括法律的实质渊源、形式渊源、效力渊源、材料渊源等多种含义。① 本书出于论述的需要，将法律的渊源限定于法律的形式渊源。所谓法律的形式渊源是指法的各种具体表现形式，如宪法、法律和法规等。

一、美国反倾销法的渊源

从理论上讲，凡是调整倾销与反倾销法律关系的法律都应是反倾销法的渊源。美国是普通法系国家，判例法和成文法是美国法的两大法律渊源，当然也应是反倾销法的两大渊源。② 在行政法领域，虽然判例法不构成法律渊源的主体，但是判例法对自由裁量权的产生和发展也会产生重大影响。

（一）制定法

1. 美国国会立法

美国国会于1916年通过了第一个反倾销法。该法案试图通过联邦法庭抵制那些在美国倾销外国产品的贸易伙伴。该法明确规定，进口商在行动上和图谋上参与掠夺性倾销即属于违法，而不是仅仅根据限制竞争或建立垄断的行为来推定为非法。但该法提出的要求，特别是证明意图的要求难以达到，这就促使国会考虑制定一部改进的反倾销法。

1921年美国国会通过了另一部反倾销法。③ 该法规定，对出口商以低于其国内市场价格在美国销售产品，如经财政部长进行调查并发现，美国某个工业正在或有可能受到这种倾销的损害，或其建立受到倾销的阻碍，部长有权宣布对美国也有同类产品生产或与美国产品竞争的所有进口商品征收倾销税，税额相当于外国国内价格和出口价格之间的差额。倾销税由财政部管

---

① 参见周旺生主编：《法理学》，法律出版社2000年版，第70～71页。

② See James V. Calvi and Susan Coleman, *American Law and Legal Systems*，高等教育出版社2002年版，第8～14页。

③ 第二次世界大战后，在讨论成立国际贸易组织的过程中，美国根据其《1921年反倾销法》起草了一份反倾销法案，这一提案成为《关税及贸易总协定》（GATT）第6条的基础，并成为世界各国反倾销法的基本模式。肯尼迪回合通过了1967年《GATT反倾销守则》，该守则完善了GATT第6条中的概念，通过规定反倾销调查的程序对第6条作了补充。该法则于1968年6月1日正式生效，它的生效使得GATT将所有的缔约国置于GATT第6条的约束之下。东京回合对GATT第6条进行了修订，使反倾销守则与当时尚在磋商中的补贴和反补贴协定相适应，新的第6条及国际反倾销协议于1980年1月1日正式生效。可以说，美国的反倾销法是国际反倾销制度的鼻祖。

理实施。①

1974 年美国国会通过了《贸易法》，该法对《1921 年反倾销法》做了重大修改。主要内容包括：（1）"国家控制经济"的国家输美产品倾销价格的认定方法；（2）出口商"销售价格"、"实际价格"的确定方法；（3）跨国公司通过第三国倾销；（4）允许对"倾销价格"的裁定提请司法审查；（5）反倾销裁定的期限。虽然这一时期在总协定框架下已经制定出了专门的反倾销守则，但美国仍然执行其国内法，守则并未在美国产生法律效力。②

1979 年国会通过了《贸易协定法》，该法的第一部分废除了《1921 年反倾销法》，采用了修订后的《GATT 反倾销守则》的内容，即在《1930 年关税法》中加入了新的第 7 条款，贯彻了《GATT 反倾销守则》的条款。此外，1979 年的法案对原反倾销法的主要内容和程序也作了修改，并将反倾销法的执行职责从财政部移交给商务部。

1984 年国会通过了《贸易与关税法》，该法修改的主要内容包括：（1）增加"累积进口"（cumulation of imports）条款；（2）授权美国行政主管部门在确定美国价格和外国市场价值时，可以使用"通常承认的取样和平均技术"；（3）规定反倾销调查应包括类似于销售（如租赁）的进口；（4）对扩大申诉人的范围、判定损害威胁的标准、资料核实、取消调查期间的上诉、监视连续不断的倾销等，规定得更详细，使反倾销更易执行。

1988 年国会通过了《综合贸易与竞争法》，该法修改的主要内容包括：（1）增加了严格的"反规避措施"（anti-circumvention）；③（2）对所谓的"非市场经济国家"（non market economy）规定了判断标准以及计算外国市场价值的新方法；④（3）加速调查所谓的多次倾销的短期寿命产品；（4）对第三国倾销、监视下游产品、"投入"倾销以及制造虚假外国市场价值等也作出了具体规定。

---

① see Finger, J. Michael, *Dumping and Antidumping: The Rhetoric and the Reality of Protection in Industrial Countries*, *The World Bank Research Observer*, Vol. 7, No. 2, Jul. 1992, pp. 13-14.

② 参见王承斌主编：《西方国家反倾销法与实务》，中国对外经济贸易出版社 1996 年版，第 63～76 页。

③ 参见龚牙凡：《论反倾销规避与欧美反倾销立法》，载《政治与法律》，1996 年第 5 期，第 9～61 页。

④ 参见张艾清：《美国反倾销法"特殊规定"的不合理性及其对策》，载《贵州民族学院学报》，1996 年第 2 期，第 21～25 页。

1995年国会通过了《乌拉圭回合协定法》，该法纳入了原有或修改过的关贸总协定条款，包括1994年对关贸总协定第6条达成的协定。

2000年国会通过了《延续性倾销和补贴抵消法案》，又称《伯尔德修正案》，这是美国民主党参议员罗博特·伯尔德提出的。该法案规定，美国海关应将征收的反倾销税分发给国内对相关货物提出反倾销起诉的企业，以帮助这些企业进行技术开发等，即允许美国政府将征收的反倾销税交由国内产业分享，以抵消廉价进口产品给这个产业带来的损失。①

2. 美国反倾销行政机关制定的规范性文件

主要有《关于执行乌拉圭回合协定法的条例》、《美国反倾销条例》、《美国国际贸易委员会反倾销和反补贴手册》以及国际贸易委员会颁布的其他相关规则以及反倾销指南。

（二）判例法

自从美国海关法院（现为美国国际贸易法院，根据《1980年海关法院法》成立）于1926年成立以来，包括其上诉法院和联邦最高法院已经审理了大量的反倾销案件，这些案件所形成的判例对反倾销行政机关和国际贸易法院具有“先例约束力”作用，应当属于美国反倾销法的渊源。

二、美国反倾销法对行政机关的模糊授权

美国行政法学者理查德·B. 斯图尔特说过，“含糊的、概括的或模棱两可的制定法引发了自由裁量权”。② 如果按此标准推断，那么凡是立法授权含糊的、概括的或模棱两可的情形存在之地，就是反倾销行政自由裁量权立足之处，是美国反倾销自由裁量权的来源。按照美国另一行政法学者德沃金的观点，自由裁量权有三个来源。其一，立法机关可能授权某个行政机关在特定领域承担完全责任，并且明确指出，在这个领域内行政机关的选择完全是自由的。其二，立法机关可能发布旨在控制行政机关的选择的指令，但是，由于这些指令的概括性、模棱两可性或者含糊性，它们并没有明确限定针对具体情形应作出什么选择。还可能存在第三个来源，即立法机关排除对行政行为的司法审查。③ 德沃金的上述理论，同样适用于对美国反倾销自由

① 参见刘姝辰：《世界贸易组织专家组裁定美国伯尔德修正案违规》，载《国际商报》，2002年8月1日第5版。

② 参见［美］理查德·B. 斯图尔特著：《美国行政法重构》，商务印书馆2002年版，第12页。

③ 转引自 Dworkin, *The Model of Rules*, *Chi. L. Rev*, Vol. 35, No. 14, 1967, pp. 32-34.

裁量权的来源的甄别和界定。按照上述观点，行政自由裁量权来源的实质在于法律的授权，包括成文法和判例法的授权。

美国反倾销自由裁量权同样来源于法律授权，也同样表现为上述三种情形。第一种情形是这种授权的主要表现形式，比如相似产品的认定、出口价格和正常价值的选择以及它们的调整与比较、生产要素的价格或成本的确定、替代国的选择、损害的确定、因果关系的确定等；第二种情形在美国反倾销法中也大量存在，比如“充足的”、“充分的”、“可得事实”、“实质性”、“可能性”、“潜力”等；第三种情形在美国反倾销法也有几处表现，如美国反倾销法规定对“非市场经济国家”的认定不受司法审查，① 还有“管理当局关于商品是否属于本段要求的通知的范围内的决定不受司法审查”。②

第三节　美国反倾销自由裁量权的控制理论与控制模式

一、分权思想与权力控制理论

1. 分权思想

美国对行政机关权力的控制经历了一个漫长的思想演变，其演变的核心是美国分权思想的发展与变迁。分权原则就其广义而言，是指由宪法规定把政府权力分配于不同的政府层次和不同的政府部门之间。

分权思想在西方政治思想中历史悠久。古代希腊哲学家亚里士多德在其《政治学》一书中，认为政府由讨论的人、执行法律的人和解决纠纷的人等三种人组成。英国在15世纪时已经有了立法权和行政权的观念。英国哲学家洛克在17世纪末期就提出，国家具有立法、行政和联盟三种权力。立法权制定法律，属于议会；行政权执行法律保护公共利益，属于国王；联盟权是保卫国家、对外宣战和媾和的权力，通常和行政权联合。但行政权和立法权必须分开。在洛克的思想中，当时并没有司法独立的观念。到了18世纪，法国法学家孟德斯鸠在洛克的学说的基础上，进一步发展和完善了分权学说，使其成为具有强大影响力的政府组织原则。孟德斯鸠的分权学说出现在他的《论法的精神》这部名著之中，他的思想的出发点是如何在政府组织的形式之下，保障公民个人的自由。孟德斯鸠认为，政治自由只能在温和的

① 19USC，§167718（D）.

② 19USC，§1677j（e）（1）.

政府中得到，但是温和的政府中也不是总有自由。自由只在政府没有滥用权力时才存在。然而这是一个永恒的经验，任何具有权力的人都倾向于滥用权力，直到他遇到限制时为止。真想不到：即使是美德也需要有限制。孟德斯鸠认为防止权力滥用的方法是以权力制约权力，因此提出了著名的分权学说。他认为，在国家中存在立法、行政、司法三种权力，必须分别由三个部门行使，互相制约。如果同一机关或同一人同时行使两种或三种权力，则自由不能存在。①

孟德斯鸠的分权学说成为美国革命时期的政治信条，制宪者认为在美国建立一个自由的政府必须实行分权，各种权力互相制约。当时的联邦派著名的活动家麦迪逊认为，立法权、行政权和司法权全部集中于同一管理者之手，不论其为一人，少数人或许多人，不论他是世袭的、自己指定的、或选举产生的，都可以正当地称之为专制。他认为权力本身具有侵略性质，必须限制在一定的范围以内。任何一个政府部门在其行使权力的时候，不应对其他部门具有压倒一切的影响。政府的权力必须受控制，控制的手段不能单靠外部力量。因此，分权学说的主张者认为控制政府权力最有效的手段是内部控制，必须使政府的内部结构在其相互关系中互相制约。每一部门必须具有宪法上的手段防止其他部门的侵犯，以保障各部门的独立。权力分立和互相制约以求平衡，是美国宪法分权原则的核心。② 美国的缔造者们崇尚的分权理论以及制宪者们确立的分权原则决定了美国整个官僚体制的设立、运行和发展。

2. 权力控制理论

根据美国的分权与制衡理论，任何权力都必须受到监督与控制，没有监督与控制的权力必将导致专制。按照美国行政法学理论，行政机关的自由裁量权是当代行政所必需的，是行政机关行使行政权力的主要表现形式。对于自由裁量权而言，由于行政机关的决定具有广泛的选择自由，更应受到监督与控制，否则权力滥用、损公徇私现象将很难避免。对自由裁量权的监督是对行政活动的监督，一切行政机关及其行政人员的行政活动必须受到公众、社会舆论、行政机关、立法机关和司法机关的监督。在现实生活中，从立法的需要出发，一方面，国会授予了行政机关广泛的自由裁量权；另一方面，国会担心行政机关滥用自由裁量权。因此，必须建立一套监督与控制机制，

① 参见何勤华主编：《外国法制史》，法律出版社 2002 年版，第 303～304 页。

② 参见［美］伯纳德·施瓦茨著：《美国法律史》，中国政法大学出版社 1997 年版，第 27～32 页。

加强对行政机关自由裁量权力的制约与监督。这种控制通过两种法定的模式进行，一是行政控制模式；二是司法控制模式，即司法审查模式。

二、美国反倾销自由裁量权行政控制模式的法律架构

（一）权力分立与职能分离

美国《联邦宪法》第1、2、3条分别规定设立立法、行政、司法三个政府部门行使不同的政府权力。宪法除规定分权以外，还规定了制约措施，防止任何部门具有压倒一切的力量，同时保证每一部门不受其他部门的侵犯，其目的在于保障各部门的权力的平衡。不过，要说明的是，分权原则主要是一个政治原则，以保持政府上层机关之间的平衡，在下级机关中没有分权原则。

下级机关在行使国家的三种权力的时候，由于没有政治意义，因此只是执行三种职能。然而，在下级机关中存在职能分离的原则（separation of functions），即某种政府职能和其他政府职能在性质上不能同时由一人行使时，必须分开，由不同的人执行。对于违法行为同时具有追诉职能和裁决职能的行政机关，不能由同一人既追诉违法行为又裁决违法行为。在实行权力混合的下级行政机关中，追诉职能和裁决职能必须分开。① 根据美国现行法律的规定，对案件进行追诉的活动以及对追诉事项事先进行调查的活动，是和裁决不相容的活动。因此，主持听证和作出裁决的人或机关，不能同时担当追诉者和调查者，也不能和后者单方面进行接触。追诉活动，追诉前的调查活动以及主持听证和裁决活动，不能集中于一个人或机关，如果职能集中，则被称为职能合并（concentration of functions），这是与职能分离原则相背离的。职能分离是英美普通法上的传统制度，普通法自然公正原则是当事人不能作为自己案件的法官。在行政裁决方面，追诉和裁决集中于一人时，被追诉人不可能得到公正的待遇，这是典型的行政专制主义。因此，职能合并可能产生不公正的危险，必须避免这种制度。美国有些州法院对职能合并的案件，加强了司法审查。20世纪20年代以来，美国人提出了两种不同的职能分离方案。一种是完全的职能分立，该方案主张把行政裁决职能和追诉职能，调查职能以及执行职能完全分开，由互相独立的机关行使。另一种是内部的职能分离，该方案主张行使调查和追诉职能的人，不能参加裁决和听

① 权力分立原则和职能分离原则的区别在于前者是一个政治原则，后者是一个行政原则。前者只适用于最上层机关，后者适用于实行权力混合的下级行政机关。本书在论述反倾销行政机关的权力分立时并未严格局限于美国法学中这两个概念的区别。

证。执行听证和作出初步裁决的人，不能和调查人、追诉人以及其他当事人单方面接触。《1946 年联邦行政程序法》没有采取完全的职能分离方案，而是采纳了 1941 年司法部行政程序委员会多数派报告中所提出的内部职能分离方案，这就是美国现在实行的制度。这一制度允许一个行政机关可以同时行使调查、追诉和裁决职能，但调查、追诉和裁决职能不能由同一部门单独行使，也即在实际工作人员一级，上诉三项行政职能必须分离，不能合并，而在行政机关首长一级，不再分离。

（二）行政行为的正当法律程序要求

行政程序必须符合正义，既是美国宪法的要求，也是《1946 年联邦行政程序法》的要求。按照美国宪法，为了保护公民的利益不受政府和官员的不正当侵犯，还必须在程序方面对政府行使权力加以限制。美国《宪法修正案》第 5 条规定，不按照正当的法律程序不得剥夺任何人的生命、自由和财产。《宪法修正案》第 14 条把正当法律程序扩张到限制州政府的权力，包括全部政府活动在内。行政行为的正当法律程序要求构成美国法治的一个鲜明特点。

除宪法规定的正当法律程序以外，国会的立法也对政府的活动规定了一些普遍适用的程序规范，此外，国会有时还就特定的行政活动规定特定的程序，行政机关为了公正地行使权力，也往往自己制定程序规则，或根据法律的要求制定程序规则。美国法院在司法审查中，也经常要求行政机关遵守公正的程序规则。

在美国，适用范围最广的是《1946 年联邦行政程序法》，这个法律对行政机关制定法规，进行正式裁决以及司法审查和行政公开都规定了必须遵守的程序或标准，这部法律统一了联邦政府的行政程序。该法律的主要内容包括：制定法规的程序、行政裁决的程序、司法审查的形式和范围以及听证官员的地位和权力，并编入《美国法典》第 5 编。美国《1946 年联邦行政程序法》是美国行政法发展史上的一个重要的里程碑，它对行政机关规定了一个最低的行政程序要求，除法律另有规定外，适用于全部联邦行政机关。按照该法，基于程序正义的要求，任何行政权力行使自由裁量权都必须接受下列限制：①

1. 明确权力的行使标准

行政机关作决定虽然不能完全受一定的规则的支配，然而最低限度必须受某种标准的指导。行政机关行使自由裁量权时，有进行选择的自由，这种

① 参见王名扬著：《美国行政法》，中国法制出版社 2003 年版，第 547 ~ 554 页。

选择必须按照某种标准进行，法律授予行政机关自由裁量权力而没有规定明确的标准时，行政机关应当制定法规，法院也可以要求行政机关制定法规，规定自由裁量权力行使的标准，这个标准不能由行政机关自由确定，必须根据授权法的精神和目的而确定。标准不是一个规则，规则具有支配性质，标准只有指导性质。

2. 说明权力的行使政策

行政机关行使自由裁量权力大多是实施政策的需要，不涉及政策的决定很少需要行使自由裁量权力。政策的实施是一个发展的过程，不能认为政策的决定由立法机关掌握，政策的执行由行政机关掌握，因此，不能将政策的实施截然划分为政策的决定和政策的执行两个阶段。行政机关在执行政策时，同时也是决定政策，为了防止行政机关专横地行使自由裁量权力，行政机关必须将它所执行的政策进行公开说明。

3. 发挥先例的指导作用

先例原则来源于英国的普通法，它是指法院裁决案件需受其已有判例的约束。由于行政机关所面临的情势有时发展迅速，遵守先例原则会束缚行政机关的适应能力，因此，有时可能需要背离先例。但是，不能就此认为先例对于行政机关的决定完全没有制约。先例对于法院具有拘束力量，对于行政机关具有指导作用。行政机关在行使自由裁量权时，如果当前的案件与先例的情况基本相同，必须以原先案件所确定的原则作为指导，衡量其适用于当前案件所产生的结果。如果不产生不利的结果，就必须适用原先案件中的原则。地位相同的人必须受到相同的待遇，不能厚此薄彼。如果行政机关不说明理由而抛弃以前的先例，法院可以行政机关反复无常、专横行使权力为由撤销行政机关的决定。① 最低限度上，法院可以要求行政机关说明理由后才能作裁决。

4. 指明决定的事实根据

行政机关必须说明作出决定的事实根据，这是防止行政机关超越管辖范围，督促行政机关认真考虑问题，制止自由裁量权专横行使的有效方法。行政机关依正式程序作出的裁决，必须包括事实裁定；对于以非正式程序作出的裁决，虽然不需要作正式的事实裁定，但是需要解释和说明。也就是说，

① 参见［美］伯纳德·施瓦茨著：《美国法律史》，中国政法大学出版社 1997 年版，第 11～22 页。

无论是正式裁决还是非正式裁决，都必须指出决定的事实根据。①

5. 告知决定的真正理由

为了防止行政权力滥用和行政专横，必须要求行政机关就其决定向利害关系人告知理由，利害关系人有权要求行政机关告知行政决定的理由。

6. 遵守程序的公开原则

公开原则是制止自由裁量权专横行使最有效的武器。上面谈到的各种保障程序公平的措施，如果不和公开原则结合，就不能产生完全的效果。秘密的程序和规定，是产生不公正的渊源，公开和公平经常不可分离。在《1946年联邦行政程序法》中遵守这一原则最主要的体现就是坚持“裁决必须听证”的原则。任何权力必须公正行使，对当事人不利的决定必须听取他的意见，这是英美普通法的一个重要原则，称为自然公正原则。② 在司法上，这个原则表现为法官判案时必须听取双方意见，不能偏听一面之词，在行政上，这个原则表现为行政机关的决定对当事人有不利的影响时，必须听取当事人的意见，不能片面认定事实，剥夺对方辩护的权利。听取利害关系人意见的程序，法律术语称为听证，是公正行使权力的基本内容。为了贯彻这个原则，必须严格听证程序；裁决的证据应当充足；裁决应当坚持案卷排他性原则等。③

（三）信息的公开与保密

从20世纪70年代起，美国国会立法的方向从经济控制领域趋向社会控制领域、环境保护领域和消费者保护领域。与此同时，法院对行政活动的监督也比以往积极，法院开始怀疑行政人员的专业知识是否可以产生公平和有效率的服务，法院对行政程序提出了一些新的要求，从防止行政机关滥用权力侵害私人权利，转向扩大公众对行政决定程序的参与，以督促行政机关为公众提供更多的福利和服务。所有这些因素都导致行政机关的威信降低，引起了一系列的行政法改革，使美国行政法脱离传统行政法的轨道，趋向新的方向发展。

《1946年联邦行政程序法》在这段期间经过几次修改，主要的宗旨是实

① 《1946年联邦行政程序法》规定正式程序裁决作出决定，必须包括事实裁定。虽然对于非正式程序裁决没有规定，但是最高法院在1971年的一个判决中声称，非正式程序不需要正式的事实裁定，但是需要解释和说明。

② See Ernest Gellhorn and Ronald M. Lein, *Administrative Law and Process*，法律出版社2001年版，第245页。

③ 参见刘晓丹主编：《美国证据规则》，中国检察出版社2003年版，第334～335页。

现行政公开原则。公众认识到过去从程序上和司法审查上限制行政机关的权力，只能保障个人的利益不受行政机关侵犯，不能保证行政机关的活动符合公共利益，也不能保证行政机关能为公众提供更多的福利和服务。为了加强对行政活动的监督，必须实行行政公开原则，以补充程序限制和司法审查的不足。

1966 年，美国国会修改了《1946 年联邦行政程序法》中关于政府文件公开的规定，制定了《情报自由法》，规定除该法所列举的 9 项情况以外，全部政府文件必须公开，任何人有权要求得到政府的文件，行政机关不得拒绝。这 9 项免除公开的文件是：国防和外交、机关内部人员的规则和习惯、其他法律规定保密的文件、贸易秘密或商业秘密或金融信息、机关内部和机关之间的备忘录、人事或医疗的或类似的档案、执行法律的记录和信息、关于金融机关的信息和关于油井的地质和地球物理的信息。

1976 年，美国国会制定了《阳光中的政府法》，规定合议制机关的会议必须公开举行。这部法律的主要规定编入《美国法典》第 5 编第 552 节，被人们简称为阳光法。它与《情报自由法》有相同的目的，都是为了贯彻执行行政公开的原则。

1972 年，美国国会制定了《联邦咨询委员会法》，该法适用于联邦咨询委员会对行政机关提供的意见和建议，它规定咨询委员会的组织、监督、文件和会议必须公开。除会议和文件的公开是该法的主要目的外，该法还企图提高咨询委员会的利用效率，避免增加不必要的咨询机关，使咨询委员会的组织更为合理。①

1974 年，美国国会制定了《隐私权法》，这是一部规定行政机关对个人信息进行搜集、利用和传播时必须遵守的规则的法律，它保证政府对个人信息的正确使用，制止行政机关滥用个人的信息侵犯个人的隐私权。规定行政机关所保持的个人记录，有对本人公开的义务。②

美国反倾销法全面反映了上述法律制度的要求，在美国反倾销法中对利害关系人提交的信息和反倾销行政机关获取的信息如何对外公开和应当怎样进行保密都有专门规定。③④《1980 年海关法院法》也专门规定了利害关系

① 参见王名扬著：《美国行政法》，中国法制出版社 2003 年版，第 1026 ~ 1030 页。

② 参见王名扬著：《美国行政法》，中国法制出版社 2003 年版，第 1058 ~ 1133 页。

③ 19USC，§1677f（b）（1）.

④ 19USC，§1673a（d）（2）.

人可以向法院申请，由法院签发命令指令商务部和国际贸易委员会披露机密信息。①

三、美国反倾销自由裁量权司法控制模式的法律架构②

（一）美国行政行为司法控制模式的演变

美国法院对行政机关行政行为的司法控制经历了传统监督模式和现代监督模式两个发展阶段。

美国的传统监督模式实际上是一套外部控制模式。按照这种控制模式的设计，行政机关的权力来自法律，国会在授权法中必须尽可能制定标准，明确权力的界限以限制行政权力的行使；法院保证国会制定的法律被遵守，保证行政机关行使权力符合法律规定的范围和程序，符合宪法原则。这种模式的服务功能在于调节行政机关的自由裁量权力和私人的权利。一方面承认行政机关自由裁量权的存在，另一方面控制自由裁量权的行使以确保其不侵犯公民的权利。

随着社会的发展，政府的职能发生了重大变化，政府的主要职能由不控制公民的活动，不侵犯公众的权利，转向对公众提供服务。行政机关掌握了大量自由裁量权力，向公众分配政府的物资、服务、津贴以及控制其他社会资源和提供公共服务产品。也就是说，公民要求对自由裁量权进行控制，不是单纯要求行政机关消极地不侵犯个人的权利，而是要求行政机关积极地按照法律的规定行使自由裁量权力，采取措施满足公众的需要。很显然，传统的控制模式不能满足这一要求。

为了弥补传统控制模式的不足，一种受到广泛注意的替代方案是多元主义的合法论（pluralist thory of legitimacy）。这种观点认为行政机关行使自由裁量权的行为，体现为其可以根据自己的利益判断或价值取向选择不同的政策，这实际上也是一个立法过程。因为，立法机关及国会议员代表国家的各种利益，立法机关制定的政策实际上是各种利益妥协的结果。因此，行政机关在执行法律和行使自由裁量权时，也必须使受到该权力影响的各种利益相关人都能参加进来，行政机关不能认为自己就是公共利益的代表，可以自由决定政策，不让受影响的利益相关人参加。公共利益由多种个别利益组合而成，实际上是各种利益兼顾，各种利益集团妥协的结果。行政机关在行使自

① 《1980年海关法院法》第2641条（b）。

② 司法控制是通过法院的司法审查行为来实现的，从 Ernest Gellhorn and Ronald M. Lein 在 *Administrative Law and Process* 一书中的表述来看，这两个词应当可以互换。

由裁量权时，在程序上保障各种受影响的利益相关人都能参加，这不仅符合民主政治原则，也符合公共利益，也就是合法行使权力。①

自20世纪60年代中期以后，公众日益对行政机关产生不满情绪。公众认为，行政机关办事效率不高，不能正确地执行国会的法律，行政机关制定的政策偏袒经济集团的利益，忽视消费者的利益和公共利益。公众寻求法院的保护，导致70年代以来法院不断加强对行政权力的监督。

20世纪70年代以来，美国的司法审查制度在立法和判例层面也出现了较大的变化。美国1946年制定的《联邦侵权赔偿法》对行政机关的侵权行为放弃了主权豁免原则，承认国家的侵权赔偿责任。但是在侵权赔偿以外的其他司法审查中，仍然保持这个原则。1976年，国会对《1946年联邦行政程序法》中关于司法审查的规定也作了修改，修改后的行政程序法规定，国家在司法审查中可以作为被告，放弃了司法审查中的主权豁免原则，扩大了司法审查的领域。在关税与贸易行政行为的司法审查方面，美国国会专门制定了《1980年海关法院法》，正式确立了关税与贸易行政行为的特别司法审查制度。与此同时，最高法院在70年代以后的一系列判决中采取了一些新的方法，美国的司法审查进入了一个新的发展阶段。

（二）美国行政行为司法审查的基本制度

1. 司法审查的含义

在美国法学中，司法审查有两层含义：一是指法院审查国会制定的法律是否符合宪法；二是指法院审查行政机关的行政行为是否符合宪法及法律。这两种审查在美国都由普通法院执行，在法律没有特别规定时适用一般的诉讼程序。②

行政法学认为，行政机关的权力来源于法律，行政机关只能享有法律赋予的权力，按照法律规定的条件行使权力，这是民主和法治的基本要求。依法行政是行政权力存在的先决条件，然而不能排除行政机关可能有不守法的时候，行政系统内部有不能自我约束的时候。因此，行政权力的行使必须受到外部的监督，司法审查便是法院监督行政机关遵守法律的有力工具，没有司法审查，个人的自由和权利就缺乏保障。司法审查不仅在其实际应用时可以保障个人的权益，而且由于司法审查的存在对行政人员产生了一种心理压

---

① 参见［美］理查德·B. 斯图尔特著：《美国行政法重构》，商务印书馆2002年版，第129～148页。

② See James V. Calvi and Susan Coleman, *American Law and Legal Systems*，高等教育出版社2002年版，第221～224页。

力，可以促使他们谨慎行使权力，司法审查还可以满足法律统一适用的需要。但是，司法职能和行政职能各有其本身的任务和特点，不能互相代替。因此，司法审查只能监督行政机关行使权力，不能代替行政机关行使权力。

2. 司法审查的对象

原则上，一切行政行为都应当接受司法审查，无须法律明文规定，在法律有规定时，按照法律的规定进行法定的审查；在法律无规定时，进行非法定的审查。① 行政行为以接受司法审查为原则，不审查属于例外，这种例外出现在两种情况中：一是法律规定不能进行司法审查；二是问题本身的性质不宜由法院决定。然而，在当代，接受司法审查的例外情况已经越来越少，行政行为原则上都被假定属于能够审查的行为，这个原则称为可以审查的假定（presumption of review ability）。

关于法律赋予行政机关自由裁量权的行为，到底能不能审查是一个值得重视的问题。《1946年联邦行政程序法》第701节规定，司法审查不适用于法律赋予行政机关自由裁量权的行为，单就这条来说，行政机关行使自由裁量权的行为是不受司法审查的行为。但该法第706节又规定："……审查法院应认为不合法并且取消下列行政行为、裁定和结论：专横的、反复无常的、滥用自由裁量权的行为在法院的审查范围以内，不是不受审查的行为。"

关于对问题本身性质不适宜司法审查的理解。问题本身性质不适宜司法审查，是指法院对这类问题完全不进行审查，不是部分不进行审查。美国行政法学往往把这类问题称为行政机关的绝对自由裁量行为，认为这类行为不进行审查是自由裁量权排除司法审查的结果。在美国，一般认为下列事项性质上不宜由法院审查：外交和国防；军队的内部管理；总统任命高级助手和顾问；国家安全；追诉职能。

美国反倾销法对司法审查的对象有明文规定，它明确列举了可审查的裁定、排除审查的裁定以及审查标准。②③ 其规定与《1946年联邦行政程序法》的规定完全一致。

3. 司法审查的范围

---

① See James V. Calvi and Susan Coleman, *American Law and Legal Systems*，高等教育出版社2002年版，第221～224页。

② 19USC，§1516a（a）（b）.

③ 按照19USC，§1516a（a）（g）的规定，排除美国法院对涉及自由贸易区成员国商品的反补贴税和反倾销税裁定的司法审查。

法院受理当事人的申诉以后，究竟能在多大程度上对受指控的行政行为进行审查，称为司法审查的范围（scope of judicial review）。所谓司法审查的范围主要是指法院审查问题的深度，即法院在多大的纵深程序以内对问题进行审查。司法审查的范围实际上是在行政机关和法院之间进行权力和责任的最终分配，即行政机关有多大的决定权力，法院有多大的决定权力，哪些决定应由行政机关作出，哪些决定应由法院作出，这个分配直接影响到行政活动的效率和公民权益的保护。司法审查的范围主要包括两个方面，一是对事实的审查；二是对法律结论的审查，即对法律解释和法律适用的审查。①

4. 司法审查的标准

司法审查中最基本的问题是确定事实、解释并适用法律。因为任何行政行为都建立在行政机关对该行为的事实裁定和其得出的法律结论的基础之上，所以法院主要针对这两个问题进行审查。

区别事实问题和法律问题，并对它们适用不同的审查标准，是美国司法审查的传统原则。对法律问题的审查，由法院组织法律专家进行。法官拥有丰富的法律知识，这是法院的特长，法院对法律问题审查的范围和决定的权力比较大，法院甚至可以用自身对法律问题的结论替代行政机关的法律结论。对于事实问题的审查，则适用另外一种标准。对事实问题的正确裁定，需要有专门的知识和经验，这是行政官员的特长，也是行政机关的特长。因此，法院对于事实问题的审查一般尊重行政机关的裁定，不能用法院的意见代替行政机关的意见。

《1980 年海关法院法》和美国反倾销法都规定了美国国际贸易法院在司法审查中应当执行的两条司法审查标准。一是“具备案卷记录中存放的实质性证据的支持或在其他方面符合法律”；二是“专横、任性、滥用自由裁量权或在其他方面不符合法律”。②③ 前者的规定涉及对事实的审查；后者的规定涉及对法律的审查，这些规定与《1946 年联邦行政程序法》的规定也是一致的。

（三）美国反倾销司法审查的制度安排

从原则上讲，美国反倾销法和《1980 年海关法院法》就美国反倾销司法审查作出的制度性安排，完全符合《1946 年联邦行政程序法》以及其他

---

① 参见孔祥俊著：《WTO 法律的国内适用》，人民法院出版社 2002 年版，第317 ~ 319 页。

② 《1980 年海关法院法》第 2640 条。

③ 19USC，§1516a（b）.

法律关于对行政机关行政行为进行司法审查的规定，且是对这些规定的具体化、专门化。

《1980年海关法院法》对司法审查的机构、司法审查的对象、司法审查的范围、司法审查的标准等，均有详细规定。在此不必赘述。

综上所述，美国关于分权的思想、权力分立与职能分离的理论与制度以及对包括自由裁量权在内的行政权力的监督与控制的理论与法律架构，成为美国确立反倾销自由裁量权控制模式的思想来源与制度依据。

第二章　裁决价格倾销的自由裁量权

《美国法典》第19卷第1673节规定："如果（1）行政当局认定一类或一种外国产品正在或将在美国市场上以低于公平价值的价格销售，和（2）委员会认定——（A）美国的一项产业——（ⅰ）受到实质损害，或（ⅱ）面临遭受实质损害的威胁，或（B）美国某一产业的建立受到实质性阻碍，是由于该产品的进口，或由于该进口产品的销售或可能销售，则应对该产品在其他正常税收之外征收反倾销税，反倾销税的税额为该产品正常价值超过出口价格（或构成价格）的差额。外国产品的销售应包括该产品的任何租赁协议，租赁也应被视为产品的销售。"这是美国反倾销法对倾销与反倾销定义的官方解释。简单地讲，倾销是指出口商以低于公平价值的价格向美国销售产品，并因此给美国的一项产业造成损害的行为；反倾销是指对被认定为倾销的产品在征收正常税收之外，另根据该产品的正常价值超过出口价格（或构成价格）的差额征税。根据美国反倾销法的规定，构成倾销必须具备三个条件：一是某一外国产品以低于正常价值或公平价值的价格在美国销售，即价格倾销；二是该低价销售行为给美国某一项产业造成了损害，即产业损害；三是价格倾销与产业损害之间存在内在的因果关系。

就美国反倾销法的内容来看，美国反倾销行政当局和委员会在裁决价格倾销是否成立、产业损害是否存在、倾销幅度的大小以及价格倾销与产业损害的内在关联性等问题时存在和享有广泛的自由裁量权。本章探讨认定倾销成立的第一个实质要件，即价格倾销认定过程中商务部享有的自由裁量权问题。

根据美国反倾销法的规定，认定价格倾销是否成立涉及三个评判指标。即正常价值、出口价格或出口构成价格和倾销幅度，美国反倾销行政当局通常在计算出上述三个价格并进行比较后作出是否存在价格倾销的结论。而这三个价格变量也是最具争议、最能体现美国反倾销行政当局对自由裁量权的行使的。

根据美国反倾销法的规定，裁决价格倾销是否成立的权力属于美国商务部。

第一节　确定"国外相似产品"的自由裁量权

一、确定"国外相似产品"与裁定倾销之间的利害关系

在现实生活中，国际贸易产品的多样性和复杂性导致人们在确定某一产品的属性或范围时感到十分困难，也直接影响到贸易管理机关作出的行政行为和行政相对人的切身利益。在反倾销案件中，确定国外相似产品是反倾销调查中的首要问题和关键问题，其认定的结果将对反倾销案件中的各利害关系方产生直接影响。这是因为:①第一，反倾销行政当局即美国商务部调查和确定的国外相似产品的范围，决定了日后采取的反倾销措施的适用范围。对生产者、出口经营者和进口经营者而言，产品范围的扩大必将造成不必要的贸易限制，妨碍正常的贸易进行；而产品范围的缩小则会降低贸易救济措施的作用，导致国内产业利益受到侵害而得不到贸易救济。第二，反倾销行政当局调查的国外相似产品的范围也会直接影响反倾销调查的结果，即倾销是否存在以及倾销幅度的大小；国内产业是否受到被调查进口产品的损害及损害程度的大小等。这是因为，某类可能被进行反倾销调查的进口产品中，如果对其进行细分，这些细分出来的各种产品是否存在倾销及倾销幅度的大小可能各不相同。即使这些产品的物质特征非常接近，也可能由于交易实际发生的情况不同而造成对是否存在倾销和倾销幅度的裁决存在较大差异。因此，对国外相似产品范围的确定直接影响到对被诉产品展开的反倾销调查的结果。

举例来讲，某一类进口产品可细分为A和B两个品种，其中A产品实际的倾销幅度比较大，而B产品的倾销幅度比较小或根本没有倾销。如果将被调查的产品仅限于A产品，则调查的结果可能使得A产品被征收较高的反倾销税；如果将被调查的产品仅限于B产品，则调查的结果可能使得B产品被征收较低的反倾销税，或者由于不存在倾销而不被采取反倾销措施；而如果被调查产品的范围包括A和B两种产品，则两种产品可能被征收介于以上两种税率之间的反倾销税，或者由于B产品不存在倾销，且数量足够大，造成A和B产品作为整体也不存在倾销，A产品也幸免于被采取反倾销措施。这就说明，国外相似产品范围的确定与价格倾销的认定存在利害

① See Donald H. Regan, *Regulatory Purpose and like products in Article Ⅲ: 4 of the GATT (With Additional Remarks on Article Ⅲ: 21) Law Review*, June 2002, pp. 36-59.

关系。

与此同时，国外相似产品范围的确定与产业损害的认定也存在利害关系。一般来讲，被调查的国外相似产品的范围与美国国内相似产品的范围呈相对应的关系，被认定的国外相似产品的范围不同，与之相对应的这些国内相似产品的范围也不相同。与确定价格倾销的情况相类似，国内相似产品的范围的确定，将对委员会就国内产业是否受到损害以及损害程度作出的裁决有决定性的影响。一般而言，只要进口产品与国内产品之间存在竞争，作为反倾销调查申请人的国内产业，就总是希望反倾销行政当局能够扩大反倾销调查的产品范围。如果被调查的产品仅包括相对较小的产品范围，其他没有被纳入反倾销调查范围但与国内产品存在竞争关系的国外产品就不会被采取反倾销措施，这些国外产品的大量进口将可能与国内产品展开竞争，并对其造成损害。如果反倾销调查申请人申请调查的产品范围比较宽，且这些产品相互之间比较接近，存在竞争，扩大国外相似产品的调查范围就能够扩大反倾销措施的适用范围，从而增加反倾销措施保护本国产品的范围。与反倾销调查申请人的态度正好相反，被诉进口产品的生产者、出口经营者一般希望缩小被调查产品的范围，以便使其可能受到反倾销措施制裁的出口产品的范围和数量尽量减少，从而维护自己的利益。

上述情况只是一般情形，有时反倾销调查的申请人可能出于对反倾销主管机关有关倾销和倾销幅度、损害和损害程度的裁决结果的考虑，只是希望反倾销行政主管机关调查倾销比较严重的产品，或者与自己受到损害的产品或者比较严重损害的产品构成相似产品的进口产品，以避免反倾销行政机关作出倾销不存在、倾销幅度过低或者无损害的裁决。相反，被诉进口产品的生产者、出口经营者也可能出于对以上价格倾销和产业损害裁决两方面结果的考虑，而希望扩大产品的调查范围。

二、确定国外相似产品的法律依据

WTO《反倾销协定》与美国的反倾销法均使用了“相同产品”或“相似产品”的概念，两者使用的“相似产品”概念的含义基本相同。《反倾销协定》规定：“本协定所用的‘相似产品’（like product）一词应解释为同样的（identical）产品，即在所有方面都与该产品相似（alike），或者在缺乏这一产品时，指那种虽然在所有方面与其不尽相同，但具有与该产品非常相似的特性的其他产品。”《反倾销协定》对“相似产品”的定义包括一个参照的产品，即“倾销进口产品”或“考虑中的产品”。可以认为，相似产品是相对于这个参照产品而言的。①

根据美国反倾销法的规定，所谓“国外相似产品”是“指对其作出满意裁决的下列类别中的第一类产品”：②

(1) 被诉产品和其他在物理特征上相同的产品，并在同一国家由同一人所生产。

(2) 产品：(ⅰ) 产于同一国家，且与被诉产品属于同一生产商；(ⅱ) 与被诉产品在构成的材料和使用目的上相同；(ⅲ) 与被诉产品在商业价值上大体相同。

(3) 产品：(ⅰ) 与被诉产品产于相同的国家，由同一人制造、属于同一基本种类；(ⅱ) 与被诉产品在使用目的上相同；(ⅲ) 主管当局确定，与被诉产品具有合理的可比性的产品。

三、确定国外相似产品的标准及其可自由裁量权

根据美国反倾销法的规定，确定国外相似产品是美国商务部的行政职权。美国商务部在确定国外相似产品时应当按照两个标准予以认定：一个是产品的物理特征标准；另一个是产品的原产地标准。③

1. 产品的物理特征标准

按照国际反倾销法的规定，被调查产品相互之间应当构成相似产品，符合法律对相似产品的规定。各国反倾销法对确定相似产品的标准一般都有规定，或在实践中发展出了一些判断标准，但是，各国采用的判断标准还是存在一些细微的差别。美国商务部在确定相似产品时，一般考虑以下因素：产品的物理特征、化学性能、用途、生产设备、制造工艺、消费者和生产者的评价、产品的可替代性、销售渠道、价格等。因此，在反倾销调查中，要确定某类产品或者经过细分后的产品是否能包含在被发起的一次反倾销调查中，就要判断这些产品是否符合以上相似产品的构成条件。需要说明的是，反倾销行政当局在确定相似产品时并非要求完全满足这些标准，而是对这些标准进行综合考虑。由于这些因素涉及物理、化学、工程、机械、冶金、设计、营销等众多学科，对这些学科理论和实践知识的认识和掌握程度以及商务部行政官员在裁定国外相似产品时所持的反倾销态度、经验和习惯均对其

---

① see Won-Mog Choi, “*Like Products*” *in International Trade Law*: *towards a Consistent GATT/WTO Jurisprudence*, Oxford University Press, 2003, pp. 23-25.

② 19USC, §1677 (16).

③ 19USC, §1677 (16).

裁决结论产生影响。1999 年 8 月，美国政府在对中国产漆刷反倾销案中，对相似产品的识别与分类以及由此对被调查的产品范围造成的影响便是很好的例证。①

1999 年 8 月 2 日，美国漆刷产业向美国商务部和美国国际贸易委员会提出反倾销调查申请。该申请声称，由于中国向美国出口的合成细丝漆刷和印度尼西亚出口的合成细丝漆刷、动物鬃漆刷在美国市场上以低于公平价值销售，给美国相关产业造成了实质性的损害或实质性的损害威胁，因此，要求美国商务部和美国国际贸易委员会对上述进口产品发起反倾销调查。

在商务部嗣后签发的立案调查通知书中，商务部这样描述被调查范围内从中国进口的相似产品：对中华人民共和国出口的产品的调查对象包括漆刷和所有用于刷漆、染色、上光、充漆或其他种类的保护性薄膜的漆刷头，但不包括《动物鬃漆刷和美国协调关税目录》（*the Harmonized Tariff Schedule of the United States*）中 9603. 40. 4040 项下的漆刷头。调查对象包括漆刷、由动物鬃和人工细丝混合而成的漆刷头，但人工细丝应占成品漆刷和漆刷头的所有填充物的 50% 以上。受调查的产品可归于美国协调关税目录的子目录中的 9603. 40. 4060 税则号下。受调查产品不包括 9603. 30. 2000，9603. 30. 4000，9603. 30. 6000 税则号下的艺术用漆刷，或 9603. 40. 4060 税则号下的其他非漆刷产品，如泡沫、海绵等其他种类的刷子。因此，对中华人民共和国出口产品的调查范围包括含 50% 以上的人工合成细丝的漆刷；对印度尼西亚出口产品的调查范围不仅包括动物鬃漆刷，还包括人工合成的漆刷。②

在商务部对被调查产品的上述描述中，既包含产品的原产地，如“对中华人民共和国出口的产品”、“对印度尼西亚出口的产品”，也包含产品的物理特征，如“包括漆刷和所有用于刷漆、染色、上光、充漆或其他种类的保护性薄膜的漆刷头，但不包括动物鬃漆刷”、“包括漆刷和由动物鬃和人工细丝混合而成的漆刷头，但人工细丝应占成品漆刷和漆刷头的所有填充物的 50% 以上”。最后认定的国外相似产品的范围是：中国为“包括含

① 摘自国务院研究院 WTO 研究中心、中国社会科学院 WTO 研究中心编：《中国应对国外贸易壁垒最新实务指南》（上册），经济日报出版社 2003 年版，第 713 ~ 722 页。

② 在本案中，国际贸易委员会最后裁定，所有类型的条形刷和漆刷，无论是动物鬃、合成鬃还是两者混合制成的，都构成一类国内相似产品。事实上，这些产品在材料、材质、工艺、用途、性能等方面差异很大，当然最终体现在价格上也应存在高低悬殊。

50%以上的人工合成细丝的漆刷”、印度尼西亚为“不仅包括动物鬃漆刷，还包括人工合成的漆刷”。

在现实生活中，刷子的用途和种类丰富多样，比如漆刷、滚筒刷、美术刷、沐浴刷、烤肉刷、清洁刷（扫把）、画刷等，有时一物多用，有时一物多名。单就漆刷的种类而言，也可谓品种繁多，比如天然鬃毛刷、羊毛刷和合成材料刷，合成材料又分为尼龙或聚酯材料等。就拿本案来讲，人工细丝的成分是否存在差异？生产工艺如何？人工细丝占50%以上如何确定，都是很有争议的问题，也是自由裁量权力很大的环节。在本案中，被诉产品范围的认定直接涉及被调查的国外相似产品的范围，与此相对应，也将影响到美国国内相似产品的范围，最终直接关系到美国相关产业的范围以及正常价值和出口价格或出口构成价格的计算。可见，国外相似产品的认定是认定倾销的首要问题，它有着牵一发而动全身的影响。而正是如此，无论是行政当局还是利害关系方，在申请、调查和应诉时都非常重视对国外相似产品的认定。

2. 产品的原产地标准

在确定了被调查产品的物理特征后，还要确定被诉产品的原产地，因为，并非所有具有相同物理特征的进口产品都被允许列入反倾销调查的产品范围，它们还必须具备以下条件：

（1）有足够证据证明自该原产地（国家或地区）进口的产品存在倾销，且倾销幅度不低于2%。① 在申请人提出反倾销调查申请时，必须提供相关证据材料证明被申请调查的进口产品存在倾销，并证明倾销幅度。如果在今后的调查中没有足够的证据证明存在倾销，或虽存在倾销，但倾销幅度低于2%，则针对该产品的反倾销调查应当终止。②

（2）倾销进口产品的实际和潜在进口量不属于可忽略不计。③ 来自该原产地（国家或地区）的进口量不低于相似产品总进口量的3%，或者来自若干进口量低于3%的原产地（国家或地区）的总进口量超过相似产品总进口量的7%。

（3）有足够证据证明自该原产地（国家或地区）进口的产品造成了国

① 19USC, §1673b (b) (3).

② 对价格倾销的认定是反倾销调查与保障措施调查的一个主要不同之处。如果国内产业希望对未以价格倾销进入国内市场（或没有证据证明存在倾销）的进口产品采取贸易救济措施，则可以申请进行保障措施调查，但必须同时满足采取保障措施时应当具备的其他条件，即进口数量的剧增和对国内产业造成严重损害或严重损害威胁。

③ 19USC, §1673b (b) (3).

内产业的损害，且损害不属于可忽略不计。

在上述被诉产品进口量或损害程度的统计中，实际的计算过程复杂且充满变数。比如，有时原产于某些国家或地区的相似进口产品符合上述条件，但申请人出于其他考虑并未将其列入申请调查的产品范围内。一般情况下，美国反倾销行政机关也不会依据职权将其列入被调查的产品范围。纳入与否，对后期的产业损害评估有直接的影响。因为，按照反倾销法的规定，在进行产业损害评估时，应当将来自于该原产地的所有相似产品对美国国内产业的损害考虑进去，而不能将其他相似产品造成的损害全部归因于被调查的进口产品，但现实是，由于被调查的进口产品的范围业已在先期进行相似产品认定时被商务部确定，国际贸易委员会在后期进行产业损害评估时一般便会以此产品范围为基础进行评估。总之，商务部在认定国外相似产品时需要确定产品的原产地，在认定原产地时需要产品满足倾销幅度2%、进口量3%和7%这三个变量条件，同时商务部应遵守“可忽略”规则，在实际操作中，这些都给商务部留下了很大的可自由裁量的空间。

第二节　确定出口价格的自由裁量权

出口价格是认定倾销的第一个相关价格，出口价格包括出口价格和出口构成价格两种。在反倾销调查中具体采用哪一种价格，取决于被诉产品出口商与美国境内的交易商是否有关联关系。如果被诉产品由出口商直接卖给美国境内的与出口商没有关联关系的进口商，其销售价格即为出口价格；反之，如果被诉产品由出口商卖给美国境内的与出口商有关联关系的进口商，则美国反倾销主管当局不会使用该出口价格，而是采用当该美国进口商在美国境内将该被诉产品再次卖给独立的美国买主时的价格，该交易价格称为出口构成价格。①

一、出口价格的选择

（一）出口价格

《美国法典》第19卷第1677a（a）条规定：“出口价格”指在被诉产品进口之前，外国生产商或出口商将其首次出售（或协议出售）给无关联

① 19USC，§1677a（a）、a（b）.

的美国购买商或无关联的中间商时的价格。① 根据该条款的规定，在此基础上确定的出口价格通常包括以下几种情况：

(1) 如果出口商直接将被诉产品售给美国境内与己无关联关系的购买者，商务部将以该交易价格为基础计算出口价格。

(2) 如果生产者将被诉产品销售给以出口美国为目的的没有关联关系的贸易商，此时的出口价格将分两种情形确定。如果生产者事先知道该贸易商向美国转售产品，并且生产者本身没有直接向美国非关联关系企业销售产品，商务部通常将外国生产者与贸易商之间的买卖价格作为计算出口价格的基础；如果生产者事先并不知道贸易商会将该被诉产品转口销往美国，商务部将以该转口贸易商销售给美国非关联关系进口商的价格再减去折扣后的价格作为出口价格。

(3) 如果生产者将被诉产品销售给非关联关系的贸易商后，该贸易商再以低于购买成本或无法回收销售成本的价格转口销售至美国，美国商务部将对中间商的倾销进行调查，此时将以该中间商卖给美国首次独立购买者的价格为基础计算出口价格。

(4) 如果生产者将被诉产品销售给美国境内与己有关联关系的贸易商，该贸易商与美国购买者之间决定销售价格及销售条件的时间在出口美国前，美国商务部将以该有关联关系贸易商销售给美国独立购买者的价格为出口价格。

(5) 如果生产者通过在美国境内的关联企业销售，在符合下列情况下，商务部才会考虑采用其价格为出口价格：进口前已完成贸易；生产者直接将产品运到美国境内非关联关系购买者，并且该产品未列入其在美国境内的关联销售代理的存货中；通过习惯性商业渠道的销售；在美国的关联销售代理只负责处理销售资料及与美国非关联购买者的联系。

在出口商与进口商有关联的情况下，如果必须以进口商转售给美国境内的独立买主的价格推算出口价格，可以将进口商转售时所产生的利润从转售价格中减去，这样会导致更低的出口价格。对于非市场经济国家，商务部有时会以外国生产者与国有贸易公司之间的价格不可信为由，拒绝使用出口价格。

(二) 出口构成价格

《美国法典》第 19 卷第 1677a (b) 条规定：出口构成价格是指“在该

① 在采用出口价格时，必须满足两个条件：第一，交易的当事人之间没有关联关系；第二，要区分这种交易是直接出口贸易还是转口贸易。

商品进口前后，由其生产商或出口商或由与他们有关联的销售商在美国首次出售（或协议出售）给与生产商或出口商无关联的购买商时的价格”。出口构成价格的实质是进口产品的价格发生在关联企业之间时，因关联关系使得进口商的价格不可靠，在这种情况下，商务部追踪价格的基础直至被诉产品被卖给无关联关系的独立购买人，并以该价格推算出口价格。通常，以出口构成价格推算出口价格包括以下几种情况：

（1）生产者或出口商将产品销售给美国的关联企业，产品进口后，该关联企业再将该产品销售给与自己没有关联关系的购买者。在此情形下，商务部在计算出口价格时可将进口商转售时所发生的利润减去。

（2）虽然生产者或出口商首次并非销售给美国的关联企业，且销售行为发生在进口前，如果销售合同规定销售代理必须负责包括安装、售后服务及供应维修零件、购买及刊登广告以及零售人员的培训等，则仍应当采用出口构成价格。

（3）在产品寄售的情况下，虽然生产者或进口商销售被诉产品给非关联企业并且发生在进口前，但由于是产品寄售关系，仍应当采用出口构成价格，即以寄售企业再次转售给在美国的非关联关系购买者的价格为基础计算出口价格。

二、出口价格的确定及其自由裁量权

根据美国反倾销法的规定，正常价值与出口价格或者出口构成价格不能直接进行比较，必须经过一系列的调整后方可进行比较，调整价格的权力属于美国商务部。按照规定，可用来比较的正常价值和出口价格应当处于相同的贸易水平，一般为出厂价水平。为满足这一要求，美国商务部通常会对各项可能影响价格差异的因素进行必要的调整。但是，如果美国商务部在考虑价格调整的必要性时，认为某些要素对价格的影响不显著，它也有权决定不予调整。换句话说，美国商务部享有决定是否予以调整的自由裁量权。① 美国商务部在进行价格比较时，通常需要调整的因素主要包括以下几项：

1. 贸易渠道

（1）对正常价值的调整。一般原则是，用出口国市场的价格减去该产品达到其市场销售价格的所有相关费用，再加上所有使该产品达到可出口至美国的相关费用。

---

① 参见尚明编著：《反倾销——WTO 规则及中外法律与实践》，法律出版社 2004 年版，第 84 ~ 86 页。

(2) 在使用出口价格时，应当根据实际情况对得到的有关价格数据进行处理，包括对出口价格的增加处理和扣减处理。①

(3) 在涉及出口构成价格时可能需要扣减的项目包括在美国销售时的佣金，出口商自销或代理销售该产品时的一般费用或摊派费用，产品进口后在美国出售前的加工或装配的增值部分。

(4) 在调整出口构成价格时，若在出口构成价格中扣除包括间接销售费用在内的发生在美国的费用，则出口国市场的间接费用也应相应减少，但美国间接销售费用小于出口国市场的间接销售费用时，出口国的费用调整不应高于美国的有关调整，该项调整的原则被称为“费用冲抵”原则。

2. 销售数量

两个市场因销售数量导致产生价格存在差异时应当予以调整。如果被诉产品在国内或向第三国的正常销售过程中，有超过20%的产品给予了折扣和证明所做的折扣与节省制造一定数量产品的成本有直接关系，可在处理正常价值时减去该数量的折扣。

3. 产品物理特性

物理特性调整也称“产品差异性调整”。有关差异的计算，主要是考虑生产成本不同而予以调整。调整的方法是：以出口国与美国市场的总变动生产成本的差异作为计算基础，如果出口国市场总变动生产成本高于美国市场的总变动生产成本，在计算正常价值时应减去高出的部分；如果美国市场总变动生产成本高于出口国市场总变动生产成本，计算正常价值时应加入该差异值。如果产品成本不同，但物理特性相同，则不予调整。一般情况下，商务部不接受产品用途差异的调整。

4. 销售环节

在价格调整中，美国商务部通常将两个市场发生的有关销售费用列入不同销售环节的调整项目。该项调整包括佣金、质量保证、技术服务、担保、信用费、仓储费、回扣和折扣、广告费用等。销售环节的费用调整应该是直接销售费用或与销售直接有关的其他销售费用，并且应具备合理的成本数据。一般情况下，商务部对研发费用不予调整。因为美国商务部认为该项费

① 增加项目：不包括在价格中的有关包装费用，出口国的产品与部件因出口而免征或退回的出口税或国内税（费），出口国减征或免征的用于出口产品的原材料、中间产品等的进口关税（若不出口则加征相关关税），已征收的反补贴税。扣减项目：在价格中包括的从出口国装运地至美国交货地所发生的附加成本、开支、费用及进口美国的关税，包括在价格内的出口国为出口加征的关税和其他税费。

用与销售无关，但若证明研发费用直接与特定的销售相关，也可能得到调整。①

5. 初始成本

一般而言，成本应根据其在调查或审查期内受初始运营影响的程度而作适当调整。初始成本是指：（1）生产商使用新的生产设备或生产新的产品，而另外需要重大投资；（2）生产因受到初始生产阶段技术因素的限制而无法达到商业化生产水平。

初始成本调整，是指初始生产阶段结束以后，以被调查产品的单位生产成本取代初始生产阶段的单位生产成本；若初始生产阶段超过调查期间，商务部将使用最近可获得的生产成本资料，且在不需延长调查的情况下进行实地核查。

6. 汇率

价格比较涉及不同货币的汇率变化，因此也要对汇率进行适当的调整。（1）货币转换一般应以销售日期为准；（2）在期货市场中的外国货币销售，如果与出口销售有直接关系，应使用期货销售的远期汇率；（3）若汇率持续大幅波动两个月以上，外国货币大幅升值或大幅贬值，商务部将给予出口商至少 60 天的时间调整出口价格，以兼顾调查期间出现的外汇汇率持续变化的情况。②

从操作上讲，商务部确定被诉产品出口价格的自由裁量权表现在对出口价格进行调整的各个变量上，这种调整是一个技术性的系统工程。③ 在上述价格调整中，美国反倾销行政当局一直采用两个非常明显的不合理的习惯性做法，由此形成了自由裁量惯例。

第一，采用非对称的消除间接销售费用的办法，人为地降低了出口价格。

正如前文所言，商务部在计算倾销幅度时，倾销价格的计算并不是直接以被诉产品在国内的实际售价与出口价格的比较为基础。相反，商务部往往是先对实际售价进行调整，再就调整后的净价进行比较。这种调整是为了用

① See Lawrence M. Friedman, *Business and Legal Strategies for Combating Grey-Market Imports*, *International Lawyer*, Vol. 32, No. 1, Spring 1998, p. 28.

② See Jong Bum Kim, *Currency Conversion in the Antidumping Agreement*, *Journal of World Trade*, Vol. 34, No. 4, 2000, pp. 125-136.

③ See Finger, J. Michael, *Dumping and Antidumping*, *The Rhetoric and the Reality of Protection in Industrial Countries*, *The World Bank Research Observer*, Vol. 7, No. 2, Jul 1992, p. 16.

来确保所进行的比较是“苹果对苹果”的比较，在比较时通常要考虑运输成本、物理特性、信用条件、保证条件及其他销售费用的不同。然而，这种调整是非对称的。这是因为，调整是依据出口价格而不是国内市场价格进行的。因此，倾销幅度就会凭空而生。

在采用“出口构成价格”的情况下，对间接销售费用的处理也存在明显的非对称性。美国反倾销法规定，在使用“出口价格”的情形下，间接销售费用诸如员工工资、高级管理部门费用等无须调整，而在“出口构成价格”情形下，国外生产者通过中间商向出口市场销售商品时，一定的间接销售费用应当被扣除。这些间接销售费用是从出口价格中扣除的，而对国内市场价格进行调整时，这些费用却直接增加。扣除出口市场间接费用的做法很显然是以出口市场的中间商与国内市场生产商的直接销售处于不同贸易水平的假设为基础的，而该假设完全没有道理。因为中间商的顾客有可能是较大的国内分销商，而国外生产者直接销售给当地较小的批发商，此时国内市场价格比出口价格包含更多的分销环节的费用。这种“CEP（Constructed Export Price）抵消性忽略”的非对称性做法，扭曲了倾销的计算，得出了更高的倾销幅度。如果出口市场比国内市场的间接费用大的话，则两种费用都应予以考虑。然而，当国内市场的间接费用比出口市场更大一些时，它们却被忽略了。因为法律规定出口国费用的调整不应高于美国的有关调整，其结果是人为地增加了正常价值，从而人为地增加了倾销幅度。

美国学者通过计量模型演算美国商务部裁定的倾销幅度后发现，如果取消“CEP抵消性忽略”，在其所选的18个美国已经裁决的案例样本中，有10个样本的倾销幅度将下降。例如，在对日本的滚子轴承进行2次复审时，如果不扣除间接销售费用，大轴承的倾销幅度将下降25.55%，而小轴承的倾销幅度则会下降15.84%，对10个涉及CEP抵消的裁决来说，取消间接销售费用的扣除将使倾销幅度下降9.06%。①

此外，将营业成本直接算进销售价格中也是不合理的。将它们从价格中剥离比从实际市场售价中剥离更能进行价格比较，扣除全部出口市场的间接销售费用而只扣除部分国内市场的间接销售费用的非对称性做法增加了主观性。

目前世界贸易组织的反倾销规则对“CEP抵消性忽略”的做法未作任何规定，而这正好为美国反倾销调查机关在进行价格调整时增加了操作的自

① See Brink Lindsey and Dan Ikenson, *Reforming the Antidumping Agreement—A Road Map for WTO Negotiations*, *CATO institute*, No. 21, December 11, 2002, p. 22.

由空间。

第二，对“劣质”或“次等”商品的定价方法人为地增加了倾销幅度。

目前，世界贸易组织的反倾销规则对“劣质”或“次等”商品的价格处理并未作出规定，这也为美国反倾销行政当局留下了很大的自由裁量权。在企业的实际生产过程中，产品的生产往往并非完全如人所愿，如果生产成品不符合要求，这就形成了“劣质”或“次等”品，特别是当产品规格成为不可改变的安全标准或工程要求时，劣质品往往无法销售，而次品对某些客户可能还有一些价值。此时，生产者往往以较大折扣出售次品而不是丢弃它。但是，在现有的反倾销规则下，这类非正常商品的销售会与国内市场同类的正常商品相比较，尽管次品的售价比正品要低，但其成品却是相同的。因此，次品往往以低于生产成本的价格出售。由于排除了次品的国内售价，次品的出口价格必定与国内较高售价的正品进行比较。这样，在出口国市场销售次品会被认为造成了很高的倾销幅度。

世界贸易组织的反倾销规则规定了对物理特征不同的商品可进行价格调整，即物理特征调整或者称为“产品差异调整”。当出口商品与国内市场上的不同商品进行比较时，该调整将用来弥补物理特性的差异。可是，美国反倾销调查机关只是在比较成本不同的商品时才采用“产品差异调整”，而尽管正品和次品存在重要的物理差异，但由于两者不存在成本差异，无法使用“产品差异调整”，从而造成了较大的倾销幅度。

第三节　确定市场经济国家被诉产品正常价值的自由裁量权

一、确定市场经济国家被诉产品正常价值的立法授权

反倾销调查需要确定被诉产品的正常价值，以便使之能与出口价格或出口构成价格进行比较，并在此基础上测算出倾销幅度。①《美国法典》第19卷第1677b节规定了确定正常价值的方法和原则。一般而言，被调查商品的正常价值应是与确定出口价格或出口构成价格的销售的时间合理对应的时间内的价格。在确定正常价值的方法上一般有三种方法可选择，即本国市场价格、第三国销售价格和构成价值，这三种情形均仅对享有市场经济地位的出

① “正常价值”在美国反倾销法中曾被称为“公平价值”（fair value）。1994年WTO《反倾销协定》生效后，美国反倾销法将“公平价值”改称为“正常价值”。

口国家适用。按照《美国法典》第19卷第1677b节的条文的原意，正常价值应该首先根据本国市场价格或第三国销售价格来确定，只有在这两种价格都不能用来确定正常价值时，反倾销调查机关才使用构成价值。

（一）采用本国市场价格计算被诉产品的正常价值

美国反倾销法规定的本国市场价格是指："国外相似产品在出口国以消费为目的，且在正常贸易过程中，在与出口价格或出口构成价格处于同一贸易水平下，以商业上通常的数量首次销售的价格（在没有销售时以销售报价为准）。"但是，根据该法的规定，在下列三种情形下，反倾销行政当局不能采用本国市场价格作为被诉产品的正常价值：第一，国外相似产品在出口国不是以销售为目的销售（或要约销售）。第二，国外相似产品在出口国的销售总量（如数量不合适，可以为价值）不足以与该商品在美国销售作适当比较，意即如果国外相似产品在本国国内市场销售的数量不能等于或者多于销售至美国的数量（或者价值）的5%时，则不能采用。① 第三，出口国的特殊市场状况使得本国市场价格不能与出口价格或出口构成价格作适当比较。②

按照美国反倾销法的规定，反倾销行政当局在确定正常价值时，对跨国公司应当适用特殊规则。即如果生产并出口产品到美国的厂家是由设立在另一国或数国生产国外相似产品的个人、企业或公司所直接或间接拥有或控制，且由于出口国以外的一个或多个厂家生产的国外相似产品的正常价值高于设立在出口国的厂家生产的国外相似产品的正常价值，此时正常价值的确定应参考国外相似产品自出口国以外的生产厂家以实质数量售出时的正常价值。但是主管当局应调整国外相似产品在出口国以外的厂家生产时的生产成本（包括国内税、劳工、材料和一般管理费）与国外相似产品在出口国厂家的生产成本之间的差额，直到当局满意为止。在确定出口国以外的国家生产的国外相似产品的正常价值时，行政当局应以出口国出口时的价格为准，并参考出口国的成本，对集装箱和覆盖物的费用以及将被诉产品置于向美国备运状态的所有其他的成本、费用和支出进行调整。按照美国反倾销法的上述规定，在被诉产品的出口国是跨国公司的母国的情况下，如果跨国公司在

---

① 如果国外相似产品在出口国销售的总数量（或价值）不能等于或者多于销售至美国的数量（或者价值）的5%，通常被认为不足。这里所指的5%的销售数量涉及若干规格型号的被诉产品，需按照规格型号进行5%的测试。在美国反倾销行政当局认为低于5%的贸易数量可以满足代表性的要求时，低于5%的销售也是可以被接受的。

② 所谓出口国的特殊市场状况是指这样一些情形，比如关联企业之间的关联交易、低于成本销售和市场价格的不正常波动等。

两个或者两个以上的国家直接或者间接控制生产向美国出口的产品或者相似产品，或者跨国公司在出口国以外生产的与被调查产品相同或者相似的产品的正常价值高于出口国产品的正常价值，则行政当局不采用其国内市场销售价格来计算被诉产品的正常价值，其原因是美国行政当局担心在这种关联交易中出现价格转移而导致采用的正常价值不可靠。

可见，采用本国市场价格是要满足很多条件的，如“以消费为目的”、“在正常贸易过程中”、“同一贸易水平下”、“商业上通常的数量”、“首次出售”、“销售报价”等。在进行这些测试后，行政当局还要作很多调整和比较，并对其中所涉及因素和变量的采用享有自由裁量权。

（二）采用第三国销售价格计算被诉产品的正常价值

第三国销售价格是指国外相似产品在出口国或美国以外的国家以消费为目的而售出的价格（或销售报价）。在美国反倾销行政当局否定了采用被诉产品的本国市场价格后，接着会选择采用这一价格。行政当局决定采用这一价格前应当确认该价格满足三个条件：（1）该价格应当具有代表性；（2）出口商或生产商在该第三国销售的国外相似产品的总数量（如数量不合适，以价值计）等于或多于该商品在美国销售或出口美国总数量（或价值）的5%；（3）由于其他国家的特殊市场状况而妨碍其与出口价格或出口构成价格的适当比较。

在采用第三国价格推算正常价值时，商务部要对与价格有关的某些因素作适当的调整，比如包装费用、其他成本、支出和费用等。与此同时，选择第三国的价格与选择出口国的价格一样需要进行加权平均计算。还有，如果交易价格是在关联公司间发生的，则要采用首次转售给独立购买人的价格。上述调整的范围和程度往往取决于美国商务部获得满意的程度，即“直到它们满意为止”。

（三）采用构成价值计算被诉产品的正常价值

根据美国反倾销法的规定，如果商务部认为被诉产品的正常价值不能根据上述两种方法确定，那么该商品的正常价值将只能根据被诉产品的构成价值予以确定。美国反倾销法规定，进口商品的构成价值的数额等于“在允许正常商业过程中正常生产的期限内，生产该商品所使用的原料和装配或其他加工成本，和该国外相似产品在国外以消费为目的由特定出口商或生产商在生产和销售中发生或取得的一般销售和管理费用及利润金额，和所有的内外包装成本即将该商品包装备运至美国所发生的所有其他费用（材料成本的确定不应考虑出口国征收的任何国内税或该材料制成产品出口时返还的处理费）”。

根据规定，在推定构成价值时，反倾销主管当局将主要根据被调查产品的生产成本、利润和各项费用三大项的内容进行推定。假如与特定出口商或生产商在生产和销售中发生或取得的一般销售和管理费用及利润金额有关的实际资料无从获得，那么反倾销主管当局可以通过以下金额确定：以与该商品属同一普通类别的商品在外国以消费为目的的生产和销售中所发生和取得的一般销售、管理费用以及利润的实际金额为准；或者国外相似产品在外国以消费为目的的一般贸易过程中，出口商和生产商因生产和销售发生和取得的需经调查或审查核定的一般销售、管理费用和利润实际加权平均后的数额；或者以其他任何方式发生或取得的一般销售费、管理费用加上利润后的数额，但是利润不能超过出口商或生产商在外国为消费目的而销售与该商品属同一普通类别的商品时正常发生的金额。

（四）低成本销售时计算被诉产品的正常价值

根据美国反倾销法的规定，所谓“低于生产成本销售”是指“在延长的期限内以相当数量进行，其价格不允许出口商在合理期间内收回成本。如果被认定如此，那么该销售在确定正常价值时可以不予考虑”。低于成本销售的产品价格对被诉产品的正常价值的确定有很大的影响。① 在利害关系人要求并提供证据的情况下，如果美国商务部有合理根据相信出口商以低于成本的价格销售产品，那么商务部将进行生产成本调查；或者在任何时候主管当局有合理理由相信或怀疑据以确定正常价值的国外相似产品是以低于生产成本的价格进行销售的，主管当局有权认定该被诉产品是否属于低于生产成本的销售。② 在认定时，美国主管当局通常考虑如下因素：被调查产品在被观测的期限内，③ 其销售的数量达到用以确定正常价值的销售总数量的20%以上，且确定正常价值的每单位加权平均价低于该销售的每单位加权平均生产成本。但是，如果该被诉产品的销售价格低于每单位生产成本，但在被调查或审查期内高于每单位的加权平均成本，该价格将被认为允许出口商在合理期间内收回成本。

二、确定市场经济国家被诉产品正常价值的自由裁量权

正常价值的确定是裁决倾销是否成立的一个非常关键的问题，无论是美

① 参见曹罗欣：《试论美国反倾销法认定低于成本销售的不公平性》，载《中国与WTO》，2001 年第 5 期，第 20 ~ 22 页。

② See Brink Lindsey, *The U. S. Anti dumping law-Rhetoric versus Reality*, *Journal of World Trade*, Vol. 34, No. 1, 2000, pp. 23-29.

③ 根据美国反倾销法，被观测的期限一般为一年，但最少不能低于 6 个月。

国的商务部还是利害关系方，都非常重视正常价值的计算结果。从美国反倾销法的规定来看，美国商务部享有选择以三种价格为基础计算正常价值的权力，也就是说在选择价格上，美国商务部享有自由裁量权，尽管立法有很多限制。从计算正常价值的公正性来看，显然在上述三种可选价格中，构成价值是最易偏离被诉产品的真实国内售价的，第三国售价次之。对确定被诉产品正常价值的自由裁量权的行使，使美国商务部最乐于使用以构成价值为基础来计算被诉产品的正常价值，这一目的在操作时不难达到。美国反倾销法关于选择以某一种价格为基础来计算正常价值的方法的规定，具有诸多操作弹性。例如，在采用本国市场价格时需要进行条件测试，这些条件包括“以消费为目的”、“在正常贸易过程中”、“同一贸易水平下”、“商业上通常的数量”、“首次出售”、“销售报价”等。构成价值的实质是构成价格，其可自由裁量性自不待言。

在选择以何种价格为基础计算被诉产品的正常价值后，在与被诉产品的出口价格或出口构成价格进行比较时，商务部还需对正常价值进行调整。本质上，对正常价值进行调整的过程，就是商务部行使自由裁量权的过程。长久以来，美国商务部在确定正常价值时有两个习惯性的做法，这种在处理正常价值时形成的通例，足以显示商务部享有的自由裁量权。①

1. 采用“成本测试”(the cost test) 法

“成本测试”法是美国反倾销实践中最主要的存在瑕疵的方法，像其他存在瑕疵的方法一样，它使国内市场价格和出口价格的比较发生扭曲，从而形成人为的边际倾销。②

成本测试是在商务部采用被调查外国企业的本国市场价格或第三国价格来计算正常价值时适用的。当申请者提起反倾销申请时，商务部通常会调查被调查企业是否以低于生产成本（或平均成本）价格在本国市场或向第三国销售。在对被诉产品进行生产成本测试时，美国的处理原则是，如果低于生产成本销售的产品的数量低于被用于计算正常价值的产品销售总量的20%，则在计算正常价值时，该部分低于生产成本销售的产品应被包括在内；如果低于生产成本销售的产品的数量高于被用于计算正常价值的产品总量的20%，则使用高于生产成本销售部分计算正常价值，只要高于生产成

① 参见曹罗欣：《美国反倾销法认定价格歧视存在的不公平性》，载《经济与法》，2001年第9期，第65～67页。

② See Brink Lindsey and Dan Ikenson, *Reforming the Antidumping Agreement—A Road Map for WTO Negotiations*, *CATO institute*, No. 21, December11, 2002, p. 14.

本的销售是在正常市场条件下形成的。过去美国在计算正常价值时，在处理低于成本销售问题时的方法是，对于低于成本销售的部分产品，如果低于用以确定正常价值的产品销售总量的10%，则包括在正常价值的计算之内；如果大于或等于用以确定正常价值的产品销售总量的90%，则排除在正常价值计算之外；如果大于用以确定正常价值的产品销售总量的10%，但小于用以确定正常价值的产品销售总量的90%，则使用高于成本部分计算正常价值。近年来，在处理低于成本销售的被诉产品的正常价值时，商务部的一般做法是，只要在国外市场销售价格中发现有高于成本销售的价格，不论该部分产品的销售占整个销售的比例如何，就以该部分产品的销售价格为正常价值。①

在认定被诉产品是否属于低于生产成本销售时，对生产成本的计算变得十分重要。在计算被诉产品的生产成本时，反倾销主管当局通常会考虑以下因素：②

（1）原材料和构成物的成本以及在一般贸易过程中，该国外相似产品在一般生产期间内所发生的任何其他加工费。如果正常价值是基于国外相似产品在出口国以外的国家为消费目的的销售，那么，确定原材料成本时应不予考虑在出口国征收的出口时予以退还的国内税和处理费用。

（2）有实际资料证明的、相关出口商在生产和销售国外相似产品时的一般销售、管理费用。

（3）无论何种性质的内外包装成本以及所有其他因包装备运发生的费用。

如果正常价值是基于外国类似产品在出口国以外的国家为消费目的的销售，那么确定原材料成本时应不予考虑在出口国征收的出口时予以退还的国内税和处理费用。

上述规则在早期的案例中并没有被提及，因为美国反倾销法中并没有详细规定如何使用此规则，所以人们无法了解美国商务部实际上采用了何种方法。美国商务部在使用该规则时往往具有不确定性，因此，调查期间内某些月份的数据可能形成构成价值，而另外一些月份的数据则不能。显然，这将会增加采用构成价值方法计算正常价值的概率，更有可能增加倾销幅度。

---

① See Finger, J. Michael, *Dumping and Antidumping: The Rhetoric and the Reality of Protection in Industrial Countries*, *The World Bank Research Observer*, Vol. 17, No. 2, Jul 1992, p. 17.

② 19USC, §1677b.

在反倾销实践中，倾销的存在与否是由出口价格与“正常价值”的比较决定的，这主要取决于外国生产者国内市场的价格。如果调整后的出口价格比正常价值低的话，则倾销存在；正常价值与净出口价格之间的差就是边际倾销值或倾销率。在进行成本测试时，本国市场低于成本销售的这部分价格并未包括在正常价值之内。换句话说，所有的出口价格都是与本国国内市场销售价格最高的价格相比较的，这种非对称的比较扭曲了计算的公平性，其目的是便于得出倾销存在的结论。在美国反倾销案例中，边际倾销的影响十分大。美国学者对17个采用了成本测试的案例做过分析，结果发现它们都存在边际倾销的结果。其中2个剔除成本测试的案例中，其边际倾销为零，剩下的15个案例中边际值可能比最终计算的要低50%，17个案例的边际值平均低59.69%。① 由于在《反倾销协定》第2.21款中特别提到可以采用该方法，因此，成本测试成为反倾销调查的基本特征。美国学者经过3年的调查研究后发现，在37个被确定为倾销的案例中，只有4个通过纯粹的本国市场价格和美国价格的比较可以作为正常价值的基础，另外33个或者说98%的情况下，美国商务部会通过成本测试排除部分或所有的国内市场销售。研究发现，在采用成本测试的情况下，边际倾销平均为16.14%，而剔除成本测试后，边际倾销平均为4.00%。②

由于成本测试在反倾销规则中是合法的，又由于这种方法在反倾销调查中被广泛使用。因此，该方法现在业已成为美国商务部广泛行使自由裁量权的惯例之一，这也是推高倾销税率的主要因素。

2. 采用计算“构成价值”时增加利润的方法

构成价值是美国反倾销法中的一个价格术语，它只在以下情况下使用：（1）调查期间所有国外生产者的产品都存在于出口市场上；（2）存在一个可比的市场，但并无销售相似产品的市场；（3）所有类似的可比市场的销售都在成本测试中被剔除了。因此，美国在计算构成价值时通常在单位成本的基础上加上一定的利润和管理费用。因为立法者认为，正常利润是公司资本成本的组成部分。但是，将利润包含在构成价值之中必然会使得边际倾销增加。

---

① See Brink Lindsey and Dan Ikenson, *Reforming the Antidumping Agreement—A Road Map for WTO Negotiations*, *CATO institute*, No. 21, December11, 2002, p. 14.

② See Bruce A. Blonigen, *Evolving Discretionary Practices of U. S. Antidumping Activity*, *National Bureau of Economic Research Working Paper*, April 2003, p. 15. available at http: // www. nber. org /papers/ w9625.

在美国学者随机抽查的17个美国倾销案中，有5个采用了构成价值，在这5个中有4个的利润要素影响结果。如果利润不包括在构成价值之中，边际倾销平均将下降11.02%。例如，1998年美国在调查印度蘑菇反倾销案时，美国商务部计算出的倾销幅度为7.94%；如果剔除利润，倾销幅度将下降到4.88%。又如，1997年美国对中国的长度钢板进行反倾销调查时，辽宁出口企业的倾销幅度为17.33%，如果不把利润计算在构成价值之内，倾销幅度将为5.43%，即会降低69%。再比如，1997年美国在对中国台湾地区出口的餐具进行反倾销调查时，台湾陈赫的利润率为25.77%。采用同样的方法对印度尼西亚进行反倾销调查时，多尼多的利润率为22.61%，而美国塑料制品产业的平均利润率仅为5.23%。因此，采用提高利润率的计算方法，进而抬高被诉产品的构成价值是得出如此荒谬结果的重要原因。

第四节　确定非市场经济国家被诉产品正常价值的自由裁量权

按照美国反倾销法的规定，反倾销主管当局有权对来自非市场经济国家的被诉产品采用有别于市场经济国家的方法计算其正常价值。① 几十年来，美国反倾销主管当局在原先采用"替代国"价格的基础上，逐步发展、演变和细化了一套计算非市场经济国家出口被诉产品的正常价值的做法。

一、确定非市场经济国家被诉产品正常价值方法的立法授权

（一）"国家控制经济"与被诉产品正常价值的确定方法

在1988年以前，美国和其他一些西方国家的反倾销法对"非市场经济国家"（Non-market ecomomy country）使用"政府控制贸易国家"（State—controlled trade countries）或"中央计划经济国家"（Centrally-planned economy country）的称呼，美国法律不承认来自这些国家的产品的国内价格是正常的。美国认为，市场经济国家存在着资本、商品和劳务市场，产品价格由竞争状态下的供求关系、价值规律决定，产品价格反映产品的真实成本，因此，可以确定正常价值。但是，在中央计划经济国家，资源和生产资料归国家所有，原材料、动力价格和工资由国家决定，产品

① See Alexander Polouektov, *Non-Market Economy Issues in the WTO Anti-Dumping Law and Accession Negotiations—Revival of a Two-tier Membership*, *Journal of World Trade*, Vol. 36, No. 1, 2002, pp. 23-29.

价值被扭曲，不能反映产品的生产成本，要确定一个正常的国内销售价格是不可能的；货币不能自由兑换，不能对产品的国内价格与出口价格进行可靠的比较；国家垄断外贸，出口价格不正常，因此用被扭曲的国内价格与出口价格进行比较来确定倾销是否存在是不合适的。基于上述理论，美国立法授权反倾销主管当局选择使用第三国的国内相似产品价格，或第三国向其他国家销售的相似产品价格或者第三国的构成价格，以替代这些国家的出口产品的正常价值，即所谓的“替代国价格”（subrogate country price）。① 在使用替代国价格时，美国商务部有一个选择替代国的基本原则，它要求被选择的替代国是“在经济发展水平上同出口国具有可比性的市场经济国家，是具有可比性的产品的主要生产国”。② 为此，美国反倾销法也特别规定了一系列参考标准，供反倾销主管当局参照使用，这些标准有：人均国民生产总值，基础设施的发展状况，特别是生产相似产品的工业的发展水平等。选择的替代国价格有时是一个国家的价格，有时是几个国家价格的平均值，如 1986 年美国在对中国的搪瓷厨具反倾销案件中，就选择了联邦德国、法国、荷兰、日本、加拿大和瑞士的平均进口价格，以推算中国产品的正常价值。③

（二）“非市场经济国家”与被诉产品正常价值的确定方法

1. 对“非市场经济国家”的认定

1988 年以后，美国反倾销法对来自非市场经济国家的被诉产品的正常价值的确定，有了一点变化，即在《1988 年综合贸易与竞争法》中首次采用了“非市场经济国家”的概念。④ 美国法律授权反倾销主管当局可以对

---

① 参见张新娟著：《反倾销法律的理论与实践》，中国社会科学出版社 2003 年版，第 75 ~ 77 页。

② See Charlene Barshefsky, *Non-Market Economies in Transition and the U. S. Antidumping Law: Remarks on the Need for Reevaluation*, *International Law Journal*, No. 8, Fall 1990, pp. 32-37.

③ 被美国商务部认定为与中国在经济发展水平上具有可比性的国家主要包括：印度、印度尼西亚、菲律宾、斯里兰卡和巴基斯坦，这五个国家是美国商务部在选择替代国价格时，将予优先使用的第一顺位替代国；埃及、尼加拉瓜、叙利亚、加纳和肯尼亚，这五个国家是美国商务部在第一顺位替代国不予使用的情况下，将予考虑的第二顺位替代国。实践中，在审理涉及中国的反倾销案件时，美国商务部使用得最多最频繁的替代国，是位列替代国名单榜首的印度。

④ 19USC，§1677（18）.《1988 年综合贸易与竞争法》第 1316 节规定：“非市场经济国家是指由主管当局确定的那些不按成本和价格构成的市场原则运作，商品在该国的销售不反映其公平价值的国家。”

某一国家是否属于"非市场经济国家"作出认定,并且主管当局可以在任何时候对任何国家就"非市场经济国家"作出认定。① 美国商务部的这一认定不受干扰,并且不受美国法院的司法审查。② 在认定某一国家是否属于"非市场经济国家"时,主管当局应考虑的因素有6项:(1)该外国货币与他国货币的可兑换程度;(2)该外国工人工资水平在多大程度上是由工人同管理者的自由谈判来决定的;(3)该国对其他国家的企业在本国建立合作企业或进行其他投资的准入程度;(4)该国政府对生产资料所有或控制的程度;(5)该国政府对企业资源分配、产品价格及产量决定权的控制程度;(6)行政当局应当合理考虑的其他因素。

2. 确定"非市场经济国家"被诉产品正常价值的方法

按照美国反倾销法的规定,一旦一国被认定为"非市场经济国家",就必须采用特别的方法来计算来自该国的被诉产品的正常价值。综合来看,美国对"非市场经济国家"被诉产品的正常价值的计算方法有三种:

(1)"市场导向产业"与"市场经济地位"

在对来自非市场经济国家的被诉产品进行反倾销调查时,商务部并未真正地在某个案件中用有关标准确定某个国家的市场经济地位,而是首先判断被诉产品所属的某个产业是否属于"市场导向产业"。③ 而要作出这种判断,就必须对被诉产品所属的产业进行"市场导向产业"测试。在进行市场导向产业测试时,美国商务部有三条标准:被调查产品的定价和产量不存在政府干预和介入,不论产品是用于出口还是本国消费;被调查产品的生产行业是以私有或集体所有制为主;所有的重要生产要素投入,即使是所占价值比例很小的部分,都必须以市场决定的价格购买。商务部确定,如果来自非市场经济国家的出口商能够按上述要求证明被诉产品的有关产业的价格和成本不受国家控制,是由市场决定的,则可以享受与来自市场经济国家一样的待遇。

采用"市场导向产业"测试是美国就过去对来自"国家控制经济"国家的被诉产品一律采用"替代国价格"的重大变革,这一做法的隐形意义在于,美国开始将一个国家在整体上是否享有市场经济地位与该国某个被诉

① 19USC,§1677(18)(C)(i):"对一外国作出的非市场经济国家的认定将一直有效,直至这一认定被主管当局推翻。"

② 19USC,§1677(18)(D):"不管美国其他法律条文如何规定,主管当局作出的任何认定在已经发起的任何反倾销调查中均不受司法审查"。

③ 参见杨力军:《论美国反倾销实践中"市场导向工业"的标准与适用》,载《国际贸易问题》,1995年第10期,第43~50页。

企业及其所属的产业是否享有市场经济地位进行分割处理，区别对待。具体来讲，在美国看来，一个国家在整体上可能不是市场经济国家，不能享受市场经济地位的待遇，但并不妨碍一个企业以其认可的证据证明其所属的产业在该国已经是一个市场导向的产业。因此，在一国不被美国承认是一个市场经济国家前，被诉向美国倾销出口产品的该国企业仍有可能享受市场经济地位。根据美国反倾销法，一个非市场经济国家想要美国承认其为市场经济国家，需由该国政府向其商务部申请和举证；① 一个非市场经济国家的被诉倾销出口产品的企业要在应诉时享有市场经济地位，则应由该被诉企业在应诉反倾销时提出主张和举证。②

（2）非“市场导向产业”与“生产要素法”

按照市场导向产业测试的三个标准，如果商务部认定被诉产品所属的产业不是市场导向产业，则将根据“生产要素法”（factors of production）来计算被诉产品的正常价值。《美国法典》第 19 卷第 1677b（c）条规定：“如果被诉倾销的产品是从非市场经济国家进口的，主管当局认为凭现有的资料无法确定该商品的正常价值，主管当局将根据生产该产品时使用的要素价值加上一般的费用和利润及内外包装的成本和其他费用来确定其正常价值。生产要素的估价将根据该要素在市场经济国家或主管当局认为合适的国家的最佳可得资料做出。”③ 生产商品的生产要素的耗费包括，但不限于：（1）所需的工时；（2）原材料的数量；（3）能源和其他设备的消耗量；（4）有代

---

① 2004 年 6 月 3 日，美国商务部应中国政府的要求，就是否给予中国市场经济地位问题举行了第一场听证会。在此之前的 5 月 7 日，美国商务部曾专门发出听证会公告。美国认为中国不是一个市场经济国家，其判断依据是美国《1930 年关税法》规定的六条标准。欧盟对判定某国是否属于市场经济国家也颁布了相关标准，简单地说包括企业自主权、政府干预程度、劳资谈判自由度、汇率兑换自由度等。在同样标准下，欧盟曾对俄罗斯和中国做过测评，按照测评结果，俄罗斯的市场化程度低于中国。然而，2002 年欧盟承认了俄罗斯的市场经济地位，却不承认中国的市场经济地位。欧盟委员会认为，如果承认中国的市场经济地位，将使欧盟今后对中国采取反倾销措施时变得更加困难。因此，虽然欧盟有可能比美国提前承认中国的市场经济地位，但在可以预见的短期内也是不会轻易承认的。

② 2004 年 4 月 14 日，新西兰宣布承认中国完全市场经济地位，使“中国市场经济地位问题”在发达国家中实现了“零”的突破。2007 年 7 月 9 日，瑞士正式宣布承认中国完全市场经济地位，瑞士是第三个承认中国完全市场经济地位的欧洲国家，也是第 75 个承认中国完全市场经济地位的国家。不过，目前中国前三大贸易伙伴欧盟、美国和日本都尚未承认中国完全市场经济地位。

③ 19USC，§1677b（c）（1）（B）。

表性的资本成本，包括设备折旧费。对生产要素进行估价时，要尽可能利用下列一个或多个市场经济国家的生产要素的价格或成本：（1）该市场经济国家与该非市场经济国家具有可比的经济发展水平；（2）该市场经济国家是可比较商品的重要生产国。具体的做法是将生产某个产品的过程拆分成各个生产要素的耗费，包括：工时、原材料的耗费量、能耗和其他消耗、资本投入等，将各生产要素的量化指标乘以相似产品选定的某市场经济国家的价格数据，计算出生产成本。再在生产成本的基础上，加上固定折算的管理费用、利润及其他费用，通过相关的调整就形成了正常价值。这种计算方法只是承认被诉产品在产地的各项投入消耗量，没有承认其各生产要素相应的价格或成本。因此，其计算结果也不是被诉产品真正的公平价值，其实质仍是一种推定价值。

(3)“资料不充足”与“替代国方法”

在商务部认为不能使用生产要素方法确定来自于某非市场经济国家产品的正常价值时，仍将以替代国的相似产品的价格为基础，进行调整后作为该产品的正常价值。美国反倾销法规定，如果主管当局认为确定该商品正常价值依据的资料不充足，主管当局仍将以如下商品价格为基础确定正常价值：(1）与该商品有可比性的商品的价格；（2）且在一个或多个与该非市场经济国家经济发展水平有可比性的市场经济国家生产，并在包括美国在内的他国销售的商品的价格。①

二、确定“非市场经济国家”被诉产品正常价值的自由裁量权

在美国对非市场经济国家出口被诉产品进行的反倾销调查中，最有争议的就是各生产要素的价格选择问题，因为商务部在生产要素价格的选择上享有太多的自由裁量权。正如美国联邦巡回上诉法院1999年在“国家福特化学公司诉美国政府”案中阐述的观点，由于“推算非市场经济国家生产商生产的被诉产品的外国市场价值的过程既是困难的也是必然不准确的”，因此，“尽管美国《1930年关税法》第773条（c）款规定了指导方针以在此过程中助美国商务部一臂之力，该款亦赋予了美国商务部适用这些指导方针确定生产要素价值的广泛的自由裁量权”。② 在非市场经济国家的生产商从其国内购买生产要素时，第773条（c）款并未指令美国商务部使用一个替

① 19USC，§1677b（c）（2）（A）、(B)。

② 国家福特化学公司诉美国政府，166 F.3d 1373（Fed. Cir. 1999）。

代国的国内价格，该款仅仅要求，美国商务部应基于“一个或一个以上市场经济国家有关此种要素价格的最佳可得信息”确定生产要素的价值。这种“最佳可得信息”既可以是源自替代国的、与涉案非市场经济国家生产商的生产经历完全相似的信息，也可以不是此种信息。源自替代国的相似信息是否“最佳”将不可避免地根据具体情况，包括该替代国的市场结构与接受调查的非市场经济国家假定的自由市场结构之间的关系而定。虽然一个替代国价格必须尽量反映非市场经济国家的情况，但美国商务部无须分毫不差地复制非市场经济国家生产商的生产经历。简言之，只要美国商务部确定生产要素价值的方法是合理的，其即无须证明该方法是唯一的甚或是最好的方法。

值得注意的是，上述三种方法是计算来自非市场经济国家被诉产品的正常价值的基本方法，是就某一出口国被诉企业整体的原则性规定。在实际反倾销调查中，对来自同一国家的被诉产品的生产商和出口商，其被给予的倾销税率的待遇可能会有所不同。美国反倾销主管当局可根据被诉产品的企业在法律上是否受政府控制，在事实上是否受政府控制以及被调查者与调查当局合作的态度如何，在进行反倾销税率裁定时，对不同的被诉企业给予不同的倾销税率待遇。对于不受控制者以及与主管当局合作者将被给予分别税率；对于受控制者以及不与主管当局合作者将被给予统一税率。

综上所述，在计算来自非市场经济国家的被诉产品的正常价值时，反倾销主管当局在如下方面享有广泛的自由裁量权：对被诉产品原产国的“市场经济地位”的认定；对被诉产品“市场导向产业”的测试；对被诉产品采用“生产要素方法”的确定，与被诉产品有关的各生产要素的价值或价格的选择以及各项费用与成本、利润的确定；对被诉产品采用“替代国方法”的确定以及替代国的选择、替代国价格或价值的确定；对被诉产品适用统一税率的裁定以及对上述所有变量的调整等。若其中任何一个要素、变量发生变化，则最终被计算出的正常价值都会有差异，进而裁定的倾销税率也会不同。

美国商务部在计算非市场经济国家如中国、俄罗斯等国家的被诉出口产品的正常价值时，总是假定，这些被诉企业提供的成本或价格数据从经济或者会计角度来看是不存在或毫无意义的。因此，美国商务部倾向于采用“生产要素法”来计算这些国家被诉出口产品的正常价值。

按照美国反倾销法的规定，美国商务部在确定非市场经济国家被诉产品的正常价值时，应当以“生产要素法”为原则、以“替代国价格”为例外来选择确定正常价值的方法。然而，在使用“生产要素法”确定非市场经济国家被诉产品的正常价值时，美国商务部通常将其认为恰当的替代国价格视为最佳可得信息，并予优先使用，尽管经过比较，美国商务部可能认定其他市场经济价格较替代国价格更佳。① 此外，在选择其他市场经济国家的生产要素价格或成本计算非市场经济国家被诉产品的生产要素价格时，美国商务部有权将各个生产要素分拆，每一个生产要素可以采用一个或几个市场经济国家的生产要素价格或价值，甚至还可以采用这些生产要素价格或价值的平均值。这就是说，即便不像过去那样一律采用替代国价格的方法，在改用生产要素方法计算正常价值以后，美国商务部仍然在选择各个生产要素价格的替代国上享有很大的自由裁量权。

需要强调的是，长期以来，不少学者撰文指出，以美国为代表的西方国家对来自非市场经济国家的被诉倾销产品采用“替代国价格”，是对非市场经济国家出口产品采取的歧视性贸易政策，对非市场经济国家企业是不公平的！其实，问题的实质不在这里。以美国为代表的一些西方国家的上述做法，与其说是对非市场经济国家的被诉出口产品的贸易歧视，倒不如说是对这些国家企业所处的体制环境的歧视。从法理上讲，美国的上述做法并不违反世界贸易组织《反倾销协定》的有关规定；从经济学上讲，在一个非市场经济国家，其商品的价格并不一定能够反映该商品真实的市场价值和成本是客观存在的现实，将被诉产品的国内价格与其出口价格进行比较的确具有不恰当性，也存在实际的困难。因此，对非市场经济国家的被诉产品采取特别的计价方法也就成为情理之中的事了。由于 WTO《反倾销协定》并未明确规定非市场经济国家的标准，而将这一标准的制定权赋予各个成员国，因此，撇开各国制定的认定非市场经济国家的标准是否具有合理性不谈，在目前，一个非市场经济国家在没有被他国承认为一个市场经济国家之前，只能接受这一特殊的计算被诉产品的正常价值的方法。

---

① 19USC，§1677b（c）（4）（A）、（B），即§773（c）（4）of the Tariff Act of 1930 规定，在确定非市场经济国家被诉产品生产要素的价值时，美国商务部应在可能的范围内，使用下列一个或几个市场经济国家的生产要素价格或成本：（1）与该非市场经济国家在经济发展水平上是可比的；（2）是可比产品的重要生产国。第 773 条（c）款（1）项同时规定，生产要素价值的确定应基于美国商务部认为恰当的、一个或几个市场经济国家内有关此种生产要素价格的最佳可得信息。

三、确定中国被诉产品正常价值的自由裁量权

在美国对中国出口产品进行的反倾销调查中，争议最大的问题就是关于中国的“市场经济地位”的认定，即便中国现在已经是 WTO 的成员国了，这个问题直到现在还没有从法律上得到根本解决。正如前文所言，中国的市场经济地位问题，并不是中国应诉反倾销的出口企业需要解决和能够解决的问题，因此，中国国家的市场经济地位，只影响中国被诉倾销企业作为一个整体在应诉反倾销时提供的国内价格能得到何等地位或待遇，进而影响到被诉产品的国内价格是否能被接受的问题，对被诉企业个案的裁决结果没有影响。目前，对中国的市场经济地位的认定除了受美国反倾销法的制约外，还受到中国加入 WTO 有关协议的约束。①

为了详细阐述美国反倾销法的规定和美国商务部确定中国出口被诉产品正常价值的方法，本书先引证 WTO《反倾销协定》和中国加入世界贸易组织的两个法律文件的有关条文，然后对比美国反倾销法的有关规定进行分析说明。

（一）中国出口产品被诉倾销与反倾销中的“市场经济国家地位”问题②

1. WTO《反倾销协定》关于“非市场经济国家”的论述

WTO《反倾销协定》中对非市场经济国家下的定义比较模糊，只是在它的附件九第六条第 1 款第 2 项规定：“应当承认，对全部或大体上全部由国家垄断贸易并由国家规定国内价格的国家进出口的货物，在为第 1 款的目的决定可比价格时，可能存在特殊困难，在这种情况下，进口缔约国可能发现有必要考虑这种可能性：与这种国家的国内价格作严格的比较，不一定经常适当。”按此规定，WTO 把“全部或大体上全部由国家垄断贸易并由国家规定国内价格的国家”视为“非市场经济国家”，并在原则上规定了来自非市场经济国家的被诉产品的国内销售价格不能作为与其出口价格相比较的

① 2001 年底，在中国加入世贸组织谈判的最后阶段，美国提出了非市场经济地位的问题。当时中国同意其他成员国可以在中国加入 WTO 后 15 年内，将中国视为非市场经济国家。《中华人民共和国加入议定书》第 15 条就是有关“中国的非市场经济地位条款”，受此束缚，中国作为一个整体，在 15 年内可能无法获得其他成员国对中国的“市场经济地位”的承认。这实际上是一种歧视性待遇，是对中国现行体制的歧视，但不能简单地将其等同于价格歧视。

② See Alexander Polouektov, *Non-Market Economy Issues in the WTO Anti-dumping Law and Accession Negotiations—Revival of a Two-tier Membership? Journal of World Trade*, Vol. 36, No. 1, 2002, pp. 1-37.

基础，但是，WTO 的成员国究竟采用什么方法来确定被诉的来自非市场经济国家的进口产品的正常价值，以便确定被诉进口产品是否存在倾销，WTO 并没有作出明确规定，因此，进口缔约国采用与适用于市场经济国家不同的其他方法来确定来自非市场经济国家的被诉产品的正常价值，则是被 WTO 规则允许的。

2.《中华人民共和国加入议定书》第 15 条的规定①

《中华人民共和国加入议定书》第 15 条（确定补贴和倾销时的价格可比性）规定：GATT1994 第 6 条《关于实施 1994 年关税与贸易总协定第 6 条的协定》（“《反倾销协定》”）以及《SCM 协定》应适用于涉及原产于中国的进口产品进入一 WTO 成员的程序，并应符合下列规定：

（a）在根据 GATT1994 第 6 条和《反倾销协定》确定价格可比性时，该 WTO 进口成员应依据下列规则，使用接受调查产业的中国价格或成本，或者使用不依据与中国国内价格或成本进行严格比较的方法：

（ⅰ）如受调查的生产者能够明确证明，生产该相似产品的产业在制造、生产和销售该产品方面具备市场经济条件，则该 WTO 进口成员在确定价格可比性时，应使用受调查产业的中国价格或成本：

（ⅱ）如受调查的生产者不能明确证明生产该相似产品的产业在制造、生产和销售该产品方面具备市场经济条件，则该 WTO 进口成员可使用不依据与中国国内价格或成本进行严格比较的方法。

（b）在根据《SCM 协定》第二、三及第五部分规定进行的程序中，在处理第 14 条（a）项、（b）项、（c）项和（d）项所述补贴时，应适用《SCM 协定》的有关规定；但是，如此种适用遇有特殊困难，则该 WTO 进口成员可使用考虑到中国国内现有情况和条件并非总能用做适当基准这一可能性的确定和衡量补贴利益的方法。在适用此类方法时，只要可行，该 WTO 进口成员在考虑使用中国以外的情况和条件之前，应对此类现有情况和条件进行调整。

（c）该 WTO 进口成员应向反倾销措施委员会通知依照（a）项使用的方法，并应向补贴与反补贴措施委员会通知依照（b）项使用的方法。

（d）一旦中国根据该 WTO 进口成员的国内法证实其是一个市场经济体，则（a）项的规定即应终止，但截至加入之日，该 WTO 进口成员的国内法中需包含有关市场经济的标准。无论如何，（a）项（ⅱ）目的规定应

① 参见新华国际经贸 WTO 法律咨询中心主编：《中国对外贸易经济合作与 WTO 法典》，万方数据电子出版社 2002 年版，第 8～9 页。

在加入之日后15年终止。此外，如中国根据该WTO进口成员的国内法证实一特定产业或部门具备市场经济条件，则（a）项中的非市场经济条款不得再对该产业或部门适用。

3.《中国加入工作组报告书》第13条的规定①

《中国加入工作组报告书》第13条（反倾销税和反补贴税）第150款规定：若干工作组成员指出，中国正在继续进行向完全的市场经济转型的进程。这些成员指出，在这些情况下，对于原产于中国的产品进口至一WTO成员，在反倾销调查和反补贴税调查中确定成本和价格可比性时可能存在特殊困难。这些成员表示，在此类情况下，WTO进口成员可能认为有必要考虑与中国的国内成本和价格进行严格比较不一定适当的可能性。

《中国加入工作组报告书》第13条第151规定：中国代表对某些WTO成员以往采取的措施表示关注，这些成员将中国视为非市场经济国家，而在未确定或公布所使用的标准、未以公平的方式给予中国公司充分的机会提供证据以维护其利益以及未说明作出其裁定所依据的理由，包括裁定中进行价格比较的方法的情况下，对中国公司征收反倾销税。对于这些关注，工作组成员确认在实施议定书（草案）第15条（a）项（ⅱ）目时，WTO成员将遵守以下规定：

（a）在以并非根据中国国内价格或成本进行严格比较的方式，确定一具体案件中的价格可比性时，WTO进口成员应保证已经制定并提前公布有关下列内容的规定：（1）其确定生产该相似产品的产业或公司是否具备市场经济条件所使用的标准；及（2）其确定价格可比性时所使用的方法。对于那些未具备适用一种特别包括下列准则在内的方法的惯例的WTO进口成员而言，应尽最大努力保证其确定价格可比性的方法包括与以下所述规定相类似的规定。上述准则为，调查主管机关通常应最大限度地、并在得到必要合作的情况下，使用一个或多个属可比商品重要生产者的市场经济国家中的价格或成本，这些国家的经济发展水平应可与中国经济相比较，或根据接受调查产业的性质，是将被使用的价格或成本的适当来源。

（b）WTO进口成员应保证在适用其市场经济标准及其确定价格可比性的方法之前，已将这些标准和方法向反倾销措施委员会作出通知。

（c）调查程序应透明，并应给予中国生产者或出口商提出意见的充分

① 参见新华国际经贸WTO法律咨询中心主编：《中国对外贸易经济合作与WTO法典》，万方数据电子出版社2002年版，第8~9页和第80~82页。

机会，特别是提出关于在一具体案件中适用确定价格可比性方法的意见。

(d) WTO进口成员应通知其所要求的信息，并应向中国的生产者和出口商提供在一具体案件中提供书面证据的充分机会。

(e) WTO进口成员应向中国的生产者和出口商提供在一具体案件中维护他们利益的充分机会。

(f) WTO进口成员应提供对一具体案件所作初步和最终裁定的足够详细的理由。

上述两个文件的规定表明，中国入世后，有权按照WTO各成员国国内法关于认定市场经济的标准申请市场经济体的地位，也可按照各成员国的认定标准申请某一受反倾销调查的产业或者部门具备市场经济条件。即便中国不被某一成员国认为是一个市场经济国家，但如果中国受调查的生产者能够明确证明，生产该相似产品的产业在制造、生产和销售该产品方面具备市场经济条件，则该WTO进口成员在确定价格可比性时，应使用受调查产业的中国价格或成本。但是，不论中国是否获得各成员国对中国市场经济地位的承认，在中国入世15年，即2016年12月11日后，中国即自动获得市场经济国家的地位。在中国被认为是一个市场经济国家之前，各成员国对来自中国的进口产品进行反倾销调查确定价格可比性时有两种确定价格可比性的方法：一种是应使用受调查产业的中国价格或成本，其前提是中国受调查的生产者能够明确证明，生产该相似产品的产业在制造、生产和销售该产品方面具备市场经济条件；另一种是使用替代国的成本或者价格，具体的方法由各成员国的国内法规定，这种方法的使用前提是中国的生产者不能证明其生产该相似产品的产业在制造、生产和销售该产品方面具备市场经济条件。

根据上述三个文件的规定，我们很难简单地认为，美国现行的反倾销法违反了WTO《反倾销协定》和中国入世文件的有关规定。美国反倾销法根据WTO《反倾销协定》的规定，对如何确定中国被诉产品的正常价值的方法进行了明确和细化，这就是“市场导向产业”测试和市场经济国家待遇以及“市场导向产业”测试失败后采用的“生产要素法”和传统的“替代国价格”两种方法。具体地讲，美国现在对来自中国的进口产品进行反倾销认定时，首先进行“市场导向产业”分析，如果经过测试，被调查的生产者所属的产业被认为属于“市场导向产业”，那么，该生产者出口到美国的被诉产品将享受市场经济待遇，美国商务部将采用与市场经济国家被诉产品一样的计算方法来计算其被诉产品的正常价值。如果不能证明，则采用“生产要素法”或“替代国价格”，即采用与受调查产品具有可比性的一个或多个属可比商品重要生产者的市场经济国家中生产要素的价格或成本，甚至直接采用这些国家相似产品的价格或成本。①

（二）美国确定中国被诉产品正常价值的自由裁量惯例及实践

自1988年以来，美国对来自中国的被诉产品在确定正常价值时，不再简单武断地采用“替代国价格”的定价方法，而是引入了新的概念，采用了新的方法，这就是“市场导向产业”测试和“生产要素法”。表面上看，进步不小，但实际上认定中国的某一被诉产品所处的产业是否具有市场经济导向，能否享有与市场经济国家同等待遇的裁决权仍在美国反倾销行政当局手中，其中可自由裁量权很大；此外，即便改用了生产要素法，也没有从本质上抛弃美国过去一贯沿用的替代国价格法，不同的是，过去是对被诉产品整体采用一个替代国的价格，而现在是对被诉产品的各个生产要素分别采用一个或者几个替代国的价格或成本、或者是采用这些替代国的价格或成本的平均值，其中，不排除某些生产要素的价格或成本可直接采用被诉企业主张的价格或成本。② 问题在于，只要存在替代国价格这种定价方法，不论是对被诉产品直接采用替代国的价格，还是对被诉产品的生产要素采用替代国的成本或价格，都不会改变美国反倾销行政当局在拆分被诉产品的生产要素和就各个生产要素选择替代国及其价格或成本来确定被诉产品正常价值时享有的自由裁量权以及由此带来的不确定性和任意性。下面即选两例予以说明。

【案例1】美国对中国缝制帽子反倾销案③

美国对中国缝制帽子反倾销案，是中国政府第一次要求美国政府按市场经济国家待遇进行审理和裁定的反倾销案件。1988年5月26日，针对中方出口美国的缝制帽子，美国帽子协会向美国商务部提出反倾销申请。申诉方要求美国商务部采取紧急措施，中止中国产品在调查期内对美国的继续出口。申诉方还认为，由于中国政府控制外贸和外贸企业，所以本案只能给中国所有被诉企业裁定一个倾销幅度，最多也只能有两个。

关于是否应按市场经济国家待遇计算中国被诉产品的倾销幅度的问题。中方认为，1988年中国经济体制改革已有了实质性发展，帽子出口

① 参见杨力军：《论美国反倾销实践中“市场导向工业”的标准与适用》，载《国际贸易问题》，1995年第10期，第43～50页。

② 美国从1991年诉中国产螺母倾销案开始，同意接受中国被诉产品某些生产要素的价格或成本。

③ 资料摘自国务院研究院 WTO 研究中心、中国社会科学院 WTO 研究中心编：《中国应对国外贸易壁垒最新实务指南》（上册），经济日报出版社2003年版，第689～697页。根据论证的需要，本书仅就该案中与确定正常价值有关的问题进行讨论。

生产企业原料价格多由市场决定，企业用工和工资水平多由企业自主决定。因此中方向美国商务部提出，帽子反倾销案要按市场经济国家的待遇来计算倾销幅度，对中国不同的出口企业要根据他们自己的生产成本和出口价格分别裁定倾销税。当时的外经贸部部长李岚清致电美国商务部，要求美国商务部在审理此案时应考虑中国经济体制改革和外贸体制改革的事实。为此，美国商务部派高级官员到中国向外经贸部了解中国外贸体制改革的有关问题，中方以积极态度进行了配合调查。后来，美国商务部还两次专程派人到中国进行实地考核和考察。一次是对有关被诉企业进行实地考核；另一次是派高级官员对中国外贸改革和市场经济问题进行考察。经过调查，美国商务部最后认为，尽管中国经济已呈现出市场经济趋势，帽子行业所表现的市场经济因素很多，但仍不足以说服美国商务部按市场经济国家计算倾销幅度。美国商务部认为，中国的外贸体制正处在转轨期，许多方面已表现出发展中市场经济国家的特点。但由于存在外汇留成计划、国家对外贸的垄断、政府对棉花市场的控制和人民币可兑换程度等问题，因此中国的帽子行业仍属国家控制经济的组成部分。

美国商务部没有按市场经济待遇计算倾销幅度的主要理由是：美国商务部认为，从政府对生产资料的拥有程度来看，应诉的八个外贸公司均是国有企业。虽然中国改革开放后，外贸分公司与总公司脱钩，分公司是企业独立法人，帽子生产没有国家计划控制，企业再投入在很大程度上由经济状况决定而不受国家控制，同时国家也颁布了《破产法》。但美国商务部认为，政府是企业的所有者，企业仍然没有权力出售企业的财产和更换企业所有权。从政府在生产要素和资源配置方面的影响来看，制造帽子的原料之一的棉花的生产仍受政府计划控制，50%的棉布消费是政府购买行为。另外，虽然帽子是按来料加工形式生产的，但政府对棉花的生产和价格具有影响力，生产企业没有充分证据说明生产所需的棉布售价是由市场定价的。在劳动用工方面，企业虽然有一定自主权，但专业人员仍然不能随意流动，其工资是由政府劳动部门确定的。从政府对产出的控制程度方面来看，由于对外贸易是由国家垄断的，所以帽子出口也是受政府影响的。最后，由于人民币仍不是自由可兑换货币，外贸公司虽然可以到外汇调剂市场将剩余外汇进行兑换，但大部分外汇收入要按官方汇率上缴国家。生产企业虽然也将可以自行进出口，但现在还是由外贸公司代理出口。在外贸体制改革方面，美国商务部承认外贸企业已有越来越多的自主权，但政府对外贸的垄断程度仍很强。所以，美国商务部最终裁定中国的被诉企业不能享受市场经济地位，并进而选择确定菲律宾为本案中的替代国。

关于被诉产品的生产要素的价格依照哪国的要素价格或价值确定的问题，在本案中，由于将中国视为非市场经济国家，美国商务部最终按《综合贸易与竞争法》中的生产要素计算方法来确定正常价值。美国商务部根据问卷和实地调查所掌握的资料，用中方生产企业对生产要素的投入数量，主要包括原料、能源、劳动工时，选择菲律宾为替代国，使用菲律宾生产企业在上述生产要素的投入价格计算生产成本。对于棉花的价格则选用了美国海关提供的埃及对其出口的价格。在此基础上，再加上规定的10%的管理费和8%的合理利润来计算正常价值。结果使正常价值过高，倾销幅度增大。

【案例2】美国对中国钢丝绳反倾销案①

2000年3月1日，美国国内钢丝绳和特种缆绳生产委员会以印度、马来西亚、中国和泰国的钢丝绳在美国市场倾销，对美国国内产业造成了实质损害为由，向美国商务部和美国国际贸易委员会提出申请，要求对上述四国出口到美国的钢丝绳企业发起反倾销调查。美国方面诉称，中方涉诉产品最高倾销幅度达75%，企业涉案金额为1 000多万美元。在本案中，中美双方就中国产品正常价值的确定分歧很大，争论激烈。

美国商务部认为中国是非市场经济国家，在计算中方钢丝绳产品的生产成本、正常价值、出口价格等数据来确定被诉产品是否存在倾销以及倾销幅度时，需要首先确定替代国以进行相关计算和比较。按照美国反倾销法，在对中国的反倾销案件中，美国商务部选择确定替代国的标准是：（1）与中国经济发展水平相当；（2）是相似产品的重要的生产国。在本案中，美国商务部最后选择了印度作为本案的替代国。在计算中国钢丝绳的正常价值时，美国商务部根据印度提供的价格数据和中国出口商报告的生产要素数据进行计算。在利用印度提供的价格数据时，美国商务部考虑了数据的可适用性以及是否与调查期同期。最终，美国商务部对原材料供应商与工厂之间的距离作了调整，由于印度月度外贸统计表的数据与调查期不同期，他们又根

① 资料摘自国务院研究院WTO研究中心、中国社会科学院WTO研究中心编：《中国应对国外贸易壁垒最新实务指南》（上册），经济日报出版社2003年版，第723～729页。

据国际货币基金组织公布的通胀率作了调整。经过上述调查、认定和计算，美国商务部初步裁定中国企业的倾销幅度分别为：江苏法尔胜集团进出口公司24.28%；海城Greatx工业公司、河南缆绳厂、江苏COFCO公司、江苏Guo Tai公司、辽宁五矿进出口公司、南通钢丝绳厂均为56.54%；江苏南通中德钢丝绳公司和其他中国企业为118.78%。

初裁结果公布后，中美双方都对初裁提出了不同的意见。中方认为，美国商务部在计算有关数据时，特别是采用的替代国原材料的替代价值与事实不符，计算依据与事实存在很大出入。正常价值的计算方法也有问题，在很大程度上夸大了中方的倾销幅度，显失公平。在调查、辩论过程中，中美双方争执的焦点主要集中在第三国替代原材料价格的计算方面。

一是关于金属线的替代价值。江苏南通中德钢丝绳公司认为，印度月度外贸统计表中“钢丝绳”目录过于宽泛，其中包含来自马来西亚的价格畸高的进口钢丝绳。而江苏南通中德钢丝绳公司所使用的金属线是一种可替代程度很高的产品，其在世界范围的价格是相对一致的。与其他来源的数据相比，美国商务部计算所依据的印度月度外贸统计表中的数据过高，直接影响产品正常价值的计算和倾销幅度的确定，与被调查企业事实不符。美国商务部同意了江苏南通中德钢丝绳公司的意见，最后使用江苏法尔胜集团进出口公司的金属线（来自市场经济国家）的价格数据计算了一个加权平均价格，作为计算的依据。

二是关于纤维芯的替代价值。在初裁中，美国商务部使用了印度月度外贸统计表中“生麻（raw jute）”的价格来计算纤维芯的替代价值。但美国申诉方认为，有证据表明，中国公司并没有购买生麻自己加工生产纤维芯，而是购买纤维芯成品，因此美国商务部关于纤维芯替代价值的数据是不正确的。对此，美国商务部最终采纳了申请人的意见，使用另一目录下的价格重新计算了纤维芯的替代价值。

三是关于木制卷轴的替代价值。在初裁中，美国商务部依据印度月度外贸统计表中“已完成的木制卷轴”的价格计算本案中木制卷轴的替代价值。江苏法尔胜集团进出口公司和江苏南通中德钢丝绳公司提出，自己使用的木制卷轴均是公司自制，美国商务部应根据印度木材的价格来计算本案中木制卷轴的替代价值。美国商务部同意了中方的意见。

此外，应诉的中国企业还对硫酸、螺钉和螺母、盐酸等原材料的替代价值提出了质疑并提供了来源于印度化工周刊、印度五矿评论、印度经济时报等方面的数据。由于中方的据理力争，美国商务部最终采纳了中方的意见，并按中方提供的有关数据，重新计算了硫酸、螺钉和螺母、盐酸等原材料的替代价值。

经过中方律师和企业的进一步据理力争，美国商务部在终裁时，最终接受了中方的部分意见，修改了正常价值的计算方法，使中方的倾销幅度大幅度降低。其中，江苏法尔胜集团进出口公司倾销幅度为0.02%，属于可以忽略不计的范围，即零税率。美国商务部重新得出的中国企业的倾销幅度为：江苏法尔胜集团进出口公司0.02%；海城 Greatx 工业公司、河南缆绳厂、江苏 COFCO 公司、江苏 GuoTai 公司、辽宁五矿进出口公司、南通钢丝绳厂均为42.23%；其他中国企业为58%。

通过对美国商务部在初裁和终裁裁定的倾销税率的比对，我们可以明显地看到，美国商务部在计算正常价值时，由于用以计算生产要素价格或成本的替代国及其价格的选择不同，生产要素的价格也会不同，导致正常价值发生变化，最后直接影响到被诉产品的倾销税率。美国对中国钢丝绳反倾销案说明，被诉产品生产要素价格或者成本的选择或确定，对最终计算和确定被诉产品的正常价值有着实质性影响，这也说明美国反倾销主管当局在确定中国出口产品的正常价值时，即便抛弃了过去采用的“替代国价格”，采用了貌似合理的“生产要素法”，但是，由于选择和确定各个生产要素及其价格或成本的替代国的权力掌握在美国商务部手中，被替代计算出来的中国被诉产品的正常价值仍具有不确定性、随意性。因此，中国被诉产品真实的正常价值被扭曲是必然的。更重要的是，面对被扭曲的真实的国内价格，中国企业除了咽下无奈的委屈，指责美国商务部计价结果的不合理之外，根本无法质疑美国商务部计价方法的合法性和正当性，其根本原因就在于，美国反倾销法为美国反倾销行政主管部门预先设置了太多的可自由裁量权，其中美国商务部在确定非市场经济国家的被诉产品的正常价值时可享有的自由裁量权最集中、最典型。

第五节　裁决倾销幅度的自由裁量权

一、裁决倾销幅度的立法授权

WTO《反倾销协定》对倾销幅度的确定作了原则性规定，其第2条第4款第2项规定，在遵守适用于第4款中公平比较规定的前提下，调查阶段倾销幅度的存在通常应在对加权平均正常价值与全部可比出口交易的加权平均价格进行比较的基础上确定，或在逐笔交易的基础上对正常价值与出口价格进行比较而确定。如主管机关认为一种出口价格在不同购买者、地区或时间之间差异很大，且如果就为何不能通过使用加权平均对加权平均或交易对交易进行比较而适当考虑此类差异作出说明，则在加权平均基础上确定的正常价值可以与单笔出口交易的价格进行比较。

修改后的美国反倾销法也作了类似的规定。按照美国反倾销法的规定，对正常价值和出口价格主要采用正常价值的加权平均价格与可比产品的出口价格或出口构成价格的加权平均值进行比较的方法计算。在贸易量比较少的情况下，才使用交易对交易的方法。同时，在计算方法上又规定了例外条款，允许美国商务部发现出口产品价格在不同购买者、地区或时间之间的差异很大时，可以使用正常价值的平均值与可比产品的单个贸易出口价格进行比较，确定是否属于低于正常价值的销售。

根据反倾销法的制度设计，为了对倾销这种不公平贸易行为进行制裁，抵消因被诉产品的倾销行为对进口国相关产业造成的损害，对倾销产品的进口除应按正常税率征税之外，还应征收反倾销税，反倾销税的总额不应超过被诉产品的倾销幅度。换句话说，倾销幅度是通过比较出口产品的公平价值与产品出口到美国的出口价格来确定的，反倾销税的税额就是该产品正常价值超过出口价格（或出口构成价格）的差额。在遵守相关公平比较规定的前提下，调查阶段倾销幅度的存在通常应在对加权平均正常价值与全部可比出口交易的加权平均价格进行比较的基础上确定。

倾销幅度的计算公式如下：

$$倾销幅度=\frac{正常价值-出口价格（出厂价）}{出口价格（FOB）}$$

二、裁决倾销幅度的自由裁量权

美国商务部对倾销幅度的裁决直接影响对倾销、倾销税率的裁决。以往的反倾销案件的裁决表明，美国商务部在裁决倾销幅度的过程中，享有并行使了广泛的自由裁量权。归纳起来，主要有以下几种做法。

（一）采用“可得事实”的裁决方法增大了计算倾销幅度的随意性

众所周知，在乌拉圭回合协议实施之前，美国反倾销调查机关在裁决时一向采用“最佳可得信息”（Best Availabe Information，BAI）制度。① 乌拉圭回合协议达成后，美国的立法修改为“可得事实”，即如果外国公司无法准确提供或者没有就商务部在计算倾销幅度时所需的详细数据很好地提供回复，导致调查机关在进行裁决时变得十分困难，则美国商务部可采用“可得事实”，即一律采用申请书上提供的有关倾销行为的信息。

在反倾销实践中，美国商务部一般将被诉企业及其提供的信息区分为合作型企业（cooperating firms）的“可得事实”和非合作型（non-cooperating firms）企业的“可得事实”。如果出现了被诉企业不合作的情形，美国商务部就会采用“不利可得事实”作为裁决的依据，以此作为对不合作者的一种惩罚性措施。②

近20年来，美国商务部对使用“最佳可得信息”或“可得事实”规则的态度发生了很大的转变。美国商务部在20世纪80年代早期比晚期似乎更愿意帮助外国企业获得其计算倾销幅度所需的数据。美国商务部在不同时期先后对日本的两家出口企业发起反倾销调查时对外公开的陈述内容，即可见

---

① 1995年生效的美国《乌拉圭回合协议法》已废止了原美国《1930年关税法》第776条（c）款有关“最佳可得信息”的规定，而代之以“可得事实”。关于“最佳可得信息”规则，WTO和许多国家的国内反倾销法均有规定。WTO《反倾销协定》第6条第1款规定：“反倾销调查主管机关可以要求反倾销调查中的所有利害关系方提出与所涉调查有关的所有证据。”第6条第8款规定：“如任何利害关系方不允许使用或未在合理时间内提供必要的信息，或严重妨碍调查，则初步和最终裁定，无论是肯定的还是否定的，均可在可获得的事实基础上作出。在适用本款时应遵守《协定》附件2的规定。”中国《反倾销条例》第21条和第36条也对“最佳可获得信息”作了规定，第21条规定：“利害关系方应当如实反映情况，提供有关资料。利害关系方不如实反映情况、提供有关资料的，或者没有在合理时间内提供必要信息的，或者以其他方式严重妨碍调查的，商务部可以根据已经获得的事实和可获得的最佳信息作出裁定。”第36条规定：“出口经营者违反其价格承诺的，商务部依照本条例的规定，可以立即决定恢复反倾销调查；根据可获得的最佳信息，可以决定采取临时反倾销措施，并可以对实施临时反倾销措施前90天内进口的产品追溯征收反倾销税，但违反价格承诺前进口的产品除外。”

② 关于“可得事实”的使用，美国《1930年关税法》第776条（a）款规定：若（1）必需的信息在案卷记录中无法找到；或者（2）一个利害关系人或任何其他人：（A）拒绝交出主管当局或委员会按本章规定要求提交的信息；（B）未能在提交信息的最后期限前或未能依照规定的格式及方式提交此种信息，但本规定应受制于第782条（c）款（1）项及（e）款的规定；（C）明显妨碍依本章规定进行的调查；（D）虽提供了此种信息，但该信息无法依照第782条（ⅰ）款的规定予以核查，则主管当局及委员会在依本章规定作出适当的裁决时，应使用其他可得事实，但此种使用应受制于第782条（d）款的规定。

证这种政策上的转变。

一个代表性的案例是1980年美国商务部对日本东芝公司出口的台面微波炉反倾销案，① 美国商务部遇到了东芝公司无法提供必要信息的情形，美国商务部对此作出如下说明："东芝公司无法提供与对在国内销售和出口销售模式下存在的差异进行必要调整有关的任何信息。我们已经依赖于东芝公司提供的描述性文献和专门信息……在作出最终裁决时，商务部将会考虑东芝公司提供的所有信息，只要这些信息在裁决作出前能被证实。"

将这一案例同1988年美国商务部对日本三丰公司出口的数字读出器反倾销案进行比较，可见其态度已经发生转变。美国商务部在就该案作出裁决的公报中说："……关于三丰公司在美国的销售，我们采用最佳可得信息是因为三丰公司无法对我们的问卷调查中的D部分作出回应……这是我们对不回应公司采取的政策……我们将按申请书中提及的最高倾销幅度……"

在这两个案例中，美国商务部对采用"可得事实"规则的态度差异十分明显。在早期，美国商务部在调查时愿意考虑外国企业提供的信息，也愿意将外国企业提供的信息作为"可得事实"。而在20世纪80年代末期，美国商务部更倾向于采用"不利可得事实"，即使外国企业仅仅是对问卷中的部分问题无法作出回答，并且在初裁后拒绝采用来自外国企业的任何信息。

运用"可得事实"规则的一个关键性变化体现在美国商务部1988年对来自多个国家的反摩擦轴承进行反倾销调查时所采取的政策中。美国商务部在该案裁决中的附录B部分阐述了他们采取的"二分法"（a two-tier method），即合作型的企业可能比非合作型的企业得到更低的倾销税率，对非合作型企业采用"不利可得事实"规则将会使被裁定的倾销幅度是下列倾销幅度中较高者中的一个：（1）申请书中主张的倾销幅度；或者（2）裁定给被调查的任何外国企业的最高计算率。这种歧视性的做法使得更多企业更少地被采用"可得事实"，因为美国商务部通常会裁定外国企业为"非合作型企业"，且这样做似乎纰漏很小。②

20世纪80年代以来，美国商务部在裁决中按"可得事实"进行裁决的案件有明显的增长，但按"不利可得事实"裁决的案件所占份额更大。在这些

① See Bruce A. Blonigen, *Evolving Discretionary Practices of U. S. Antidumping Activity*, *National Bureau of Economic Research Working Paper*, April 2003, p. 1. available at http://www.nber.org/papers/w9625.

② 这种实质性的变化或做法早已是整天处理大量的复杂案件的USDOC工作人员们的通常惯例，美国商务部的行政官员更倾向于采用"可得事实"的后果，这不仅会增加被诉案件的倾销幅度，而且还会大大降低他们的工作量。

案件中，采用“可得事实”裁决的案件数在前5年的比例为10.6%，在后5年的比例为39.6%，而采用“不利可得事实”的比例更大。这意味着，在20世纪90年代初，美国商务部裁决的反倾销案件中，有大约40%的反倾销案的倾销幅度是以美国国内申请者提供的信息或事实为基础计算的。①

通常来讲，美国商务部是以利害关系方在调查期间提交的可比价格和成本数据为基础来计算国外生产者的倾销幅度的。然而，如果国外生产者拒绝参加或协助调查，或美国商务部认为被诉企业所提交的信息不完全或不正确，则美国商务部将会采用“可得事实”来计算该被诉企业的倾销幅度，这些“可得事实”往往包含国内产业倾销申请书中提出的倾销幅度。“可得事实”规则的使用极大地提高了倾销幅度。美国学者曾经研究发现，在3年的研究期间内由美国商务部裁决的141件倾销案中，以“可得事实”为基础计算的倾销幅度高达95.58%，但假如使用国外生产者提供的数据，其倾销幅度则只有27.22%，当时美国商务部超过25%的时候都采用了“可得事实”。② 美国国家经济研究局的经济学家通过计量经济分析也得出了类似的结论，该项研究结果表明，“可得事实”方法使得美国商务部计算出的从价倾销幅度增加了30.7%，采用“不利可得事实”方法则导致了额外的32.4%的增加，也就是说，采用“不利可得事实”方法使得倾销幅度增加了63.1%。美国商务部通过采用第三国的数据来估算进口自非市场经济国家的外国企业产品的正常价值，导致这些企业的倾销幅度高于平均倾销幅度25.4%。③

遗憾的是，面对“不利可得事实”规则的大量滥用，反倾销法的立法者们却束手无策。由于反倾销调查和裁决案件属于行政处罚案件，负责反倾销调查和裁决的行政机关没有签发传票的权力，因此，它们只能选择与那些自愿向其提供信息的被调查企业合作。因此，如果这些公司拒绝提供信息，美国反倾销行政当局只能放弃合作，且根据“不利可得事实”规则对被调查的事实或获得的信息进行裁决，由不合作的被调查企业承担举证不能的不

---

① See Bruce A. Blonigen, Evolving Discretionary Practices of U.S. Antidumping Activity, *National Bureau of Economic Research Working Paper*, April 2003, p. 20. available at http://www.nber.org/papers/w9625.

② See Brink Lindsey and Dan Ikenson, Reforming the Antidumping Agreement—A Road Map for WTO Negotiations, *CATO Institute*, December11, 2002, No. 21, p. 36.

③ See Bruce A. Blonigen, Evolving Discretionary Practices of U.S. Antidumping Activity, *National Bureau of Economic Research Working Paper*, April, 2003, pp. 1-2. available at http://www.nber.org/papers/w9625.

利后果。听证原本就是美国宪法规定的正当法律程序中的一个基本原则，行政听证本来就来源于法院的司法听证，不同的是，司法听证的规定严格，内容复杂。行政听证因为考虑到时间和效率，没有完全照搬司法听证模式。① “不利可得事实”规则本质上就是借鉴了英美判例法中的“举证责任”② 规则，其正当性和合理性并没有可被质疑之处。但问题是，确定利害关系方提供的信息或事实是否属于“最佳可得信息”或“可得事实”、被诉企业是否为“合作企业”的权力由美国商务部掌握。因此，美国行政听证程序制度的正当性及其“举证责任”规则的合理性恰恰又为反倾销行政机关在实体上行使自由裁量权大开了方便之门，并且掩盖了按“可得事实”规则裁决的制度漏洞。

（二）采用“归零”的方法导致倾销幅度人为地增大

计算倾销幅度时采用“归零”的方法是目前美国反倾销行政当局采用的方法中最受诟病的方法之一。③ 它发生在最终的倾销裁决时，即当国外生产者的出口价格同正常价值进行比较，且正常价值高于出口价格时，差额就作为倾销的金额；当出口价格略高于正常价值时，倾销金额就看成为零，此时整体倾销金额就会增加，这样的计算方法造成了整体倾销幅度的上升。

“归零”方法的实质是从倾销幅度中剔除“负倾销幅度”，这样做就会凭空制造出倾销幅度来。美国经济学家曾经以 18 个美国反倾销案例作为研究标本，并发现在这 18 个反倾销案例中，其中的 17 个裁决都存在采用“归零”方法加大倾销幅度的情况，有 5 个整体倾销幅度原本应为负值。如果

---

① 根据美国法律，听证有正式的听证和非正式的听证之分。听证程序中包含正当法律程序所要求的全部因素的听证，为正式的听证；听证程序中只包含正当法律程序所要求的全部因素的一部分的听证，为非正式的听证。正当法律程序并不是要求全部听证都采用正式的听证，在大多数情况下，正当法律程序只要求非正式的听证。在正式的行政听证中，当事人应当享有下列权利：由无偏见的官员作为主持人的权利；得到通知的权利，通知中应当适当地说明听证将会涉及的主要事项；提出证据、进行辩护和相互质证的权利；聘请律师陪同出席听证的权利；只能根据听证案卷记载的证据裁决的权利；获得全部案卷副本的权利等。

② 举证责任，也称证明责任，指司法机关或是某些当事人应当收集或是提供证据证明应予认定的案件事实或有利于自己的主张；否则将承担其认定、主张不能成立的责任。

③ See Jong Bum Kim, *Fair price Comparison in the WTO Anti-dumping Agreement-Recent WTO panel Dec sions against*: “*zeroing Method*”, *Journal of world Trade*, No. 26, 2001, p. 4.

不采用“归零”方法，17 个反倾销案件的倾销幅度平均将会下降 86.41%。①

“归零”方法违反了世界贸易组织的反倾销规则，2001 年 3 月，WTO 上诉机关在印度诉欧盟对其亚麻布床单反倾销案的裁决中指出，计算倾销幅度时采用“归零”方法有悖于 WTO《反倾销协定》。此后，欧盟改变了该方法，但并没有完全抛弃采用“归零”的方法。但美国商务部无视 WTO 就欧盟亚麻布床单反倾销案所作出的裁决，拒绝改变该方法。美国认为，美国并非该案的当事人，WTO 上诉机关的裁决对美国没有约束力。②

“归零”方法可能并不违反 WTO《反倾销协定》第 2 条第 4 款第 2 项的规定，这是欧盟目前的态度。此外，美国声称 WTO《反倾销协定》第 2 条第 4 款第 2 项中的“调查期间”这一用语暗示着：平均对平均的比较是在调查期间采用的方法，而个别对平均的比较一般在行政复审中是允许的。因此，美国商业部目前在调查期间采用平均对平均的比较，而在行政复审时采用个别对平均的比较，且在这两种方法中都采用了“归零”方法。如此一来，即使美国最终屈从于 WTO，并服从 WTO 上诉机关在印度诉欧盟对亚麻布床单反倾销案中的裁决，它仍然认为归零是允许的，其不仅在最初调查倾销期间可以使用，而且在行政复审时也可使用。③

（三）“低税规则”赋予了行政当局裁决倾销税率的自主决定权

WTO《反倾销协定》第 9 条第 1 款规定：“反倾销税是否要征收以及征

① See Brink Lindsey and Dan Ikenson, *Reforming the Antidumping Agreement—A Road Map for WTO Negotiations*, *CATO Institute*, No. 21, December11, 2002, p. 20.

② See Brink Lindsey and Dan Ikenson, *Reforming the Antidumping Agreement—A Road Map for WTO Negotiations*, *CATO Institute*, No. 21, December11, 2002, pp. 19-20.

③ 所谓“归零”，是指调查当局在对不同规格型号或交易的出口价格与正常价值进行比较后，将出口价格高于正常价值的规格型号或交易（即负倾销）视为零，而不允许其与出口价格低于正常价值的其他规格型号或交易（即正倾销）相互抵消。由于“归零”方法剔除了部分负倾销交易，如仅根据正倾销计算倾销结果，显然提高了最终倾销幅度。对此，在多哈反倾销规则谈判中，印度等成员针对欧盟和美国的“归零”方法诉诸 WTO 争端解决机关，认为它不符合 WTO《反倾销协定》第 2 条第 4 款第 2 项关于“应在对加权平均正常价值与全部可比出口交易的加权平均价格进行比较的基础上确定”的要求。在一系列案件中，WTO 争端解决机关裁定“归零”方法与 WTO 规则不符。此次谈判中，一些成员要求明确禁止“归零”方法，美国则希望将“归零”方法合法化。美国提出，“归零”方法是十分必要的，对于美国来说“归零”方法是一个“十分重要的问题”，美国无法接受不考虑该问题的任何谈判结果。鉴于各方在“归零”方法问题上的立场存在根本分歧，规则谈判小组主席不得不放弃其在“归零”方法方面所做的修改，而维持原《反倾销协定》不变。

收反倾销税的数额是否为全部或者小于倾销幅度，均由进口方当局决定。所有的缔约方领域内的当局有权按照本规则征收反倾销税，如果较少的征税就能足以消除国内产业造成的损害，则所征税额最好小于倾销幅度。”这就是所谓的“低税规则”。

WTO的许多成员国包括欧盟都遵循该条款确立的方法，并在反倾销调查中采用低税规则。该方法计算的是“非损害性价格”，即不会压制本国产业的出口价格，出口价格与非损害性价格之间的差额即为“损害幅度”。如果损害幅度高于倾销幅度，反倾销税率应与倾销幅度相等；如果损害幅度低于倾销幅度，就应相应降低反倾销税率使之与损害幅度等同。

“低税规则”的实施使得反倾销税率可以被大大降低。由于该条款是非强制性的，WTO成员方并无采用“低税规则”的义务，而美国就没有此项规定，这就使得反倾销税的裁定标准不具有一致性和透明度。

(四) 分别税率规则没有改变美国行政当局裁定倾销幅度的自由裁量权

分别税率是指美国针对非市场经济国家反倾销调查采取的“一国一税”政策，即统一税率政策的例外，适用于事实上和法律上都独立于政府控制的被诉出口企业，分别税率也是目前美国对中国企业适用最多的计算倾销幅度、确立反倾销税率的方法。美国对于分别税率政策的应用经历了一个逐步发展完善的过程，并日趋严格苛刻。

1. 采用分别税率的标准

美国现行分别税率的标准大体上经历了四个发展阶段。

在1988年以前，由于应诉美国商务部提起的反倾销调查的企业很少(绝大多数案件是由主管部门指定一家主要的国有企业应诉)，加上美国商务部1988年以前一直采用替代国价格来计算有关出口企业的正常价值，所有被诉企业均统一适用一个税率，所以分别税率并没有实际意义。

在1988年美国对中国缝制帽子反倾销案中，美国国内产业提出，中国所有的贸易公司都归国家所有和控制，国家可以非常容易地在贸易公司之间对出口进行指导和转移，美国商务部不应该给予中国出口企业分别税率。在本案中，美国商务部承认中国经济体制改革的部分成果，认为中国不再是典型的国家控制型经济，而是转型经济国家，在某些方面与发展中国家的市场经济相似。但是，美国商务部明确了要根据中国出口企业的独立性来确定是否给予分别税率。在1990年美国对中国烟花反倾销案中，美国商务部确定了分别税率的测试标准。美国商务部认为，“非市场经济国家”的任何出口商可以被给予一个基于其公司倾销幅度的分别税率，如果他们能证明其出口在事实上和法律上都没有被政府控制。

在 1992 年美国对中国球墨铸铁管件反倾销案中，美国商务部中止了对中国国有企业适用分别税率，并修改了其原先采用的分别税率的测试标准。美国商务部解释道："如果一个企业是归中央政府所有的，即使这个企业满足了烟花案中确定的标准，它的出口仍然不能够完全摆脱中央政府的控制。"很明显，美国商务部将"国有"视为"中央政府所有"。在 1992 年美国对中国弹簧垫圈反倾销案中，美国商务部对其确定的"所有权决定控制"的理论进行了修改。美国商务部认为，球墨铸铁管件案中确定的标准不应该直接适用于集体所有或者是地方政府所有的企业，中央政府所有的企业是被"直接控制的"，而地方政府或集体所有的企业不是由中央政府直接控制的。因此，如果地方企业满足了烟花案中确定的测试标准，仍然可以获得分别税率。也就是说，通过这个案件，美国商务部为中央企业和地方企业适用分别税率确定了不同的测试标准。

在 1993 年美国对中国碳化硅反倾销案中，美国商务部修改并完善了烟花案中确定的分别税率的测试标准。美国商务部认为，在球墨铸铁管件案中确定的测试标准对中国经济和所有制形式有所误解，经过中方澄清，美国商务部确认，国有或全民所有企业是属于社会共同体的，任何个人都无权占有企业财产，企业的雇员负责企业的运营，其实质是一种公有事业。因此，全民所有的，或者说是国有的，并不是政府所有，"国有"或者"全民所有"不应该构成企业是否可以获得分别税率的测试因素。在该案中，美国商务部最终确定修改球墨铸铁管件案中确定的测试标准，也就是目前美国商务部在反倾销调查中适用的"事实上"和"法律上"的七条测试标准。具体来讲，就是法律上的三条标准和事实上的四条标准。第一，审查在法律上不受政府控制的因素：（1）该出口商的业务和出口许可没有限制性规定；（2）有法律上的规定分散了对公司的控制；（3）有分散对公司控制的政府的其他正式措施。第二，审查在事实上不受政府控制的因素：（1）出口价格是否由政府当局制定或受其制约；（2）应诉人是否有能力谈判或签订合同和其他协定；（3）应诉人是否从政府获得选择管理方式的自主权；（4）应诉人是否保有出口销售的收益并且可以独立决定其损益的分配。

2. 申请分别税率的程序规则

（1）申请分别税率的旧程序规则

长期以来，美国商务部决定是否给予来自非市场经济国家的应诉企业（尤其是非强制应诉企业）以分别税率，主要是通过分析应诉企业对问卷中的 A 部分的回答来进行判断的。

在 1995 年美国对中国蜂蜜反倾销案中，美国商务部向中国原外经贸部和食土商会发放了全部的调查问卷，要求转交所有的中国涉案企业。有28家企业回答了全部问卷。美国商务部选择了四家最大的企业的答卷进行了分析。对于其他回答了全部问卷但答卷未被分析的企业，美国商务部根据四家强制应诉企业的税率给予这些企业加权平均的分别税率。在此后的案件中，对于回答了全部答卷（而不是问卷中的A部分）的企业，如果美国商务部没有对其答卷进行分析，则该企业被给予加权平均的分别税率。

在1996年美国对中国自行车反倾销案的终裁中，美国商务部明确指出，根据蜂蜜案中所确立的规则，只有应诉企业回答了所有的调查问卷，美国商务部才有可能给予中国企业分别税率。仅回答问卷中的A部分是不足以获得分别税率的。

在1999年美国对中国非冷冻苹果汁反倾销案中，应诉企业有十几家，美国商务部选择了5家企业参加全程调查，发放了完整的调查问卷，对于其他企业，美国商务部发放了所谓的“分别税率调查问卷”，回答了“分别税率调查问卷”的企业被给予了加权平均的分别税率。

在2000年美国对中国钢丝绳反倾销案中，美国商务部选择了两家最大的企业参加全程调查，对于其他6家回答了问卷中的A部分但没有参加全程调查的企业，美国商务部第一次基于强制应诉企业的税率给予回答问卷中A部分的企业以加权平均分别税率。但是，美国商务部并没有阐述为什么回答问卷中A部分的企业可以获得加权平均税率。此后，美国商务部开始沿用该项方法确定应诉企业是否可以获得分别税率。

(2) 申请分别税率的新程序规则

申请分别税率的旧程序规则使美国国内的有关利害关系方感到不满，他们认为，美国商务部采用的分别税率申请程序越来越趋向于程式化和标准化，应诉企业只需提供事先准备好的标准答案就可轻松获得分别税率的裁决。这种漏洞大大削弱了分别税率裁决对于非市场经济国家应诉企业的重要意义，使得企业能轻易通过原本应当十分严格的分别裁决待遇审查而获得较低的税率。因此，他们要求美国商务部修改单独裁决调查问卷的内容，并增加其难度，以确认应诉企业符合在事实上和法律上都不受政府控制的七条标准。2005年4月5日，美国商务部发布《非市场经济国家反倾销调查的单独税率及联合税率的应用程序》公告，修改了“单独税率”政策。据此，申请单独税率的企业改填写反倾销调查问卷中的A部分为提交单独税率申请。为此，美国商务部规定了严格的截止日期（立案公告后60天内提交单独税率申请；如果30天内提交，则美国商务部可给予其补充提交资料的机会），强制要求回答供抽样的问卷。修改的分别税率规则主要包括两个方面：第一，使用新的分别税率申请问卷替代原问卷中的A部分。新的分别税率申请问卷比以往的问卷中的A部分更加复杂，使得应诉企业希望获得分别税率的难度加大。按照新的规则，所有非强制应诉企业，如果要获得分别税率，要在立案公告发布之日后60天内回答并提交答卷。第二，对出口商和生产商实行捆绑税率（或称联合税率）。按照过去的规则，美国商务部只将分别税率给予应诉的出口商。美国商务部认为，这种做法存在弊端，因为应当适用全国最高税率或较高税率的生产商可以通过获得较低税率的出口商继续向美出口，从而达到规避较高反倾销税的目的。因此，按照新的规则，美国商务部将对出口商和其供货商捆绑适用统一的倾销税率，而且该捆绑税率是根据该出口商和其被调查期内所有的供货商的出口价格和正常价值的加权平均值确定的。这就是说，一个出口商和其被调查期内的所有供货商只适用一个税率。不过，要说明的是，这次分别税率申请规则的修改，并没有改变美国商务部在碳化硅案中业已确立的被诉企业应证明其在事实上和法律上都不受政府控制的七条标准。

3. 分别税率政策的正当性问题

在1988年以前，美国商务部对非市场经济国家被诉企业采用统一税率政策，是基于一种不正当不合理的假定，即非市场经济国家的公司都是受到政府控制的，因此，这些公司应当被给予单一反倾销税率，也即统一税率。改用分别税率政策并不是对原来实施的统一税率政策的简单排除和否定，其实质是美国反倾销行政当局利用自己的行政权力，将不受政府控制的举证责任强制性地分配给了非市场经济国家被诉企业的结果。与市场经济国家的被诉企业相比，这种强制性的、不公平的举证责任分配制度，明显增加了非市场经济国家出口企业的举证负担，既提高了非市场经济国家被诉企业应诉的难度，也增大了这些被诉企业的应诉成本。这一政策表面上看来，比过去采用的统一税率政策进步了，更可能贴近被诉企业倾销幅度的实际。事实上，这一政策并不是给予某个被诉企业以市场经济地位，并不是真正分别地确定各个被诉企业的倾销幅度，它既可能是个别应诉企业能获得分别或单独税率，也可能是一些应诉企业仅能够获得所有应诉企业加权平均后的分别税率，还可能是应诉企业与未应诉企业一样被给予惩罚性的统一税率。在1988年后的美国对中国反倾销案中，美国商务部曾在不同情况下采用了不同的计算倾销幅度的方法，这反映出美国反倾销行政当局执行分别税率政策的反复无常和粗暴武断。比如，在1991年碳钢管件案的初裁中，美国商务部按所有应诉企业的加权平均税值计算不合作企业的倾销幅度；在1995年糠醇案的初裁中，美国商务部按照所有中国应诉企业的加权平均税值计算所有应诉企业的分别税率；在 1995 年自行车案的初裁中，美国商务部将所有被诉中国企业视为一个整体，认为只要有涉案企业没有应诉，就应当根据最佳可获得信息，适用统一税率。在 2004 年木制卧室家具案的终裁中，7 家中国强制应诉企业中，除 1 家企业被裁定惩罚性税率外，其余 6 家企业获得单独税率。在 2005 年艺术帆布案的初裁中，既有应诉企业被给予分别税率，也有应诉企业和其他未应诉企业一样被给予惩罚性的统一税率。

此外，捆绑税率实质上构成了对中国企业的歧视，因为在其他条件相同的情况下，市场经济国家中获得较高税率的生产商为了规避反倾销税，同样也有可能通过较低税率的出口商向美国继续出口。如果真的是为了防止非市场经济国家的生产商规避反倾销税，美国商务部完全可以通过行政复审和反规避调查来解决这一问题，而不是专门针对非市场经济国家的出口企业实行捆绑税率。

第三章　裁决产业损害的自由裁量权

在反倾销调查中，损害的确定是认定倾销成立的第二个条件。根据美国反倾销法的规定，确定损害是否成立的主管机关是美国国际贸易委员会。美国反倾销法规定，如果国际贸易委员会确定“美国的一项产业受到实质损害，或实质损害的威胁，或美国某一产业的建立受到实质性阻碍，是由于该产品的进口，或由于该进口产品的销售或可能销售”，即可确定美国的国内产业遭受了损害。在确定国内产业是否遭受损害时，美国国际贸易委员会的首要任务就是要界定与被调查产品相同的产品范围以及生产这些相同产品的国内产业。

第一节　确定国内产业的自由裁量权

要裁决是否有合理迹象表明美国国内产业遭受了损害，国际贸易委员会将首先对何为“国内相似产品”（domestic like product）和“国内产业”（industry）作出认定。认定“国内相似产品”和“国内产业”的权力属于国际贸易委员会。

一、确定国内相似产品的自由裁量权

（一）确定国内相似产品的立法授权

根据美国反倾销法的规定，国内相似产品是指与调查产品在特征和用途上相同，或者不相同时相似的产品。①

美国反倾销法关于与被诉产品相对应的相似产品的规定与 WTO《反倾销协定》的做法有些不同。WTO《反倾销协定》仅仅在第 2 条第 8 款规定了“相同产品”（like product）。而美国反倾销法明确定义了“国内相似产品”和“国外相似产品”两个概念。在分别分析、比较各个测试指标的基础上，美国国际贸易委员会通常采用“相同的产品”（like）或者“特征和

① 19USC，§1677（10）.

用途最相近的产品”（most similar in characteristics and uses）标准。尽管国际贸易委员会必须接受商务部作出的有关被控倾销产品的范围的决定，但是，国际贸易委员会有权裁决何种国内产品是商务部确定的进口产品的国内相似产品。确定国内相似产品和国外相似产品的权力分配的制度安排，也同样体现了美国宪法的行政权力分立与相互制衡的法律理念。

（二）确定国内相似产品的自由裁量权

根据美国反倾销法对国内相似产品下的定义，国内相似产品包括两种情况：一是“一致产品”或“相同产品”，即与考虑中的产品在各方面都相同的产品；二是“相似产品”，即如果无此种产品，则为尽管并非在各方面都相同，但具有与考虑中的产品极为相似特点的另一种产品。事实上，在实践中完全一致的两种产品是非常少见的，因为差异化经营策略原本就是商家奉行的市场营销策略。较常见的情况是国内产品和进口产品属于相似产品，而这往往需要调查主管机关依据一定的标准进行判断，使得相似产品本身也需要被认定，这便成为美国国际贸易委员会大量行使自由裁量权的灰色区域。

在实践中，对相似产品的认定，首先是确定认定的标准，即：两种产品哪些方面的特征应当被比较，在被比较的特征中哪些对于判断“相似产品”具有决定性的作用。WTO 的许多规则中都涉及对相似产品认定的问题，但 WTO 规则本身都没有作出明确规定。各国学者曾提出很多主张，但尚未被普遍接受，而且即便被接受也不可能对各国的反倾销行政机关构成法律约束力。WTO 成员的国内反倾销立法一般也没有对认定相似产品的标准给予明确界定。事实上，根据各国的做法，这个问题往往由调查机关在个案中根据具体情况予以评估、判断和确认。正如 1970 年关贸总协定的一份边境税调整工作组的报告所指出的，“对解释相同或相似产品，虽讨论过多次，但都没有取得进一步的成果。工作组认为，产生于该词解释中的问题应据个案考察。这允许在每一个案件中对构成‘相似产品’的不同因素进行公正的评估”。该报告建议在个案的基础上确定产品是否相似时，使用以下标准：产品的特征、性质和质量、特定市场中的产品最终用途、消费者的品位和习惯。该报告提出的观点和标准此后被许多 WTO 案例的裁决所采用。从趋势上看，两种产品是否具有相同的用途以及是否可以相互替代已经成为目前国际上认定“相似性”的基本标准。美国反倾销调查机关在确定相似产品时一般以“最相近似的特征与用途”为标准，综合比较产品的海关税则号、物理特性和用途、产品的可替代性、销售渠道、消费者的消费习惯、生产者的生产习惯、制造设备和对雇员的技能要求等各种因素，如果适宜的话还将考虑价格。

从理论上看，这些标准似乎已经从多方位、多层次、多角度为各国的调查当局确立了评判依据，大大限制了裁断者妄断的空间，可在实践中，这些标准仍未摆脱语意抽象、模棱两可的特质，因此，在操作层面上存在着大量的可自由裁量空间。

国内相似产品的范围的确定，将对美国国际贸易委员会就国内产业是否受到损害以及损害程度作出的裁决有决定性的影响。因为，确定国内产业及其范围大小，是确定被控倾销产品对国内产业有无损害的前提，而国内产业的确定又和国内相似产品的确定分不开。根据美国反倾销法规定的行政分权和相互制衡的组织架构和制度安排，确定国内相似产品范围的权力在美国国际贸易委员会，美国国际贸易委员会关于国内相似产品的裁决并不受美国商务部关于被诉产品（或称国外相似产品）调查范围的决定的约束。一般而言，只要进口产品与国内产品之间存在竞争，作为反倾销调查申请人的国内产业，总是希望反倾销行政当局能够扩大反倾销调查的产品范围。如果被调查的产品仅包括相对较小的产品范围，其他没有被纳入反倾销调查范围但与国内产品存在竞争关系的国外产品就不会被采取反倾销措施，这些国外产品的大量进口将可能与国内产品展开竞争，并对其造成损害。如果反倾销调查申请人申请调查的产品范围比较宽，且这些产品相互之间比较接近，存在竞争，扩大国外相似产品的调查范围就能够扩大反倾销措施的适用范围，从而增加反倾销措施保护本国产品的范围。与反倾销调查申请人的态度正好相反，被诉企业一般希望尽量缩小被调查产品的范围，以便使其可能受到反倾销措施制裁的出口产品的范围和数量减少，从而维护自己的利益。上述关于各利害关系方的心态、动机和顾虑的分析，是从美国国际贸易委员会作出的关于国内相似产品范围的裁决可能影响到的相互间存在竞争关系的产品的层面来说的。当然，也有可能存在相反的情形。基于对产业损害程度认定的顾虑，扩大国内相似产品的范围可能会摊薄国内产业受损的程度，导致美国国际贸易委员会作出对国内产业申请人不利、对被诉出口企业有利的裁决；相反，缩小国内相似产品的范围可能会放大国内产业受损的程度，导致美国国际贸易委员会作出对国内产业申请人有利、对被诉出口企业不利的裁决。因此，美国国际贸易委员会对国内相似产品范围的认定对国内产业损害的裁决有着实质性的影响，这其中美国国际贸易委员会委员们对反倾销个案所持的态度、动机发挥着难以言状的作用。

在1999年美国诉中国等国漆刷反倾销一案中，各利害关系方和美国国际贸易委员会对如何认定国内相似产品范围的态度和主张存在明显差异，这体现了各方基于相似产品范围的认定将直接影响产业损害裁决的顾虑，而本能地发生了关于相似产品的描述和范围认定的争议。①

1999 年 8 月 2 日，美国漆刷产业向美国商务部和美国国际贸易委员会提出反倾销调查申请。本案中，申诉方积极主张美国国际贸易委员会将国内生产的所有漆刷认定为一类单独的国内相似产品（a single like product）。而应诉方则抗辩认为，条形刷、低质漆刷和优质漆刷应当认定为三类国内相似产品（three domestic like product）。双方就此发生了激烈的争辩。

经过调查，美国国际贸易委员会最后决定，所有类型的条形刷和漆刷，无论是动物鬃、合成鬃还是两者混合制成的，均构成一类国内相似产品。

关于条形刷是否构成一类独立的相似产品。美国国际贸易委员会认为，尽管条形刷和漆刷在物理特征上不完全相同，但是，有资料表明这两者在用途、营销渠道、价格等相关因素上都有许多相似之处。这些相似之处表明了不同质量等级的漆刷之间的连续性。条形刷价格低仅反映了它处在质量层级的底层，并不能构成足以认定其成为大类产品（the continuum）中一类单独的相似产品的明显分界线。

关于低质漆刷是否构成一类独立的相似产品。美国国际贸易委员会认为，低质漆刷也不构成一类独立的相似产品。因为低质漆刷和优质漆刷除了在质量构造上的微小区别外，它们物理特征上是相同的。它们都是用来刷漆的，因此具有可替代性。它们都是通过零售或批发的形式卖给消费者。其中，某些最优质的漆刷是手工制造的，但是其他漆刷都由相同的生产流程、相同的生产者制造出来的。专业漆工和生产者能意识到这两者之间的区别，但是一般消费者则不能。优质漆刷的价格确实高些，但是，它和低质漆刷所共有的众多相似处再一次表明，它们是没有明显区别的、处于不同质量等级的相似产品。最后，美国国际贸易委员会还是认定，所有的漆刷是一类单独的相似产品。此案足见美国国际贸易委员会的自由裁量权。

众所周知，刷子种类众多，大小、规格、材质、质量和用途都不相同，细分市场和目标客户更是丰富多样，受企业竞争策略和各种市场营销策略的影响，即便是同一家企业生产的同一类产品都会有充足的理由将它们归属于不同的产品，更不要说是由不同的厂家生产的同一类的产品了。在市场营销学看来，价格策略主要是指产品的定价，主要考虑成本、市场状况等，企业根据这些情况来给产品进行定价；产品策略主要是指产品的包装、设计、颜

① 资料摘自国务院研究院 WTO 研究中心、中国社会科学院 WTO 研究中心编：《中国应对国外贸易壁垒最新实务指南》（上册），经济日报出版社 2003 年版，第 713 ~ 721 页。

色、款式、商标等，企业通过这些给产品赋予特色，让其在消费者心目中留下深刻的印象；渠道策略是指企业选用何种渠道使产品流通到顾客手中，比如直销、间接渠道（分销、经销、代理等），企业可以根据不同的情况选用不同的渠道；促销策略主要是指企业采用一定的促销手段来达到销售产品，增加销售额的目的，其手段有折扣、返现、抽奖、免费体验等多种方式。如果在裁定相似产品的范围时将上述因素都考虑进去，可以想象，美国国际贸易委员会可用来支持其确定国内相似产品范围的理由会有多么的充分。

就本案而言，可以肯定，如果美国国际贸易委员会接受了应诉方的抗辩理由，最终认定条形刷、低质漆刷和优质漆刷为三类国内相似产品，其关于产业损害的裁决将一定会是另外一种结果。

二、确定国内产业的自由裁量权

（一）确定国内产业的立法授权

在美国国际贸易委员会认定了相同产品后，接着就是对国内产业进行认定。美国反倾销法规定，产业是指国内相同或相似产品的全部生产者，或者其总产量占国内相同或相似产品全部总产量的大部分的生产者。① 在认定产业时，美国国际贸易委员会还将进行以下调整：

（1）关于交易方的关联性问题：如果生产者与出口商或进口商有关联，或其本身即为被调查产品的进口商时，美国国际贸易委员会将在适当情形下考虑将其排除于美国产业范围之外。在认定一生产者同一出口经营者或一进口经营者的关联性时需审查以下几个因素：①该生产者是否直接或间接控制该出口经营者或进口经营者；②出口经营者或进口经营者是否直接或间接控制了生产者；③第三方是否直接或间接控制了生产者和出口经营者或进口经营者；④生产者和出口经营者或进口经营者是否直接或间接地控制第三方，并且有理由相信这种联系导致该生产者行为不同于一非关联的生产者。如果一方在法律上或实际操作中能对另一方作出限制或指示，即被视为直接或间接地控制后者。

判断“适当的情形”有三项标准：一是有关联的生产者在国内生产中所占的百分比；二是如果该生产者曾进口被诉产品，其进口目的是从不公平贸易做法中获利还是仅仅为了在国内市场上进行竞争；三是有关联的生产者相对于其他国内生产者所处的竞争地位。此外，国际贸易委员会还考虑有关联的生产者的主要利益是依赖于国内产品还是进口产品，如果有关联的出口

① 19USC，§1677（4）（A）.

商的经营活动使其不受倾销进口产品的影响，则应予排除。

（2）关于区域产业问题：在特殊情况下，如果被调查产品在美国可划分为两个或两个以上竞争市场，每一市场内生产者在符合下列条件时可视为独立的国内产业：①该市场内的生产者在该市场内出售全部或几乎全部生产的相似产品；②该市场的需求基本不是由位于美国其他地方的相似产品的生产者供应的；③倾销产品较多地进入区域市场。只要区域市场消费中的进口产品比重高于全国平均数，而且这种产品进口占美国总进口的比例显著，该地区的生产者即可获得区域产业待遇。美国国际贸易委员会若发现倾销产品对区域市场的"产业"造成损害，即使国内全部相似产品的产业或综合产量占全国相似产品总产量主要部分的那些生产者未受到损害，也可以确定倾销产品在该区域内造成了产业损害，并对该区域的进口产品采取反倾销措施。

（二）确定国内产业的自由裁量权

美国反倾销法关于"国内产业"的定义是很模糊的，对于美国国际贸易委员会所提出的"国内产业"标准也可以作出多种解释，这种立法上存在的定义的模糊化和解释的多样性，就为美国国际贸易委员会在确定国内产业时预留了极大的自由裁量权，也使得客观地定义和解释"国内产业"变得越来越困难。

尤其值得注意的是，自 1984 年以来，美国商务部一直认为，除非所涉及的产业大部分生产者提出反对，否则，所有申请方都足以代表相应产业，都可以被看成是"大部分的生产者"。在反倾销的实践中，有时一个产量很小的申请方就可以被认为是合格的国内产业。美国商务部的这一做法，从根本上大大降低了申请方提出反倾销申请的门槛，增加了依申请发起反倾销调查的机遇。从举证角度来看，美国反倾销行政机关巧妙地运用了举证倒置原则，即如果没有产业大部分生产者明示反对申请方提起的反倾销调查申请，即推定为产业大部分生产者表示同意。这一做法，减少了申请方的申请成本，从而加重了其他利害关系方的举证负担。

美国当局在处理反倾销案时广泛地采取"区域产业"这一概念，而被认定的区域产业可能是个别地区市场，甚至是个别生产商。在裁决反倾销案的实践中，国际贸易委员会确定了认定国内产业的六项标准，即公司投资资本的规模和来源；与在美国的生产活动有关的技术技能；在美国所生产的产品的附加价值；就业水平；来源于美国的零部件数量及种类；直接用于在美国生产相同产品的任何其他费用和活动等。但是，美国商务部和国际贸易法院依据这六项标准所确定的国内产业也不是一致的。在 1991 年日本兄弟工业美国有限公司（以下简称兄弟公司）诉美国史密斯-卡丽娜新加坡公司（以下简称史密斯公司）打字机反倾销案中，① 兄弟公司要求美国当局对史密斯公司采取反倾销措施。按照美国反倾销法的规定，要启动反倾销调查程序就必须首先认定兄弟公司是否属于国内产业以及根据这一认定来裁定它提交的诉状是否有效。对于本案的这一前置问题，美国商务部和国际贸易法院都依据国际贸易委员会确定的认定国内产业的六项标准进行了裁决，但结果却截然相反。美国商务部裁定兄弟公司不属于国内产业，而美国国际贸易法院则裁定兄弟公司属于国内产业。

美国商务部与国际贸易法院的分歧主要表现在以下三个方面：第一，关于与在美国的生产活动有关的技术技能。商务部认为该公司的技术技能仅仅限于产品的组装；而国际贸易法院不认为技术技能是决定一个公司是否属于国内产业的决定性因素。第二，关于在美国所生产的产品的附加价值。商务部认为，兄弟公司在美国巴特利特市所生产的打字机的一些重要的机械和电子部件全靠进口，其附加价值不是很大，因而来自兄弟公司的零部件的数量及种类对于确定兄弟公司的国内产业的地位并非至关重要。而国际贸易法院则认为，虽然商务部所计算的兄弟公司产品的附加价值至少已高于国际贸易法院所受理的另外一件反倾销案中的产品的附加价值，但是在那件反倾销案中申请人却被赋予美国国内产业的地位。第三，关于直接用于在美国生产相同产品的任何其他费用和活动。商务部认为，只有产品是在美国设计和开发的，生产这种产品的公司才属于美国国内产业，而兄弟公司的产品许多年前就在美国之外进行设计和开发。因此，商务部认为兄弟公司不属于美国国内产业。而国际贸易法院并不专注产品是否在美国设计和开发，而是认为打字机工业是一个成熟工业，因此研究与开发费用及其活动对于该公司是否属于国内产业并不起重大作用。

在 2001 年 3 月美国对中国折叠礼品盒反倾销一案中，美国国际贸易委员会在确定相似产品后，进而在确定国内产业的裁决中，其享有的自由裁量权对裁决结果发挥了重要作用。②

该案调查的对象是折叠礼品盒，由于折叠礼品盒的种类繁多，范围广

① 参见栾信杰：《"国内工业"——美国反倾销法中的"灰色区域"》，载《国际贸易》，2003 年第 4 期，第 31～33 页。

② 资料摘自国务院研究院 WTO 研究中心、中国社会科学院 WTO 研究中心编：《中国应对国外贸易壁垒最新实务指南》（上册），经济日报出版社 2003 年版，第 730～744 页。

泛，因此，对该折叠礼品盒的调查范围的界定直接关系到国内产业的认定。该折叠礼品盒是指可折叠或可拆卸的纸制或纸板制的硬纸盒，它由多种可再生、原生纸和纸板材料，包括但不限于黏土涂层纸或纸板和牛皮纸（漂白的或没有漂白的）或牛皮纸板制成。但是，调查范围不包括纸制或纸板制的厚度超过0.8毫米的礼品盒、瓦楞纸制礼品盒，也不包括组装后没有一个面的长度至少达到9英寸的礼品盒。

有些礼品盒常常会通过印刷、压花和压箔等不同的过程装饰以节日图案，但也可能会是白色或单色。被调查商品包括上述礼品盒，无论其处理过与否，无论其染色与否，且无论其是上下连在一起，还是上下多件的结构。上下连在一起的礼品盒是压模成的，或采用此法以使顶、底和面形成一个单独的相连的整体。上下两件的礼品盒是指折叠的底和顶是独立的两块。有些折叠礼品盒常常以热塑料包、玻璃纸或其他包装材料包装成单个或多个盒子以出售给零售顾客。调查范围不包括在盒子顶端外部明显标注零售商名字、标志、商标或类似公司信息的折叠礼品盒，因为此类礼品盒通常称为“非转售”或“赠送礼品盒”，是由商场和专门的商店免费提供给零售顾客的，也不包括外面为单色且没有热缩塑料包、玻璃纸、其他树脂基包装物料或纸板的折叠礼品盒。

在调查过程中，三方的观点都不一致。美国国际贸易委员会将国内相似产品界定为转售折叠礼品盒；申请人认为应该将“非转售”或“赠送”礼品盒包括在国内相似产品范围内；而应诉人则要求只有一类国内相似产品，该产品包括所有的折叠礼品盒，即使是未经包装的纯白盒（不在被调查进口商品的范围之内）也应被认为是国内相似产业的一部分。而美国国际贸易委员会的初裁与终裁均认为，国内相似产品是指转售折叠礼品盒，不包括赠送礼品盒。

美国国际贸易委员会认为，虽然转售礼品盒可能印有单色或干脆是白色，但大部分转售礼品盒有清楚的图案或颜色。相比较而言，大部分赠送礼品盒或是没有颜色或是有公司名字或其他诸如此类的标志。转售礼品盒通常都是热缩塑料包装或为零售而包装，但赠送礼品盒则是散货包装。所有的折叠礼品盒都用来包装礼品，最终用户通常不要求对转售礼品盒进行额外的包装。作为生产转售礼品盒第一个阶段的设计阶段包括决定盒子的尺寸、形状以及图案设计，该设计一般在盒子适用的节日前12到18个月就开始进行了。赠送礼品盒在设计阶段则没有必要考虑顾客的需要，而常常会根据自己的产品来决定设计。生产阶段开始于将选定的设计印在纸板上，接下来，印制的纸板被送入模型裁剪机器，该机器将材料裁剪成形并生成合适的折痕、刻痕或穿孔。最后，盒子送入另外的机器以在适当的地方涂上胶水并折叠起来。就这点而言，赠送礼品盒的生产与转售礼品盒是一致的。前者随后用瓦楞箱包装起来以散货运给顾客。而对于转售礼品盒，则要为转售进行校验、包装及打上标签。因为转售礼品盒的生产者提供了很多设计，他们会用校验设备把有不同设计的顶放在一个包裹之内。对于上下两片的盒子，该设备还会在每片上标注顶和底的适当编号。组合完成后，成捆的盒子就被压缩、用塑料包装并打包进硬纸盒当中以便发运或存放。由于其极强的季节性，转售礼品盒必须存放在仓库当中，一直到夏末秋初，而非季节性的赠送礼品盒则不需要仓库存放。很多转售礼品盒的市场都是季节性的或与节日紧密相连，而赠送礼品盒则很少印有节日图案。此外，有证据表明转售礼品盒的尺寸与赠送礼品盒的尺寸有所不同，转售礼品盒比赠送礼品盒稍小。在某种程度上，两类盒子有互换性，比如使用的目的相同。某些白礼品盒包括在调查范围之内的事实进一步说明了两类盒子的互换性。然而，绝大多数转售礼品盒有季节性的设计和/或附加值包装的事实以及因此而引起此类盒在一年中其他时段的使用是有限的事实表明，上述互换性不是广泛的。对美国国际贸易委员会调查问卷作答的23家回答者中，只有两家声明其既购买转售礼品盒又购买赠送礼品盒，这一事实也表明，在第一层购买者中存在非常有限的互换性。顾客和生产商对折叠礼品盒的看法也说明了转售礼品盒和其他礼品盒之间的区别。如上所述，很少有转售礼品盒的购买者购买其他种类的盒子。此外，转售礼品盒的生产者或者专门出售此类盒子或者有独立的分工。因为转售礼品盒是通过特别的分销渠道销售的，主要是专门销售季节性产品的独立代表。其他种类的折叠礼品盒则相反，是通过一般的分销商分销到全国各地的商店中的。本调查中的记录表明转售礼品盒和其他礼品盒之间的价格差异很大。考虑到转售礼品盒和赠送礼品盒之间在物理特征、生产过程和工人、分销渠道、顾客和生产者看法以及有限可互换性等方面的差异，美国国际贸易委员会对国内相似产品的定义与在初裁调查过程中的定义一样：以转售为目的的折叠礼品盒，与调查范围一致，不包括赠送礼品盒。

关于国内产业的认定。根据对国内相似产品的定义，美国国际贸易委员会决定国内产业由所有以转售为目的的折叠礼品盒的生产商组成。他们进一步决定是否有国内相似产品的生产者应该被排除在国内产业之外。4家折叠礼品盒的国内生产者中的2家在答复中承认，其在调查期间进口过被调查产品，因此，美国国际贸易委员会认定这两家生产者是被诉出口企业的关联方。调查发现，Field Container 公司进口了大量的被调查产品。Field Container 公司进口的大部分被调查礼品盒都是为了满足一个要求价格减让的顾客的要求，因为美国生产的礼品盒无法达到这一要求。Field Container 公司的净销售值从 1998 年到 2000 年稳步上升，到 2000 年达到最高，而当年其并没有进口被调查产品。Superior Packaging 公司从 1998 年至 2000 年进口被调查产品。Superior Packing 公司的净销售值从 1998 年到 2000 年持续增加。Field Container 公司和 Superior Packing 公司都支持反倾销申请。考虑到两家公司的财务发展状况，美国国际贸易委员会认为其并没有从被调查进口产品中获益。此外，两家公司的利润也主要是国内生产者的利润。因此，美国国际贸易委员会没有将这两家公司作为关联方排除在国内产业之外，裁定认为 4 家折叠礼品盒的国内生产者构成了国内产业。

第二节　裁决实质损害的自由裁量权

一、裁决实质损害的立法授权

美国反倾销法将“实质损害”（material injury），一词定义为“并非无关紧要的、非实质性的、或不重要的危害”。美国反倾销法并没有具体解释其含义，但规定了判断实质损害应当考虑的因素。这些因素具体包括：

1. 被调查产品的进口数量

美国国际贸易委员会应当考虑无论单就绝对数量而言，还是与美国的生产或消费相比较而言，该产品的进口数量或该数量的任何增长是否重大。

2. 被调查产品的进口对美国国内相同或相似产品价格的影响

在评估该产品的进口对价格造成的影响时，美国国际贸易委员会应当考虑与美国国内相同或相似产品的价格相比，该进口产品是否曾经以明显的低价销售；该产品的进口是否导致价格显著下跌或显著阻碍了价格上升，而这种上升本是应该发生的。

3. 被调查产品的进口对国内相同或相似产品生产者的影响，但仅限于生产者在美国本土的生产活动范围之内

美国国际贸易委员会在评估进口所造成的影响时，应当考虑与美国产业现状有关的所有经济因素，这些因素包括但不限于：

（1）在产量、销售、市场份额、利润、生产率、投资收益和生产能力的利用等方面的实际或潜在的下降。

（2）影响国内售价的因素。

（3）在现金流动、库存、就业、工资、增长、筹措资金的能力和投资等方面的实际或潜在的消极影响。

（4）对国内产业目前的生产与发展的努力的实际或潜在的消极影响，这些努力包括试图发展该境内相同或相似产品的一种衍生或者先进型号的产品。

（5）受控制的生产。如果国内生产者将其生产的相同或相似产品的绝大部分在境内转移至生产下游产品，并且将它们的大部分相同或相似产品在商业市场上销售，同时美国国际贸易委员会发现已生产的在境内转移加工成下游产品的国内相同或相似产品没有进入该产品的商业市场；该国内相同或相似产品是生产下游产品的主要材料；在商业市场上出售的本国相同或相似产品并未普遍地应用于下游产品的生产，那么美国国际贸易委员会在确定市场份额和对财政表现有影响的因素时，应当首先集中考察该境内相同或相似产品的商业市场。

按照美国反倾销法的要求，对实质损害的判断不能从以上因素单独做出，同时应考虑受损害企业特定的商业和竞争环境等。美国反倾销法规定，如果案件需要，美国国际贸易委员会应当对其根据多项因素进行的分析作出阐述，说明其考虑的每一因素，并详细阐述该因素与其决定之间的关联性。

二、裁决实质损害的自由裁量权

从立法内容来看，美国反倾销法为国际贸易委员会裁决实质损害规定了由一套测试因素组成的裁决标准，这个裁决标准由至少 27 个测试因素及其变量组成，从理论上讲，虽然国际贸易委员会不能根据其中的某一个因素变量单独作出裁决，但是美国国际贸易委员会对这些因素变量的使用或剔除也可能因为其中涉及大量的数学计算和经济学推理，最终导致裁决结果发生意想不到的变化。因此，对这些因素变量的使用或剔除以及在此基础上进行的数学计算和经济学推理，便是美国反倾销主管当局在作出实质损害裁决时享有的自由裁量权。从作出裁决的整个过程以及阐释某个裁决的理由来看，国际贸易委员会的自由裁量权主要表现为对变量的选择权和计算权。从反倾销司法审查的功能和标准看，如何选择和使用这些因素变量以及如何进行数学计算和经济学推理，是反倾销行政官员的强项，也是其专业优势所在，而国际贸易法院的法官们是法律专家，如何适用法律才是他们的优势，这种专业上存在的非对称性优势以及英美法司法审查范围的有限性使得法官们不会轻易否定反倾销行政官员对各因素变量的选择权。因此，可以认为，美国国际贸易委员会行使自由裁量权所带来的任意性及其后果往往被掩藏在其选择的因素变量中，而不是其最终的结论中。①

本书下面引用两例，看看美国国际贸易委员会是如何选择利用各种因素变量、进行数学计算和经济学推理并得出最后结论的。

【案例 1】1999 年 8 月美国对中国漆刷反倾销案②

关于进口产品是否对美国国内相关产业造成实质损害，美国国际贸易委员会的理由和结论如下：

(1) 被调查进口产品与国内产品之间的竞争情况

美国国际贸易委员会认为，美国国内对漆刷的市场需求不同于对油漆的市场需求。在调查期内，美国生产者的漆刷产量及产能显著增长。虽然在同一时期，产能的实际利用率从 61.1% 下降到 55%，但这是由于产能的增长幅度要快于产量的增长幅度。另外，虽然被调查进口产品占据了美国大部分消费市场，但是这些进口产品的消费者绝大部分是包括申诉人在内的国内专业市场和国内普通市场的消费群体，美国国内产品的消费者主要是国内专业市场部分的较高价格漆刷消费群体；而调查进口产品的消费者大部分是普通市场部分的条形刷消费群体。因此，美国国际贸易委员会认为，被调查的进口产品与美国国内相似产品之间不存在直接竞争关系。

(2) 被调查进口产品对数量的影响

从双方提供的材料来看，从 1996 年到 1998 年，被调查的进口漆刷数量和销售金额持续增长，被调查的进口漆刷所占美国国内市场份额也有所上升。美国国内相似产品的情况则是其生产数量及生产数量所占的市场份额有所下降，但是其销售金额及销售金额所占市场份额却大幅上扬。

美国国际贸易委员会认为，尽管被调查进口产品数量在调查期结束时是增加的，但被调查进口产品和国内产品仅有有限的可替代性。由于美国国内产品的消费者主要分属于不同的两个消费市场，因此被调查产品进口数量增加对美国国内相关产品的影响是不显著的。

(3) 被调查进口产品对价格的影响

美国国际贸易委员会认为，被调查进口产品的低价竞销并不显著。在调查期间，某些美国国内相似产品价格总体上也呈上升趋势。此外，在分析国

① See Michael P. Leidy, *Macroeconomic Conditions and Pressures for Protection under Antidumping and Countervailing Duty Laws: Empirical Evidence from the United States*, *IMF Staff Papers*, Vol. 144, No. 1, Mar 1997, pp. 23-34.

② 资料摘自国务院研究院 WTO 研究中心、中国社会科学院 WTO 研究中心编：《中国应对国外贸易壁垒最新实务指南》（上册），经济日报出版社 2003 年版，第 713 ~ 721 页。

内相似产品的价格数据后，也不能确定被调查进口产品的低价销售和国内产品价格的变化之间存在必然联系。美国国际贸易委员会最终认为，被调查的进口产品没有压制国内相似产品的价格，并且它也没有抑制国内相似产品价格的提高。

（4）被调查进口产品对国内产业的影响

在考察进口产品对国内产业的影响时，美国国际贸易委员会考察了与美国国内企业有关的经济指标，发现美国国内企业的大多数经济指标显示国内产业运行情况很好：销售收入显著增长，在调查期内美国国内产业销售价格也开始上升。虽然国内产业开工率与生产率显示相反趋势，但开工率的降低主要是由于生产能力同产量呈现不同的增长。总之，由于美国国内企业的纯销售收入超过了产品单位价格增长率，在调查期开始本已运行良好的国内产业经济效益进一步增长。因此，进口产品对美国国内产业并未带来负面影响。

通过对以上调查期内数据的分析，美国国际贸易委员会裁定，没有合理证据表明，美国国内相关产业因为中国和印度尼西亚进口的漆刷以低于公平价值出售而受到了实质损害。

在本案中，美国国际贸易委员会在裁决进口产品对美国国内产业是否造成损害时考察了被诉进口产品与国内产品的竞争情况及其对国内产品数量、价格和国内产业的影响几大因素。如果按照 27 个因素量化，本案只是用了其中的 1/3 的因素，可见，其中量化分析的复杂性。也可以说，量化的因素越多，可裁量的变数也越大。

【案例 2】2001 年 3 月美国对中国折叠礼品盒反倾销案。①

关于进口产品是否对美国国内相关产业造成实质损害，美国国际贸易委员会的理由和结论如下：

（1）被调查进口产品与国内产品的竞争情况

①虽然各进口商的政策有所不同，但国内生产商的大部分销售是在合同基础上完成的。合同通常在春季签订以便在节日季节到来之时可以发货。大部分发货在一年的第三和第四季度完成，然后由零售商在 11 月和 12 月将大部分折叠礼品盒转售给顾客，其主要用来包装圣诞礼物。

②大部分国内生产的转售礼品盒售给零售商如超市、打折商店和杂货

① 资料摘自国务院研究院 WTO 研究中心、中国社会科学院 WTO 研究中心编：《中国应对国外贸易壁垒最新实务指南》（上册），经济日报出版社 2003 年版，第 730～744 页。

店。大部分中国折叠礼品盒是由零售商直接进口的，有一部分是由转售给零售商的进口商进口的。大部分进口商品售给了打折零售商，虽然卖给超市的量在增长且被调查进口商品与国内相似产品在这部分市场上的竞争越来越激烈。

③显见的美国消费以价值来衡量的话，从 1998 年至 2000 年一直稳步增长。

④国内相似产品和被调查商品可以相互替代。国内生产商声明产品总是可以相互替代的，而大部分进口商则认为产品常常或有时会相互替代。对两种产品都熟悉的购买者则认为一般来说两者是可以互相替代的。质量是在决定购买与否时最重要的因素，许多购买者认为国内相似产品和被调查进口商品在质量和坚固性上具有可比性。价格是在决定购买与否时次重要的因素，虽然在该产业当中并没有明显的居于首位的价格。因为产品的可替代性，该市场上价格的竞争是很激烈的。

⑤美国生产商有足够的实力供应美国市场。国内产业上报说其能力利用率保持稳定，在 1998 年至 2000 年保持在 75% ~76%。

⑥非调查进口商品在美国市场上的作用不显著。唯一的非调查进口商品来自中国，商务部对其倾销幅度的裁定是可以忽略的。此外，中国折叠礼品的进口从 1995 年开始进入美国市场。

（2）被调查进口产品对数量的影响

根据价值计算，被调查商品的进口从 1998 年到 2000 年大幅增加。被调查进口商品的市场份额在这期间几乎翻了一番。由于唯一的以转售为目的的折叠礼品盒的进口是来自中国的，美国在这期间损失的数量和市场份额可以归咎于这些进口。相应地，美国国际贸易委员会发现被调查进口商品增长的数量无论是绝对数量还是相对于美国消费的数量，都是显著的。

（3）被调查进口产品对价格的综合影响

美国国际贸易委员会收集的价格数据展现的是一个低价抛售和销售过多的混合模式。直接进口的零售商支付的包括运费在内的价格（如上所述，包括大部分被调查进口商品），要低于美国生产者在进口发生的期间为产品定的价格。由于进口商品价格包括运输费用，而国内产品价格没有包括，因而在某种程度上实际的低价抛售可能会被低估。鉴于进口折叠礼品盒和国内折叠礼品盒之间通常的可替代性，加之低价抛售的程度可能会被低估，美国国际贸易委员会认定低价抛售的数量相当大。记录表明，大部分申请人声称的销售数量和收入损失都得到了确认。销售数量和收入损失是相当大的。从1998—2000 年，整个产业共损失了USD4 000 000，而美国 2000 年的货运量价值只有USD43 000 000。此外，记录表明，被调查进口商品的市场份额越来越大，不仅包括超市还包括打折商店。23 家对美国国际贸易委员会的问卷作答的购买者中的 13 家在 1998—2000 年购买了被调查的中国礼品盒或直接从中国进口，而 23 家中只有 6 家称自己是打折零售商。确认的销售数量和收入损失分别与两年间被调查进口商品低价抛售的数量和获得的收入一致。考虑到被调查进口商品与国内相似产品的可替代性和在美国市场的价格竞争，美国国际贸易委员会认为被调查进口商品获得市场份额的唯一途径就是低价抛售。

美国国际贸易委员会进一步注意到与净销售相关的已售货物的成本在 1998 年至 2000 年越来越高。这表明存在成本—价格的矛盾；国内生产商不能提高价格从而抵消增加的成本。美国国际贸易委员会认为这种价格抑制在很大程度上归咎于被进口商品低价销售的增加。相应地，美国国际贸易委员会发现被调查进口商品存在明显的低价抛售且其在调查期间在很大程度上抑制了国内价格。

(4) 被调查进口产品对国内产业的综合影响

在考察被调查商品进口对国内产业的影响时，美国国际贸易委员会考察了对美国产业状况产生影响的所有相关经济因素。这些因素包括产出、销售、存货量、能力利用率、市场份额、就业率、工资、生产率、利润、现金流、投资回报、筹资能力和研发能力。没有任何一项因素是决定性的，所有相关的因素都在商业周期和竞争条件下予以考虑。

从 1998 年到 2000 年，国内消费在价值上有所上涨。国内货运量也遵循同样的模式。但是，国内市场份额在这期间却越来越小而被调查进口商品的市场份额却增加了。国内生产量从 1998 年至 2000 年逐渐下降。能力也有所萎缩，虽然能力利用率在这期间相对比较稳定。就业指标在这期间也有所下降。平均生产量和相应的工人人数从 1998 年至 2000 年都下降了，其工作时间也有同样的趋势。国内产业的财务状况在这期间也有恶化。所有总的净销售就价值而言有所上涨，但总利润下降了且产业每年都有不断增加的营业损失。1998 年营业损失为USD841 000，1999 年上升至USD1 500 000，2000年则上升至USD3 000 000。同已售商品成本一样，销售、一般支出和行政支出都增加了。已售商品成本与净销售值的比例逐步增加。资本支出则下降了。大部分国内生产商上报受到了被调查商品进口带来的负面影响。行业的营业毛利从 1998 年的-2.1% 降到了 2000 年的-6.8%。美国国际贸易委员会考虑了销售给各种顾客的价格竞争程度。虽然某些大购买商没有在调查期间购买被调查商品，但美国国际贸易委员会不认为被调查商品与国内相似产品存在竞争，因为现有证据不足以支持得出被调查商品对国内产业有相当大的影响这一结论。相反，有关证据证明，从中国低价进口的转售礼品盒在价格方面的优势使其在各种购买者市场上获得了成功，得到了超市以及其他或大或小的零售商的青睐，而美国生产商的利益则被牺牲了。最后，美国国际贸易委员会经过调查认为，被调查的中国产品以低于公平价值的进口对美国国内产业造成了实质损害。

第三节 裁决实质损害威胁和实质阻碍产业建立的自由裁量权

一、裁决实质损害威胁和实质阻碍产业建立的立法授权

（一）裁决实质损害威胁的立法授权

实质损害威胁（threat of material injury）是指虽然进口产品尚未对国内产业造成实际的实质损害，但有充分证据表明，若不采取相应的反倾销措施，将导致实质损害的发生。损害威胁是实际迫近的、并非假设和猜测。为了预先避免进口国的国内产业遭受将要出现的实质损害，国际公约和各国立法都规定实质损害威胁属于可以采取反倾销措施的损害情形中的一种。WTO《反倾销协定》第3条第7款规定："实质性损害威胁的确定应依据事实，而不是仅仅依据宣称、猜测或者遥远的可能性。某种倾销将会导致出现损害情况的变化必须是明确地被预见到的，并且是迫切的。"

根据美国反倾销法的规定，判断实质损害威胁主要考虑以下情形：①

（1）出口国任何生产能力或存在而未使用的生产能力的增加，可能会导致进口到美国的产品大幅度增长；

（2）任何在美国市场的迅速渗透以及这种渗透将达到损害程度的可能性；

（3）出口产品将会对美国国内相似产品价格产生抑制或压制价格的可能性；

（4）相似产品在美国库存大量增加；

（5）出口国新出现的生产该产品尚未利用的生产能力；

（6）出口国存在潜在的生产转换能力，生产者拥有或控制的生产设备能够用于生产被调查产品；

---

① 19USC，§1677（7）（F）（i）.

(7) 对现有美国国内产业的发展和生产能力存在实际的或潜在的不利影响；

(8) 同一出口国的相似产品在其他关贸总协定签字国裁决倾销对美国产业实质损害威胁的影响；

(9) 就未加工的农产品与加工后的农产品同时进行调查，如果对其中之一做出肯定性认定时，进口产品转换为另一形态进口的可能性；

(10) 倾销的进口产品价格和数量对美国产业所造成的实际威胁影响。

纵观各国以往的反倾销法律实践，很少出现因为实质损害威胁而采取反倾销措施的情况。国际公约和国内法对实质损害威胁的确定的规定也比较简单。欧盟迄今为止没有仅仅因为实质损害威胁便裁定采取反倾销措施的先例，只是在几个反倾销案里同时裁定存在实质损害和实质损害威胁。不过，近年来各国对于实质损害威胁的调查呈现出一个新的特点，即对具有倾销历史的或者是在其他国家已遭受反倾销调查的出口商的产品进行跟踪，把产品进入进口国的事实作为判断实质损害威胁的重要因素加以考虑。例如，美国《1988 年贸易法》要求，国际贸易委员会应虑相同商品的相同当事人在其他关贸总协定成员国被裁倾销的情况和补救措施，但是要有两次以上被裁定倾销的经历才予以考虑。

(二) 裁决实质阻碍产业建立的立法授权

美国反倾销法没有直接规定“实质阻碍产业建立”的定义以及标准，只是在“累积确定实质损害威胁”这一款关于“申请后信息的考虑”里提到了这一概念。①

对美国反倾销案例进行分析可知，产业的建立是指还未开始正式生产的产业或虽投入新生产但生产状况尚未稳定。按照美国反倾销法的规定，对于该类产业的保护要求，美国的有关产业应该证明对该产业已经有相当的投入。从这个意义上讲，倾销产品阻碍了美国一个新产业的建立不应理解为一

① 19USC，§1677 (7) (Ⅰ)。该句的原文是“委员会应考虑自提交申请后对象商品进口的数量、价格影响或影响的改变是否与未决的调查有关，如果是，委员会在作出实质损害、实质损害威胁或实质阻碍美国产业的建立的裁决中，可降低申请提出后资料的重要性”。美国国际贸易委员会曾经于 1985 年在加拿大鳕鱼干反倾销案中，对“实质阻碍美国产业的建立”的含义作过解释，其解释如下：(1) 此标准不但指尚未开始生产的产业，还包括已经开始生产但经营尚不稳定的产业；(2) 未开始生产的产业，必须有充分证据证明该产业的投入有相当的约束和保证；(3) 鉴于建立每一种产业的努力都有其特殊性，因而对建立新产业是否有实质阻碍的认定应当依据具体案件作出。

个新产业的构想和计划，而应理解为新工业的实际建立受到了阻碍。① 实际上，正因为某项未建或已经在建中的产业概念比较模糊，确定实质阻碍产业建立非常困难，因此，各国反倾销实践很少使用这一理由。因此，下文将仅阐述美国国际贸易委员会在裁决实质损害威胁时行使自由裁量权的问题。

二、裁决实质损害威胁和实质阻碍产业建立的自由裁量权

从美国法典 19USC，§1677（7）（F）（i）的内容来看，美国反倾销法对实质损害威胁下的定义是非常抽象的，尽管随后又列举了 10 条判断标准，但是这些标准本身也是模糊的、模棱两可的，比如标准中大量出现了“可能会导致”、“大幅度增长”、“迅速渗透”、“渗透将达到损害程度的可能性”、“产生抑制或压制价格的可能性”、“库存大量增加”、“尚未利用的生产能力”、“潜在的生产转换能力”、“存在实际的或潜在的不利影响”、“进口产品转换为另一形态进口的可能性”、“对美国产业所造成的实际威胁影响”等用语。这种立法技术本来就是一种授权性的立法，就是为了便于反倾销行政机关根据实际需要灵活地处理反倾销案件而授予他们极大的自由裁量权，而不是为了相反，即限制他们裁决反倾销案件的权力，因此，上述规定实际上为美国国际贸易委员会裁定“实质损害威胁”成立降低了难度。

美国在实践中直接地、单独地裁定外国企业的出口倾销行为造成“实质损害威胁”的案例也并不多见，多数情况是同时裁定倾销造成“实质损害”和“实质损害威胁”。1996 年，在美国诉中国、乌克兰等国定尺碳素钢板反倾销案中，美国国际贸易委员会在初裁中即裁定出口企业的倾销行为对美国相关产业造成实质损害威胁。

1996 年 11 月 5 日，美国日内瓦钢铁公司和海湾国家钢铁公司分别向美国商务部和美国国际贸易委员会提起反倾销申诉，称来自中国、乌克兰、俄罗斯和南非的定尺碳素钢板正在，或将有可能以低于公平价值的方式在美国市场上销售，而且上述产品的进口正在对美国产业造成实质损害，或存在实质损害威胁。1996 年 12 月 27 日，美国国际贸易委员会公布初裁裁决，裁定存在实质损害威胁。1997 年 6 月 11 日，美国商务部公布初裁裁决，裁定存在倾销，倾销幅度为 8.19% ~172.20%。考虑到美国与俄罗斯和南非正在商洽通过达成中止协议方式结案的动向，且中国企业被初裁的倾销幅度较高，中国最后通过与美国达成中止协议的方式结案。1997 年 10 月 24 日，

① 参见盛建民：《反倾销法关于“产业建立之重大阻碍”的认定及中国立法之建议》，载《国际贸易》，1997 年第 10 期，第 54 ~57 页。

美国商务部与中国签订中止协议。不过，应申诉人和其他利害关系方的要求，美国商务部继续进行调查程序。1997 年 11 月 20 日，美国商务部公布终裁裁决，裁定存在倾销。1997 年 12 月 17 日，美国国际贸易委员会公布终裁裁决，裁定存在实质损害威胁。

第四节　损害累积评估的自由裁量权

一、损害累积评估的立法授权

损害累积评估可分为实质损害累积评估和实质损害威胁累积评估，美国法典第 19 卷第 1677 节（7）（G）和（7）（H）对此作了明确规定。

第 1677 节（7）（G）规定："一般地，委员会应当累积评估从所有国家进口的该被调查产品的数量和影响，（1）于同一天提交的请求书；（2）于同一天发动的调查；（3）如果这些进口产品在美国市场上彼此竞争并同其境内相同或类似产品展开竞争，于同一天提交请求书，并于同一天发动调查。"同时，该款也规定："美国国际贸易委员会不应当累积评估进口的数量和影响，前提是（1）行政当局针对该进口已作出初步的否定性裁决，除非行政当局随后又在美国国际贸易委员会作出最终决定之前作出终局的肯定性决定；（2）该进口来自于某一国家，而针对该国的调查已经终结；（3）在对《加勒比海地区经济复兴法》中规定的某一受惠国作出决定时……将来自该国的被调查产品的进口同来自其他受惠国的被调查产品的进口累积起来评估进口的数量和影响，超过这一限度的进口不予以累积评估；（4）进口来自于同美国签有自由贸易区协定的一成员方，并且该自由贸易区已于 1987 年 1 月 1 日之前开始运行，除非委员会作出决定认为由于从该国进口的原因，境内产业遭受了实质损害或实质损害威胁。"

关于实质损害威胁的累积评估，第 1677 节（7）（H）规定："在可操作的范围内，委员会可以对来自下列各项所指的所有国家的进口被诉商品的数量和价格幅度进行累积评估：（1）在同一日提交请求书；（2）在同一日发起调查；（3）在同一日内提交投诉状和发起调查，只要这些进口是相互竞争，并与美国市场上的国内相同产品相竞争。"

在进行累积评估时，应将"可忽略的进口"或"不予考虑的进口"从累积评估的数量中剔除。《美国法典》第 1677 节（24）规定："可忽略的进口：（1）低于 3%，从一个国家进口到国内市场，由委员会认定为相同产品的商品，只要进口的数量小于在最近 12 个月中，以可以调查的数据统计的进口到美国市场的所有此种产品总量的3%，则属于可忽略的进口。(2) 例外。如果根据同一日发起的调查证明，从所有国家进口的此种商品的总量超过了在可计算的12个月期间内进口到美国市场的此类产品总量的7%。(3) 委员会将不视其为可忽略的进口。如果委员会确定，有潜在的可能从（1）特定国家的进口总量急速地超过美国进口该商品总量的3%，或从（2）特定国家的进口总量急速地超过美国进口该商品总量的7%。委员会只有在确定实质损害威胁时才考虑该进口。”

二、损害累积评估的自由裁量权

累积评估的概念来源于美国《1930年关税法》，后引入WTO《反倾销协定》中。[①] 按照美国反倾销法的规定，在审查被诉产品是否给国内产业造成实质损害时，美国国际贸易委员会应对申诉人同一天提交的申诉状或美国商务部同一天自行发动的反倾销调查所涉及的、来自所有国家的被诉产品的数量和影响进行累积评估，只要这些产品之间以及这些产品与美国国内相似产品之间存在竞争。[②] 与此同时，在审查被诉产品是否给国内产业造成实质损害威胁时，美国国际贸易委员会可以对申诉人同一天提交的申诉状或美国商务部同一天自行发动的反倾销调查所涉及的、来自所有国家的被诉产品的数量和影响进行累积评估，只要这些产品之间以及这些产品与美国国内相似产品之间存在竞争。[③] 简单地讲，只要来自两个以上国家的被诉产品是相似产品，它们与美国市场上的国内相似产品存在竞争关系，美国国际贸易委员会在判断被诉产品对国内产业是否造成实质损害或实质损害威胁时，有权综合评估所有被诉产品在数量和价格上对美国国内产业的影响。

被诉产品与国内相似产品之间存在竞争关系是适用累积评估规则的基本条件，在进行累积评估时，美国国际贸易委员会一般考虑以下因素：(1) 被诉产品与国内相似产品间的可替代性；(2) 被诉产品与国内相似产品是否在同一市场销售；(3) 被诉产品与国内相似产品是否存在相同或相似的销售渠道；(4) 被诉产品等级和价位；(5) 累积评估的进口产品是否都为被调查产品。

在进行累积评估时，也存在三种例外情形。第一，3%和7%的进口总

---

① 参见宋和平、黄文俊主编：《反倾销法律制度概论》，中国检察出版社2003年版，第77～78页。

② 19USC，§1677（G）.

③ 19USC，§1677（H）.

量控制规则。按照美国反倾销法的规定，如果经过调查，美国国际贸易委员会确认，单个被调查的被诉产品的出口量低于美国国内相似产品进口总量的3%的，该进口属可忽略的进口，其损害可以忽略不计；如果经过调查，美国国际贸易委员会确认，单个被调查的被诉产品的出口量虽未达到或超过美国国内相似产品进口总量的3%，但所有这些单个出口量未达到或超过美国国内相似产品进口总量的3%的被诉产品的合计进口总量如果达到美国国内相似产品进口总量的7%以上的，则应对所有这些未达到或超过美国国内相似产品进口总量的3%的被诉产品进行损害累积评估。第二，该被诉产品涉及的贸易是孤立和零星的。第三，该被诉产品来自与美国签有自由贸易区协议的国家，且其出口尚未使美国国内产业遭受实质损害。

累积损害评估规则表明，来自一个国家的进口产品可能不会对进口国产业构成损害，但把几个国家的进口产品加起来总体考虑时，其损害的严重影响则不可低估。累积评估的方法在某种程度上放宽了损害的标准，大大增加了做出存在损害裁决的可能性。因此，在反倾销应诉中，被诉企业要成功地说服美国国际贸易委员会不采用损害累积评估，就必须在两个方面进行举证：一是证明被诉产品之间或被诉产品与美国国内相似产品之间不存在竞争关系；二是证明被诉产品的单个进口量没有达到3%进口总量控制线，或所有单个进口量没有达到3%的被诉产品的合计进口总量没有达到或超过7%的进口总量控制线。这两个方面既是应诉方应诉的重点，也是美国国际贸易委员会自由裁量权的行使所在。

值得注意的是，WTO1979年《反倾销守则》并没有关于累计评估的规定，只是在其1994年《反倾销协定》中引入了该方法。《反倾销协定》第3.3条规定，进口国有关当局对来自不同国家的同一进口产品所造成的损害可以进行累积评估，但应当满足两个条件：第一，各国进口产品的倾销幅度已超过了第5.8条规定的微量倾销幅度，即2%的最低标准，并且，来自每一个国家的进口数量不是可以忽略不计的，所谓忽略不计的数量，是指来自某一特定国家的倾销产品的进口数量低于进口国相似产品进口总量的3%，但它们倾销的产品进口数量合计大于进口国此类倾销产品进口总量的7%，则进口国可视来自每一个国家的进口量不属于忽略不计的数量；第二，对进口产品所造成影响的累积评估应恰如其分，应兼顾进口产品之间的竞争条件以及进口产品与国内相似产品的竞争条件。可见，WTO《反倾销协定》使用了“倾销进口产品”这一概念，但并没有作出一个明确的定义。美国没有采用“倾销进口产品”的概念，而是使用了“被诉产品”或“被调查产品”的概念。

无论是从词义上，还是从实践来看，两者都存在极大地区别。从词义上看，倾销产品一定是经调查后被认定为倾销的进口产品，但被调查产品既包括经调查后被认定为倾销的进口产品，也包括经调查后不被认定为倾销的进口产品。如果采用被调查产品的概念，则意味着反倾销调查当局可以将所有的符合条件的进口产品，包括哪些经调查后不被认定为倾销的进口产品纳入到累积评估的范围。从实践来看，美国、欧盟和 WTO 专家组对“倾销进口产品”的不同理解也为该条款的适用留下了争议的隐患。

在阿根廷诉巴西家禽争端解决案件中，WTO 专家组认为，倾销的确定是根据来自某个特定的生产商或出口商的产品作出的；如果某个特定的生产商或出口商被认定没有倾销，那么就没有理由将该生产商或出口商的进口产品包括在“倾销进口产品”的范围内。专家组认为，根据条款的一般意思，“倾销进口产品”指的是计算结果表明其倾销幅度高于最低值的生产商或出口商的所有进口产品，不包括在调查过程中被认定没有倾销的生产商或出口商的进口产品。专家组裁定，由于阿根廷已经认定来自巴西的 Nicolini 和 Seara 两家公司的进口产品不存在倾销，因此在审查“倾销进口产品”对阿根廷国内产业可能造成的损害结果时，应当将 Nicolini 和 Seara 两家公司的进口产品排除在外，不应对其进行累积评估。专家组的意见体现了如下结论：（1）如果来自某被诉国家内的某个特定的生产商或出口商的被调查进口产品的倾销幅度低于2%，则在认定损害时，该生产商或出口商进口国出口的被调查产品应从“倾销进口产品”的数量中排除；（2）如果基于上述理由排除该特定的生产商或出口商的数量后，该被诉国的倾销进口产品的数量占进口国相似产品总进口数量的比例低于3%，则不应对其进行累积评估。但专家组的上述结论并未得到美国和欧盟的一致回应。

在印度诉欧盟床单反倾销争端解决案件中，专家组就“倾销进口产品”相关事宜向此案件的第三方提出了如下问题，即第三方能否对以下问题进行评论，即当某些出口商的倾销幅度为零或者可忽略不计，在认定数量和价格影响时，调查机关是否有义务将这些出口商的进口数量排除在外？美国在该案中作为第三方回答时认为，在有关损害的认定上，美国的反倾销实践中是把倾销幅度为零或者是忽略不计的出口商的数量排除在外。美国认为，上述实践做法是 WTO《反倾销协定》所允许的，美国并不主张此种实践做法是 WTO《反倾销协定》所要求的。可见，美国未对专家组的定义给予充分肯定。

在阿根廷诉巴西家禽争端解决案件中，专家组就“倾销进口产品”相关事宜向此案件的第三方欧盟提出了如下问题，即“如果你们的调查机关认定某出口商的进口产品不存在倾销，则在依据 WTO《反倾销协定》第 3 条进行损害认定时，是否要将此出口商的进口量排除在外”？欧盟在答复中认为，由于倾销的认定是针对国别而言的，因此，为 WTO《反倾销协定》第 3 条之目的，调查机关有权将某个特定国家的所有进口产品认定为“倾销”，即使这个特定国家的一个或多个出口商被裁定为没有倾销。可见，欧盟并不同意 WTO 专家组在该案中对“倾销进口产品”下的定义。

美国第一次对中国出口产品采用累计损害评估规则是在 1985 年其对中国铸铁件反倾销案中。1985 年 5 月，美国商务部和国际贸易委员会对来自中国、印度和巴西的铸铁件产品进行反倾销调查。尽管在对本案进行调查时，美国商务部已决定对加拿大进口的铸铁件征收反倾销税，但美国国际贸易委员会还是将中国、巴西和印度的铸铁件同加拿大的进口铸铁件一起进行累积损害评估，并裁定实质损害存在。

1986 年，美国 TIMKEN 公司以申诉方身份向美国商务部指控中国、罗马尼亚、匈牙利、前南斯拉夫和意大利等出口的圆锥棍子轴承存在倾销，要求发起反倾销调查。当时，中国对美国出口的圆锥棍子轴承数量并不多，其出口量仅占申诉方 TIMKEN 公司年销售额的 0.61% 至 1.19%，不可能对美国市场造成实质损害，且此种数量可“忽略不计”。但美国国际贸易委员会坚持认为，各国进口产品之间以及这些产品与美国相似产品之间存在竞争，符合适用累计损害评估规则的条件，最后裁定这五个国家的产品整体对美国国内产业造成实质损害。1987 年 2 月，美国商务部裁定中国轴承倾销幅度为 18.9%，裁定罗马尼亚、匈牙利、前南斯拉夫和意大利的进口产品倾销幅度分别为：8.07%、7.42%、33.61%、124.75%。

第五节　裁决倾销与损害因果关系的自由裁量权

一、裁决倾销与损害因果关系的立法授权

根据美国反倾销法和 WTO《反倾销协定》的有关规定，价格倾销与产业损害之间存在因果关系是征收反倾销税的必要条件之一，即采取反倾销措施应以国内产业遭受损害与进口产品倾销事实之间存在因果关系为前提。① 对于倾销造成的国内产业损害应有证据证明这两者之间存在因果关系，不是因为价格倾销造成的产业损害不应归咎于倾销，因而也就不应采取反倾销的

① 19USC，§1673（2）（B）.

救济措施。在确定是否存在因果关系时，美国国际贸易委员会通常考虑进口产品的数量及其增长、进口产品的价格及其对国内产业的影响等因素。根据美国反倾销法的规定，在判断因果关系方面，不应将其他非倾销因素造成的损害归咎于倾销，这些因素主要有：

（1）高于正常价值的进口产品的数量与价格足够大；

（2）需求减少或消费模式发生变化而使国内产业经营不景气；

（3）外国与国内生产者之间存在贸易限制性做法与竞争，导致国内产业受到冲击；

（4）技术的进步导致国内产业生产的产品落后；

（5）国内产业的出口业绩和生产率欠佳。

二、裁决倾销与损害因果关系的自由裁量权

目前，关于倾销与损害因果关系的评价标准，美国反倾销法采用的是“最低标准”，这一标准并不要求价格倾销是造成产业损害的全部原因、大部分原因、主要原因、重大原因或直接原因，而只要进口产品的价格倾销是造成产业损害的原因之一，即只要两者之间存在必不可少的因果关系即可。在通常情况下，进口国国内产业受到损害，全部由倾销造成的情形并不常见，而往往是倾销因素和非倾销因素交织在一起。正是如此，这给美国反倾销主管当局行使自由裁量权留下了很大的空间。

当前的主要问题，是没有一个清晰的标准来判定价格倾销与产业损害之间是否存在因果关系。美国国际贸易委员会对此采取的最常用的方法是，首先决定国内产业是否存在损害，然后再决定进口产品与国内产业损害之间是否存在因果关系。假设国内产业本身存在很大的问题使得进口量增加，价格降低，美国国际贸易委员会很有可能认为进口至少对国内产业造成了部分影响，从而裁决为倾销。该方法完全不具备客观性。因为任何巧合都有可能导致实施反倾销制裁，在巧合和实际因果关系之间根本没有判断的标准，美国国际贸易委员会很可能混淆是非，对因果关系的分析如同一个“黑匣子”，应诉方无法预知美国国际贸易委员会的委员们何时会发现损害或者无法确定美国国际贸易委员会的委员们依据什么标准来作出裁决。①

针对各国反倾销行政机关在裁定价格倾销与产业损害之间是否存在因果关系时可能出现的任意性，WTO《反倾销协定》第3.5条专门提出了“非

① see Brink Lindsey, *The U. S. Anti-dumping Law-Rhetoric versus Reality*, *Journal of World Trade*, Vol. 34, No. 1. 2000, p. 14.

归因要求”。该条款要求各国的反倾销机关在认定倾销与损害之间的因果关系时，应当“调查除倾销进口品以外的所有其他可知因素，其他因素导致的损害不能归因于进口倾销”。根据《反倾销协定》的要求，进行反倾销调查的主管机关审查倾销进口产品与损害之间关系的同时，还应审查除倾销进口产品以外的、同时正在损害国内产业的任何已知因素，并将这些因素排除在导致倾销的因素之外。

WTO《反倾销协定》不允许反倾销机关将产品的进口同其他因素合并笼统地认为所有的因素都造成了损害，反倾销机关应区分产品进口与其他因素，并分别裁决损害原因。可以肯定的是，WTO《反倾销协定》的这一规定只是为了给不同因素赋予权重，以决定进口能否“足以”引起综合的损害效果。然而，在实际调查和裁决中，即使采用这种解释和方法仍难摆脱解释上的混乱和任意性的裁决。

在2000年2月日本不服美国就热轧钢进行反倾销调查向WTO提起争端解决的案例中，① 日本认为，美国在断定倾销与损害之间的因果关系上违反了WTO《反倾销协定》第3条、GATT1994第6条。美国国际贸易委员会以1997年美国工业的高峰期作为确定进口是否引起损害的方法没有满足WTO《反倾销协定》第3条第1款和第4款的要求，即“当局作出决定应当建立在确定的证据的基础上，恰当地评估所有相关因素，并进行客观的评价”。同时，美国国际贸易委员会也没有根据WTO《反倾销协定》第3条第5款，适当地评估除倾销进口产品以外所有其他对美国工业产生影响的已知因素。专家小组在充分调查证据的基础上，考虑了争端双方以及第三方的意见，最后支持了日本的主张。专家小组的报告认为，在审查和决定倾销进口产品与对国内产业的损害之间的因果联系时，美国没有依照《反倾销协定》第3

① 1998年9月30日，美洲联合炼钢厂和独立炼钢企业联合会等几家美国钢铁生产商和组织分别向美国商务部和国际贸易委员会提起申诉，要求对自巴西、日本和俄罗斯进口的部分热轧钢产品发起反倾销调查并征收反倾销税。1999年5月6日，美国商务部作出最终裁定：KSC、NSC和NKK的倾销幅度分别为67.14%、19.65%和17.86%，其余企业则为29.30%。据此，美国商务部于1999年6月29日发布反倾销税令。1999年11月18日，日本就热轧钢反倾销案向美国提请磋商。美国与日本于2000年1月13日进行了磋商，但没有成效。2000年2月11日，日本提请DSB成立专家小组。5月24日，WTO总干事根据日本的请求公布了专家小组组成人员名单，三人专家小组正式成立，巴西、加拿大、智利、欧盟和韩国作为第三方参加了专家小组程序。专家小组于2001年2月28日公布了报告。2001年4月25日，美国通知DSB其对专家小组的裁定不服，并于5月7日正式提出上诉，巴西、加拿大、智利、欧盟和韩国作为第三方参加了上诉程序。2001年7月2日，上诉机关作出裁决，并于7月24日提交各成员方。

条第1款、第4款和第5款项下的义务行事，在进行争端所涉及的反倾销调查和作出裁定时，美国没有依照《关税及贸易总协定》第10条第3款行事。但在美国提起的上诉中，上诉机关推翻了专家小组关于美国国际贸易委员会确定倾销进口产品与对美国国内热轧钢产业造成实质损害之间的因果关系的裁定，上诉机关认为，尚无足够的证据完全解释日本的在本款下与因果关系有关的主张。同一件案件，不仅申诉方与被申诉方各持已见，就连世界贸易组织争端解决机关的专家小组和上诉机关之间也意见不一。可见，在反倾销的实践中，归因规则带来的自由裁量空间是很大的。

第四章 反倾销行政程序中的自由裁量权

第一节 决定立案的自由裁量权

根据美国反倾销法的规定，美国行政当局决定进行反倾销立案，发起反倾销调查有两种情形，或者说有两个依据。一种是由反倾销行政当局依职权自行发起；另一种是由利害关系方申请发起。在这两种情形下，美国商务部都享有决定权。

一、决定立案的立法授权

（一）依职权决定反倾销调查立案

《美国法典》第19卷1673（a）对由反倾销行政当局发起反倾销立案调查作了规定："只要行政当局根据其掌握的资料，认为有理由发起正式调查，以确定征收反倾销税的要件是否存在，则应当发起反倾销调查。""行政当局可以建立一项监督计划，就来自于另外的供应国的一类或一种进口产品进行不超过一年的监督，如果已存在对该类或该种产品有两个以上的反倾销命令有效。根据判断，行政当局认为有理由相信或怀疑来自于一个或更多另外的供应国的持续性损害倾销和行政当局认为这种特别的倾销形式正在引起国内产业的严重商业问题。如果行政当局认为有充足资料对另外的供应国根据本项发起正式调查，行政当局应马上发起此调查。""'另外的供应国'指一个目前没有被置于反倾销调查下，也没有对从该国进口的该类产品征收反倾销税的国家，该类产品指（A）项所指的一类或一种进口产品。"

也就是说，美国商务部决定自行立案的依据有两种情形，一种情形是只要行政当局根据其掌握的资料，认为有理由发起正式调查，以确定征收反倾销税的要件是否存在，行政当局就应当发起反倾销调查；另一种情形是出现了"有关持续倾销的案件"，即在商务部已对某类或某种产品作出两个以上的反倾销命令的情形下，通过对已经生效的反倾销令的持续性监督，行政当局认为与被征收反倾销税的进口产品同类或同种的其他供应国的进口产品存在持续性损害倾销或者正在引起美国国内产业严重的商业问题，行政当局应当马上发起调查。可见，只要美国商务部认为有理由发起正式调查，或者某一国的进口产品被美国征收了反倾销税或者正在被调查，所有与该被诉产品相类似的其他国家的进口产品都可能被商务部纳入监督的范围，也有可能被决定立案调查，是否立案和发起反倾销调查，其决定权在美国商务部。

（二）依申请决定反倾销调查立案

除了行政当局决定自行发起调查外，美国国内产业的代表也可通过向行政当局提出申请发起反倾销调查。《美国法典》第19卷1673（b）对利害关系方申请行政当局发起反倾销调查作了规定："当利害关系方代表国内产业，向行政当局提出申请，申请书具备了反倾销法规定的征收反倾销税的必备因素，并且申请人为支持申请应同时提交可合理得到的资料，则发起一项反倾销调查。""除非另有规定，申请书递交后20日内，行政当局应根据其已掌握的资料，先经过检查确认申请书中提供的证据是准确的、充分的，然后认定申请书对规定的征税的必要因素是否均有指控以及是否含有支持该申请的申请人提供的合理的可获得的资料和认定申请是否由国内产业或国内产业代表递交。""在行政当局需要进行民意测验或以其地方法认定国内产业对该申请的支持时，行政当局可以在特殊情况下，将'20天'延长至'最多40天'。"① 如果上述认定均成立，行政当局应发起调查，以认定目标产品是否正在或将要以低于其正常价值的价格在美国销售。如果上述认定不能成立，行政当局应驳回申请，结束程序，并书面通知申请人否定申请的原因。

二、决定立案的自由裁量权

根据美国反倾销法，提起反倾销申请的并不一定是生产者，也可以是以下利害关系人：国内相同产品的美国生产者、制造者或销售商；经证明或确认的工人团体或组织，其能代表美国境内从事相同产品的制造、生产或批发的产业；其主要成员是在美国从事国内相同产品的制造、生产或批发的贸易或商业组织。行政当局可以对既是被诉产品的进口商，也是被诉产品的国内相同产品的生产商不予考虑；如果申请声称该产业是地区产业，行政当局在认定申请是否由国内产业或国内产业代表递交时，应按地区的产量计算是否满足25%或50%的要求；如果支持申请的国内生产商或工人数量占相似产

① 美国商务部审查申请书的标准可以概括为四个方面：（1）证据是否准确和充分；（2）申请书对规定的征税的必备因素是否均有指控；（3）是否含有支持该申请的申请人提供的合理的可获得的资料；（4）申请书是否由国内产业或国内产业代表递交。

品国内生产商或工人数量的比例不足50%，行政当局应对国内产业进行民意测验或依赖其他资料，以确认是否符合反倾销法规定的支持申请的要求，或者如果国内产业的生产商人数众多，行政当局也可以在认定国内产业支持时采用有效的统计抽样方法对国内产业进行民意测验。

值得注意的是，在美国反倾销的立法和反倾销的实践中，在对申请立案的申请人进行国内产业资格审查和国内产业民意测试时，美国商务部使用的标准与国际贸易委员会作出国内产业是否受到损害的裁决时所使用的标准并不一致，且在美国商务部后期的调查和裁决中，因相似产品范围调整，上述已经被视为国内产业的代表者也会被调整。

从反倾销法的程序规则上讲，发起反倾销调查是整个反倾销调查活动的第一道程序，发起反倾销调查的标准过低是反倾销行政机关得以容易立案调查的重要原因，也是美国反倾销行政机关能够滥用自由裁量权的重要原因。这是因为，申请反倾销调查的无证陈述能达到扰乱贸易格局的效果。根据美国反倾销法，发起反倾销调查并进行初裁后，美国的进口商应当就进口产品缴纳与反倾销税额相当的保证金，由于进口成本增加，进口产品的价格竞争优势就丧失了。对美国的国内产业来说，申请发起反倾销调查就可以税费形式增加国外竞争对手的额外成本。因此，发起反倾销调查可以抑制被调查国产品的进口，而且由于反倾销调查要持续大约一年的时间，对国外生产者来说，即使最终所有缴纳的税费被归还，也会因支付高额的律师费、诉讼费和其他办案费用以及市场受挫而遭受重大损失。

根据美国反倾销法的规定，行政当局发起反倾销调查是再容易不过的事情了。在美国，出于贸易保护的需要，一些目标出口商因遭受反倾销指控和调查而不得不支付高昂的诉讼费用和遭受不必要的调查骚扰，它们往往成为反倾销调查的无辜受害者。这是因为，一旦进口产品被初裁为倾销成立，进口商即需向美国海关缴纳一定数额的反倾销税或保证金，这无疑将会增加进口商的进口成本，抑制进口商进口被诉产品的积极性，而且由于反倾销调查常常会持续大约一年的时间，这对国外生产者来说，即使最终被裁定不构成倾销也会遭受重大损失。美国学者的研究结果显示，在作为研究对象的美国政府发起的全部反倾销案件中，有35%的案件最终被裁定无损害或不存在倾销。换句话说，在美国发起的反倾销调查中，存在1/3以上的公平进口贸易往往会无辜遭受一年左右的倾销指控骚扰。①

---

① See Brink Lindsey and Dan Ikenson, *Reforming the Antidumping Agreement—A Road Map for WTO Negotiations*, *CATO Institute*, No. 21, December 11, 2002, p. 29.

比较美国反倾销申请方在申请书中声明的倾销幅度和美国商务部最终裁决的倾销幅度之间存在的差距，可能更能让我们对美国行政当局发起反倾销调查的随意性有更理性、更直观的认识。比如，在美国2001年度发起的反倾销调查案件中，美国申请方在申请书中声明的平均倾销幅度为100.8%，而商务部最终调查裁定的平均倾销幅度为38.18%，两者相差2倍之多。可见，美国申请方在申请书中主张的倾销幅度的数据可信度极低。但是，它们却是美国商务部决定发起反倾销调查的理由和事实依据。尽管申请方主张的倾销幅度被商务部作出的最终裁定所替代，但是商务部通过发起反倾销调查进行贸易骚扰的目的已经达到，且不论最终被商务部裁决倾销成立的案件中，有多少案件的倾销幅度被夸大，有多少案件的损害是根本不存在的。

我们稍微对比一下美国早期反倾销立法的内容后就会发现，早期的美国反倾销法的标准和现在适用的标准截然相反。美国《1894年威尔逊关税法案》曾经规定，认定倾销成立必须有证据证明进口商与外国出口商之间有合谋，而正是在认定倾销时存在政府举证困难，最终导致该法被适用时的事实上的流产。因此，美国后来的《1916年关税法》第800~801节废除了这一规定，改为行政机关在认定反倾销时不必提供进口商与他人共谋的证据。因为这在美国的立法者看来，要求行政机关提供合谋的证据无疑是作茧自缚。美国反倾销法的立法者们对这一条款作出的小小的删除，促使反倾销行政机关处理反倾销案件的情势发生了重大逆转，没有了举证责任的束缚，反倾销行政机关就可以放开手脚，轻易地立案和调查。被修改后的美国反倾销法的这一条款一直沿用至今，从仅仅是美国的国内法，到成为国际反倾销法的一项制度，再到成为各成员国的国内反倾销法的一项规则，这一制度都没有被触动。今天，我们已经习以为常了，然而却忘记了该项规则产生的过程。时过境迁，在当今，反倾销法打击的主要对象已经不是掠夺性倾销，而是市场封闭和政府干预造成市场失灵从而导致“国际歧视性价格”和“低于成本销售”，这是极力维护反倾销法现状的一些国家的政府官员和学者公开持有的理由，但国际反倾销法的实践却与此相背离。因为在反倾销调查被发起前，申请者和自行发起者都不承担举证责任，以证明国外市场存在市场封闭和政府干预导致市场失灵，所以使得按现有的标准发起反倾销调查变得容易多了。

在美国商务部决定依职权自行立案和决定依申请立案时，由于法律规定的标准很低，且在两种情形下，决定者和申请者都不承担证明倾销存在或损害存在的举证责任，即便作出的反倾销调查裁决或者决定被日后的最终裁决推翻和因司法审查被撤销，申请者和行政当局也不承担赔偿责任。从贸易竞争策略上，发动反倾销调查对美国国内产业和美国政府并没有造成危害，反而使国内产业从这种反倾销调查“骚扰”中获益。因此，商务部在决定是否发起反倾销调查上充分行使自由裁量权也不会有任何后顾之忧。

第二节　决定调查的自由裁量权

一、决定调查的自由裁量权

（一）决定调查的立法授权

根据美国反倾销法的规定，美国商务部可以采用两种方式进行调查，一种是问卷调查；另一种是实地核查。

1. 问卷调查

在商务部决定立案调查后，将向被申请的所有已知的出口商或生产者发放调查问卷进行调查，当被调查者数量较大时可采用有效的统计学上的抽样调查的方法，或对占被调查国被调查产品出口量最大比例的生产者进行调查。

《美国反倾销条例》在“对调查问卷的回答以及根据当局要求提交其他材料”一条中对调查问卷的答复要求作了规定：“（1）尽管有本条上述第1款的规定，部长仍可以要求任何人在诉讼的任何阶段提交有关的事实性资料。（2）在向某一利害关系方发出的要求其对调查问卷作出答复或提供其他事实性资料的书面请求中，部长应当规定答复的期限。在一般情况下，部长对于未经请求作出的调查问卷答复不加考虑，也不会将其保存在该诉讼程序的记录之中：对于在部长的初步裁决公布之日后递交的未请求其回答的调查答复，部长在任何情况下也不会予以考虑。部长将会把这些未按时递交或被商务部拒绝接受的未经请求而递交的任何问卷答复退回递交人，并以书面通知说明退回的理由。（3）在一般情况下，部长不得延长调查问卷或要求提供其他资料的书面请求中规定的期限。但在期限届满之前，收到部长书面请求的人可请求将期限延长。该项请求必须以书面方式提出并说明请求延长的理由。只有下列商务部的成员才能对期限延长作出同意的批复：主管进口管理司的部长助理、部长副助理，主管调查处的部长副助理，主管核查处的部长副助理以及负责该项诉讼程序的办公室主任和业务分部主任。关于延长期限的批复必须以书面形式作出。（4）根据本条第2款的其他规定，对于行政复议的调查问卷的答复，当事方必须在收到问卷之日起60天内递交。”

在实践中，美国商务部依据申请书上被申请人名单和通过其驻出口国的使领馆协助提供有关生产者和出口商名单，选定输美被调查产品金额占总出口额60%以上的出口商或生产者进行问卷调查。未被美国商务部选定填写调查问卷的被调查者也可主动提出填写调查问卷的请求，并在指定的期限内填写问卷，以便能够争取接受实地核查并裁定单独倾销税率。但如果美国商务部认为调查负担过重和可能无法按时完成调查时，可以不接受自愿调查的申请。因此，由于参与填写问卷的企业（自愿者和非自愿者）不同，问卷反映的内容也会不同，其对倾销认定的影响也会不同。

美国商务部的调查问卷共有A至E 5种，具体做法是：对所有已知的被调查产品的生产者寄发问卷A；然后按对问卷A的答复内容选定需要继续被调查的生产者以及确定使用哪种方法作为被调查产品的出口国正常价值的基础。① 问卷A的答卷期限为21天，其他问卷则为37天，必要时经申请同意，可以延长答卷期限，但延长期最长不超过14天。商务部在分析答卷后，根据案情的复杂程度可对被调查产品的生产者寄发补充问卷，该问卷的答卷期限通常为10天。

美国国际贸易委员会在调查时，也向有关利害关系方发放调查问卷，并一般在7～14日内收回问卷。

《美国国际贸易委员会反倾销和反补贴手册》对调查问卷的有关事项提出了非常详细的要求，该手册规定：在仔细研讨了申诉书和当时可获得的其他信息之后，小组起草问卷，就美国国际贸易委员会作出初步决定所需的情况向美国生产商、美国进口商和外国生产商进行询问，对于涉及非常多的企业的案件，调查问卷将送交这些企业中的代表企业，除了这种情况问卷将送交所有的美国生产商。类似地，问卷通常寄给所有被调查商品的进口商，特别是从被调查国进口该种商品的进口商。

如果进口商非常多，可以从中选出一个代表。对于外国生产商发出的问卷只送交给被调查国的该种商品的生产商。美国生产商和进口商的问卷通常在收到申诉书后1～3个工作日内寄出，外国生产商的问卷通过它们的律师转递，通常要晚一点。

起草问卷中，一开始必须解决的关键问题是确定一种或几种需要收集数据的产品。美国国际贸易委员会必须评估生产与被调查商品“相同或类似”产品的美国“产业”所受到的损害以作出初步调查决定。法律定义“产业”为“国内相同或类似产品的生产商整体，或那些国内相同或类似产品的总

① 参见尚明编著：《反倾销——WTO规则及中外法律与实践》，法律出版社2004年版，第110～118页。

产量占该产品国内总产量大部分的生产商们……”。法律定义“国内相同或类似产品”为“与被调查产品相同或类似，或在不是相同或类似的情况下，与被调查产品在特性和用途上最为相近的产品”。换言之，在评估对于国内产业的损害情况之前，美国国际贸易委员会就必须首先定义国内相同或类似产品。但是，直到初步调查阶段后期美国国际贸易委员会才作出决定，而调查小组在调查开始设计问卷时就必须选择收集损害数据的产品（或多种产品）。用于收集数据目的的产品（或多种产品）的选择基于对申诉书的研讨和该产业的个人的讨论以及美国国际贸易委员会产业分析员的见解。一旦确定了相同或类似产品，就将按照一种与受调查产业的特性相符的标准格式起草问卷。

美国生产商的问卷通常包括四个部分。第一部分询问一些有关企业组织结构和活动的一般性问题以及是否和为什么支持或反对该项申诉。第二部分询问生产能力、产量、存货、商业性装运量、出口装运量、内部消耗、公司转换、雇员、工时、工资支付和采购方面的数据。第三部分询问财务数据，包括被调查产品带来的收入损失的数据，财务费用数据，企业研究开发费用和资产估值以及涉及进口品对资本和投资的影响的问题。第四部分询问售价和其他与价格有关的信息以及可归因于被调查进口品的收入损失和销售额损失（如果没有被包括在申诉书中）。

美国进口商的问卷通常包括三个部分。与对美国生产商的问卷相同，第一部分询问企业的组织结构和活动。第二部分询问被调查进口商品的进口数据、商业装运、出口装运、内部消耗、公司转换和进口商品库存的数量和价值。第三部分询问被调查进口商品的售价数据和与价格有关的其他信息，类似于美国生产商的问卷。

外国生产商的问卷由三部分组成。前两个部分包括该企业在被调查国和在美国的经营状况等一般性问题。第三部分询问企业生产能力、产量、本国市场装运量、向美国和其他市场的出口量以及被调查进口商品库存方面的数据。

2. 实地核查

为了确认问卷填写的正确性和完整性，为终裁收集信息和证据，经有关出口产品的生产者同意，美国商务部在初裁以后会派出调查人员到被调查企业对生产者进行实地核查。每家生产厂商的实地核查时间约 4 至 5 天，核查的内容一般事先通知有关被核查的企业。实地核查通常到出口国的公司和工厂，核查的方法主要是查看公司财务账簿、生产记录、购销合同、发票、运输、保险等单据。必要时也通过工作人员了解情况及实地考察企业的生产情况。如果通过核查发现有关公司先前的答卷资料不完全或不真实，美国商务部可以在将来的终裁中以可获得的事实材料计算倾销幅度。

（二）决定调查的自由裁量权

根据美国反倾销法和法院的判例，美国商务部和国际贸易委员会在决定调查或核查的时间、地点、方式、程序以及被调查人或核查人的选择等方面都享有自由裁量权。由于通过调查或核查所收集的信息将直接用于对倾销和损害的裁决。因此，两机关在调查上所行使的各项自由裁量权，将对倾销和损害的裁决产生重大影响。

正如美国国际贸易法院在2002年1月就“NTN美国轴承公司诉美国政府”一案①的判决中所言，“核查是一种现场检查，其意图并不是对被申诉人的经营进行无遗漏的审查。在挑选其将仔细审查的事项方面，美国商务部拥有广泛的自由裁量权”，“只要美国商务部适用了合理的标准对当事人提交的材料施以核查，且其核查具备一个合理的人将予接受的相关证据的支持，法院将不对美国商务部的结论予以替换”。鉴于“决定如何核查系在美国商务部的自由裁量权范围之内”，且“美国商务部的专门知识应被给予充分尊重”，故本案中美国商务部仅对宝鹰冷冻厂的生产要素信息施以核查的做法终获法院维持也就理所当然。

在1999年“Rubberflex SDN. BHD诉美国政府”一案②中，美国国际贸易法院明确表明了美国商务部在决定核查或调查方面的自由裁量权。法院指出，“依照法律，美国商务部被要求‘核查其凭以作出……裁决的所有信息’。不过，除了这一指令之外，国会未规定任何核查程序。相反，‘国会已默示授予了美国商务部特别推导核查程序的自由裁量权’，尽管如此，基于美国商务部并未以任何正式的方式明确规定与核查相关的要求或程序，故在审查美国商务部在核查中使用的程序时，法院依靠的并非其此前设定的标准。相反，其将基于滥用自由裁量权标准审查美国商务部在调查中使用的核查程序。美国联邦巡回上诉法院及本院也通常以美国商务部对复审及核查的执行系在其自由裁量权的范围内为由，对其此种执行予以维持。尽管（或可能是由于）美国商务部被赋予了开展复审及核查的广泛的自由裁量权，但‘法院仍必须始终对行政机关对自由裁量权的滥用保持警惕’”。

在“福建机械公司、山东机械公司诉美国政府”反倾销案中，③ 福建

① NTN美国轴承公司诉美国政府，186 F. Supp. 2d 1257（Ct. Int'l Trade 2002）。

② Rubberflex SDN. BHD. 诉美国政府，23 CIT，59 F. Supp. 2d 1338（1999）。

③ 福建机械公司、山东机械公司诉美国政府，Slip Op. 01-120。

机械公司认为，美国商务部有关其未能通过核查的裁决之所以错误。其原因主要在于：其一，美国商务部以一个不利于福建机械公司的方式开展核查，因为其既未给予福建机械公司充分的核查准备时间，也未为其在福建机械公司的核查留出充分的时间；其二，福建机械公司已向美国商务部提交了其所要求的全部实质信息，而其未提交的信息都是无关紧要的。美国商务部已通过仅在核查开始前4天公布核查大纲这一行为，滥用了其所拥有的自由裁量权。福建机械公司强调，本问题的解决应受制于美国国际贸易法院先前就"Rubberflex SDN. BHD 诉美国政府"案所作的判决。在该案中，法院认为，美国商务部因仅在核查开始前4天发布其核查大纲而滥用了其所拥有的自由裁量权。但是，高德伯格法官首先指出，虽然在一些案件中，提前4天发布核查大纲通知可能是不充分的，但法院拒绝就此问题采用一个自行其是的规则。相反，法院将适用 Rubberflex SDN. BHD 诉美国政府案确立的测试方法，对该核查大纲被如此缓慢地公布是否"妨碍了福建机械公司享有的、参与复审程序的有意义的机会"加以审查。高德伯格法官接着强调，尽管法院在 Rubberflex SDN. BHD 诉美国政府案中指出，核查大纲可以通过缩小核查范围以及确认核查官试图重点审查的特定交易等方式，在其他方面便利核查对象的准备工作。但福建机械公司并未证明，其准备工作已遭到该大纲迟延公布的实质损害，或美国商务部阐述的、福建机械公司未通过核查的理由系根据该迟延得出。基于福建机械公司未能证明任何损害的存在，故法院认为，美国商务部在公布核查大纲之时，并未滥用其自由裁量权。

综上所述，无论是从美国反倾销立法，还是从反倾销的实践以及美国行使司法审查权的法官的判决理由来看，美国反倾销行政机关在决定调查的对象、方式、时间以及选择使用调查资料方面享有不受质疑的广泛的自由裁量权，在自由裁量权的支配下，被诉倾销的企业要想获得一个公正的调查结论，并不是一件容易的事情。

二、决定终止或中止调查的自由裁量权

（一）决定终止或中止调查的立法授权

1. 终止调查

终止调查是指美国反倾销行政机关停止对反倾销案件进行调查，也不采取反倾销措施。根据美国反倾销法的规定，在下列三种情形下，美国反倾销行政机关可以终止反倾销调查。

（1）撤销起诉

依据美国反倾销法的规定，美国商务部可基于公众利益的考虑，或与涉

案出口国、出口商或制造商签订数量限制协议，撤销指控而终止反倾销调查。《美国反倾销条例》规定："除非部长在考虑了所有要素后认为，终止调查是为了公共利益，否则部长不得通过接受生产该产品的本国政府提出的或同该本国政府达成关于限制产品出口数量的或其他协议的方式终止某一项调查。在决定一项终止调查的命令是否确实是为了公共利益而作出时，部长应尽可能同那些受到潜在影响的美国消费产业的有关代表以及各该产业中受到潜在影响的人（包括案件当事方）进行磋商。"

关于"公共利益"的考虑；美国《1930年关税法》作了明确规定："做出有关公共利益的决定时，行政当局应当考虑：（ⅰ）根据对消费价格的相关影响和该商品供应的充足性，该协议是否会对美国消费者产生比对该产品征收反倾销税更不利的影响。（ⅱ）对美国国际经济利益的相关影响和（ⅲ）对生产同类产品的国内产业的竞争力的相关影响，包括对该产业就业和投资的影响。

在作出关于公共利益的决定前，行政当局应在可行的范围内，询问：（ⅰ）受到潜在影响的消费产业和（ⅱ）受到潜在影响的同类产品的国内产业的生产商和工人，包括不属于调查当事方的生产商和工人。（ⅲ）国际贸易委员会终结的限制。国际贸易委员会不能终结调查，除非行政当局已作出了初步裁定。"

(2) 缺乏兴趣

如果美国国内生产同类产品的大部分产业一致表示已对是否发布反倾销令失去兴趣，美国商务部则终止调查该反倾销案件。

(3) 否定裁决

即一旦美国商务部在《联邦公报》上公布了部长作出的否定性终裁裁决，或者美国国际贸易委员会作出的否定性初裁或终裁裁决，反倾销调查就应终止。

2. 中止调查

中止调查是在调查的过程中，因法定事实的出现而依法暂时停止调查的一种行政行为。① 根据美国《1930年关税法》的规定，美国商务部同意中止调查首先是基于被调查产品的出口商或生产者与商务部达成了通过提高其出口产品的价格或者停止对美国出口被调查产品，以此完全消除出口产品对美国国内相似产品造成的损害的协议，即中止协议。这一协议，WTO《反

① 在美国反倾销法中，中止调查主要是指初裁后出口商或出口商所在国的政府与商务部签订中止协议而导致中止调查的情况。

倾销协定》和欧盟反倾销法称之为价格承诺（undertakings of price）。①

（1）中止协议的签订

关于中止协议的签订，美国《1930年关税法》规定了两种情形：

第一，“完全消除低于正常价值销售或停止该产品出口的协议”。该法规定：“行政当局可以中止调查，如果占该产品几乎全部进口额的出口商（们）同意（1）在中止调查日后6个月内，停止对美国出口该产品，或（2）修改价格以完全消除协议产品的正常价值高于出口价格（或构成出口价格）的差额部分。”

第二，“消除损害影响的协议”。该法规定：“如果行政当局认定案件情况非常特殊，它可以在接受占该产品几乎全部进口额的出口商（们）的修改价格协议后中止调查，如果该修改价格协议能够完全消除该出口产品对美国的损害以及如果（A）可以阻止国内同类产品因该进口产品而受到的价格抑制或降低。（B）每一位出口商的每一笔进口货物的估计正常价值高于出口价格（或构成出口价格）的差额都不超过加权平均差额的15%。加权平均差额是指在调查期间所检查的出口商的所有低于正常价值的进口的估计正常价值高于出口价格（或构成出口价格）的差额。”

“非常特殊情况”是指这样的情况：（ⅰ）中止调查比继续调查对国内产业更有益和（ⅱ）调查是很复杂的。为本款的目的，“复杂”一词是指（ⅰ）需要调查的交易或考虑的调整为数众多；（ⅱ）出现的问题是新问题或（ⅲ）牵扯到的企业数量众多。

关于中止调查应当满足的条件，美国《1930年关税法》规定，行政当局不应接受一项协议，除非（1）它满意地认为中止调查是出于公共利益和（2）美国可以对该协议进行有效的监管。如果实际可行，行政当局应向协议中的出口商（们）提供不接受该协议的原因以及在可能的范围内，给他们一个机会就此提出意见。

在通常情况下，提出签订中止协议的要求和中止协议的草案应由被调查产品的出口商、生产者在美国商务部公告初裁结果后15天内向其提出，但是对非市场经济国家的被调查产品的出口商、生产者而言，必须由他们所属国的政府提出。美国商务部应于30天内与国内申请人就协议草案的内容进行商议，同时应通知所有利害关系人、产品用户、消费者组织代表、美国相关政府机关等，并请其在50天内提出书面意见。美国商务部将在初裁公告

---

① 参见王佑斌：《中止协议在反倾销诉讼中的应用》，载《世界贸易组织动态与研究》，2002年第7期，第33～36页。

后60天内决定是否接受中止协议。中止协议有效期为5年，到期后可以依法进行日落复审。

（2）中止协议的效力

美国商务部接受中止协议后，如果占出口绝大部分的出口商提出继续进行反倾销调查的要求，美国商务部和国际贸易委员会应继续进行调查直至终裁；如终裁结果是否定的，中止协议自动失效；如果终裁结果是肯定的，中止协议将继续有效。

（3）中止协议的违反及其后果

中止协议签订后，如果生产者故意违反中止协议约定的内容，美国商务部应立即采取临时措施并恢复反倾销调查。但是，如果违反是由于疏忽造成的，美国商务部将调查违反是否属于故意疏忽以及是否无关紧要，如果美国商务部认为违反属于非故意疏忽或无关紧要，美国商务部可不以违反协议处理。

（二）决定终止或中止调查的自由裁量权

1. 决定终止调查的自由裁量权

在决定终止调查的第1和第2种情形下，美国商务部享有自由裁量权，它有权裁决终止调查，也有权裁决继续调查，因为此时美国商务部考虑的不仅仅是申请撤销者的利益，它还要考虑公共利益。而按照法律的规定在考虑公共利益时应当顾忌的模糊的、模棱两可的因素，正是美国商务部行使自由裁量权的法律依据。在第3种情形下，美国商务部的自由裁量权不在于作出终止调查的决定，而在于作出这一决定之前美国商务部和国际贸易委员会是否作出否定性的裁决。

2. 决定中止调查的自由裁量权

目前，美国对外适用的中止协议的文本已经固定化和格式化，该协议文本涉及的内容很多，本书只是列举了其中的三个重要的问题。① 从上文的分析看，在每一个环节，美国商务部都有可弹性处理的空间，都享有较大的自由裁量权。这种自由裁量权对非市场经济国家尤其如此，美国商务部只可能接受由被诉企业所属国的政府提出的中止协议要求。美国商务部在与国内申请人就协议草案的内容进行商议时，所有利害关系人、产品用户、消费者组织代表、美国相关政府机关等都有表示书面意见的机会，他们的态度对美国商务部的裁决都会产生影响，这些不同意见的存在增加了美国商务部是否裁

---

① 参见1996年11月5日，美国诉中国、乌克兰等国定尺碳素钢板反倾销案。中止协议的文本条款详见《美国反倾销条例》第8条、第9条。

决中止调查的变数。

第三节　初裁和终裁的自由裁量权

一、初裁和终裁的立法授权

（一）初步裁决的立法授权

1. 美国国际贸易委员会对产业损害的初步裁决

按照美国反倾销法，美国国际贸易委员会在接到申请书的副本（或美国商务部主动调查的通知）以后，经与美国商务部协商就应立即开始是否存在产业损害的调查，并在其后的45天内作出初步裁决。① 美国国际贸易委员会对产业损害的调查通常采取调查问卷的形式，同时辅以实地核查。美国国际贸易委员会调查的主要内容也有别于美国商务部，主要是就美国国内相关产业的实质损害、实质损害威胁和实质性阻碍产业的建立以及上述损害与倾销的因果关系作出判断，依据当时可取得的有关资料决定是否有合理迹象表明有上述情况存在。如果结论是肯定的，则作出损害的肯定性初裁，并继续进行调查；如果结论是否定的，则整个反倾销调查程序应终止。

在初裁前，美国国际贸易委员会一般要召开一次非正式的会议和一次听证会，以进一步搜集证据和了解案情，听证会通常在初裁前10天进行。初裁结果将在《联邦公报》上公告。

美国国际贸易委员会的初裁对整个案件的发展有着根本的影响，它的裁决结论直接决定反倾销调查是否仍将进行。由于对裁决的后果不用承担法律责任，而且在程序上还有最终裁决。因此，美国国际贸易委员会的初裁通常多作肯定性初裁。

2. 美国商务部对价格倾销的初步裁决

根据美国反倾销法，在美国国际贸易委员会就产业损害作出肯定性的初裁以后，美国商务部其后将就价格倾销作出初裁，价格倾销的初裁在反倾销申请提出后160天内作出，应申请人请求或案情特别复杂的，依照有关规定可以延长50天。②

在初裁阶段，美国商务部主要审查被调查产品在调查期内的正常价值和出口价格的情况，并对倾销幅度作出初步估算。初裁应包括以下内容：

---

① 19USC, §1673b (a).

② 19USC, §1673b (b).

(1) 裁决依据的事实和法律结论；(2) 如果存在倾销幅度，应诉企业单独预估的加权平均倾销幅度，其他企业的适当的倾销幅度以及 (3) 对紧急情况的裁定。

美国商务部的肯定性初裁应在《联邦公报》上公告，如果初裁是肯定的，应载明估算的倾销幅度并按此采取临时反倾销措施。美国商务部在作出初步裁定后发布暂停清关命令，进口商此后如欲通关，则应交纳数额相当于初裁确定的倾销幅度的现金保证金或提供其他形式的担保。基于初裁采取的临时反倾销措施的实施期间原则上不超过4个月，延长时也不得超过6个月。如果初裁否定倾销，则不需暂停清关。但是，美国商务部的倾销调查将继续进行直至最终完成调查。初裁作出后，美国商务部应在《联邦公报》上刊登有关通知，就初裁结果征求利害关系方的意见。如果利害关系方对此提出异议，可以要求美国商务部召开听证会进行辩论。

根据利害关系方的要求，美国商务部应向其披露裁决中的计算方法。美国商务部作出初裁后，如果被调查产品的生产者要求订立中止协议，以提高价格的方式抵消对进口国类似产业的损害，美国商务部可考虑是否接受该项要求以中止反倾销调查。

(二) 最终裁决的立法授权

1. 美国商务部对价格倾销的最终裁决

按照美国反倾销法的规定，在倾销初裁公告后的75天内美国商务部完成终裁并公告，必要时经申请人或出口商的请求并得到其同意，可以延长60天。在作出终裁时，美国商务部应当对被调查产品是否以低于正常价值的出口价格在美国销售作出裁决。[①] 如果美国商务部最后裁定全部被调查产品的倾销为否定性的，即被调查产品不存在价格倾销行为，美国商务部将终止调查。初裁时已经交纳的保证金将予以退还，同时对其恢复清关。如果终裁是肯定性的，美国商务部应下令停止通关，被调查产品进口商只有在交纳了与终裁确定的倾销幅度等额的现金或提供其他形式的担保后才予以放行。在作出肯定性的裁决时，也有可能裁定某一个或某几个生产者没有倾销，美国商务部采取的反倾销措施对这些生产者将不适用。

对于接受调查的生产者，美国商务部将给予其单独的倾销税率；对未被列入调查的生产者，美国商务部将以所有被调查者的倾销税率的加权平均值作为其倾销税率。但美国商务部在计算加权平均税率时将排除计算倾销幅度时特殊的处理情况，其包括倾销幅度可忽略不计（低于2%）的部分和根据

① 19USC，§1673d (a).

可获得的事实资料计算出来的倾销幅度部分。美国商务部作出肯定性的终裁后，还要等美国国际贸易委员会作出最终裁决，反倾销调查才能最后结案。

2. 美国国际贸易委员会对产业损害的最终裁决

美国反倾销法规定，如果美国商务部作出的初裁是肯定性的，美国国际贸易委员会应在美国商务部作出初裁后的120天内，或作出肯定性终裁后的45天内（以后者为准），就被调查产品是否对美国产业造成损害作出终裁。如果美国商务部作出的初裁是否定性的，但终裁是肯定性的，美国国际贸易委员会应在美国商务部作出肯定性终裁后的75天内作出终裁决定。① 如果美国国际贸易委员会作出的终裁是肯定性的，调查当局将作结案处理；如果美国国际贸易委员会作出的终裁是否定性的，则美国商务部应终止反倾销调查。

二、初裁和终裁的自由裁量权

按照美国反倾销法的规定，美国商务部和国际贸易委员会是两个相互独立的调查机关，分别负责价格倾销和产业损害的调查与裁决，因此，就一个调查程序完整的反倾销案件而言，美国商务部和国际贸易委员会会作出四个相互关联的反倾销裁决，按照裁决的先后顺序分别是：美国国际贸易委员会作出的关于产业损害的初裁、美国商务部作出的关于价格倾销的初裁、美国商务部作出的关于价格倾销的终裁和美国国际贸易委员会作出的关于产业损害的终裁。在反倾销案件的调查程序上，美国国际贸易委员会作出的关于产业损害的初裁是最重要的，它作出的裁决结论直接决定反倾销行政调查是否能够继续进行。如果把反倾销调查视为骚扰国外产业竞争对手的工具，则美国国际贸易委员会作出的肯定性的初裁可以帮助国内的企业达到此目的。就连美国经济学家都表示，在美国反倾销行政机关发起的反倾销案件中，有1/3的案件最后是以不存在倾销的裁决结案的，这绝不能简单地被视为一种巧合和正常情况。② 综合而言，美国商务部和国际贸易委员会在裁决阶段的自由裁量权主要表现在以下方面：（1）作出裁决的时间。只要作出裁决的时间没有超过法定的期限，均为合法。（2）作出的初步裁决。由于初裁的结论不受司法审查，调查当局可能为了在程序上牵制被调查者（如果它们想这样做的话），往往多作出肯定性初裁。（3）初步裁定的税率。由于税率的高低由最终裁决确定，但初裁的税率涉及产品能否清关、支付保证金的数

① 19USC, §1673d (b).

② See Brink Lindsey and Dan Ikenson, *Reforming the Antidumping Agreement—A Road Map for WTO Negotiations*, *CATO Institute*, No. 21, December 11, 2002, p. 36.

额，这又可以对被控产品的正常进口清关施加影响。

此外，WTO 的许多成员，包括欧盟、加拿大、泰国和马来西亚都已经在其反倾销法中加入了“公共利益条款”，该条款的基本思想使得反倾销措施的执行是允许的而不是强制的、特别的，公共利益条款授权有关部门可以拒绝征收反倾销税，也即，即使出现了价格倾销和产业损害，反倾销调查的行政机关也可以维护公共利益为理由，拒绝采取反倾销措施，因为采取反倾销措施在一定情形下可能会伤害更大的公共利益。①

事实上，公共利益调查和考量如果合理地执行将会使美国获得更大利益。毕竟反倾销调查和制裁需要支付高昂的成本，虽然国内产业因倾销而蒙受了损失，但是国内其他群体如消费者却能从中获得福利，损害国内产业利益的进口带来的好处可能比对该进口进行反倾销所带来的好处要大得多，这正是“两害相权取其轻，两利相权取其重”。因此，反倾销调查不仅涉及国内生产者与国外生产者之间公平竞争的问题，也涉及被诉产品的国内产业同国内其他产业之间、国内产业与国内其他利益群体之间的利益平衡的问题。如果出现价格倾销和产业损害就采取反倾销措施，忽视国内大部分相关利益群体的利益，这是一种并不合理的、不理性的行政政策和行政行为。然而，反观美国的反倾销法，目前该法中的公共利益条款并没有对公共利益测试作出详细要求，也没有提出具体的评估标准。这使得美国反倾销行政机关在作出倾销裁决时不必顾忌国内其他利益群体的意见以及他们的感受，这又增加了认定倾销成立的可能性。

第四节　行政复审裁决的自由裁量权

首先需要说明的是，在 WTO《反倾销协定》和美国反倾销法的语境中，行政复审不能理解为行政法中的行政复议，也不能理解为司法审判制度中的再审或再审程序。中国行政法中的行政复议，是指公民、法人或者其他组织不服行政主体作出的具体行政行为，认为行政主体的具体行政行为侵犯了其合法权益，依法向法定的行政复议机关提出复议申请，行政复议机关依法对该具体行政行为进行合法性、适当性审查，并作出行政复议决定的行政行为，是公民、法人或其他组织通过行政救济途径解决行政争议的一种方法。中国司法制度中的再审或再审程序，学理上称为审判监督程序，是法院对经

① 参见张晓东著：《中国反倾销立法比较研究》，法律出版社、中央文献出版社 2000 年版，第 88 页。

过生效裁判的案件复核审理的法律程序，是指人民法院、人民检察院对于已经发生法律效力的判决和裁定，如果发现在认定事实或适用法律上确有错误，依法提出并进行重新审理的程序。而反倾销行政复审是指在反倾销措施生效以后，对有效的反倾销措施进行行政审查的法律程序。行政复审的目的不是纠正错误，而是决定是否调整行政机关自己原来已经作出的行政行为。具体地说，就是指美国商务部通过行政复审程序，决定是否应当调整原本已经裁定的反倾销税或已经采取的反倾销措施。根据美国反倾销法的规定，启动行政复审的情形包括年度税额定期复审、新托运人复审、情势变迁复审和日落复审。

一、行政复审裁决的立法授权

（一）税额定期复审

法律的溯及力，也称法律溯及既往的效力，是指法律对其生效以前的事件和行为是否适用。如果适用就具有溯及力，如果不适用，该法就不具有溯及力。就现代法而言，法律一般只能适用于生效后发生的事件和行为，不适用于生效前的事件和行为，即采取法律不溯及既往的原则。和其他国家的制度不一样，美国适用的是“有溯及力的”征收制度。根据这种制度，反倾销税的最后交纳义务是在商品进口之后裁定的。一般地，对被诉倾销产品所要征收的税额在对一项命令的复审中决定，而该命令作用于一个分立的时期。如果没有人请求复审，征收的税率则按照对最近时期的已完成的行政复审的规定执行，或者如果行政复审没有完成，则与商品进口时的现金押金比率相同。尽管纳税责任可以在其他类型的复审中裁定，但最经常使用的裁定最终纳税责任的程序是税额定期复审程序。①

税额定期复审包括两种情形：一种是正常的倾销税率的年度审查；一种是中止协议执行状况的年度审查。在申请复审的时间上，自反倾销税的实施决定或中止调查的通知发布一周年后，应至少于每 12 个月内复审一次，行政当局应在收到有关方面的请求和复审通知发布后复审和重新确定反倾销税额或税率；且根据达成的关于中止调查的协议，审查协议的执行状况和倾销幅度，并把复审结果和关于重新核定的税率或税额以及将收取的保证金或重新开展调查的通知发布于《联邦公报》上。②

按照规定，反倾销税命令生效后，美国商务部将自第一周年起每年在

---

① 《美国反倾销条例》第 351.212（a）条。

② 《美国反倾销条例》第 351.213（a）条。

《联邦公报》上刊登行政复审的提示公告。如果在指定期间内无任何利害关系人提出申请，美国商务部将通知海关按照原反倾销税命令执行。如果有人提出申请，美国商务部则会专门发布行政复审公告。

行政复审一般包含复审前最近12个月期间内该商品的进口、出口或者销售。行政复审主要审查被实施反倾销税后的被诉产品是否仍在倾销以及倾销幅度的大小。行政复审的结论包括三种情形：被复审的进口产品价格高于正常价值，被复审的进口产品仍低于正常价值和被复审的进口产品的倾销幅度与原先裁定的倾销幅度没有变化。美国商务部将根据复审的结果，作出是否改变反倾销税命令的裁决。①

如果行政复审表明，所有被调查产品的出口商及生产者连续3年不存在低于正常价值出口的情况（最低倾销幅度低于0.5%或没有倾销幅度），并且也不存在再倾销的可能，美国商务部可考虑撤销反倾销税命令。如果对部分被调查产品的出口商及生产者撤销反倾销税命令，除应当满足上述条件外，有关的生产者还应保证将来不再倾销，如果发生倾销，商务部则立即恢复原来的反倾销措施。在实践中，如果以连续3年无倾销存在的理由要求撤销反倾销税命令，则被调查产品的生产者应在主张的3年期间进行过行政复审，且每一年都向美国出口了有代表数量的相似产品。被调查产品的生产者应于第3年行政复审时提出行政复审和撤销反倾销税命令的申请，如果仅仅在第3年行政复审后才提出撤销反倾销税命令的行政复审申请，美国商务部将不予受理。如果申请人连续4年不对有关进口产品提起行政复审申请，美国商务部可在不向有关利害关系方征求意见的情况下，在第5年自动撤销已实施的反倾销措施。

行政复审通常持续1年左右的时间，特别复杂的可以延长。行政复审在下述情况下可以取消：申请人撤回复审的请求或美国商务部取消自行发起的复审；在复审时期内，没有被控商品的进口或销售发生，美国商务部长可以取消全部或仅与特定出口商或生产者有关的行政复审。取消通知将在《联邦公报》上公告。

（二）新托运人复审

《乌拉圭回合协定法》（URAA）建立了一种叫做“新托运人”的新程序，利用这种程序，新托运人可以快速获得行政机关对其倾销幅度的裁决结果。在一般情况下，新托运人是指在调查期间没有向美国出口商品的出口商或生产商。如果出口商或生产商已经向美国出口，或为出口而销售了商品，

---

① 《美国反倾销条例》第351.213（a）条。

他们可以请求新托运人复审。一项新托运人复审的请求应当包含以下内容：如果请求复审的人既是商品的出口商又是生产商，一份证明书证明请求复审的人没有在调查时期向美国出口商品（或者，如果涉及区域性产业，没有为在有关地区销售而出口该商品）；如果请求复审的人是商品的出口商，而不是生产商：规定的证明书和一份来自向请求复审的人供应商品或生产商品的关系方的证明书，证明该生产商或供应商在调查期间没有向美国出口该商品（或者，如果涉及区域性产业，没有为在相关地区销售而出口该商品）。

关于请求复审的最后期限，出口商或生产商可以在所提到之日的 1 年内请求新托运人复审。一般情况下，美国商务部长将在周年月后的日历月里发起新托运人复审。半周年月是周年月以后的 6 个月后的日历月。例如，一月份公告的命令，周年月还将是一月份，半周年月将是七月份。如果美国商务部长在二月份至七月份期间收到要求新托运人复审的请求，他将在八月份发起新托运人复审。如果美国商务部长在八月份至一月份期间收到要求新托运人复审的请求，他将在二月份发起新托运人复审。

关于新托运人复审的取消。如果请求复审的一方在公告发起复审的通知后 60 天内撤回请求，美国商务部长可以取消全部或部分本节所规定的新托运人复审。如果美国商务部长得出结论认为，直至复审的正常时期的最后一日为止，新托运人没有将商品进口及销售给美国的非关联的买主，他可以取消全部或部分新托运人复审。

关于复审时期。一般情况，除另有规定的以外，在反倾销程序中，新托运人复审一般将包括以下时期的进口，出口或者销售：

如果新托运人复审是在周年月的后一个月份发起的，则为该周年月前的 12 个月时期，或者如果新托运人复审是在半周年月的后一个月份里发起的，则为该半周年月前的 6 个月的时期。例外的情况是：（A）如果美国商务部长在第一个周年月的后一个月份里发起新托运人复审，复审一般将包含从暂停清关之日起至第一个周年月的前一个月的月末为止的时期内的进口，出口或者销售。（B）如果美国商务部长在第一个半周年月的后一个月份里发起新托运人复审，复审一般将包含从暂停清关之日起至第一个周年月的前一个月的月末为止的时期内的进口、出口或者销售。

关于复审的时间限制。美国商务部长将在发起新托运人复审之日后的 180 天内发布复审的初步结果，复审的最终结果将在公告初步结果之日后的 90 天内公告。如果美国商务部长认为一项新托运人复审非常复杂，他可以将 180 天的期限延长到 300 天，也可将 90 天的期限延长至 150 天。

（三）情势变迁复审

美国《1930 年关税法》的 751（b）款规定了情势变迁的复审。该款规定利害关系人可以在任何时候就一项命令或中止调查请求情势变迁的复审。美国商务部长将在提起请求之日后的 45 天内裁定是否发起情势变迁的复审。

除非美国商务部长认为有充分的理由，他将不会在公布最终裁定或中止调查的通知之日后的 24 个月份内对调查的最终裁定或者中止调查进行复审。如果美国商务部长认为变更的情势足以发起一项复审，他将按照规定进行情势变迁复审。

美国商务部长将在发起情势变迁的复审之日后的 270 天内发布复审的最终结果或者如果所有关系人都同意复审的结果，则在发起复审之日后的 45 天内发布复审的最终结果。

（四）日落复审

《乌拉圭回合协定法》在《1930 年关税法》的 751（c）中增加了一种新程序，通常称为“日落复审”。① 一般地，不迟于每隔五年一次，美国商务部长应当裁定，如果征收反倾销税的命令被撤销或一项中止的调查被终止了，倾销是否还有可能继续存在。如果美国商务部和国际贸易委员会都作出了肯定的裁定，征收反倾销税的命令（或被中止的调查）仍将维持不变。如果两个裁定中有一个是否定的，征收反倾销税的命令将被撤销（或者中止的调查被终止）。简单地说，按照美国反倾销法的规定，在反倾销税令或终止调查的通知公布日后 5 年，美国商务部应当裁定，撤销反倾销税令或终止中止的调查是否可能导致倾销和实质损害的继续或者恢复。根据美国反倾销法，日落复审程序如下：

（1）反倾销税命令实施 5 年期满前 30 天内，美国商务部应公告发动日落复审的信息，要求利害关系方表明参加复审的愿望和提供复审要求的信息，美国商务部和国际贸易委员会分别给予利害关系方 30 天和 50 天的时间提供信息。②

---

① 19USC，§1675（c）（1），又见《美国反倾销条例》§351.218（a）。《乌拉圭回合协定法》在《1930 年关税法》的 751（c）款中增加了一个新程序，通常称为“日落复审”。虽然美国在乌拉圭回合后，按照 WTO《反倾销协定》的要求在本国反倾销法中增加了该条款，但是，该条款对美国反倾销行政机关并没有约束力。

② WTO 成立以前的反倾销税命令，将被视为自 1995 年 1 月 1 日开始实施。对这种反倾销税命令的日落复审不得早于 5 年届满前 18 个月，并不得迟于 5 年届满后 18 个月。对于历史上的积案复审的先后次序，原则上对较早的反倾销裁决优先审查，并应在 18 个月内完成复审。

(2) 如果美国国内利害关系人于日落复审公告日起15天内未作任何反应，则有关反倾销税命令或中止协议即应撤销或终止。如果国外的利害关系方未在公告后30天内作出实质性答复，美国商务部将作出解除征税将导致倾销的再度发生的终裁。如果有关利害关系方均未在规定的时间内作出答复，美国商务部将在开始复审的90天内在《联邦公报》上刊登撤销原反倾销措施或中止协议的决定。

如果利害关系人表明了参与复审的愿望，但所提供资料不充分或不适当，美国商务部和国际贸易委员会将使用快速审查程序，它们可不经过调查将分别在120天内和150天内，就可获得事实作出最终裁定。

如果利害关系人未按照有关要求进行合作，美国商务部和国际贸易委员会可采用不利的可获得事实进行裁决，包括：申请商提供的资料、本反倾销案的终裁、过去复审结果或在记录上的所有资料。

(3) 美国商务部应当于复审开始的240天内作出最终裁定，对于复杂的案件可延长90天。美国商务部进行复审时应考虑反倾销税命令颁布后历年的实际倾销幅度、反倾销税命令发布前后的进口量及其他相关价格、成本、市场、经济因素，以裁决撤销或中止反倾销措施是否将导致倾销再度发生。如果调查结果显示倾销幅度为零或微量，不一定表示美国商务部会裁决未来倾销不会继续或再度发生。

(4) 如果美国商务部的复审结果表明倾销将会继续或再度发生，美国国际贸易委员会应在复审开始的360天内就反倾销措施的撤销或终止是否可能导致对国内产业实质损害的再度发生作出裁定。美国国际贸易委员会裁决时应考虑反倾销措施撤销或终止后可能的进口量、价格作用及其对国内产业的影响等因素。

二、行政复审裁决的自由裁量权

反倾销行政复审是反倾销措施实施后必经的行政程序，在复审中所适用的规则多与作出原裁决时所适用的规则相同，从保护国内产业的现实需要出发，美国反倾销行政机关通常充分利用此程序以延长反倾销措施的实施，完全是情理之中的事实。① 对此，本书在此不必赘述。本书仅对日落复审中存在的自由裁量权问题作一简要分析。

WTO《反倾销协定》同样为各国的反倾销行政机关和反倾销案中的国

① [美] 詹姆士·M. 德瓦尔特：《美国反倾销的行政审查》，载《经济译文》，1996年第4期，第49~54页。

内外利害关系人提供了一个日落复审程序，特别是其第 11.3 条强调反倾销税执行 5 年后自动终止，除非到期前发起的这一复审证明终止“可能会使得倾销和损害持续或重现”。美国的反倾销法也有与此相同的规定。但是，WTO《反倾销协定》中的这一日落复审程序存在基本的制度缺陷，导致这一缺陷被美国反倾销行政机关利用。① 该制度的根本缺陷在于，该复审程序授权反倾销行政机关裁定，是否在反倾销措施被撤销后的未来将会导致倾销和损害存在，它并没有要求在某个反倾销税命令被实施 5 年后必须终止。相反，它只是要求某个反倾销税命令被实施 5 年后反倾销行政机关必须对此进行审查。因此，很难控制反倾销当局滥用裁量权。事实证明 WTO《反倾销协定》第 11.3 条已经被美国反倾销行政机关所利用。例如，美国在 1998 年 7 月至 2002 年 8 月的 354 个日落复审中有 265 个是经申请进行的，这 265 个中的 2 个至今仍然悬而未决。在其中的 263 个已决案件中，除了 4 个在复审时被裁定为否定外，其余均被裁定为肯定，仍将维持原来的反倾销令。在这段时间内，美国国际贸易委员会裁定为肯定的比例达到了 72%。②

---

① See Terence P. Stewart & Amy S. Dwyer, *WTO Antidumping and Subsidy Agreements: a Practitioner's Guide to Sunset Reviews in Australia, Canada, the European Union and the United States*, *Kluwer Law International*, 1998, pp. 35-39.

② Brink Lindsey and Dan Ikenson, Reforming the Antidumping Agreement—A Road Map for WTO Negotiations, *CATO institute*, No. 21, December 11, 2002, pp. 33-34.

第五章　对反倾销自由裁量权的行政控制

第一节　对反倾销权力的制衡

正如本书第一章所言，美国是一个三权分立的国家，分权思想和权力制衡在美国人心中根深蒂固，分权原则始终坚定地被美国法律所秉持。美国反倾销法的立法者们在设计和分配反倾销行政机关的权力时，同样遵循着这一原则。这一原则体现在美国反倾销法规定了三个行政机关参与反倾销的调查、裁定和执行行为，这三个机关分别是美国商务部（DOC）、美国国际贸易委员会（ITC）和美国海关和边境保护署。无论是从行政机关权力的分配、党派人员构成的比例，还是从各个行政机关作出的裁定的效力来看，都体现了美国法一致所倡导的分权和制衡原则。对此问题，本书拟从四个层面展开论述。

一、机关之间权力分立

美国反倾销法按照三权分立的原则将处理反倾销案件的权力分配给了三个行政机关，这三个行政机关以及各个反倾销行政机关的职责如下：

（一）美国商务部

美国商务部是美国主要的综合经济部门之一。其主要机关包括：国际贸易管理局、国家统计局、出口管理局、经济发展局、技术发展局、国家标准与技术研究所、国家电信与信息管理局、专利与商标局、国家海洋与大气发展局等。其工作宗旨是面向未来通过加强国家经济基础设施发展先进的科学技术及信息基础、促进国际贸易等，增强美国在全球市场的竞争力；有效管理国家资源和资产、保障经济机会的可持续性。

美国商务部负责管理国际贸易和出口促进的主要机关包括国际贸易管理局和出口管理局。其主要职能包括：美国贸易法律法规的实施；贸易拓展；研究与监督多双边贸易协定的实施；为美国企业出口提供咨询与培训；参与国际贸易政策的制定；为维护国家安全、外交利益、保护国内短缺外资供应，进行出口管制。在美国商务部中，具体负责反倾销案件的公平价值调查的是国际贸易管理局，国际贸易管理局负责进口产品的倾销及其幅度的调查和裁定。在反倾销调查中，该局负责调查被申请的进口产品是否以低于正常价值在美国市场上销售，并计算出倾销的幅度，在此基础上作出有关是否倾销的裁决，裁决由负责国际贸易管理局的部长助理签署。美国商务部国际贸易管理局和出口管理局下设各个相关的处室从事有关贸易救济调查及政策研究工作，从业人员始终超过400人。

（二）美国国际贸易委员会

美国国际贸易委员会是一个独立的、非党派性质的、准司法联邦机关，其前身为1916年创建的美国关税委员会，1974年改为国际贸易委员会。美国国际贸易委员会下设多个行政、公关和专业职能办公室。专业办公室有：经济办公室、工业办公室、调查办公室、关贸总协定办公室、不正当进口调查办公室、贸易补救中心、行政法官办公室、法律总顾问办公室等。美国国际贸易委员会的职责范围包括：判定国内行业是否因外国产品的倾销或补贴而受到损害；判定进口对国内行业的影响；对某些不公平贸易措施，如对专利、商标或版权的侵权行为采取应对措施；对贸易和关税问题进行研究；就贸易与关税问题向总统、国会和其他政府机关提供技术性信息和建议。

在反倾销案件中，美国国际贸易委员会主要负责产业损害调查，即主要负责调查倾销进口产品对美国同类产业是否造成实质损害、实质损害威胁以及对同类产业的建立是否构成实质阻碍，并负责在此基础上作出是否构成损害的裁决。美国国际贸易委员会的相关工作人员约有100人。

美国国际贸易委员会还负责对美国的协调关税制度进行经常性审议，并作出其认为必要或合理的修改建议。

（三）美国海关和边境保护署

1789年7月31日，美国第一届国会通过了《1789年7月4日关税法案》，并由乔治·华盛顿总统签字生效，依照这一法案设立了美国海关总署，作为美国财政部下属的一个机关。美国海关总署的主要职能是实施关税法和有关货物进出口的法律。美国海关总署早期的活动不但覆盖面广，而且影响深远。后来，它派生出了一些其他政府机关，包括人口普查局、退伍军人事务部、美国海岸警卫队和国家标准与技术研究院。

2001年9月11日，美国发生了恐怖袭击事件，这是自1882年美英战争以来，美国本土第一次遭到外来袭击，此次袭击给美国造成了极大的损害，美国开始着手强化国境安全管理。作为加强国境安全计划的一部分，2003年3月1日，美国海关总署联合来自美国边境巡逻队等其他机关的人员改组为美国海关和边境保护署，隶属于国土安全部。美国海关和边境保护署分为两个部分，即美国海关边境保护局（CBP）与美国移民海关执法局（ICE），分别负责边境执法与案件调查。

美国海关边境保护局的成立使美国历史上首次实现了由一个机关统一管理进入美国口岸的人员与货物，其组建的目的旨在整合口岸执法部门的管理资源和管理技能，提高管理效能与效率，实现在利用一切可支配的资源保护和防御美国免遭侵害的同时便利合法贸易与合法旅行的目标。它的首要使命是防范恐怖分子和恐怖武器进入美国，主要职责包括：缉捕非法入境者和查禁毒品及其他违禁品，保护农业及经济利益免遭有害动植物和疾病侵害，保护美国商业免遭知识产权侵权损害，规范与便利国际贸易，征收进口关税，执行美国贸易法律。

美国移民海关执法局拥有约 3 万名工作人员，是联邦政府中最大的调查机关之一。该局是国土安全部下辖的主要调查机关，被赋予了多项职责：截断恐怖融资、反洗钱、打击非法武器买卖、打击移民诈骗和贩卖人口、拘留并驱逐外来犯罪分子和其他美国认为应当驱逐的外国人。另外，该局还监督国内移民和海关法律的实施，对约 9 000 项联邦设施实施保护。

美国海关和边境保护署成立后，由美国海关边境保护局负责反倾销裁决的执行，即根据美国商务部裁定的反倾销税率，对进口商品征收反倾销税。

二、机关内部职能分离

职能分离是英美普通法上的传统制度，普通法的自然公正原则禁止当事人作为自己案件的法官。这一原则适用在行政裁决方面即表示，当追诉和裁决集中于一人时被追诉人不可能得到公正的待遇。因此，职能合并可能产生不公正的危险，必须避免这种制度。自 20 世纪 20 年代以来，美国提出了两种职能分离方案。一种方案是完全的职能分立，该方案主张把行政裁决职能和追诉职能，调查职能以及执行职能完全分开，由互相独立的机关行使；另一种方案是内部的职能分离，该方案主张执行调查和追诉职能的人，不能参加裁决和听证。执行听证和作出初步裁决的人，不能和调查人、追诉人以及其他当事人单方面接触。

《1946 年联邦行政程序法》以及美国反倾销法没有采用完全的职能分离方案，而是采用内部职能分离方案。即允许一个行政机关同时行使调查、追诉和裁决的职能，但行政机关工作人员行使调查、追诉和裁决这职能应当分离。也就是说，一个行政机关的工作人员不能一人独自行使调查、追诉和裁决这三项职能，但在行政机关长官一级，允许职能合并。

事实上，美国商务部和国际贸易委员会负责听证和裁决事务的官员的选任已经制度化和专业化。《美国反倾销条例》第 8 条第 6 款（2）规定："听证会的主席可由商务部的下列成员之一担任：①进口管理司的部长助理、②部长副助理、③主管调查处的部长副助理、④主管核查处的部长副助理或⑤负责诉讼事宜的办公室主任或业务主任。"《美国国际贸易委员会反倾销和反补贴手册》第 2 部分第 1 条第（5）款规定："听证由国际贸易委员会主席主持，若主席缺席则由另一位委员主持，所有委员都应尽可能参加，听证过程实际上也是一个澄清事实的过程，其目的在于允许利益各方表达其观点，允许各位委员进行提问以获取作出裁决的有用信息。"这些规定正是职能分离的具体表现。

三、政党之间人数相互平衡

所谓政党之间人数平衡是指在有权作出裁决的机关内部，来自各个政党（当然主要是指美国民主党和共和党）的委员在数量上应当达到平衡，以便相互制约。美国国际贸易委员会是执行美国反倾销法的主要机构之一，按照美国法的规定，美国国际贸易委员会的最高领导机构是由 6 名委员组成的执行委员会，他们均由总统任命，经过参议院审议通过，任期为 9 年。主席和副主席由总统任命，任期为两年，下一任主席不得来自同一个政党。6 名委员中，来自同一政党的委员不得超过 3 名。按照美国反倾销法的规定，损害的裁决必须由美国国际贸易委员会 6 位委员中半数以上投票赞成才能作出，如果投票时投赞成票与反对票的比例是 3∶3，则被视为美国国际贸易委员会裁决损害成立。人员构成的平衡可以在某种程度上使各政党以及美国各利益集团在作出反倾销损害裁决时达到制衡。正如美国学者所指出的，一般来讲，美国国际贸易委员会作出的裁决比美国商务部要公正些。①

政党之间人数平衡的另一个表现是美国国际贸易法院法官的构成也是要求政党人数平衡。②《1980 年海关法院法》第 251 条（a）明确规定："经参议院建议及同意，总统应任命 9 名法官，这些法官应组成一个被称为美国国际贸易法院的记录法院。这些法官来自同一政党的不应超过 5 人。该法院是

---

① See Finger, J. Michael, *Dumping and Antidumping: The Rhetoric and the Reality of Protection in Industrial Countries*, *The World Bank Research Observer*, Vol. 17, No. 2, Jul. 1992, pp. 15-16.

② 从机关的性质上讲，这应当属于司法控制内部的权力制衡，而不属于行政机关之间的权力制衡，为了叙述的便利，故在此提及。

一个依照《美国宪法》第3条建立的法院。”

四、机关裁决相互制约

根据美国反倾销法的规定，美国商务部和国际贸易委员会是两个相互独立、互不隶属的调查机关，分别负责价格倾销和产业损害的调查与裁决。就其效力而言，美国国际贸易委员会的否定性初裁将直接导致反倾销调查终止；美国国际贸易委员会和商务部两机关中的任何一机关所作出的否定性终裁，将导致美国商务部最终不能采取反倾销措施。此问题将在本章第三节详细说明。

第二节　对反倾销调查权的控制

一、明确发起调查的依据

按照行政法学的基本理论，行政机关行使调查权力不可避免地会影响被调查人或其他人的自由和利益，然而公民享有的自由权保护他们的私人事务不应受到行政机关及其工作人员的任意干涉。因此，行政机关行使调查权力必须建立在法律的明文规定之上，否则就是对公民自由的非法侵犯和粗暴干涉。行政机关只有在法律授权的范围内，才能行使调查权力。例如，《1946年联邦行政程序法》第555节（c）款规定：“没有法律的授权不得发出传票，要求提供报告，进行检查，或强制执行其他调查行为和要求。”

《美国法典》第19卷1673（a）和第19卷1673（b）也对行政机关行使反倾销调查权作了明确规定。根据美国反倾销法的这两个条款，反倾销行政当局即美国商务部只有在两种情形下才享有立案调查的权力，这种立法授权正是《1946年联邦程序法》第555节（c）款规定的实际体现。《美国法典》第19卷1673（a）规定：“只要行政当局根据其掌握的资料，认为有理由发起正式调查，以确定征收反倾销税的要件是否存在，则应当发起反倾销调查。”这是反倾销行政机关享有的自行发起正式调查的权力。除了行政当局自行发起调查外，美国行政当局也可以根据国内产业代表的申请发起反倾销调查。《美国法典》第19卷1673（b）对利害关系方申请立案进行反倾销调查作了规定：“当利害关系方代表国内产业，向行政当局提出申请，申请书具备了反倾销法规定的征收反倾销税的必备因素，并且申请人为支持申请同时提交了可合理得到的资料，则应发起一项反倾销调查。”

二、严格规定调查档案的公开和保密

美国反倾销法对反倾销行政机关获得的信息资料实行强制披露和保密相结合的制度，与美国国内行政法制的发展密切相关，是美国行政法制在反倾销法中的内在反映，也是政府行政公开原则和私人隐私权保护原则进一步法制化的具体表现。因此，美国反倾销法在信息资料的披露和保密方面必然服从其要求。

调查档案是美国指商务部和国际贸易委员会通过调查所收集和保留的各种信息资料。这些信息资料是公开还是保密，特别是比较敏感的档案是公开还是保密，涉及错综复杂的行政利益和公民利益。从调查档案公开的利益而言，它是促进行政民主化的一个环节。秘密行使调查权力，极有可能侵犯公民的基本权利和自由。调查档案的公开也有可能对行政机关和公民产生一些不利的影响。就行政机关而言，调查信息过早公开可能妨碍行政机构有效地执行法律，违法者也可能会借此及时隐藏或毁灭证据，证人因顾忌其证言或证件公开后可能产生的对己不利的后果，可能不愿作证或不愿透露全部信息，导致行政机关以后很难获得机密的信息来源。就公民个人而言，调查档案的公开可能会暴露个人的隐私，侵犯个人的隐私权，也会泄露被调查者的商业秘密，损害商业形象和商业信誉，使他在竞争中处于不利地位。

美国对调查档案的公开和保密作出普遍性规定的法律主要是《1966 年情报自由法》，这个法律成为修改后的《1946 年联邦行政程序法》的第 552 节。该节第 1 款规定，公民有从行政机关取得信息的权利；行政机关的调查档案及其他档案在公民请示查阅和复制时，必须公开。但为保护行政机关和公民的利益起见，第 552 节第 2 款第 1 项到第 9 项规定了某些档案可以不公开的例外情形，并且授权行政机关可以根据上述规定制定更具体的规章。美国《1974 年隐私权保护法》规定了行政机关必须公布他们所编制和保管的私人档案的正常用途，除正常用途以外，在其他情况下需要泄露私人档案中的信息时，必须取得档案所记载的人的同意。以上提到的这两部法律，是美国行政机关决定档案材料公开和保密的主要法律依据。不过，这两部法律对涉及行政机关和私人的信息采取了截然不同的两种态度：即对政府的行政信息应以公开为原则，以不公开为例外；对个人的隐私应以不公开为原则，以公开为例外。

美国关税法、《美国反倾销条例》和《美国国际贸易委员会反倾销和反补贴手册》都对美国商务部和国际贸易委员会如何处理与反倾销调查有关的信息资料作了非常明确的规定，以此来监督和控制反倾销行政机关的行政行为。这些规定主要可以归纳为调查档案的公开和保密两个方面。

1. 调查档案的公开

《美国法典》第 19 卷 1677f（a）规定了“一般可以获得的信息资料”。比如“主管当局与国际贸易委员会应当不时地应调查相关方的要求向他们告知有关调查的进展情况”；“主管当局与国际贸易委员会必须公开：（A）在程序进行中收取的任何专有性文件如果已被公开或者是被用来确认一个特定方的营业情况；（B）所提交的与程序有关的材料如果未被提交人指定为专有性材料”。与此同时，《美国反倾销条例》第 1 节第 3 条将档案资料分为“官方记录”与“公开性记录”，第 1 节第 4 条又将官方记录中包括的资料细分为公开性资料、专有性资料、特许性资料以及保密性资料几个类型。其中，“官方记录”中的“公开性资料”和“公开性记录”是应当公开的档案资料。

《美国反倾销条例》第 3 条关于“官方记录”的规定：“部长应将每一案件的诉讼程序的官方记录按照本条例第 3 节第 1 条第 4 款所规定的地点存放于商务部进口管理司的中心记录室。部长应将其在诉讼程序中所制作、收取或获得的有关事实的信息、书面争议意见或其他材料记入记录中。记录中还应包括关于诉讼的政府备忘录，主管机关与当事人单方面会见的备忘录，公布在《联邦公报》上的决定、通知以及各次听证会的笔录。官方记录不包括未按规定时间提交的任何有关事实的信息、书面争议意见，也不包括部长根据本条例第 3 节第 1 条第 2 款第（3）项及同节第 2 条第 4 款、第 6 款或同节第 4 条第 3 款之规定退回给提交者的其他材料。官方记录中包括的资料可分为公开性资料、专有性资料、特许性资料以及保密性资料几个类型。为适宜美国《1930 年关税法》第 516 条第（1）款第 2 项第（2）目的宗旨起见，该种记录是诉讼程序每一阶段中应该受到司法审查的官方记录。”

《美国反倾销条例》第 3 条关于“公开性记录”的规定：“部长应在中心记录室保存一份关于每一诉讼程序的公开性记录。该记录包括本条第 1 款所指的所有材料。这种资料是由部长决定认为可以公开的资料，其中包括本条例第一部分第 4 条第 1 款所指的公开性资料、政府备忘录或部长决定可以向一般公众公布的政府备忘录的部分内容以及所有的裁决结论、通知和听证会笔录。公开性记录可对公众开放，供公众查阅及在中心记录室复印（详见本条例第 3 节第 1 条第 4 款的规定）。部长可对提供有关文件副本收取适当的费用。”

《美国反倾销条例》第 4 条关于“公开性资料”的规定：“部长一般认为下述资料属于公开性资料：（1）已经公开刊登或提交人以其他方式向公

众提供的某一种事实性资料；（2）提交人并未提出将其作专有性资料处理请求的事实性资料；（3）提交人虽已提出将其作为专有性资料处理的请求，但就其格式而言并不能联系到或被用以确定某一个特定人的行为的事实性资料；（4）可以公开获得的某一外国的法律、条例、决议、命令和其他官方文件，包括其英译本及（5）与诉讼程序有关的并未说明应该由某人专有的书面争议意见。”

此外，《美国法典》第19卷1677f（c）还规定了主管当局拒绝公开资料后利害关系方可享有的救济，“如果主管当局拒绝公开资料的要求，那么有关当事方可以向美国国际贸易法院申请颁布命令，指示主管当局或国际贸易委员会公开有关资料”。

2. 调查档案的保密

关于调查档案的保密要求，按照美国《1930年关税法》的规定，除了“官方记录”中的“公开性资料”和“公开性记录”是应当公开的档案资料外，其他资料即专有性资料、特许性资料和保密性资料均属于保密资料。

《美国法典》第19卷1677f（b）（1）（A）明确规定：“专有性资料应当保密：一般情况下，提交给主管当局或国际贸易委员会的资料若被提交人确定为专有性资料，在未经提交人同意的情况下，不得公开，但不适用于（ⅰ）直接负责有关调查工作的主管当局或国际贸易委员会的官员或雇员；（ⅱ）直接对有关欺诈行为进行调查的美国海关总署的官员或雇员。”为了限制资料的提交人滥用专有性资料的确定权，影响档案资料的公开，《美国法典》第19卷1677f（2）在“不受保障的指定”中规定，“如果主管当局或国际贸易委员会基于资料的性质与内容或者从公共渠道可获知的事实认定，任何有关专有性资料的指定是不受保障的，那么它应当通知提交资料的人，并要求其提交有关此种指定的理由。除非其说服主管当局或国际贸易委员会接受该项指定是受保障的或者撤回指定，主管当局或国际贸易委员会视情况所需必须将资料退回提交方，在主管当局或国际贸易委员会将资料退回给提交方时，提交方可以在规定的时间内提交与退回的资料相关的其他资料”。《美国法典》第19卷1677f（c）（A）规定：“主管当局或国际贸易委员会在收到有关申请将所有收到的专有性文件披露给程序中涉及的相关利益方时，在调查过程中获得的客户名称不应被主管当局披露，除非等到调查结束或者调查被中止时作为结果依据而被公布，国际贸易委员会可能会在调查过程中推迟披露客户的名称，直到提起听证程序前的一段合理时间为止。”

关于“专有性资料”，《美国反倾销条例》第4条规定：“如提交人已说明，部长一般应将下列事实性资料列为秘密资料。（1）与产品性质或生产过程有关的商业秘密或行业秘密；（2）各种生产成本（但是生产零件本身不属于秘密资料，除非某一特定零件属于行业秘密）；（3）各种销售成本（但销售渠道不属于秘密资料）；（4）各种营销方法（但并非指那些向公众提供的营销方法）；（5）每笔销售的价格，可能发生的销售的价格，或其他要约定价［但不包括下列：（ⅰ）如按公开价目表制定的各种价格的组成部分，比如交通运输费用；（ⅱ）销售日期；（ⅲ）不合本条第2款第（1）项所指内容的产品说明］；（6）特定顾客、销售商或供应商的名字（但不是指销售目的，也不是指某种顾客、零售商、供应商的商号，除非这种目的或商号可能会暴露名字）；（7）每笔销售的确切的倾销差价；（8）提供该种秘密资料的特定的人的名字以及（9）其泄露将可能对资料提供者的竞争地位造成重大损害的一切商业资料。”

关于“特许性资料”，《美国反倾销条例》第4条规定：“依照有关特许性资料的法律原则，部长不得将其泄露给公众或诉讼当事方的资料，得视为机密资料。”

关于“保密性资料”，《美国反倾销条例》第4条规定：“绝密资料是指根据1982年4月2日颁布的《第12356号行政命令》以及随之可能发布的补充行政令而应加以保密的资料。”

《美国国际贸易委员会反倾销和反补贴手册》对有关档案信息的保密规则专门作了更详细的规定。该手册在第2部分第2条“商业专有信息”中规定：“国际贸易委员会从美国生产者、进口者、购买者、外国生产者那里获得了大量个别公司的商业专有信息，调查问卷是获得商业专有信息的主要渠道。统计上的商业专有信息被加总并在工作报告中列成表以备国际贸易委员会在分析国内产业状况时使用。国际贸易委员会会在提供和分析统计数据时使用经验法，即如果加总数字仅包括一到两家公司，或包括3个或更多的公司，但其中1个至少占据总量的90%或其中2个至少占据总量的75%，则加总数字是机密的。在这种情况下，国际贸易委员会不会披露实际的加总数字而只会把讨论局限于公开的资料，仅仅描述趋势和方向（上升或下降），如果是财务数据，则只说明这一产业是盈利的或非盈利的。商业专有信息的提供者（调查问卷的答复者）如有充分理由则可要求把对产业趋势所作的一般性描述也列为商业专有信息。在行政保护法下能够获悉商业专有信息和各方在其公开发表的书面意见中讨论统计数据时也需遵守同样的原则。”

与此同时，该手册也对“商业专有信息”的保密规则作了例外规定，即允许具备一定资格的人在承担法定的保密义务的前提下，有权获得这些商业专有信息。该手册在第 3 条“行政保护条例的运作程序”中规定：“在为保证商业专有信息的机密性而设计的行政保护条例之下，国际贸易委员会可依法向可信任的人透露商业专有信息。这些有资格在行政保护条例下获得商业专有信息的人（授权申请人）包括以下几种，他们都是调查的各方而且是利益方的代表：（1）律师；（2）这一律师管理和控制下的顾问或专家；（3）在国际贸易委员会面前经常出现的顾问或专家；（4）如果调查中的各方而且是利益方不是由律师代表的，那么其选定的代表具有获得商业专有信息的资格。国际贸易委员会自己的律师可以作为授权申请人，但其必须没有参与竞争性的决定。”

关于这些有资格获得商业专有信息的人应当承担的保密义务以及违反保密义务后应当承担的法律责任。该手册第 3 条规定：“名列行政保护条例服务表上的个人严禁把获得的商业专有信息泄露给名字没有列在服务表上的其他人，任何违反规定的人都要受到惩罚，包括：（1）违反规定的人及其合伙人、助手、雇主、雇员从确定其违反规定的决定公布后最多 7 年内不得以任何身份参与国际贸易委员会的相关活动；（2）提交美国律师协会；（3）如果是律师，会计师和其他专职人员，提交给各自相应的行业协会的行业职业道德机构；（4）其他国际贸易委员会认为合适的处罚，包括公布或从记录中去除违反规定者，其代表或其代表的一方所呈交的任何信息或情况通报，拒绝其在调查的现阶段或将来阶段从国际贸易委员会进一步获取商业专有信息。”

调查档案的保密和调查档案的公开都是对反倾销行政机关调查权的限制性规定，目的是限制公权力被滥用，这也是保护私权的重要手段。从制度设计来看，对公权力的限制和私权利的保护是相对的，也是相互的，体现了强制公开与自愿公开、公开与保密相结合的原则，而不愿意公开信息的当事方将承担对自己不利的法律后果，这些制度性的安排十分有利于行政机关和司法审查机关节约行政资源和司法资源，尽快查清案情，提高工作效率。

第三节　对反倾销裁决权的控制

在美国法中，广义的裁决是指行政机关作出能够影响当事人的权利和义务的一切具体决定的行为。行政机关除制定法规以外，作出其他影响当事人权利和义务的决定的行为，都是广义的裁决；狭义的裁决是指行政机关对于行政争议作出决定的行为，是行政机关行使司法权的行为。行政裁决就其采取的程序的正规化的不同，可以分为非正式程序裁决（informal adjudication）

和正式程序裁决（formal adjudication）。非正式程序裁决是指行政机关作出具体决定时，在程序上有较大的自由，不适用审判型的正式听证程序。行政机关的大部分裁决属于非正式裁决，这种裁决没有一致的程序，依机关的任务和事件的性质而采取不同的程序。正式程序裁决是指行政机关通过审判型的正式听证，对具体事件作出决定的行为。这种对听证的特别钟爱是美国行政程序的本质要求，也被移植到了美国反倾销法中。通过听证让当事人相互辩论、举证和质证，让争论的问题变得更加明晰，并记录在案卷中，作为日后进行的司法审查的依据。

在反倾销调查过程中涉及很多的裁决，根据裁决性质的不同，可将这些裁决分为实体性裁决和程序性裁决。但无论是实体性裁决还是程序性裁决，基本上都有一个共同的特点，即都有听证程序的要求，只是听证的形式不同罢了。有的明确要求举行正式的听证，有的不要求举行正式的听证。由于正式听证程序是程序最规范、最完整的听证，本书将就反倾销法中涉及的审判型的正式听证程序规则展开论述，以阐述美国反倾销法是如何对行政机关的裁决权进行控制的。

一、裁决必须听证

任何权力必须公正行使，对当事人不利的决定必须听取他的意见，这是英美普通法的一个重要原则，称为自然公正原则。在司法上，这个原则表现为法官判案时必须听取双方意见，不能偏听一面之词；在行政上，这个原则表现为当行政机关的决定对当事人产生不利影响时，必须听取当事人的意见，不能片面认定事实，剥夺对方的辩护权利。在英美法中，听取利害关系人意见的程序，法律上称之为听证，是公正行使权力的最基本要求。①

美国宪法上正当法律程序的意义就是公正行使权力。要求行政机关在对当事人作出不利的决定时，必须听取当事人的意见，所以听证是美国公民根据宪法正当法律程序所享有的权利，效力高于行政法上所规定的程序规则。行政法上所规定的程序规则，必须符合宪法上的正当法律程序标准。

行政机关基于正当法律程序所要求的听证，内容包括不同的因素。在标准和最完整的听证中，当事人具有下列权利：由无偏见的官员作为主持人的权利；得到通知的权利，通知中必须适当地说明听证所涉及的主要事项和问题；提出证据（包括言证和物证）和进行辩护的权利；通过互相质问及其

---

① 参见 Ernest Gellhorn and Ronald M. Lein, *Administrative Law and Process*，法律出版社 2001 年版，第 214～223 页。

他正当手段驳斥不利证据的权利；请律师陪同出席的权利；只能根据听证案卷中所记载的证据作出裁决的权利；取得全部案卷副本的权利。

包括上述各种因素的听证称为审判型的听证，也可以称为正式的听证或举证式听证。但正当法律程序并不要求全部听证都是正式的或审判型的听证。按照听证所涉及的事项和问题性质的不同，听证程序可以只包括上述因素的一部分，这种听证称为非正式的听证。在大多数情况下，正当法律程序仅要求非正式的听证。也就是说，正当法律程序并不是不问时间、地点、事由，一律要求采取正式的听证形式，也允许采取非正式的听证。换句话说，正当法律程序要求采取适合具体案件自身性质和特点的听证形式。

就美国关税法、《美国反倾销条例》和《美国国际贸易委员会反倾销和反补贴手册》的内容来看，美国反倾销法也将听证分为非正式听证和正式听证，并且都对听证作了非常详细的规定。

《美国法典》第19卷1677c（a）在“调查的听证程序”中规定：“（1）一般的原则是，主管当局与国际贸易委员会在作出最终裁定之前，应调查中任何一方的请求，必须在调查过程中举行一次听证。例外，如果对于在6个月内来自于同一国家的货物提起的调查程序（在两个调查程序的最后决定作出之前），国际贸易委员会在任何一项调查过程中举行的听证程序必须与（1）款的两个调查相一致，除非国际贸易委员会考虑到特殊情况要求某个调查必须举行一次听证。当该款所涉及的听证程序被当事人弃权时，国际贸易委员会应当准许任何一方提交此类相关的书面意见。（2）程序：本法所说的任何听证程序都必须在《联邦公报》上发出通知后提起，并且需要准备一份能让公众理解的听证文本。听证会不受《美国法典》第5卷551条款的约束，或者不受《美国法典》第5卷702条款的约束。”《美国法典》第19卷1673e（c）规定：“在确定商品的正常价值与出口价格（或结构出口价格）之前，应根据有关利害关系人的申请，依据《美国法典》第19卷1677c举行听证会。”《美国法典》第19卷1673h（a）（3）规定：“如果裁定是肯定性的，国际贸易委员会应当在《联邦公报》上公布收到申请的通知以及提供就被要求的产品分类之确立表示看法的机会，包括公开听证的机会，如果有任何利害方要求的话。”《美国法典》第19卷1675e规定，“行政当局或国际贸易委员会应根据某一有关方面的请求和有关复审规定的内容举行听证”，等等。

《美国反倾销条例》第3节第8条以“书面意见和听证会”为题，就“书面意见”和“请求召集听证会”作了详细的规定。

关于“书面意见”，该条例规定：“在根据本条例第2节第8条第9款或第 10 条作出终裁或根据第 2 节第 12 条作出最终结论时，部长只考虑关于案件的书面意见或书面辩驳意见，而且这些意见必须在本条规定的时间内提出，除非意见经部长请求（且在部长决定的时间内提出），否则对于本条规定的时限之后递交的任何书面意见，部长均不会予以考虑。在诉讼进行的任何时候，部长得向任何利害关系方或美国政府任何机构就任何问题提出书面意见，对于在本条所规定或部长所规定的时限之后提出的任何书面意见，部长均得退回给递交人，并附上说明退回该文书理由的书面通知。”

根据该条例的规定，“书面意见”包括“案情陈述意见书”和“反驳意见书”。关于“案情陈述意见书”，该条例规定：“（1）任一利害关系方或美国政府任一机构可以递交一份关于案情陈述的意见书，该意见书：a. 必须在部长作出的初裁裁决公布之日起 50 天内提出，除非部长变更了该期限；b. 在根据本条例第 2 节第 12 条第 3 款或第 6 款之规定作出的初步复议结论公布之日起 30 日内提出，或 c. 在某次根据本条例第 2 节第 12 条第 7 款之规定所进行的快速行政复议中由部长直接规定的任何时候提出。（2）案情陈述意见书应当分别将所有论点全部列出，这些论点是递交者认为与部长的终裁或最终复议结论始终有关的。包括在初裁或初步复议结论公布之前当事人已提交的任何意见。”关于“反驳意见书”，该条例规定：“在部长作出的初裁或初步复议结论的通知中规定的时限内（或本条例第 2 节第 12 条第 7 款所指的快速行政复议中部长指定的时间内），通常是在案情陈述意见书递交的时限之后 5 天之内（在反倾销调查的情形下）或 7 天之内（在行政复议的情形下），任一利害关系方或任一美国政府机构均可递交一份‘反驳意见书’，反驳意见书应当分别将所有的反驳意见全部列出，这些反驳意见只能对案情陈述意见书中提出的论点进行反驳。”

关于“请求召集听证会”，该条例规定：“在部长的初裁或初步复议结论公布之日起 10 天内（包括第 10 天），除非部长改变了时限规定，否则任何利害关系方得请求部长对将提出的意见和辩驳意见举行听证会。请求举行听证会的当事方应尽可能确认在听证会上要提出的各种意见。在听证会上，某一利害关系方只能依据该方关于案情陈述的辩论要点作出正面陈述并且只能依据该方的辩驳要点提出反驳意见。”关于“听证会”，该条例规定：“如果某一利害关系方根据本条第 2 款之规定递交了召集听证会的申请书，则部长应当在其有关初裁或初步复议结论的通知中规定的日期（或在本条例第 2 节第 12 条第 7 款所指的快速行政复议中由部长指定的日期）举行一次公众听证会，除非部长改变了上述日期。在一般情况下，某项调查中举行的听证会应在反驳意见书提交的指定日期两天后进行，某项行政复议中举行听证会应在反驳意见书提交的指定日期7天后进行。（1）部长应将听证会的一份完整笔录存放在该诉讼的公开记录和官方记录中，并且在听证会上宣布利害关系方如何才能到该笔录的副本。（2）听证会的主席可由商务部的下列成员之一担任：①进口管理司的部长助理、②部长副助理、③主管调查处的部长副助理、④主管核查处的部长副助理或⑤负责诉讼事宜的办公室主任或业务主任。（3）听证会不受行政诉讼法的制约；如果有证人证词，那么，这些证人证词不能以宣誓方式作出，也不能用来与另一利害关系方或证人的证词对质。在听证会期间，主席可以询问任何利害关系人或证人，并可以要求他们提交附加书面意见。"

《美国国际贸易委员会反倾销和反补贴手册》在第2部分"调查程序"中的第（5）条第4款就"听证和案情介绍"作了更为详尽地规定。"国际贸易委员会在商务部宣布其最终裁决或国际贸易委员会调查最后阶段进行至约一个半月到两个月时举行公开听证。听证由委员会主席主持，若主席缺席则由另一位委员主持，所有委员都应尽可能参加，听证过程实际上也是一个澄清事实的过程，其目的在于允许利益各方表达其观点，允许各位委员进行提问以获取作出裁决的有用信息。""在听证前几天内由调查主管主持一个听证前会议以决定听证过程的时间分配和基本规则。任何人如想出席听证则必须在听证前至少3个工作日或听证前会议之前至少两个工作日（以先发生的日期为准）之前向国际贸易委员会秘书长递交申请参加听证的通知，出席听证者名录将记入档案。在听证开始后申诉方和被控方各被给予5分钟简述其观点，由申诉方先开始。一般来讲这一阶段不会有提问。接下来申诉方和被控方开始使用分配给他们的基本时间（典型的是一小时），在这段时间内双方要给出证据，这一阶段仍从申诉方开始。非当事人在听证前也可要求获准在听证时对其了解的情况作一简要陈述。在双方及相关证人提出证据之后由各委员和工作小组进行提问，被控方如需要也可进行提问，各位委员提问的时间一般来讲要长于双方提出证据的时间。这些问题及回答不占用当时正提供证据一方被规定给予的时间。这些提问及回答占据了听证总时间的一半，各位委员也可对其他各方（非提交证据的各方）提问或要求其进行陈述。在分配给双方的基本时间内可直接提出证据、相互质询对方证人，作出反驳对方的总结性陈述和给出扼要的论据。总结性陈述在听证结束时进行，由申诉方先进行，其后是被控方。所有在听证中作证的人在作证前向秘书长宣誓。国际贸易委员会鼓励各方在听证前准备证人陈词（证言）。这类陈词的准备在听证前至少3个工作日之内应完成，证言应简短、切题，范围应限于这一方对听证前情况通报中所包含的信息和论据所作的总结和其他各方在听证前情况通报中对信息和论据所作的分析，还包括在听证前尚未得到的信息，证人可根据笔记，准备好的书面陈词或根据他们的律师或其他人提出的问题进行发言，如证人在听证前至少 3 个工作日之前同听证协调机构作出安排，至少国际贸易委员会可为证人提供其需要的全套视听设备，听证会由国际贸易委员会指定的法庭书记员记录整理，整理结果在下一个工作日可以从记录公司得到。”“国际贸易委员会可以使一部分听证私下进行（除了在行政保护条例下有权获取商业秘密的各位委员、工作小组主要成员和调查参与者之外可以避开任何个人）。要求私下提交听证证据的各方必须向秘书长提交书面报告，表明其有充分的理由，委员会极力促使各方尽可能在调查的早期阶段提出类似要求，但不得迟于听证前 7 天。”

二、扩大当事人的范围

从原则上说，凡是权利可能受到行政决定不利影响的人，都与行政决定具有利害关系，都有权成为听证的当事人。但是在这些利害关系人中，他们的利益遭受的损害有直接和间接之分。权利直接受到行政决定影响的人，是行政机关命令为一定的行为或不行为的人，这类人是直接承受行政行为的客体或引起行政行为的主体，他们是直接的当事人，有权以当事人的身份要求和参加听证。还有很多其他人，虽然不是行政行为直接影响的对象，但是也与行政机关的决定具有利害关系，属于间接利害关系人。对于间接利害关系人参加听证的权利，《1946 年美国联邦行政程序法》没有直接规定。因此，间接利害关系人参加听证的范围和权利，只能根据各机关的组织法、各机关所制定的法规以及各机关所适用的法律中的特别规定确定。

美国反倾销法并没有区分当事人和参与人，而是使用了“利害关系方（人）”一词，何谓“利害关系方”，美国关税法没有解释，而是在《美国法典》第 19 卷 1677（9）中采用列举法予以列举。具体如下：“被诉产品的外国制造商、生产商或出口商，或美国进口商，或其主要成员为此类商品的生产商、出口商或进口商的贸易或商业组织；生产或制造此种商品，或出口此种商品的国家的政府；国内相同产品的美国生产者、制造者或批发商；经证明或确认的工人团体或组织，其能代表美国境内从事相同产品的制造、生产或批发的产业；其主要成员是在美国从事国内相同产品的制造、生产或批发的贸易或商业组织；其主要成员是由（C）、（D）、（E）项中描述的涉及国内相同产品的相关利益方组成的团体组织；对涉及从事加工农产品生产的贸易组织或联盟，只要其能代表加工商或者加工商和生产商或者加工商和种植者，但美国贸易代表通知主管当局和国际贸易委员会，认为这一项的适用与美国承担的国际义务不相符时除外。”

从其构成来看，显然“利害关系方”既包括其利益直接受影响者也包括利益间接受影响者。美国反倾销法的这种规定反映了美国当代行政法允许更多的公众参与行政程序的行政程序立法理念，反对行政机关自由决定行政听证参加人资格的发展趋势。当然，参加听证并不表明上述所有利害关系方均有起诉权，尤其是出口商和生产商所属国家的政府、商会或行业协会、工会组织等。笔者曾经在《中国反倾销行政诉讼程序制度研究》一文中，对中国反倾销法将外国政府列入利害关系方有可能引发国际争端表示担忧，现在看来，当时对这一立法条文的理解仅是一知半解。① 这种扩大行政听证参加人范围的做法，不仅是行政程序法理念现代化的体现，而且对行政机关全面了解和掌握各利害关系方对行政裁决的意见，综合研判和协调各种利益关系，从而作出合法公正的裁决具有实际意义。

三、严格听证程序

首先，应当确保利害关系方享有得到听证通知的权利。听证通知权包含两个内容：（1）通知程序上的权利，必须告诉当事人对决定不服时，可以在多长时间内向哪个机关申诉；（2）通知听证本身及听证可能涉及的内容，即反倾销行政机关对于根据反倾销法规定需要听证的事项，应把听证的时间、地点和问题通知当事人。通知书的作用是告诉当事人听证的问题，以便准备防卫。如果反倾销行政机关仅仅通知当事人出席听证，没有通知听证涉及的内容，可能会造成当事人无法准备防卫，而根据这种听证所作出的裁决，将违反法律的规定和正当法律程序的要求，因此无效。《1946 年美国联邦行政程序法》规定，行政机关的听证通知书必须把听证的时间和地点告诉当事人。同时又规定，在确定听证的时间和地点时，必须适当考虑当事人或其代表的方便和需要。

美国《1930 年关税法》对调查中的听证程序作了明确的规定。② 比如“本法所说的任何听证程序，必须在《联邦公报》上发出通知后提起，并且需要准备一份能让公众理解的听证文本”。除此之外，《美国法典》第 19 卷 1673e 对税额的估定、1673h 对产品生命周期短的商品建立产品分类、1675 对决定的行政复审等处都规定了听证。还比如，美国《1930 年关税法》对

---

① 参见陈玉祥：《中国反倾销行政诉讼程序制度研究》，载《政法论坛》，2004 年第 1 期，第 178～183 页。

② 19USC，§1677c.

国际贸易委员会作出初步裁定的规定："在初裁前，国际贸易委员会一般要召开一次非正式的会议和一次听证会，以进一步搜集证据和了解案情，听证会通常在初裁前10天进行。初裁结果将在《联邦公报》上公告。"再比如，美国《1930年关税法》对商务部作出初步裁定的规定："初裁后，商务部应在《联邦公报》上刊登有关通知，就初裁结果征求利害关系方的意见。若利害关系方有异议，可以要求商务部召开听证会进行辩论。"上述事例表明，在听证程序上反倾销法确保了利害关系人在程序法上享有得到听证通知的权利。

其次，听证原则上必须公开。正式程序的裁决是指行政机关必须依听证记录作出行政决定的行政行为，在法律性质上类似法院必须依审判记录作判决的司法行为，所以，这种正式程序裁决的听证是审判型的听证。美国自从建立行政法官主持听证以来，正式听证司法化的程序得到了进一步发展。因此，审判型的听证有时称为准司法行为，必须适用司法审判的公开原则。① 正如公开审判不是一项绝对的原则一样，公开听证原则也不是绝对的，因为审判对涉及个人隐私和国家机密的事项不允许公开进行，听证程序也是如此。对于国防和外交事项，如果法律没有其他规定时，一般不包括在正式程序的裁决范围内，所以也不公开听证。

就反倾销行政机关举行听证所涉及的事项的性质而言，一般不涉及个人隐私、国家机密、国防和外交事项等问题，但一定会涉及利害关系方的商业秘密。对于在听证中涉及的参加听证的利害关系方的商业秘密，在提交材料时，利害关系方应该已经按反倾销法的要求做了特别说明和处理。因此，美国反倾销行政机关举行的正式听证都是公开的听证。

最后，职能必须分离。这里所指的职能分离（separation of functions）是指从事裁决和审判型听证的机关或者人员，不能从事与裁决和听证行为不相容的活动，以保证裁决的公平。根据美国现行法律的规定，对案件进行追诉的活动以及对追诉事项事先进行调查的活动，是和裁决不相容的活动。因此，主持听证和作出裁决的人或机关，不能同时是追诉者和调查者，也不能和后者单方面进行接触。行政裁决以机关的名义作出，机关长官包括国际贸易委员会的委员在内，有权主持听证。由于机关长官的事务繁忙，除极少数

① 正式听证必须公开，这是正当法律程序的要求。至于非正式听证程序，由于行政机关有较大的自由裁量权，不一定采取公开方式。为了防止行政机关的专横，这时可以根据情报自由法的规定，查阅行政机关办案的文件，也可申请法院撤销行政机关专横的行为。

情况外，很少亲自主持听证。在绝大多数情况下，都是机关的职员受长官的委托主持听证。《1946年联邦行政程序法》的制定，使行政法官趋向职业化和专业化。《1946年联邦行政程序法》第556节（b）款规定：“主持听证的官员应是：①机关；②构成机关的一个或几个成员；③根据本编第3105节规定任命的一个或几个听证审查官。”依照行政程序法规定必须举行的正式听证，大多由听证审查官主持。这个官员的名称，1972年以后改为行政法官（administrative law judge）。《美国国际贸易委员会反倾销和反补贴手册》和《美国反倾销条例》对听证的相关规定完全合乎《1946年联邦行政程序法》的规定。这些规定，正是职能分离原则的体现。

四、证据应当充足

美国行政裁决的证据规则来源于美国法院的证据规则，而美国法院的证据规则来源于普通法，是陪审制度的直接产物。① 在普通法的民事案件审理程序中，关于案件的事实问题由陪审员决定。为了避免和减少陪审员不能正确认定事实可能带来的危险，普通法的证据规则中有很多限制性和技术性的规则，以避免陪审员受到错误的引导，产生混乱和偏见。不同于法院审判庭的构成，行政机关及其听证官员一般由专家组成，认定事实的能力较强，而且行政机关所裁决的事实和法院所审判的事实性质不同。行政事实大多具有技术性和专门性，法院所要认定的事实不一定具有这种性质。因此，法院审判和行政裁决是有很大区别的，这就导致在美国存在两个体系的证据规则。一个是适用于法院审判的证据规则；另一个是适用于行政裁判程序的证据规则。适用于行政裁判程序的证据规则散见于判例中，现在主要规定在联邦和各州的行政程序法中。除《1946年联邦行政程序法》中的规定以外，其他单行法律和行政机关所制定的法规中往往也有关于证据方面的规定。综合这些证据规则，主要有以下内容：

1. 明确当事人享有提出证据的权利

正式程序裁决中的当事人如同法院诉讼中的当事人一样，具有提出证据的权利。这个原则为判例法和成文法所明确承认。当事人有权提供证据的法律效果是行政机关拒绝接受当事人所提供的和案件有实质联系而且不属于后面所述应当或可以排除的证据时，构成程序上的违法。这样作出的决定可能会被法院撤销，发回行政机关重新听证。当然，提供证据不仅是当事人的权利，也是当事人的义务。正式程序裁决中的当事人，有义务把他所掌握的全

---

① 参见刘晓丹主编：《美国证据规则》，中国检察出版社2003年版，第1~7页。

部和案件有关的证据，在行政听证阶段提出，否则法院认为当事人已放弃利用这项证据的权利，其不能在以后的司法审查中再提出这项证据。

美国反倾销法规定："在行政当局作出是否发起调查的决定之前，任何发起调查将成为合格利害关系方的人，可以就国内产业支持问题提交意见或资料。在行政当局已作出是否发起调查的决定后，将不再重新考虑就国内产业是否支持作出的认定。"① 美国反倾销法不仅要求和鼓励当事人向行政当局提交证据，也鼓励和允许非当事人向行政机关提交证据。比如，《美国国际贸易委员会反倾销和反补贴手册》规定"国际贸易委员会非常鼓励当事人各方充分准备听证前的情况通报。听证前约 4 个工作日为的听证前的截止日。听证前的情况通报是一方证实其论据的主要工具。对于其长度并无限制，但应尽可能精确，并限于同国际贸易委员会的决定有关的信息和论据，这些信息和论据应最大限度地利用国际贸易委员会的讨论记录。非当事人也可在同一时限内就调查有关的信息提交一个简要的书面陈述。"

2. 保证当事人能相互质证

质证（cross examination）是一方当事人对他方证人进行盘问，以考验他所提供证据的真实性的一种行为或权利，通常由双方律师在行政法官或其他听证官员的主持下进行。《1946 年联邦行政程序法》第 556 节（d）款规定："当事人有权以口头或书面的证据提出案件，进行辩护，也有权提出反证，并可为了弄清全部事实真相进行质证。"质证是当事人在程序法上的权利，其法律效果是听证官员不合理地限制当事人的质证权时，构成程序上的违法。这样的决定如果对当事人产生不利影响时，可能被法院撤销，或发回重新听证。质证作为查明事实真相的方法是正式程序裁决中当事人的一种权利，但是质证的时间长短却是一个事实问题，而不是一个法律问题。因为质证延长听证的时间，会增加当事人的负担，而且不是一切有争议的事实都能够或者都需要用质证查明。因此质证作为当事人的权利，只能是一种有限制的权利。质证权的抽象范围是全面查明事实真相，这个范围的具体界限，某个问题是否需要质证以及质证的程序由主持听证的官员决定，听证官员享有自由裁量权。

根据美国反倾销法的规定，并不是所有事项都采用质证的方式，也可采用"自认"和由行政当局自己确认。例如，美国《1930 年关税法》在关于行政当局的初步裁定中规定，行政当局在发起调查后的 75 日内，应安排一个指定的官员审查在发起调查后 60 天内收到的关于该案的资料以及如果显

① 19USC，§1673a（c）.

示出资料足够作出初步裁定，当事方要求披露，则向申请人或任何利害关系方披露所有获得的非秘密资料和所有依法可以披露的其他信息。在此种披露后3日内，对之进行了资料披露的申请人和每个当事方都可以向行政当局提供一个书面的不可撤销的对核实弃权书，就行政当局收到的资料的核实放弃权利以及一个不可撤销的书面协议，愿意让行政当局根据那时记录的已获得的资料作出初步认定。如果行政当局从对之进行了资料披露的申请人和每个当事方那里，及时地收到弃权声明和同意协议以及行政当局发现作出合理的初步裁决的资料已充足，则在发起调查后90日内，根据发起调查后60天内汇集的资料，作出最初裁定。① 美国反倾销法在此规定的就是自认方式。

3. 证据判断必须合理

行政听证程序中，凡是和裁决事项有关的证据都可提出。但是当事人所提供的证据是否具有证明力，足以确定所要证明的事实，还要经过行政官员的判断。证据的判断是指负责听证的人和作出裁决的人对各方当事人所提供的证据进行鉴别，确定它的准确性和证明力，决定它的证明程度是否达到能够确定它所要证明的事实。具有证明力的证据，必须达到一定的证明程度，才符合可以确定事实的标准，这个程序称为证明的标准。证明的标准一般由法律规定，但其具体的意义主要由裁决人员在适用时确定。

行政裁决一般适用的标准规定在《1946年联邦行政程序法》第556节（d）款："……除非考虑了全部案卷或其中为当事人所引证的部分，并且得到可靠的有证明力的和实质性证据的支持，否则不得科处制裁，发布法规或作出裁定。"根据这一规定，正式程序行政裁决的证明标准是具有实质性的证据支持。那么，何谓"实质性的证据"支持呢？根据美国法院的解释，实质性的证据就是民事案件中的证据优势标准，它要求行政机关在考虑全部证据以后，根据占优势的证据以确定事实，作为裁决的根据。不过，美国法院对于实质性证据的解释并非完全一致，有的法院认为，正式听证中的实质性证据的证明标准是一个合理的人可以接受作为支持一个决定的适当的证明标准。有的法院认为实质性证据"并非仅仅是蛛丝马迹，它意指一个合理的心智可视为足以支持一个结论的相关证据"。② "在行政机关在两个相互冲突的合理观点之间作出选择之际，即便该事项若由法院重新（denovo）予以审理，法院将有理由作出不同的选择，法院也不应以自己的意见取代行政

① 19USC，§1673b（b）.

② 环球照相机公司诉国家劳资关系委员会，340 U.S. 474，477（1951）.

机关的意见。"① 也有法院认为实质性证据的证明标准要求证明的程度，不超过证据优势的标准。比如实质性证据是"弱于优势证据的那种证据，由此，从证据中推导出两个不一致结论的可能性并不妨碍行政机关的认定获得实质性证据的支持"。②

就一般情况而言，法院认为正式程序裁决中的实质性证据的证明标准，和民事案件的证据优势证明标准相同。除行政程序法中所规定的一般适用的标准以外，其他法律基于不同政策的考虑，也可能规定不同的标准。即有的要求超过证据优势的证明标准，有的不需要达到证据优势的证明标准。

美国反倾销法没有明确规定行政机关在作出裁决时对其赖以裁决的证据适用何种标准，一般采用模糊的或模棱两可的规定，就其规定的内容来看，实质上是选择了非证据优势的证明标准。采取这种标准的好处在于，它不会妨碍反倾销行政机关根据情势灵活地执行美国反倾销法，以达到对美国国内产业提供贸易救济的目的。因此，也可以说，美国反倾销法要求反倾销行政机关对证据判断仅仅需要合理的要求，并不是一个高标准的证据判断要求，相反，它是很低的具有很大自由裁量权空间的判断标准。这种证据判断标准在美国关税法、《美国反倾销条例》和《美国际贸易委员会反倾销和反补贴手册》中俯拾即是。如美国《1930 年关税法》规定，"只要行政当局根据其掌握的资料，认为有理由发起正式调查，以确定征收反倾销税的要件是否存在，则应当发起反倾销调查"；"如果行政当局认为有充足资料对另外的供应国根据本项发起正式调查，行政当局应马上发起此调查"。《美国反倾销条例》规定，"在提交起诉书后 20 天内，部长应对以下事项作出裁决：起诉是否恰当地指出了可对其产品按美国《1930 年关税法》第 731 条征收反倾销税的根据；起诉书是否包括起诉人支持起诉可以合理地得到的资料，是否由利害关系方按本条例的规定提交了起诉书"；"除非另有规定，行政当局从发起调查之日起 140 天内应根据在认定时所掌握的资料，认定是否有合理依据相信或怀疑该产品正在或将要以低于其正常价值的价格销售。"

五、坚持案卷排他性原则

全部听证的记录和文件构成案卷的一部分，除听证的文件和记录以外，案卷还包括在裁决程序中作出的和收到的各种文件和记录。行政机关的裁决只能以案卷作为根据，不能在案卷以外以当事人所未知悉的和未论证的事实

---

① 美国弹簧线公司诉美国政府，8CIT20，22，590 F. Supp. 1273，1276（1984）.

② Consolo 诉联邦海事委员会，383 U. S. 607，620（1966）.

作为根据，这个原则称为案卷排他性原则。① 根据案卷排他性原则，行政机关不能接受除通过听证以外收到的证据，行政机关更不能以其工作人员提交的秘密调查报告作为证据，因为这些材料没有记载在案卷之中，不为当事人所知，也没有经过当事人的质证，纯属片面之词，以此作为根据作出决定是违背公正原则的。

对案卷的排他性原则的重要例外是官方认知原则（official notice）。官方认知原则相当于司法审判中的司法认知原则（judicial notice），是指对于众所周知的事实，无需当事人证明，行政机关可以直接将其作为判决的根据。按照这个原则，行政机关可以在听证记录和当事人所提供的证据以外认定案件中的事实，并以通过这种方式认定的事实作为裁决的根据。对众所周知的事实不用证明是西方诉讼程序中的一种惯例，这一规则可以追溯到早期的罗马法和宗教法。该规则被规定在《联邦证据规则》201（b）款中，该款规定："司法认知的事实必须是没有合理怀疑的事实，这个事实可以是：审判法院管辖区内众所周知的事实；根据正确性不能合理怀疑的渊源而容易正确地确定的事实。"在行政裁判中，官方认知的范围比司法认知的范围要广，且随着行政裁决数量的增加，官方认知的范围也在不断扩大。不过，为了保障当事人的权利，美国法院通过判例逐渐形成了对行政认知的限制性规定，这些规定可以归纳为：案件中核心问题的司法性事实不能认知；认知的事实必须具有显著而周知的性质；认知的事实及其根据必须被明白指出；当事人对官方的认知具有反驳权利。②

关于案卷的排他性原则，美国反倾销法也都有明确规定。例如，美国《1930年关税法》规定："国际贸易委员会累积评估进口数量和影响，进而作出最终决定时，应当依据它已作出最终决定的第一次调查中收集的记录作出各项决定，除了行政当局在随后结束的调查中公布最终决定以外，国际贸易委员会应当允许各方在随后的调查中就行政当局的最终决定发布意见，并应当将这些意见同行政当局的最终决定一起记录在档用于随后的调查"；③"负责作出决定的人或者对负责作出决定的人作出最终建议的人，单方会面的记录必须包括在整个程序的记录之中"；"提交给主管当局或国际贸易委员会指定为专有性的资料，在针对同种货物的任何此类调查中，在审查程序被撤销或结束之日起2年内均可被调查机构作为资料使用"；"愿意让行政

① 参见王名扬著：《美国行政法》，中国法制出版社2003年版，第492页。

② 参见王名扬著：《美国行政法》，中国法制出版社2003年版，第494～495页。

③ 19USC，§1677（G）（ⅱ）.

当局根据那时记录的已获得的资料作出初步认定”。

六、裁决相互制约

听证程序结束以后，正式程序裁决的最后阶段是决定程序，即就听证的问题作出最后的决定，这个决定由于是通过正式听证程序作出的，一般用语称为裁定，但行政程序法中的裁定可用于更广泛的意义，包括行政机关作出的一切具体决定，正式裁决程序作出的裁定只是广义裁定的一部分。

美国反倾销法所设计的行政裁决的相互制约，包括两层含义，也可以理解为它为提高行政裁决的合法性和正当性，或为保护当事人的合法权益设置了两道防护体系，且相互间既有分工，有配合，也有牵制。这种防护体系首先是指同一机关内部初步决定与最终决定之间的相互制约，其次是指两个行政机关作出的决定之间的相互制约。

美国反倾销法规定美国商务部和国际贸易委员会是两个相互独立的调查机关，分别负责价格倾销和产业损害的调查与裁决，因此，从理论上讲，一个完整的走完了全部调查和裁决程序的反倾销案件，会出现两个行政机关作出的四个行政裁决，按照先后顺序分别是：美国国际贸易委员会关于产业损害的初裁；美国商务部关于价格倾销的初裁；美国商务部关于价格倾销的终裁；美国国际贸易委员会关于产业损害的终裁。

1. 初步裁定的相互制约

在初步裁定阶段，美国国际贸易委员会的初步裁定对美国商务部的初步裁定有制约作用。美国反倾销法规定，美国国际贸易委员在接到申请书的副本（或美国商务部主动调查的通知）以后，与美国商务部协商后开始损害的调查，并在其后的45天内作出初步裁决。① 美国国际贸易委员会调查的主要内容是就美国国内产业、产业的实质损害、实质损害威胁和实质阻碍产业的建立及损害与倾销的因果关系作出判断，依据当时可取得的有关资料决定是否有合理迹象表明上述情况存在，若结论是肯定的，则作出损害的肯定性初裁，并继续进行调查；若结论是否定的，则作出损害的否定性初裁。如果美国国际贸易委员会就产业损害作出否定性的初裁，则整个反倾销调查程序应当终止，美国商务部的调查程序也因此应当终止进行。可以说，美国国际贸易委员会的否定性初裁可以直接决定一个反倾销案件的后续行政程序，也是反倾销裁决中最关键的行政裁定。

在美国国际贸易委员会就产业损害作出肯定性初裁以后，美国商务部随

---

① 19USC，§1673b（a）.

后也应就价格倾销作出初裁。关于倾销的初裁应在反倾销申请提出后的160天内作出，如果申请人提出请求或案情特别情复杂的，美国商务部有权将裁定的时间再延长50天。在初裁阶段，美国商务部主要审查被调查产品在调查期内的正常价值和出口价格的情况，并对倾销幅度作出估算。① 初裁应包括以下内容：裁决依据的事实性和法律性结论、应诉企业单独预估的加权平均倾销幅度和其他企业适当的倾销幅度（如果存在倾销幅度）以及紧急情况的裁定。美国商务部的初裁应在《联邦公报》上公告，如果其初裁结果是肯定的，公告应载明估算的倾销幅度并按此采取临时反倾销措施。美国商务部在初步裁定后发布暂停清关命令，进口商此后如欲通关，应交纳数额相当于初裁确定的倾销幅度的现金保证金或提供其他形式的担保。初裁基础上的临时反倾销措施的实施期间原则上不超过4个月，延长也不得超过6个月。如果其初裁结果为否定的，则不需暂停清关，但是美国商务部的倾销调查将继续下去，直至最终调查结束。

总而言之，在初裁阶段，美国国际贸易委员会的初步裁定明显地对美国商务部的裁定有很大的制约作用。如果美国国际贸易委员会的初裁结论为否定性的，则反倾销的调查活动应当到此结束；如果美国国际贸易委员会的初裁结论为肯定性的，无论美国商务部的初裁结论如何，其反倾销的调查活动都必须进行下去。

2. 最终裁定的相互制约

最终裁定包括美国商务部的最终裁定和美国国际贸易委员会的最终裁定。美国反倾销法规定，在倾销初裁公告后的75天内，美国商务部应当完成终裁并公告，必要时经申请人或出口商的请求并得到美国商务部同意，可以延长60天。终裁应就被调查产品在美国是否以低于正常价值销售作出决定。② 如果美国商务部最终裁定全部被调查产品的倾销为否定性的，即被调查产品不存在倾销行为，反倾销调查应当立即终止。初裁时已经交纳的保证金将予以退还，同时允许其恢复清关。如果美国商务部的最终裁定是肯定性的，则其应下令停止通关，被调查产品进口商只有在交纳与终裁确定的倾销幅度等额的现金或提供其他形式的担保后才予以放行。在美国商务部作出肯定性的终裁后，反倾销调查是否进行下去，取决于美国国际贸易委员会的最终裁定结论。

关于美国国际贸易委员会的最终裁定，美国反倾销法规定，若美国商务

① 19USC，§1673b (b).
② 19USC，§1673d (a).

部的初裁是肯定性的，美国国际贸易委员会应在美国商务部作出初裁后的120天内，或作出肯定性终裁后的45天内（以后者为准），就被调查产品是否对美国产业造成产业损害作出终裁。① 如美国商务部的初裁为否定性的，但终裁是肯定性的，美国国际贸易委员会应在美国商务部作出肯定性终裁后的75天内作出终裁决定。如果美国国际贸易委员会作出的终裁结论是肯定性的，整个调查将完成；如果美国国际贸易委员会作出的终裁结论是否定性的，应当终止反倾销调查。

两机关作出最终性的裁定带来的后果，也体现了两机关裁决相互制约的效果，因为按照规定只有两机关都作出肯定性的裁定，对外国进口产品的倾销指控才能成立。但由于两机关的最终裁定是在美国国际贸易委员会已经作出肯定性初步裁定结论的基础上进行的，从这个意义上讲，最终裁定更可被看成是美国商务部对美国国际贸易委员会裁决权的制约。

七、先例的遵守与偏离

遵守先例（stare decisis）也称先例约束力原则（rule of precedent），是19世纪上半叶在英国确立起来的一项重要的司法制度，是指法院在判决中所作出的判决理由（ratio decidendi）对作出判决的法院本身和下级法院日后处理同类案件均具有约束力。这一原则包括以下三个方面：（1）上议院（House of Lord）的判决是具有约束力的先例，对全国各级审判机关都有约束力，一切审判机关都必须遵循。过去，上议院本身也要受它所作出的先例的约束，但1966年枢密大臣宣布，以后上议院可不受其先例的约束，上议院可以根据形势的发展变化改变它以前所作出的先例。（2）上诉法院（Court of Adpeal）的判决可构成对下级法院有约束力的先例，而且对上诉法院本身也有约束力。(3）高级法院（High Court of Justice）每一个庭的判决对一切低级法院有约束力（binding effect），对高级法院的其他各庭以及王冠法院（Crown Court）也有很大的说服力（persuasive effect）。② 必须指出的是，即使是具有先例约束力的高级法院的判决，也并不是整个判决的全文都构成先例，都具有约束力。英国高级法院的判决分为两个部分，一部分是法官作出该判决的理由；另一部分是法官在解释判决的理由时所阐述的与该判决有关的英国法律规则。只有法官作出该判决的理由才能构成先例，才具有判例法的约束力。英国普通法的先例约束力原则后来被美国法全盘保留，

① 19USC，§1673d（b）.

② 冯大同主编：《国际商法》，对外经济贸易大学出版社1999年版，第25页。

并成为美国一项重要的司法制度。不过，遵守先例并不是说要固守先例，先例不能改变，只是法院一般不采取推翻先例的方式。在遇到适用先例不妥当时，法院往往以案件中的事实与先例不同为由而不予适用。

普通法的遵守先例原则后来被美国行政程序法所借鉴，根据这一原则的要求，行政机关的行政决定同样应当遵守先例原则。但与司法上的遵守先例原则相比，行政决定受先例的约束要小得多。这是因为，行政事务面对社会现实，复杂且多变，行政机关必须能够较自由地调整其政策，以适应公共利益的需要。因此，行政决定不必抱守遵守先例原则。不过，行政决定不必抱守遵守先例原则并不表示行政决定可以前后不一致，不受任何限制。行政机关作出的决定和以往类似情形下作出的决定不相同时，必须要有合理的事由；行政机关改变以往的决定时，不能只对某个特定案件进行变更，而对其他处于相同状态的案件仍然适用以往决定中的原则；对于相同的情况，必须适用相同的标准和原则，以保持行政决定的一致性，这是公平行政的要求。概括地讲，就是说行政决定既要遵守先例，也允许其合理偏离。

正如美国国际贸易法院在2000年在“Allegheny Ludlum公司诉美国政府”一案①中所认为的一样，“虽然传统上，在选择执行反倾销法的方法方面，美国商务部被赋予了广泛的自由裁量权，但美国商务部不能滥用其自由裁量权，且其对方法的选择不能是武断的，鉴于此，美国商务部必须或使其行为符合其先前的决定，或解释其背离先前决定的理由”。“不过，由于这一防止创制相互冲突的先例的原则并非被设计来限制美国商务部对从一个案件到下一个案件的事实的考虑，而是意图确保美国商务部执行法律的连贯性，故美国商务部有权改变或废除其先前的政策及实践，若其已为此种改变或废除提供合理解释的话。”这说明，美国商务部可以背离其先前的实践，只要其为此种背离提供了“合理的解释”。

美国反倾销行政机关在反倾销裁决中适用“先例的遵守与偏离原则”最明显的实例，当数美国商务部2006年对中国铜版纸反补贴案。2006年11月21日，美国商务部对原产于中国的铜版纸发起反补贴调查。② 2006年12月15日，美国国际贸易委员会裁定，中国出口铜版纸的补贴和倾销行为给美国国内产业造成了实质性损害和损害威胁。2007年1月9日，中国商务

① Allegheny Ludlum公司诉美国政府，24 CIT，112 F，Supp. 2d 1441（2000）.

② 早在2004年，加拿大就先后开始对原产于或出口自中国的烧烤架、碳钢和不锈钢紧固件、复合地板同时发起反倾销和反补贴调查，这是西方国家首次对中国的出口产品适用反补贴法。

部向美国国际贸易法院提起要求颁布临时禁令、禁止美国政府对中国反补贴调查的诉讼请求。2007 年 3 月 29 日，美国国际贸易法庭裁定，美国商务部有权考虑是否对中国企业启动反补贴调查。2007 年 3 月 30 日，美国商务部宣布对原产于中国的铜版纸作出反补贴初裁。在该案中，美国第一次对从“非市场经济国家”进口的产品征收反补贴税，改变了美国 23 年来不对“非市场经济国家”适用反补贴法的先例。美国商务部创设的这一先例源于美国乔治城钢铁公司诉捷克碳钢棒补贴案。

1984 年，美国乔治城钢铁公司指控捷克对碳钢棒出口实行补贴，同年美国商务部裁决，认为美国反补贴法不适用于非市场经济国家（Non-Market-Economies，NME)，其原因在于，在 NME 中不能找到资助的存在。美国申请方不服，起诉到美国国际贸易法院，美国国际贸易法院否定了美国商业部的裁决，并认为美国的相关法律允许美国商务部对 NME 采取补贴措施。美国政府对此判决不服，向联邦巡回上诉法院起诉，1986 年美联邦巡回上诉法院裁定维持美国商务部的判决。联邦巡回法院判决认为，美国国际贸易法院将补贴法适用于 NME 是错误的，它认为关税法对此的规定是相当模糊的，在美国《1930 年关税法》303 节中并没有对资助的明确定义，因而法律对此问题并没有一个明确的规定。对此模糊问题，联邦巡回法院认为美国商务部的理解是正确的，美国商务部认为 NME 给予出口产品的利益不是美国《1930 年关税法》303 节下的资助不是不合理的，不是违反法律规定的，不是对裁量权的滥用。尽管联邦巡回法院在乔治城钢铁公司诉捷克碳钢棒补贴案中并没有非常明确地指出不能对 NME 适用反补贴措施，但自此案后的 23 年以来，美国商务部一直没有对 NME 适用反补贴法却是事实。

那么，2007 年美国对来自中国的铜版纸采取反补贴制裁措施，是否意味着美国商务部的这项行政决定违反了其此前创制的先例呢？这个问题的核心，其实就是如何认识美国行政程序法中的“先例的遵守与偏离原则”这个法律制度。简单地说，美国商务部可以遵守一个自己创设的先例，也可以通过合理的解释偏离自己创设的这个先例。那些通过各种引证、阐释来论证美国商务部对中国适用反补贴税是否合法的做法，确实没有多大实际意义。

事实上，在美国对中国出口产品适用反倾销法的几十年的时间里，不乏美国商务部不断偏离先例的做法，以往某一个偏离先例的行政做法或决定的出现，我们皆能无声面对，而对此次偏离却作出了强烈回应。其中的原因就在于，以往美国偏离先例的行政行为一般趋向对中国企业有利或接近公正和合理，而此次恰好相反，对中国企业开始适用反补贴法只会对中国政府和商界产生不利后果。此前美国商务部不断偏离先例的行政决定包括：用“非市场经济国家”称谓替代“政府控制贸易国家”或“中央计划经济国家”称谓；用“分别税率”和“统一税率”并存政策替代“统一税率”政策；用“生产要素价格法”替代“替代国价格法”等。

第六章　对反倾销自由裁量权的司法控制

美国行政法学认为，行政机关的权力来源于法律，依法行政是行政权力存在的先决条件。但是不能排除行政机关有不守法的时候，行政系统内部有不能自我约束的时候。因此，行政机关行使行政权力必须受到外部的监督或控制。在对行政权力进行外部监督或控制的制度安排中，司法审查或者说司法控制就是对行政权力最好的制约机器。根据美国的法律，司法审查有两层含义：一是指法院审查国会制定的法律是否符合宪法；二是指法院审查行政机关的行政行为是否符合宪法及法律。这两种审查在美国都由普通法院执行，在法律没有特别规定时适用一般的诉讼程序。①

美国法院取得对反倾销行政行为的司法审查权是在美国《1974 年贸易法》中才得以确定的。《1979 年贸易协定法》和《1984 年贸易与关税法》对此作了进一步的修改和完善。《1980 年海关法院法》授权设立国际贸易法院，并从 1981 年起正式运作。美国关于反倾销司法审查适用的原则和制度主要规定在《美国法典》第 19 章第 1516a 节。《美国法典》第 1516a 节(a)“裁定的审查”中规定，反倾销诉讼程序中的利害关系人，如对裁定所依据的任何事实认定和法律结论有异议，均可按照国际贸易法院的规则规定的内容、形式、方式和式样向法院提交传唤令和申请状。美国反倾销法并未就美国法院如何审查反倾销自由裁量权作出规定（也不可能专门对此作出规定）。由于反倾销自由裁量权本身就是反倾销行政权力的一种表现形式，因此，当美国法院就反倾销裁定进行司法审查时，其实就是对反倾销行政机关是否滥用自由裁量权的审查，也是对反倾销自由裁量权的司法控制。由于司法审查所涉及的有关理论问题业已在本书第一章作过论述，本章仅就反倾销司法审查的机构、对象、范围和标准等主要问题展开讨论。

---

① 参见 James V. Calvi and Susan Coleman, *American Law and Legal Systems*, 高等教育出版社 2002 年版，第 221 ~ 224 页。

第一节　反倾销司法审查的机构

一、依国内法设立的司法审查机构

根据美国法律的规定，在美国，负责反倾销司法审查的机构是美国国际贸易法院、美国联邦巡回上诉法院以及美国联邦最高法院。

1. 美国国际贸易法院

美国国际贸易法院（United States Court of International Trade）是根据美国《1980年海关法院法》的规定而设立的，位于美国纽约州的纽约市，其前身是成立于1926年的美国海关法院。该法院由9名法官组成，是专门负责反倾销案件审理的最主要和最日常的法院。美国国际贸易法院由1980年前的美国海关法院改组过来后，职权较以前有所扩大，它对执行关税法律的诉讼有管辖权，例如对关税的估价，商品的分类，海关的清算命令，财政部长取消海关经纪人执照的决定等不服有管辖权；进口商如果能够证明进口条例及其执行将对其造成不可弥补的损失时，可以请求法院审查这个条例。当事人在向法院申诉以前，必须穷尽行政救济手段。美国国际贸易法院具有地区法院的全部权力，可以给予它认为适当的救济手段，包括制止状和确认判决在内。如果当事人不服美国国际贸易法院的判决，可以向联邦巡回上诉法院上诉。

美国当初组建国际贸易法院的目的主要有四个：第一，将因美国进口贸易而产生的民事诉讼的管辖权排他性地授予该法院，澄清并扩大该法院的管辖权，消除原海关法院与地区法院之间存在的管辖权冲突；第二，将美国地区法院拥有的普通法及衡平法上的一切司法权赋予该法院，解决原海关法院提供的司法救济不够充分的问题；第三，创立一个包含专门知识的全面的司法审查体系，以确保司法资源更有效的利用以及司法裁决过程的统一，使行政当事人更易获得专门的司法审查；第四，应对20世纪70年代以来与国际贸易有关的法律纠纷，特别是反倾销和反补贴领域出现的法律纠纷，实现国会所期望的“借助司法审查，限制行政机关在进行反倾销及反补贴调查时拥有的自由裁量权，保证法律以国会预期的严格方式得以执行”的目标。①

按照美国反倾销法的规定，反倾销案件的任何利害关系方若对美国商务

① 参见张燕著：《应战美国反倾销：美国国际贸易法院涉华反倾销案例介评》，法律出版社2004年版，第3页。

部或国际贸易委员会的裁决不服，可以向美国国际贸易法院申请，要求进行司法审查。如果有关利害关系方对美国国际贸易法院的判决不服，还可向哥伦比亚特区联邦巡回上诉法院上诉。不服行政裁决的外国生产者、出口商；美国进口商、申请人、公会、商会等利害关系人均可提出司法审查。美国反倾销法规定，申请人应在有关裁决公布后30天内向美国国际贸易法院提出司法审议申请及理由，美国国际贸易法院应在其后的30天内进行司法审查。如果美国国际贸易法院审理后判决原告胜诉，案件应发回有关机关重审，美国商务部应在判决后10天内将法院生效判决的通知在《联邦公报》上公布，调查主管机关应在指定期间内将重审结果送回美国国际贸易法院。美国国际贸易法院审理案件一般由一名法官独任审理，但是，如果首席法官认为案件涉及国会法案、总统宣言或者行政令的合宪性，或者案件与海关法的执行或者解释具有广泛的或者显著的联系时，其也可将案件委派给3名法官，组成合议庭进行审理。

2. 美国联邦巡回上诉法院

美国联邦政府在全国设有12个司法上诉巡回区（包括哥伦比亚特区在内），除哥伦比亚特区以外，司法上诉巡回区的管辖范围包括3个或3个以上的州。每个巡回区内设有一个上诉法院，海外领地并入其附近的巡回区内的上诉法院管辖。

除12个司法上诉巡回区法院之外，美国依据《1982年联邦法院改进法》，又设立了联邦巡回上诉法院。美国联邦巡回上诉法院管辖的范围包括联邦全部领域，管理的事项是某些具有专业性质的案件，如关税、专利和商标等，对于这类案件，当事人不能向上诉巡回区法院上诉，而应向联邦巡回上诉法院上诉。

美国联邦巡回上诉法院包括12名法官，任命方式与其他巡回区上诉法院法官相同。审理案件采用3人合议庭制，特殊案件可安排全体法官参加审判。与其他上诉法院一样，美国联邦巡回上诉法院只审查法律问题。根据美国法律的规定，美国联邦上诉法院由3位或5位法官组成审判小组，有权对美国国际贸易法院的判决进行审查。通常，美国联邦巡回上诉法院的职能为：确认美国国际贸易法院的判决；推翻美国国际贸易法院的判决；发回美国国际贸易法院或商务部作重新审查或认定。美国联邦巡回上诉法院的判决为上诉审判决，其审判应在上诉人提起上诉后的60天内完成。

3. 美国联邦最高法院

美国联邦最高法院是独立于总统和国会的司法部门，是唯一根据联邦宪法规定成立的联邦法院，也是美国三权分立的结果和体现，它拥有联邦司法审查权，其主要职责是对美国宪法进行最终解释。就美国来说，美国最高法院一般是指美国联邦最高法院，也是美国最高级别的联邦法院。除了联邦最高法院外，美国各个州还有本州的最高法院，但它们属于美国地方法院，与美国联邦最高法院互不隶属，各州最高法院的组成方法和司法领域也不尽相同。

美国联邦最高法院由 1 名首席大法官和 8 名大法官组成，每个大法官都由美国总统提名，经过参议院听证后批准委任。美国联邦最高法院的大法官与所有其他美国联邦法官一样，其任期是无限的。除非去世、辞职、申请退休或遭美国国会罢免，他们的任职是终身的，大法官的薪水不能被裁减。美国联邦最高法院内部不分法庭，对其受理的案件，一般由 9 位大法官以简单多数票的表决方法来决定。

最高法院审理下级法院的判决主要通过两个途径：一是上诉，即当事人不服下级法院的判决将案件上诉至最高法院；二是申请提审状，即当事人对下级法院的判决不服，可以申请最高法院签发提审状，命令下级法院将全部案卷移送最高法院，由最高法院最终判决。最高法院对是否签发提审状享有自由裁量权，当事人没有必然获得提审的权利。最高法院签发提审状必须有至少 4 名大法官共同签名，法院只在有重大理由时才允许提审。所谓重大理由不是指下级法院的判决错误，也不是指案件本身重要，而主要是指案件中出现重大法律问题，需要由最高法院决定。在实践中，当事人不服下级法院对反倾销案件作出的判决而向最高法院提起上诉的案件很少见。

根据《1980 年海关法院法》的规定，原则上，当事人如果不服美国联邦巡回上诉法院对反倾销案件所作的判决，可以在该院终审判决作出之日后的 90 天内，向美国联邦最高法院提出调卷复审请求。如果联邦最高法院决定受理并发出调卷令，则联邦巡回上诉法院必须核查案卷，将全部案卷提交联邦最高法院复审。鉴于自 1978 年“Zenith 无线电公司诉美国政府反补贴案”以来，美国联邦最高法院迄今再未审理过一起反倾销或反补贴案件，因此，美国联邦巡回上诉法院事实上也成为反倾销和反补贴案件的终审法院。

二、依国际法设立的司法审查机关

在美国，除了依照国内法专门设立国际贸易法院负责反倾销裁决的司法审查之外，还根据《北美自由贸易协定》（NAFTA）和《美加自由贸易协定》以及《美国法典》第 1516a 节（g）的规定专门成立了一套反倾销司法审查体制。①

《美国法典》第1516a节（g）规定，对于涉及自由贸易区国商品的反补贴税和反倾销税的裁定，应由两国任命的专家小组进行专属审查，美国国际贸易法院对此没有管辖权。② 按照《北美自由贸易协定》及其实施细则的规定，涉及加拿大和墨西哥产品的反倾销或反补贴调查的最终裁决，应美国、加拿大和墨西哥政府的要求，由一个NAFTA小组来复审，小组将适用美国法律和美国的司法审查标准，以裁决美国商务部和国际贸易委员会已经裁决的反倾销案件是否正确地适用了美国法律。③

由于这一问题仅涉及北美自由贸易区内三国间的反倾销案件的司法审查问题，对WTO的绝大多数成员国不适用。因此，本书仅简述两个问题，对其他问题将不作深入探讨。

第一，关于自由贸易区专家小组的性质。

美国根据《北美自由贸易区协定》和《美加自由贸易区协定》的规定，排除美国法院对涉及这两个协定的成员国的反倾销案件的司法审查权，而改由两国政府选任专家组成专家小组进行审查，其做法与WTO争端解决机关的运作模式有很大的相似性。④ 不同的是前者依照区域性协定组成，后者依照全球性协定组成；前者的专家审查具有终局性，后者则不具有终局性，它还可以上诉；前者的裁决对美国具有直接的法律约束力，后者对美国没有法律效力；前者只能以《北美自由贸易区协定》和《美加自由贸易区协定》的成员国内的企业为申请人，后者只能以WTO成员方作为申请人。因此，尽管专家小组并不是一个常设机关，但从其享有的管辖职权、适用的程序规则以及裁决的法律效力来看，自由贸易区成员国任命的专家小组的审查具有司法审查的性质。⑤

第二，关于自由贸易区专家小组司法审查的实效。

---

① See Lee D Hamilton, *US Antidumping Decisions and the WTO Standard of Review: Deference or Disregard? Chicago Journal of International Law*, Vol. 4, No. 1, Spring 2003, p. 45.

② 19USC, §1516a（g）（2）.

③ See Adam Liptak, *Review of U. S. Rulings by Nafta Tribunals Stirs Worries*, *New York Times*, Apr. 18, 2004, pp. 1-20.

④ See John Greenwald, *WTO dispute settlement: An exercise in trade law legislation? Journal of International Economic Law*, Vol. 6, No. 1, Mar. 2003, pp. 67-72.

⑤ 参见左海聪：《世界贸易组织争端解决机制的性质》，载余劲松主编：《中国涉外经济法律问题新探》，武汉大学出版社1999年版，第158～172页。

对于自由贸易区专家小组司法审查的实效问题，目前各方评论不一。有的认为其符合美国宪法，效果较好；有的认为专家任命缺乏宪法基础，威胁到了美国司法的统一；① 也有的认为，通过专家小组审查符合美国利益，这可能比司法审查更能解决双方分歧，但还需进一步完善。② 总体来讲，目前，对于美国在自由贸易区内专门采取的这种由专家小组对反倾销和反补贴裁决进行审查的做法，美国法学界研究的较多，大家并没有完全一致的看法。但是，有一点是可以肯定的，即从专家小组已经裁决的案件来看，人们认为其裁决的结论较美国国际贸易法院的司法审查要公正些。此外，专家小组审查少了些司法的性质，可能更能消除双方的不信任和分歧。③

第二节　反倾销司法审查的对象

在阐述美国反倾销司法审查的对象之前，首先必须阐释一个先决问题，即，美国反倾销司法审查的依据是什么？因为我们只有把握了司法审查的依据，才能准确地确定司法审查的对象。

依照美国法，当事人可以选择以下四种依据要求司法审查：第一种是法定的审查。法定的审查是法律对于行政机关的某项活动直接规定的审查，一般规定在机关的组织法中。由于这种审查是针对某一机关的行为特别规定的，所以称为特定的法定审查（specific statutory review）。如果一部法律中对很多机关的行为规定审查，但是这部法律规定的对象不是一个机关的行为，而是许多机关的行为，就称为普遍的法定审查（general statutory review），以和特定的法定审查相区别。最典型的规定普遍法定审查的法律是《行政命令审查法》（*Administrative orders review Act*）。第二种是非法定审查。一切行政行为在法律未明确规定禁止审查时，都可受到司法审查。这种法律所未明确规定的司法审查称为非法定审查（non-statutory review）。第三

① See Bruff, Harold H, *Can Buckley Clear Customs? Washington and Lee Law Review*, Vol. 49, No. 4, Fall 1992, p. 79.

② See Chen , Jim C, *Appointments With Disaster: The Unconstitutionality of Binational Arbitral Review Under the United States-Canada Free Trade Agreement*, *Washington and Lee Law Review*, Vol. 49, No. 4, Fall 1992, pp. 14-55.

③ See Vilaysoun Loungnarath and Celine Stehly, *The General Dispute Settlement Mechanism in the North American Free Trade Agreement and the World Trade Organization System—Is North American Regionalism Really Preferable to Multilateralism? Journal of World Trade*, Vol. 34, No. 1, 2001, pp. 37-39.

种是执行诉讼中的司法审查。执行诉讼中的司法审查是一种间接的审查，当事人对行政机关的决定不提起诉讼，而是在当事人不执行行政机关的决定，行政机关提起诉讼请求法院裁判执行的时候，当事人主张行政决定违法作为抗辩的理由，否认行政决定具有执行力量。第四种是宪法权利的司法审查。当事人根据宪法规定主张司法审查存在两种情形：一种情形是行政机关侵犯当事人根据宪法享有的实体权利，例如侵犯宪法保障的言论自由，信仰自由等；另一种情形是侵犯宪法保障的程序权利，例如没有按照正当的法律程序剥夺当事人的自由和财产。①

《1946 年联邦行政程序法》第 702 节关于司法审查权利的规定是："受到行政行为不法侵害的人或不利影响的人……有权对该行为请求司法审查。"第 704 节关于可以审查的行为的规定是："法律规定可以审查的行政行为以及没有其他适当的法院救济的最后确定的行政行为应受司法审查。"第 551 节第 13 款规定："行政行为包括行政机关的法规、裁定、许可证、制裁、救济的全部或一部分，或者和上述各项相当或否定的行为或不行为。"

在美国的司法实践中，美国法院进行司法审查的行政行为超过了行政程序法中规定的几种方式。原则上讲，一切行政行为都可以接受司法审查，无须法律明文规定。在法律有规定时，按照法律的规定进行法定的司法审查；在法律没有规定时，同样可以进行非法定的司法审查。不能审查的行政行为只是例外，这种例外有两种情况：一是法律规定不能进行司法审查；二是问题本身的性质不宜由法院决定。在当代，例外的情况越来越少。行政行为原则上都假定属于能够审查的行为，这个原则称为可以审查的假定(presumption of review ability)。②

虽然有上述法律规定或者法律原则存在，但是对于法律赋予行政机关的自由裁量权以及基于自由裁量权作出的行政行为，法院到底能不能进行司法审查却是一个值得重视的问题。《1946 年联邦行政程序法》第 701 节规定，司法审查不适用于法律赋予行政机关自由裁量权的行为，单就这一条款的内容来讲，行政机关具有的自由裁量权的行为是不受司法审查的行为。但该法第 706 节又规定："……审查法院应认为不合法并且取消下列行政行为、裁定和结论：(A) 专横的、反复无常的、滥用自由裁量权的行为也在法院的审查范围以内，不是不受审查的行为。"因此，结合美国《1946 年联邦行政

---

① 参见［美］Ernest Gellhorn and Ronald M. Levin, *Administrative Law and Process*, 法律出版社 2001 年版，第 348～352 页。

② 参见王名扬著：《美国行政法》，中国法制出版社 2003 年版，第 604 页。

程序法》的这两个条款的内容来看，在美国，法院对行政机关基于自由裁量权作出的行政行为是具有司法审查权的。

关于事项本身性质是否适合司法审查的问题。所谓事项本身性质不适合司法审查，是指法院对这类事项完全不进行司法审查，不是部分不进行司法审查。美国行政法学往往把这类事项称为行政机关的绝对自由裁量行为，法院不对这类行政行为进行司法审查是行政机关的自由裁量权排除司法审查的结果。在美国，一般认为下列事项本身性质不宜由法院进行司法审查：外交、国防、军队的内部管理、总统任命高级助手和顾问、国家安全、追诉职能。

按照美国行政法的规定，美国反倾销自由裁量权司法审查应当属于特定的法定审查。具体地讲，美国反倾销司法审查是法律规定的，准确地说是美国国会立法授权的。

《1980年海关法院法》① 和美国反倾销法规定了国际贸易法院对以下两类反倾销诉讼拥有专属管辖权。②

一、不服裁决时有权要求司法审查

不服美国商务部和国际贸易委员会作出的下列裁决时有权要求进行司法审查。

1. 对下列裁决的审查

（1）美国商务部作出的不发动反倾销调查的裁决；

（2）美国国际贸易委员会作出的、不基于变更后的情势对裁决加以复审的裁决；

（3）美国国际贸易委员会就是否存在实质损害、实质损害威胁或实质阻碍的合理迹象所作的否定性裁决；

（4）美国商务部或国际贸易委员会作出的终局裁决。

2. 对下列记录在案裁决的审查

（1）美国商务部和国际贸易委员会就反倾销调查作出的肯定性终裁，包括该终裁中的任何否定部分；

（2）美国商务部和国际贸易委员会就反倾销调查作出的否定性终裁，包括明确排除任何公司或产品的肯定的终局裁决的部分（可由上诉

① 《1980年海关法院法》第2640条。

② 19USC，§1516a（a）。但按照19USC，§1516a（a）（g）的规定，排除美国法院对涉及自由贸易区成员国商品的反补贴税和反倾销税裁定的司法审查。

人选择）；

（3）美国商务部和国际贸易委员会就反倾销行政复审作出的终裁；

（4）美国商务部作出的中止反倾销调查的裁决，包括产生于继续调查的任何终局裁决，该裁决改变了在中止协定签订时计算的倾销幅度或计算推理；

（5）美国国际贸易委员会在就中止协议加以审查之后，对被诉进口产品的损害性影响作出的裁决；

（6）美国商务部就某一特定种类的产品是否属于现存的反倾销决定或反倾销令所描述的产品范围之内作出的裁决等。

二、拒绝披露信息时有权要求司法审查

根据美国反倾销法的规定，当美国商务部或者国际贸易委员会不依法向利害关系方披露有关信息时，利害关系方有权向美国国际贸易法院提起诉讼，申请法院发布命令，指令美国商务部或国际贸易委员会披露有关信息。比如，《美国法典》第 19 卷 1677f（c）明确规定了主管当局拒绝公开资料后利害关系方可享有的救济，该条规定："如果主管当局拒绝公开资料的要求，那么有关当事方可以向美国国际贸易法院申请颁布命令，指示主管当局或国际贸易委员会公开有关资料。"《1980 年海关法院法》第 95 章第 1581 条（f）规定："美国国际贸易法院应对申请发布命令，指令主管当局或国际贸易委员会依照《1930 年关税法》第 777 条（c）款（2 项）的规定披露机密信息的任何民事诉讼拥有排他的管辖权。"第 2631 条（f）款也规定："一个涉及发布命令，指令主管当局或国际贸易委员会依照《美国 1930 年关税法》第 777 条（c）款（2）项的规定披露机密信息申请的民事诉讼，得有披露此种机密信息的申请已依美国《1930 年关税法》第 777 条（c）款（1）项的规定遭拒绝的任何利害关系人在美国国际贸易法院提起。"第 2641 条（b）款还规定："美国国际贸易法院可以指令，贸易机密及特许保密或者机密的商业或财务信息，或者任何外国政府或者外国个人提交给美国的任何信息，得依照法院指令的条款和条件向当事人及其律师或者任何其他人披露。"

第三节　反倾销司法审查的范围

所谓司法审查的范围（scope of judicial review），是指法院受理当事人的

诉讼后，究竟能在多大程度上对受指控的行政行为进行审查。① 换句话说，司法审查的范围指的是司法审查的程度或深度。司法审查的范围与审查标准是相互对应的，审查标准高，则审查程度深；审查标准低，则审查程度浅。司法审查的范围实际上是在行政机关和法院之间进行权力和责任的分配，即：行政机关有多大的决定权力，法院有多大的决定权力，哪些决定应由行政机关作出，哪些决定由法院作出，这个分配影响到行政活动的效率和公民权益的保护。

受理司法审查案件的法院及其法官对司法审查所持态度如何，直接影响司法审查的范围。美国法院和法官对司法审查的态度，有时严格，有时宽大。目前的情况是严格审查和从宽审查两种态度同时存在，但主要的趋势是放宽审查的标准。这一局面是由几个原因造成的：第一，20世纪以来，司法审查的领域大量扩张，除了法律明确禁止的行为和行政机关正当地行使自由裁量权的行为以外，一切行政行为都可接受司法审查，这就导致司法审查案件数量大量增加，而法院能够进行案件审理的时间有限，法官不可能对案件中的全部问题都进行深入细致的审查。因此，法院在进行司法审查时，有的问题审查比较严格，有的问题审查比较宽松。第二，现代行政机关的行政行为出现了一些新的特点，这些行政行为技术性较高，法官在掌握和运用行政知识方面不具有专业优势，在进行司法审查遇到专门性问题时，一般较尊重行政机关的判断。

按照美国行政法理论的传统分类，司法审查所针对的问题被区分为事实问题和法律问题，分别适用不同的审查标准。在事实问题上，行政官员具有技术和专业的优势，要求法官作出比行政官员更合理的事实裁定，显然超出了他们的能力范围，这注定了法院在此领域只能进行有限程度的审查；在法律问题上，法官以法律知识见长，他们有能力进行更深程度的审查，甚至可以自己对法律问题的理解代替行政机关的理解。由于法律问题和事实问题的划分没有绝对的界限，同一问题法院可以认为是法律问题，进行独立的审查；也可以认为是事实问题，进行有限的审查。为了避免这种不确定性，明确界定法院和行政机关权力的范围，当代著作往往使用另外一种术语，称它们为事实裁定的审查和法律结论的审查。因此，本书在阐释反倾销司法审查的范围时，采用了这一分类方法，即反倾销司法审查主要包括两个方面：一是对事实裁定的司法审查；二是对法律结论的司法审查，这包括对法律解释的司法审查和对法律适用的司法审查。

---

① 参见王名扬著：《美国行政法》，中国法制出版社2003年版，第673～679页。

一、对事实裁定的司法审查

既然法院对事实问题的判断必须尊重行政机关的意见，为什么法院对行政机关就事实问题作出的裁定还要进行司法审查呢？美国行政法学者认为，法院对行政机关作出的事实裁定进行司法审查是为了保障法律能够得到正确执行。因为如果不管证据如何，也不管从已经存在的证据中能够得出的推论如何，而任由行政机关对事实问题作出裁定，那么行政机关将可以任意改变法律的意义和效果。法院对行政机关作出的事实裁定进行审查，并不表示法院对行政机关作出的每个事实裁定都要重新决定。尊重行政机关作出的事实裁定，并不等于放弃司法审查；进行司法审查，也并不意味着必须推翻行政机关作出的裁定。这就是行政裁定与司法审查之间的微妙关系。

根据《1980 年海关法院法》的规定，美国国际贸易法院在审理反倾销案件时，采用的司法审查模式是“上诉型”，而不是“重新审理型”。在这种审查模式下，美国国际贸易法院司法审查的作用是受到限制的。第一，由于反倾销案件的证据系由美国商务部和国际贸易委员会编制和提供的，这两个机关对事实的裁定承担主要责任，因此，美国国际贸易法院的主要职责仅仅是“确定这两个机构所作的事实裁定是否偏离了某些法律限制”①，对法官而言，只要这些认定是合理的即可。第二，在对事实裁定的推理过程进行司法审查时，美国国际贸易法院的审查应当基于美国商务部和国际贸易委员会的推理，只要这两个机构已为其裁定提供了法律上可谓充分的推理，美国国际贸易法院即无权以自己的意见替代它们的意见。

二、对法律结论的司法审查

正如前文所言，对法律结论的司法审查包括两个方面：即对法律解释的司法审查和对法律适用的司法审查。从理论上说，法律的解释和法律的适用是不可分离的。行政机关只有在适用法律的时候才会解释法律，不会脱离实际去解释法律。法律的解释包括在法律的适用之中，两者不用单独说明。虽然法律的解释和法律的适用关联密切，但是二者也不是绝对不可分离。从实际观点出发，行政机关作出一个决定是一个复杂的过程，这包括三个不同的决定在内：解释要适用的法律；对案件的事实作出裁定；将法律适用于

① Patrick C. Reed, *The Role of Federal Courts in U. S. Customs & International Trade Law*, Oceana Publications, Inc. 1996, p. 267.

事实。①

从诉讼的观点看，有时当事人提起诉讼争论的只是法律解释问题，而不是事实问题和法律适用问题；有时当事人提起诉讼争论的不是法律问题，而是事实问题；有时当事人提起诉讼，不争论法律问题和事实问题，而争论某项法律规定能否适用于某一事实。也就是说，法律的解释和法律的适用在某一争论中，可以同时存在，也可以分别存在。然而，法院对法律的解释和法律的适用进行司法审查时，采用的审查标准和审查范围往往是不一样的。

（一）对法律解释的司法审查

就法律的解释而言，法院对行政机关的法律解释，可以进行独立的审查，不受行政机关解释的限制。美国法院经常认为，在法律的解释上法院是最后的权威。正确地解释法律是设立法院的目的，也是法院不能放弃的任务。② 不过，法院是法律解释的最后权威，不表示法院在解释法律的时候完全不考虑行政机关的解释。美国法院在解释法律时，非常重视行政机关解释法律的意见。在美国法院看来，行政机关是法律的执行者，当然具有解释法律的权力。在双方的意见不同时，法院具有最后解释的权力。

不过，美国国际贸易法院对美国商务部和国际贸易委员会所作的法律解释进行司法审查时，常常持谨慎态度。其通常做法是，如果法律对讼争问题未作规定或者规定模棱两可，只要美国商务部和国际贸易委员会的解释充分合理，它就应当予以充分的尊重并裁决维持。③

（二）对法律适用的司法审查

反倾销法的适用是指反倾销行政机关的行政人员将反倾销法的规定和原则适用于具体的反倾销案件之中，并就案件的结论作出裁决。由于反倾销法的适用首先是反倾销行政机关行政人员的任务，他们在适用法律时，必须根据他们的专门知识和经验，将反倾销法适用于已经确认的法律事实，然后得出法律结论。也就是说，反倾销行政机关的行政人员必须把他们对事实的裁

---

① 参见王名扬著：《美国行政法》，中国法制出版社 2003 年版，第 701 页。

② 《1946 年联邦行政程序法》第 706 节关于法律结论审查的规定是："审查法院应决定全部有关的法律问题，解释宪法和法律条文的规定。"这项规定明确指出法律的解释由法院决定，不是由行政机关决定。该法除规定法律结论的审查范围以外，还规定法律结论的审查内容包括：（1）违反宪法规定的权利、权力、特权或特免；（2）超越法定的管辖权、权力或限制，或者没有法定的权利；（3）没有遵守法律要求的程序；（4）滥用自由裁量权或其他的不符合法律。

③ See Patrick C. Reed, *The Role of Federal Courts in U. S. Customs & International Trade Law*, Oceana Publications, Inc. 1996, p. 311.

定和得出的法律结论，通过一系列的推理过程联系起来，详细说明作出这个决定的理由。只有当这种适用符合法律的规定或者合理时，国际贸易法院在进行司法审查时才会予以维持。相反，如果反倾销行政机关仅仅单纯地列举证据事实，以至于其说明的理由不足以支持其所采取的决定，美国国际贸易法院就会推翻这一裁决。

第四节　反倾销司法审查的标准

司法审查中最基本的问题是确定事实、解释并适用法律。因为法律在授权行政机关采取行动时，必须同时规定行政机关采取行动应当具备的法律依据和事实基础。任何行政行为都建立在行政机关对该行为的事实裁定和得出的法律结论的基础之上，所以法院主要针对这两个问题进行审查。

区别事实裁定和法律结论，并对它们适用不同的审查标准，这是美国司法审查的主要原则。对法律结论的审查，由法院组织法律专家进行。因为具有某一法律领域的专门知识是法官的优势和特长，所以法院对法律结论审查的范围和决定的权力也就比较大，法院甚至可以用自己得出的法律结论替代行政机关得出的法律结论，这是美国司法审查的传统原则。但是，对于事实裁定的审查，美国法院则适用另外一套标准。因为对事实问题的正确裁定需要具有专门的知识和经验，这是行政官员的优势所在，所以法院对于事实裁定的审查一般比较尊重行政机关的裁定，不会轻易用法院的意见代替行政机关的意见。

一、一般行政案件的司法审查标准

法院对事实裁定的判断必须尊重行政机关的意见，与法院对行政机关就事实问题所作的裁定进行司法审查并不矛盾。法院审查行政机关的事实裁定是为了保障法律能够被行政机关正确执行，如果放任行政机关对事实问题主观臆断或肆意妄为，那么行政机关将可以任意改变法律的意义和效果。所以，法院对行政机关作出的事实裁定必须进行司法审查。

（一）审查事实裁定的标准

按照美国法律的规定，审查事实裁定的标准有两个：一个是实质性证据标准；另一个是专横、任性和滥用自由裁量权。前者适用于审查行政机关依正式程序作出的事实裁定；后者适用于审查行政机关依非正式程序作出的事实裁定。

1. 实质性证据标准

(1) 实质性证据标准的来源

美国法院审查事实裁定采用实质性证据标准不是起源于行政诉讼，而是来自于普通诉讼，行政诉讼中的司法审查只是把普通诉讼中的规则移植了过来。在普通诉讼中，上级法院对下级法院关于事实裁定的审查，采取两种标准，明显的错误标准和实质性证据标准。一般认为前一标准要求比较严格，下级法院对事实问题的裁定必须正确，不能出现明显的错误，否则上级法院将会撤销下级法院的裁定；后一标准则相对比较宽松，它不要求下级法院对事实问题的裁定必须正确，只要求下级法院支持事实裁定的证据合理，即只要上级法院认为下级法院就事实问题作出的裁定已经具有实质性的证据支持，就不再作进一步审查，这个标准适用于由陪审员裁定事实的案件。① 法院在司法审查中必须尊重行政机关的权限，只审查行政机关对于证据的判断是否合理，即是否具有实质性的证据支持。如果行政机关对事实问题的裁定合理，则已经满足司法审查的要求。

(2) 实质性证据标准的内涵

关于证据具有实质性（substantiality）的含义。《1946 年联邦行政程序法》在两个条文中，提到了实质性的证据。该法第 554 节（d）款规定："除非考虑了全部案卷或其中为当事人所引证的部分，并且得到可靠的、有证明力的和实质性证据支持，否则不得科处制裁，或作出裁定。"这项规定适用于正式程序的裁决。行政机关的正式程序裁决，在某些情况下类似法院的民事诉讼程序。所以，正式程序裁决中的实质性证据标准，一般认为是民事诉讼中的证据优势标准。该法第 706 节（2）（E）中也提到了实质性证据，该节规定："适用本编第 556 节和第 557 节规定的案件，或者法律规定的其他依行政机关的听证记录而审查的案件，没有实质性证据支持，将被法院认为违法并撤销。"这项规定是关于司法审查范围的规定。正如上面所言，法院在司法审查中审查行政机关事实裁定的标准，适用陪审员对事实裁定的实质性证据标准。因此，实质性的证据是就证据是否合理而言，只要行政机关的证明合理，就具备实质性的证据支持。正如美国联邦最高法院在 1938 年的一个司法审查判决中所声称的："实质性的证据不是一现即逝的闪

① 英美诉讼制度中适用的一个原则就是法律问题由法官决定，事实问题由陪审员决定。为了尊重陪审员的权限，上级法院只审查陪审员关于证据的判断是否合理，不再作进一步的追究。普通诉讼中的这种区别被移植于行政诉讼中，在行政诉讼中行政官员的地位被认为等于陪审员，行政官员由于具有专门知识和经验，掌握了裁定事实问题的能力。

光，它是关于这样的证据，即一个合理的人可能接受作为一个结论的正当的支持。”

《1946 年联邦行政程序法》中关于实质性证据标准的两项规定在意义上并不冲突，只是侧重点不同。一个是强调证据的优势地位；一个是强调证据的合理性。前者是行政机关自己作决定的标准；后者是法院审查行政机关的决定的标准。

实质性证据标准类似于中国诉讼法中的优势证据规则证明标准。优势证据规则是对双方所举证据的证明力进行判断时所确立的规则，属于采信规则。即当证明某一事实存在或不存在的证据的分量与证明力比反对的证据更具有说服力，或者比反对的证据可靠性更高，由法官采用具有优势的一方当事人所列举的证据认定案件事实。此规则的设置是基于，在现实诉讼中要求当事人所举的证据都达到确信无疑，有时是不现实的，而且不同证据的证明力客观上存在差异是很普遍的，在发生抵触时，采信证明力高的证据更接近真实。具体到诉讼过程中，若双方当事人所列举的证据都不足以证明案件事实，法官就可以考虑适用优势证据制度，其中具有优势的一方当事人提供的证据能够达到“合理相信的程度”，符合最低的证明标准，即在其举出的证据使法官确信其成立的可能性大于不成立的可能的情况下，法官就可以认定其主张成立。换言之在诉讼过程中优势证据制度的意义在于，并不要求承担举证责任的当事人对其主张的证明程度达到“高度盖然性”的地步，只要使法官“合理相信”即可，因此这一制度最终解决的是证明标准的问题。

优势证据规则的证明标准是证据法中的基本问题，是指负担证明责任的主体为了达到证明目的，在证据的质量上所应达到的程度。通俗地说，证明标准就是衡量证据是否确实充分的尺度。当今世界各国优势证据制度的确立都是建立在客观事物之间相互联系的盖然性的基础上，即“当证据与待证事实之间的关联不是确定无疑的，而是存在这种或那种的可能时”，才需要运用优势证据来得出一个相对真实的“事实”，当然这种盖然性法则应建立在相对高度优势的基础上，即由法官对双方当事人所提供的证据进行综合权衡后，取占相当优势者作为定案的依据。

（3）实质性证据标准适用的范围

根据《1946 年联邦行政程序法》的规定，实质性证据标准适用于审理依该法第 556 节和第 557 节规定作出的决定以及依其他法律规定必须根据听证记录作出的决定。即实质性证据标准只适用于审查按照正式裁决程序所裁定的事实问题。《1946 年联邦行政程序法》第 706 节规定法院在作判断时，“应当审查全部记录，或记录中为一方当事人所引用的部分”。行政机关的事实裁定是否有合理的证据支持，不能单凭一个证据孤立地观察，不能只顾有利于行政机关的证据，也应考虑不利于行政机关的证据。因此，实质性证据标准是一个合理的证据标准，也是一个公平的证据标准。1951 年，美国联邦最高法院在通用照相器材公司诉国家劳动关系委员会案件的判决中声称："证据的实质性必须考虑记录中任何减少它的证明力的因素以后才存在，这就是法律要求法院考虑全部记录的意义。"

（4）实质性证据标准与尊重行政机关的权限

实质性证据标准是对行政机关权限的尊重。因为行政机关具有专门知识和经验，对争论的事实的证明最具有判断力，法院不能用自己的判断代替行政机关的判断，法院只审查行政机关的判断是否合理和公平。合理的判断和正确的判断不同，正确的判断可能只有一个，而合理的判断可能同时存在几个。几个合理的人对于同一事实，可能得出不同的结论。行政机关对事实的裁定，只要符合任何一个合理的标准，即认为有实质性的证据支持，即使法院不同意行政机关的判断，也必须尊重行政机关的权限。

2. 专横、任性和滥用自由裁量权标准

美国《1946 年联邦行政程序法》规定的审查事实裁定的第二个标准，是专横、任性和滥用自由裁量权，这个标准适用的范围最广。因为依照《1946 年联邦行政程序法》的规定，实质性证据标准只适用于审查行政机关依正式程序作出决定中的事实裁定，而行政机关大部分决定是依非正式程序作出的，因此，对于美国行政机关按照非正式程序就事实问题作出的裁定，美国法院在进行司法审查时则采用这个标准。

（1）专横、任性和滥用自由裁量权的含义

美国法律使用了"专横"、"任性"和"滥用自由裁量权"三个词称呼这个标准，这三个词的意思实际上并没有什么区别。滥用自由裁量权就是专横和任性，虽然法律授予行政机关自由裁量的权力，但是法律并不允许行政机关及其行政官员按照个人意志随心所欲行使这种权力。尽管个人的判断可能会存在错误，但只要没有达到专横和任性的程度，仍然不是滥用自由裁量权。也就是说，专横和任性是指行政机关及其行政官员的行政决定达到了非常不合理的程度，以致丧失了任何合理的基础。

（2）专横、任性和滥用自由裁量权标准的适用范围

实质性证据标准仅限于审查行政机关在依正式程序就事实问题作出裁定时是否有合理的证据支持，专横、任性和滥用自由裁量权标准除适用于审查行政机关依非正式程序作出的事实裁定以外，也适用于审查行政机关行使自由裁量权时的选择是否合理。所以，通常把专横和任性标准称为审查行政机

关行使自由裁量权力的标准。美国法院在司法审查中关于滥用自由裁量权的判例并不多，美国最高法院解释专横、任性和滥用自由裁量权标准的判例主要是1971年的公民保护奥弗顿公园诉沃尔普案，和1983年的美国机动车制造商协会诉农业互助汽车保险公司案。在前一个判例中，法院认为，“在专横和任性的审查标准下，法院必须审查行政机关的决定是否考虑了与其相关的因素，是否存在明显的判断错误”；在后一个判例中，法院认为，“行政机关的决定通常将是专横和任性的，如果行政机关依赖国会没有要它考虑的因素，完全没有考虑问题的重要方面，行政机关对其决定的解释和它所有的证据相反，或者如此地不合理以至于不能认为是由于见解的不同，或者是由于行政机关拥有的专业知识的结果”。①

(3) 专横、任性和滥用自由裁量权的表现

美国最高法院的判例只是指出了抽象的原则，但下级法院和学术界认为，行政机关滥用自由裁量权的具体表现主要有以下几个方面：

第一，不正当的目的。行政机关在行使自由裁量权时表面上在其权限范围以内，但是如果不符合法律所规定的目的或追求不正当的目的就是明显的滥用自由裁量权。

第二，忽视相关的因素。相关因素是指法律规定应当考虑或者不应当考虑的因素。行政机关作出事实裁定或者其他决定时不考虑法律规定应当考虑的因素或者考虑了法律不需要考虑的因素，就是专横和任性的表现。

第三，不遵守自己的先例和诺言。行政机关对于相同的问题必须作出相同的处理，否则就是办事不公平。对于先例，行政机关不能随心所欲地改变，如果行政机关要改变自己的先例，必须说明改变的理由，没有任何理由而不遵守自己的先例，也是专横和任性的表现。

第四，显失公平的严厉制裁。行政机关对违法行为进行制裁甚至决定给予严厉的制裁是行政机关应有的权力，但不能明显丧失公平。法院对行政机关采取的制裁措施进行司法审查时，除审查其是否有事实依据和法律根据以外，不审查其是否合理，行政机关在这方面有较大的自由裁量权，美国最高法院的判例承认这一原则，但纽约州的法律例外。纽约州法院认为，行政机关不仅可以撤销行政机关滥用自由裁量权的制裁，而且可以用法院决定的制裁代替行政机关显失公平的严厉制裁。不过，法院的这种审查权力仅在法律有明文规定且只在涉及公民重大利害关系时适用，否则法院就会侵犯行政机

① 转引自王名扬著：《美国行政法》，中国法制出版社2003年版，第686～687页。

关的权力。

第五，不合理的迟延。行政机关的决定，有法律规定期间的，应在法定期间内作出。法律没有规定期间的，应在合理的期间内采取行动，否则为不合理的迟延。

3. 两个标准的汇合

按照《1946 年联邦行政程序法》的规定，实质性证据标准和专横、任性、滥用自由裁量权标准，是两个不同的标准。两者适用的对象不同，前一标准适用于审查正式程序裁决中的事实裁定；后一标准适用于审查非正式程序裁决中的事实裁定和行政机关行使自由裁量权时的决定。两者审查的基础也不同，前一标准以法律规定的记录作为审查的基础，后一标准法律没有规定必须制作记录，审查的记录由法院决定。两者审查的程度不同，适用前一标准时，法院审查的程度较严；适用后一标准时，法院审查的程度较宽。最高法院在很多判例中，也承认这两个标准有区别。不过，美国上诉法院越来越认为这两个标准的作用实际上相同，是一个标准。

自从 1971 年最高法院在公民保护奥弗顿公园诉沃尔普案的判决中，要求对非正式程序裁决的审查也要凭行政记录以后，这种区别事实上已不存在。当初规定的正式程序裁决和非正式程序裁决适用不同的审查标准，现在逐渐失去了意义。现在美国多数法官，特别是对案件保持严密审查态度的法官以及大部分学者都不承认这两个标准有区别。

（二）审查法律问题的标准

1. 法律解释的审查标准

就法律的解释而言，法院对行政机关的法律解释，可以进行独立的审查，不受行政机关解释的限制。美国法院经常认为，在法律的解释上法院是最后的权威，正确地解释法律是设立法院的目的，也是法院不能放弃的任务。《1946 年联邦行政程序法》第 706 节关于法律结论审查的规定是：“审查法院应决定全部有关的法律问题，解释宪法和法律条文的规定。”这项规定明确指出法律的解释由法院作出，不是由行政机关作出。

值得注意的是，法院是法律解释的最后权威，不表示法院在解释法律的时候完全不考虑行政机关的解释。美国法院在解释法律时，非常重视行政机关解释法律的意见。从立法和执法的制度架构来讲，行政机关是法律的执行者，当然具有解释法律的权力。只不过，与行政机关相比，法院处于解释法律的优势地位，当双方的意见不同时，法院具有最后解释法律的权力。

2. 法律适用的审查标准

所谓法律适用，是指将法律原则及其规定适用于具体案件，是在事实问题已经确定，决定法律的规定能否适用于该事实，因此，法律适用也可以被看成是一个法律解释问题。不同的是，法律在适用中的解释是法律在某一具体案件或特定事件上的解释，而前面所说的法律的解释是一般意义上的法律解释，不针对某一特定事件，是具有普遍性质的抽象意义上的法律解释。

关于法律适用的性质问题，是一个颇有争议的问题，而且美国最高法院对此的态度也不一致。美国最高法院在涉及对法律适用进行审查时会根据执行职务时的政策进行考虑，如果认为需要对某种法律适用进行严格审查时，会将这种法律适用归属为法律问题。相反，如果美国最高法院认为某种法律适用由于受到专业知识的限制，或者基于执行法律和政策的需要，必须更多地尊重行政机关的意见时，会将这种法律适用归属为事实问题。可以这么说，法律的适用实际上包含两个因素：一个是法律因素，另一个是事实因素。1943 年，最高法院根据杰克逊大法官的意见在一个案件中①将法律的适用归类为法律和事实混合问题（mixed question of law and fact)。既然如此，法院审查法律的适用究竟按照什么标准呢？由于在法律和事实混合问题中，事实因素居于主要地位，而且法律的适用首先是承担执法职能的行政机关及其行政人员的任务，他们在适用法律时必须根据他们的专门知识和经验，确定事实存在的情况及其法律意义。因此，在法律和事实混合的问题中，法院应当按照审查事实裁定的标准对其进行审查。代表这种审查观点的主要判例是 1941 年的格雷诉鲍威尔案,② 所以这个审查标准也称为格雷诉鲍威尔原则。这个判决的主要宗旨是审查法律适用问题时应按照合理性质标准。也即，不论法院是否同意行政机关的决定，只要这个决定合理，不是出于专横、任性或滥用自由裁量权，法院就必须接受。格雷诉鲍威尔原则以后多次适用，成为美国行政法的一个原则。在适用这一原则的 1944 年赫斯特出版社案件中，美国最高法院在判决中声称："当案件的问题是一个意义广泛的法律名词的特定适用时，必须由执行这个法律的机关首先决定。审查法院的作用是有限的……只要行政机关的决定在记录中有根据并且有合理的法律基础，法院就必须接受。"在 1979 年的福特汽车公司诉国家劳动关系委员会的案件中,③ 美国最高法院认为，国会委托国家劳动关系委员会负主要责任确定法律语句的适用和执行集体谈判的法律，当然，国家劳动关系委员会的决定必须接受法院的审查。但是，只要它对法律的解释合理，不能由于法

---

① Dobson v. Commissioner, 320 U. S. 489 (1943).

② Gray v. Powell, 314 U. S. 402 (1941)

③ Ford Motor Co. v. NLRB, 441U. S. 488 (1979).

院可能喜欢另一种法律意见而推翻它。

格雷诉鲍威尔原则在美国也受到了不少质疑和批评。他们认为，一味适用这一原则，将会过分扩大行政机关的权力，违背了法治原则。因此，在适用格雷诉鲍威尔原则的实践中，美国法院也发展了一些适用该原则的例外情况，即在适用这一原则时应当区分正式程序与非正式程序、区分行政机关的决定是否前后一致、区分行政机关之间的决定是否一致、区分管辖权事实与非管辖权事实等。在区分上述情况时，法院将视情况和有针对性地适用格雷诉鲍威尔原则。

二、反倾销案件的司法审查标准

前文分析了美国行政法关于行政案件司法审查的标准问题，下面专门分析作为行政案件之一的反倾销案件的司法审查标准。

《1980 年海关法院法》规定了美国国际贸易法院在司法审查中应当执行的两条司法审查标准。WTO《反倾销协定》中关于反倾销司法审查的标准的表述也与此相同。① 这两条司法审查的标准如下：

（一）具备案卷记录中存放的实质性证据的支持或在其他方面符合法律

要正确理解“实质性证据”的含义，必须首先正确把握反倾销司法审查的法律性质。

众所周知，反倾销司法审查的实质是一种行政诉讼，从这个角度上讲，与其他行政诉讼一样，美国国际贸易法院审查事实问题采用实质性证据标准，也是源于普通诉讼。实质性证据标准的两项规定，一个侧重于证据的优势地位，另一个侧重于证据的合理性质。前者适用于民事诉讼，而后者适用于行政诉讼。实质性证据标准的核心是事实认定的合理性。国际贸易法院法官们的诠释与上述观念是一致的。法官们认为，“实质性证据”标准适用于审查美国商务部及国际贸易委员会就事实所作的认定。行政机关的裁决“不应仅因原告能够举出支持其自身诉请，且与那些支持行政机关裁决的证据相反的证据而遭推翻”。

“在其他方面符合法律”标准适用于审查美国商务部及国际贸易委员会对反倾销法的适用及对其所作的解释。在审查反倾销行政机关所作的解释及

① See Lee D. Hamilton, *U. S. Antidumping Decisions and the WTO Standard of Review: Deference or Disregard? Chicago Journal of International Law*, Vol. 14, No. 1, Spring 2003, pp. 68-74.

对反倾销法的适用是否“符合法律”时，法院将采用两步分析法。① 首先法院应审查相关法律是否直截了当地规定了诉争的问题，若其条文规定了诉争问题，行政机关的解释即无必要；若经审查，法院认定，相关法律未就诉争问题作出规定或规定模棱两可，法院即应对美国商务部及国际贸易委员会就法律所作的解释是否合理加以探究，此时法院将着重考虑以下非排他性的因素，即涉案法律规定的明确用语、这些规定的目的以及整个反倾销机制所欲达到的目的等。若在审查之后，法院认定，美国商务部及国际贸易委员会的解释系“对法律的可允许的诠释，则即便该解释并非唯一合理的解释甚或最为合理的解释”且“法院可能倾向于另一解释”，法院也必须对该解释给予尊重，而不能以自己的判断取代行政机关的判断。因为尽管美国国际贸易法院是法律解释的最后权威，但这不表示其在解释法律的时候完全不考虑反倾销行政机关的解释。法院在解释法律时，非常重视反倾销行政机关解释法律的意见。何况有些规则本身就是反倾销行政机关自己制定的，它们当然具有解释法律的权力。

由此可见，“具备案卷记录中存放的实质性证据的支持或在其他方面符合法律”的标准实际上包括两个方面的审查标准，“实质性证据标准”是指法院对反倾销行政机关就事实裁定进行司法审查适用的审查标准；“在其他方面符合法律”是指法院对反倾销行政机关就法律解释和法律结论进行司法审查适用的审查标准。而这两个标准的内涵与美国法院在其他行政诉讼中进行司法审查适用的标准的内涵是一致，因此，是否可以这样说，美国行政法中规定的司法审查标准与美国反倾销法中规定的司法审查标准之间的关系是共性与个性、普通与特别的关系，基于此，对这两者内涵的解读同样也可以遵循普通法适用于特别法、特别法优于普通法的原则。亦即，当反倾销法和《1980年海关法院法》对上述审查标准的内涵有不同的规定和要求时，应当优先适用反倾销法的规定；当反倾销法和《1980年海关法院法》对上述审查标准的内涵没有规定或者没有不同规定时，可以适用美国行政法关于司法审查标准的有关规定。

关于美国国际贸易法院对美国反倾销行政机关就法律解释的合理性进行司法审查的问题，Olympia 工业公司诉被告美国政府、被告介入人

① 参见张燕著：《应战美国反倾销：美国国际贸易法院涉华反倾销案例介评》，法律出版社2004年版，第9页。

Wooding—Verona 工具部件公司案便是一个经典的例子。①

1991 年 2 月，美国商务部发布反倾销令，宣布对从中国进口的重锻造手工工具征收反倾销税。1995 年 3 月，美国商务部开始对该反倾销令进行第二次行政复审，1995 年 9 月，美国商务部对本次行政复审作出终裁。在终裁中，针对被申诉人——福建机械公司、山东机械公司及作为美国进口商的 Olympia 工业公司提出的、美国商务部用于确定作为山东机械公司供应商的三家工厂耗用的钢铁价值的替代价格即载于印度进口统计数据中的价格畸高，其应考虑这些工厂使用的进口钢铁价格的意见，美国商务部认为，他们没有使用这些工厂使用的进口钢铁的价格，是因为其不知道何种型号的产品是使用该进口钢铁生产。

Olympia 工业公司对美国商务部的上述终裁不服，向美国国际贸易法院提起诉讼，Olympia 工业公司诉称，美国商务部在存在着可靠的进口钢铁价格的情况下，使用替代国价格确定山东机械公司供应商耗用的钢铁投入价值的做法错误，因此，请求美国国际贸易法院撤销美国商务部所作的终裁，并将案件发回美国商务部重新审理。

1997 年 7 月，美国商务部对本案作出重审裁决。在裁决中，美国商务部并未按照高德伯格法官的指令，从当事人处收集山东机械公司进口价格可靠性的附加信息，而是坚持采用其先前的做法，不加审查地对该价格予以拒用。美国商务部对此解释说，其秉承的政策，是仅在非市场经济国家生产商从市场经济国家供应商处购买投入之际，方使用该生产商支付的价格以确定其购买的投入的价值。鉴于本案系争进口价格是非市场经济国家贸易商而非生产商从市场经济国家供应商处购买投入时实际支付的价格，故依照上述政策，美国商务部将不可能使用该价格，这就使收集与该价格可靠性有关的信息变得毫无必要。基于由中国生产商支付的实际的基于市场的钢铁价格并不存在，美国商务部遂决定继续使用替代国价格，以确定用于生产被诉产品的钢铁的价值。

1998 年 5 月，高德伯格法官对本案作出第二次判决。在判决中，高德伯格法官认为，美国商务部在未对山东机械公司提交的钢铁价格进口的可靠性或准确性加以评估的情况下，断然拒用该价格的做法并非对法律的合理解释。高德伯格法官指出，美国商务部的决定与美国国际贸易法院就“Lasko 金属制品公司诉美国政府案”所作的判决不符。高德伯格法官认为，在

① Olympia 工业公司诉被告美国政府、被告介入人 Wooding-Verona 工具部件公司，Slip Op. 98-49-99-18。

Lasko 金属制品公司诉美国政府案中，法院强调了源自一个市场经济国家供应商的、以可兑换货币支付的原材料成本为美国商务部提供了在一个市场经济国家生产这些原材料所需成本的最为准确的估计，该原则同样应适用于非市场经济国家贸易公司支付的价格。鉴于本案诉争系进口价格正为源自市场经济国家供应商且以可兑换货币支付的价格，美国商务部在未审查山东机械公司支付的价格或提供一个清楚阐明的基本理由的情况下，将该价格视为无法代表最佳信息而予以拒用的决定并非系对法律的合理解释。

1998 年 8 月，美国商务部就本案再次作出重审裁决。在裁决中，美国商务部指出，商务部并不认为山东机械公司支付的钢铁进口价格系可资美国商务部生产要素分析法使用的最佳可得信息。美国《1930 年关税法》第 773 条（c）款（1）项规定美国商务部应在“主管当局认为合适的一个或几个市场经济国家内有关这些生产要素价格的最佳可得信息”的基础之上，确定非市场经济国家生产商使用的生产要素的价值。该法第 773 条（c）款（4）项要求美国商务部在尽可能的范围内，使用与该非市场经济国家在经济发展及被诉产品生产方面是可比的一个或几个市场经济国家的生产要素价格或成本确定这些生产要素的价值。美国商务部已将这些条款解释为规定了对恰当的替代国价格的法定优先使用。此外，美国商务部还将该法第 773 条（c）款（1）项解释为核准了对经选择的替代国价格的法定优先使用的一个有限例外，这一例外仅在非市场经济国家生产商从市场经济国家购买投入并以市场经济国家货币支付时方得适用，该解释已为法院在审理“Lasko 金属制品公司诉美国政府”案时所维持。如同联邦巡回上诉法院在该案判决中所确认的，这一有限例外是合理的。因为在非市场经济国家生产商从市场经济国家购买某种投入之际，有关投入的成本在一个市场经济国家价值几何的最佳可得信息，系该生产商在国际市场上为该投入实际支付的价格，而不是替代国价格。美国商务部强调，如同美国国际贸易法院在其就 Olympia 工业公司诉被告美国政府、被告介入人 Wooding—Verona 工具部件公司案所作的第二次判决中所承认的，山东机械公司支付的进口价格并非中国生产商支付的实际成本，而只是一个可供选择的替代价格。

1999 年 2 月，高德伯格法官对本案作出第三次判决。高德伯格法官维持了美国商务部所作的上述裁决，理由在于，在对案卷记录中存放的证据加以审查之后法院认定，在以美国及印度尼西亚数据作为基准数据，确定山东机械公司支付的进口钢铁价格是否正常时，美国商务部正确地行使了其所享有的自由裁量权。案卷记录支持美国商务部有关山东机械公司支付的进口价格是不正常及不可靠的结论。鉴于此，美国商务部使用印度替代数据，确定中国生产商耗用的钢铁投入的价值是恰当的，且本院认为，该结论具备实质性证据的支持。

本案诉争的焦点是，美国商务部在使用生产要素分析法，确定源自非市场经济国家被诉产品的正常价值时，若遇非市场经济国家贸易商提交的、其自市场经济国家供应商处购买某种生产要素时支付的价格，所应秉承的处理原则。按照本案判例确立的原则，只有被诉产品的生产要素是被诉生产商直接从市场经济国家进口的价格才能作为要素价格优先使用，而当被诉产品的生产要素系从一个国内进口贸易商（该贸易商从市场经济国家进口该要素产品）处购买时，无论是该被诉产品的生产商对该因素的购买价还是该进口贸易商对该要素的进口价，均不被优先使用。本案经过三审，最后法院承认美国商务部对法律的解释是合理的解释。

这一案例说明，在对法律的解释和适用进行司法审查时，美国法院只对美国反倾销行政机关的裁决进行合理性审查，且倾向于尊重行政机关的意见。

（二）专横、任性、滥用自由裁量权或在其他方面不符合法律

与前者一样，美国国际贸易法院使用的这一司法审查标准也包含两个标准，即“专横、任性、滥用自由裁量权”标准和“在其他方面符合法律”标准。

美国国际贸易法院的法官们认为，在按照这一审查标准对美国商务部和国际贸易委员会的裁决进行司法审查时，法院的任务是“必须审查相关的信息并就其行为清楚明白地作出一个令人满意的解释，包括就认定的事实与作出的选择之间的合乎情理的联系作出解释”① 因此，在使用“专横、任性、滥用自由裁量权”标准对这两个机关的裁决加以审查时，法院必须考虑其解释中的决定是否建立在斟酌相关因素的基础之上以及该解释中是否存在着明显的判断错误。从这个角度上讲，只要法院在使用该标准进行审查时认为，美国商务部及国际贸易委员会在事实认定与其最终行为之间存在合乎理性的联系，法院就应当对两机关的结论加以维持，而不应以自己的意见代替这两个机关的意见。除非在分析之后，法院认定，这两个机关的结论是明显不合理的或缺乏理性的。因此，“专横、任性、滥用自由裁量权”的标准是一个“有限的”、“最尊重行政机关行为的司法审查标准”。②

在“保护美国刹车鼓及刹车盘修理用零部件市场生产商联盟诉美国政

① 摩托车生产商联盟诉国家农场互保公司案，463 U. S. 29，43（1983）.

② Boltex Mfg. 诉美国政府案，2000 Ct. Intl. Trade LEXIS 119（Sep. 8，2000）.

府”一案中，法院在对美国商务部的行为进行审查时，便是使用了这一标准。① 在本案中双方争论的焦点是，美国商务部赋予未被要求证明其有权获得分别税率的非市场经济国家出口商“所有其他”平均税率的做法是否具备实质性证据支持或符合法律。在起诉中，原告承认，“美国商务部拥有确定适用于未被分别调查的出口商及生产商预计‘所有其他’税率的自由裁量权”，但原告同时声称，“这一自由裁量权应受合理性概念的限制……”。对此沃伦曲法官认为，美国最高法院就 Chevron 案所作的判决已经明确，“若法律未就系争问题作出规定或者规定模棱两可，法院所需解决的问题，是行政机关的解释是否建立在对法律的可允许的诠释之上”，且“在行政机关对法律的解释体现了对明显冲突利益的合理协调的情况下，该解释将有权获得尊重”，“鉴于美国商务部负责执行贸易法及其实施规章，故其对这些法律及规章的合理解释将有权获得尊重”。

对于美国国际贸易法院所使用的上述两个司法审查标准是否具备本质上的区别，美国法官们存在着不同的意见。② 一种意见认为，“专横、任性、滥用自由裁量权”比“实质性证据”更为“宽宏大量”，因为较之“实质性证据”标准，“武断、任性及滥用自由裁量权”标准赋予了审查法院更为有限的行动自由。③ 由此，在使用“专横、任性、滥用自由裁量权”标准进行司法审查时，法院应仅要求行政机关就事实所作的认定是“合乎理性的”。而在使用“实质性证据”标准时，法院则应要求行政机关所作的事实认定是“合理的”；④ 另一种观点则认为，这两个标准应系相同的事实审查标准，因为实质性证据标准“仅仅重述了‘专横、任性、滥用自由裁量权’标准对事实认定的适用”，它们的区别仅仅在于：“与实质性证据标准相比，专横、任性、滥用自由裁量权标准并不局限于对行政机关事实认定的审查，相反，该标准可在实质性证据标准不适用之际，作为一个包罗甚广的标准使用。基于此，该标准更适用于行政机关就事实认定及政策执行的混合问题所

① 保护美国刹车鼓及刹车盘修理用零部件市场生产商联盟诉美国政府案，Slip Op. 99～20.

② 参见张燕著：《应战美国反倾销：美国国际贸易法院涉华反倾销案例介评》，法律出版社 2004 年版，第 11 页。

③ SSIH Equipment S. A. 诉美国国际贸易委员会案，1 Fed. Cir.（T）90，108～110，718 F. 2d 365，382～383（1983）。

④ Patrick C. Reed, *The Role of Federal Courts in U. S. Customs & International Trade Law*, Oceana Publications, Inc, 1996, p. 264.

作的裁决。"①

从理论上讲，上述两个司法审查标准可能存在着差异，但在实践中，想对这两个标准作出区分是困难的。分析美国国际贸易法院审理的适用“专横、任性、滥用自由裁量权”标准的一系列反倾销案件，可以看出，这些案件似乎更侧重于审查美国商务部和国际贸易委员会对事实认定的主观评价，即对行政机关作出的事实认定的合理性的审查。它们之间的区别往往表现在实质性证据标准适用于法院审查基于一个正式的案卷记录的情况，而专横、任性、滥用自由裁量权标准则多适用于非正式的案卷记录的情况。

① Ranchers-Cattlemen Action Legal Found 诉美国政府，23 CIT 861，878，74 F. Supp. 2d 1353，1369（1999）.

第七章　美国政府行使反倾销自由裁量权的真实性与正当性

第一节　美国政府行使反倾销自由裁量权的真实性

一、分析美国政府行使反倾销自由裁量权的实证方法

行政权力是政府各级行政机关执行法律，制定和发布行政法规，在法律授权的范围内实现对公共事务的管理，解决一系列行政问题的强制力与影响力。滥用行政权力是指行政机关和法律、法规授权的具有管理公共事务职能的组织，不执行或违反法律，制定和发布行政法规，或超出法律授权的范围管理公共事务及解决行政问题的行为或做法，包括其中进行的各种组织、控制、协调、监督等活动。

赫尔普曼等在对不同市场结构下的贸易政策工具进行比较分析的基础上提出了在现有的不完全竞争的模型下，有关最佳贸易政策工具的选择方式：在国内外的市场结构均为完全竞争的情况下，自由贸易政策是最优的，但是当一国商品的进口在国际市场上占有一定程度的优势时，关税可以改善贸易条件并提高福利；在国内外市场结构均为垄断竞争的情况下，贸易形式表现为规模经济与产品差异的行业内贸易，这时对差异产品征收最佳关税可以改善贸易条件和提高福利；在国内市场是完全竞争但国外市场是垄断的情况下，可以将国外企业的超额利润抽取一部分作为关税；在国内市场是垄断但国外市场是完全竞争的情况下则可依据国内产业发展情况，采取关税或配额政策；在国内外市场都处于垄断时，可以依据不同的贸易模型如古诺双头垄断模型等制定不同的政策。保罗·克鲁格曼则认为如果某个国家的政府能够设法保证占领本国某一市场的企业是本国企业而非他国企业，就能以牺牲他国的产业为代价，确保本国企业在这一产业领域内的发展，也能够提高本国的国民收入与福利。他与詹姆斯·布兰德合作发展了国际双头垄断模型，在这一模型的基础之上，他假设有一个本国厂商和一个国外厂商，在国内外市

场中进行竞争，在本国开始征收进口关税的情况之下，外国厂商在国内市场的交货成本上升，其边际成本上升，本国厂商产量上升，边际成本下降，这将最终导致在国内外两个市场中，本国厂商的销售量上升，外国厂商的销售量下降，本国厂商不仅加强了在国内市场上的优势，也加强了在国外市场上的竞争优势，从而将在出口市场中获利。保罗·克鲁格曼因此认为政府可以实行对每个产业加以保护的政策，直到该产业成本下降到具有在世界市场上的优势为止。

多年来，反倾销实践中的自由裁量权问题一直是反倾销法中饱受诟病的问题之一，也常被视为 WTO 成员方滥用反倾销法的证据。但是，在中国研究反倾销制度问题的学界，无论是经济学界还是法学界，作出这种结论往往都是依托定性分析的研究方法，很少有人将定性分析和定量分析两种研究方法结合起来研究法律问题，更不要说运用计量分析的方法来研究反倾销法中的自由裁量权问题了。

原因在于：其一，对反倾销法中的自由裁量权问题进行数量分析需要具备计量经济学的知识，这一要求不仅法学界的学者难以达到，即便对中国经济学界的多数学者来说，也的确存在诸多实际的困难。其二，对反倾销自由裁量权问题进行计量分析需要分析样本，就中国而言，中国是被诉反倾销的大国，但并不是运用反倾销法实施贸易救济的大国，中国学者不具有获取足量样本的便利条件。其三，中国法学界尚不习惯运用经济分析方法研究法律问题，尽管这在西方国家已经是一种很必要的研究工具。① 现在，美国的学者不仅运用经济方法研究法律问题，而且美国政府也十分强调对其所制定的政策和计划进行效益分析。② 因此，美国学者运用计量分析方法来研究反倾销法中的问题，也就显得十分自然了。

从研究反倾销自由裁量权的科学性和权威性来看，通过运用计量经济学

---

① 美国法律经济学创始人理查德·A. 波斯纳在其所著作《法律的经济分析》第一版序言中写道："近年来，经济学家和法学家们开始致力于法律的经济分析，用经济学的理论和经验方法来阐述法律领域中的各种争议和问题"；"将经济学运用于法学教育和法学研究就给那些没有良好的经济学功底的法律院校学生、教师（而且大多数这样）带来了困难"。

② 从 20 世纪 70 年代末期起，特别是进入 80 年代以来，美国政府强调行政控制的效益分析，要求控制计划具备一定的灵活性。行政机关在制订计划时，必须首先进行效益分析，说明各种可供选择的方案，控制所得到的收益必须大于控制所产生的成本。从当时政府对行政机关的行政行为进行控制的态度来看，美国反倾销行政机关享有大量的自由裁量权也就不足为奇了。

的计算方法来分析反倾销自由裁量权被运用的广度和深度肯定显得更有说服力。基于此，本书选择通过展示美国学者运用计量方法研究美国反倾销自由裁量权后得出的结论，作为证明美国反倾销行政机关在适用反倾销法时大量行使自由裁量权的手段，以实现限制外国产品的进口，保护本国同类产业，扭曲国际贸易的证据。

二、美国政府行使反倾销自由裁量权的经济学证据①

从理论上讲，经过八轮全球多边贸易回合谈判后，WTO《反倾销协定》已经日臻完善，基本统一了文本内容的反倾销法给予各国反倾销行政机关可供行使的自由裁量权空间应当越来越小，对被控进口产品裁定的倾销幅度的争议相应地也应该越来越少。但是，实际情况并非如此。

早在20世纪90年代初期，美国学者巴达威（Baldwin）和莫尔（Moore）就开始运用计量经济学的方法研究20世纪80年代影响美国反倾销案件的倾销幅度的决定因素。他们分析后发现，最可观测的经济因素如进口变化和国内生产并不能解释美国商务部最终裁决的倾销幅度的变化。然而，在其他因素不变的情况下，美国商务部采用“可得事实”却使得平均倾销幅度。接着，美国学者琳达茜（Lindsay）运用1995年到1998年美国商务部计算倾销幅度的样本计算后发现，采用“可得事实”裁决的平均倾销幅度更高，即为95.58%，而未采用“可得事实”的平均倾销幅度为44.68%。② 因此，采用“可得事实”裁决的倾销幅度略高并不令人感到意外，意外的是他们计算出的平均值相差如此之远。琳达茜在1999年的研究数据也表明，采用外国企业母国市场价格或第三国市场价格作为正常价值计算出的倾销幅度比采用构成价值、非市场经济方法或可得事实计算出的倾销幅度要低得多。后来，琳达茜和爱肯逊（Ikenson）继续他们的研究工作，分析了18个美国反倾销案例中美国商务部计算被调查企业倾销幅度的全部价格、成本数据。他们运用这些数据直接分析特定案例中不同自由裁量权计算方法对倾销幅度的作用，发现这些案例中很多自由裁量权惯例大大地提高

---

① 目前运用计量经济学的方法研究反倾销自由裁量权问题的国外研究成果并不多见，Bruce A. Blonigen发表的*Evolving Discretionary Practices of U.S. Antidumping Activity*一文，被誉为运用此种研究方法的力作。本书引用的数据主要出自该研究报告，其数据仅供参考。

② See Bruce A. Blonigen, *Evolving Discretionary Practices of U.S. Antidumping Activity*, National Bureau of Economic Research Working Paper, *April* 2003, *p.* 8. *available at http://www.nber.org/papers/w*9625.

了倾销幅度，包括结构价格的使用、生产成本测试、归零以及美国商务部对在美国市场和外国市场销售的可比产品的选择等。2003 年 4 月，美国国家经济研究局发表了题为《美国反倾销自由裁量权惯例的演变》的研究报告，该报告以 1980 年至 2000 年近 1 600 个特定企业的倾销幅度为最终样本，运用计量经济学的方法研究发现，在美国反倾销行政机关作出的裁决中，自由裁量权发挥着重要作用。该报告指出，“自 1980 年到 2000 年，美国商务部计算的反倾销幅度呈 3 年期波动型，样本的反倾销幅度曲线向上倾斜且幅度较大，对样本数据进行常规年度回归分析可以看出，反倾销幅度平均每年大约提高 32.5%，曲线起点在 1980 年为 15.5%，到 2000 年反倾销幅度超过了 63%；尽管大致趋势是上升的，但样本的反倾销幅度曲线前十年的变化趋势比后十年的陡得多”。该报告还指出，“由美国国际贸易委员会所作出的肯定性损害裁决占全部反倾销案件的比重也是呈 3 年期波动的。美国国际贸易委员会裁决为损害的可能性趋势也是增大的，从 1980 年的 45% 上升到 2000 年的 60%。综合来看，这些数据表明预期平均反倾销税（等于反倾销幅度乘以裁决为肯定性损害的概率）也呈上升趋势，遭受美国反倾销调查的外国企业被征收的反倾销税从 5% 上升到了 30% 以上”。①

从理论上讲，影响倾销幅度变化的原因应当是多方面的。因为立法变化、法庭裁判、产品或国家构成以及自由裁量权等都有可能在美国商务部计算倾销幅度时产生影响。但是，经过对上述因素逐一分析后，研究发现美国反倾销法中的自由裁量权被广泛使用才是倾销幅度上升的最重要的原因。

众所周知，自 1980 年以来，美国先后分三次修改了国内的反倾销法。②

1984 年颁布的《贸易与关税法》对计算倾销幅度的重要修改是允许美国商务部对被诉产品的美国国内相似产品的价格与国外相似产品的本国市场价格或第三国价格进行加权平均，以此用来确定倾销幅度。尽管法律上作出了这样的调整，但实际上，很多反倾销案件中的倾销幅度仍按照原有的计算方式计算。

1988 年出台的《综合贸易与竞争法》也对反倾销法作出了很大的修改，比如增加了对非市场经济、第三国倾销和调查中的一些技术性问题的处理规

① See Bruce A. Blonigen, *Evolving Discretionary Practices of U. S. Antidumping Activity*, *National Bureau of Economic Research Working Paper*, April 2003, p. 9. available at http: //www. nber. org/papers/w9625.

② See Brink Lindsey, *The U. S. Anti-dumping Law-Rhetoric versus Reality*, *Journal of World Trade*, Vol. 34, No. 1, 2000, p. 23.

定，允许 USDOC 对被调查产品的部件征收反倾销税等，但却未能明显地影响 USDOC 计算倾销幅度。

1995 年 1 月 1 日在美国生效的《乌拉圭回合协定法》引起了美国反倾销法的一系列较大改变。国会预算署在 1994 年阐述了影响美国反倾销法实施的预期变化，并指出了乌拉圭回合达成的 WTO《反倾销协定》在美国生效后可能会在三个特定区域较大地影响倾销幅度裁定。第一，WTO《反倾销协定》规定，比较出口价格与外国企业国内市场价格时，政府必须计算两者的加权平均数或各自的加权平均数。但是美国商务部通常会将美国单个价格同外国企业国内市场（或第三国）价格的加权平均数进行比较，这很可能会提高倾销幅度。因此，从理论上，该立法的一系列变化应当会降低倾销幅度。第二，WTO《反倾销协定》规定，应采用实际的管理费用和利润来计算倾销幅度，然而美国的习惯性做法是在结构价格中假定最少 10% 的管理费用和 8% 的利润，除非实际数据更高，这些费用是从可观测的美国价格中剔除后才得到的出厂价格。因此，消除最低标准的立法变化也应当会降低倾销幅度。第三，WTO《反倾销协定》特别指出美国在确定正常价值时采用检验生产成本和剔除“低于成本销售”的做法是不合理的。因此，美国在该立法生效后放弃这一不合理做法，也是会降低倾销幅度的预期缘由之一。

总之，上述三种立法修改倾销幅度计算方法的主要目的肯定是降低美国反倾销机关裁定的倾销幅度，而不是提高倾销幅度。换句话说，从理论上讲，在美国反倾销法经过一系列调整后，美国反倾销机关裁定的倾销幅度应当呈下降的趋势。现在，倾销幅度上升了，说明立法的变化并没有发挥原本预期的作用。

由于国际贸易法院承担着司法审查的职能，其法庭裁决也有可能影响美国商务部计算倾销幅度。根据美国反倾销法，美国反倾销诉讼的各方有权向美国国际贸易法院、哥伦比亚特区联邦巡回上诉法院和美国最高法院上诉。事实上，在反倾销诉讼案的实践中，很多上诉案件都与当事人对美国商务部所采用的倾销幅度计算程序不服有关。更重要的是，在反倾销法方面美国国际贸易法院给予了美国商务部很大的自由裁量权，仅仅当程序问题明显与美国法的规定不一致、在认定事实和适用法律时明显地不具有合理性时才会推翻以前的判决，而且美国商务部根据国际贸易法院的裁决来改变程序性规则的情形也很少见，美国商务部一般也不会根据法庭裁决来裁定实体性问题。

这说明司法审查对倾销幅度的影响也是有限的。①

与自由贸易协定有关的争端解决程序也有影响 USDOC 计算倾销幅度的可能。《美加自由贸易协议》和《北美自由贸易协议》提供了可供成员国使用的争端解决程序。但美国学者对特定案例中适用该程序是否会引起倾销幅度变化进行分析的结果表明，《美加自由贸易协议》签订之后，美国与加拿大之间的反倾销活动并没有减少，更不用说这些争端解决对美国商务部计算倾销幅度的影响了。②

美国 CATO 研究所发表的题为《反倾销法在世界蔓延与扩大对美国的威胁》的研究报告认为，美国在世界上被实施反倾销的国家中居第三位，对美国发动反倾销调查最多的国家是加拿大和墨西哥。这说明，在北美自由贸易区，美国的出口被对方最频繁地认定为不公正。③

也就是说，立法的修改、法庭裁决和争端解决程序都不会导致倾销幅度提高，反而应当是降低倾销幅度。然而，计量经济学的研究结果表明，目前自由裁量权效应被认为是平均倾销幅度随时间变化的主要因素，国家构成变化对倾销幅度的影响作用较小，而法律改变对倾销幅度的变化没有（甚至是负的）影响作用。1995 年以后乌拉圭回合达成的 WTO《反倾销协定》的实施导致倾销幅度下降了 20%，但是，在大量采用自由裁量权惯例后的 1995 年到 2000 年的倾销幅度则上升了 18%。④ 这就是说，自由裁量权的变化随时间的推移使倾销幅度有所增长，并最终抵消了乌拉圭回合后实施的

---

① See Ondeck, Thomas P and Lawrence, Michael A, *Court of International Trade Deference to International Trade Commission and International Trade Administration Antidumping Determinations: An Empirical Look, Law and Policy in International Business*, Vol. 25, No. 1, 1993, p. 17.

② See Laskin, John and Koch, John, *Nafta defers to Canadian protectionism, International Commercial Litigation*, Nov. 1995, p. 38.

③ 2003 年 5 月 23 日，美国 CATO 研究所发表了题为《反倾销法在世界蔓延与扩大对美国的威胁》的研究报告。该报告认为，美国等部分发达国家常用的反倾销措施正在向全世界扩散，美国也正在成为许多国家的靶子，出于对保护贸易主义的担心，认为有必要改革现在的反倾销制度。同年，美国企业家协会出版的《高科技保护主义：反倾销制度的非理性》，则通过对美国在高级计算机、平面液晶显示器、半导体和钢铁四大高科技领域反倾销案的实证分析，认为反倾销非但没有促进上述产业，反而让美国的消费者和整体经济付出高昂成本，由此呼吁美国政府慎重对待发起反倾销调查。

④ See Bruce A. Blonigen, *Evolving Discretionary Practices of U. S. Antidumping Activity, National Bureau of Economic Research Working Paper*, April 2003, p. 20. available at http://www.nber.org/papers/w9625.

WTO《反倾销协定》原本预期发挥的积极影响。可见，美国反倾销行政机关过多行使自由裁量权是倾销幅度上升的主要原因。

第二节　美国政府行使反倾销自由裁量权的正当性

美国历史上制定和颁布过许多制止倾销的法规。在这些法规中，除了早期出台的专门针对官方出口补贴进行制裁的抵消关税法外，① 其他反倾销的法规基本可以分为两类：一类是将倾销视为不公平竞争行为，运用司法或准司法手段来解决；② 另一类是将倾销视为不公平贸易行为，采取征收进口附加税这种行政手段来解决。

正如前文所言，美国反倾销行政机关在执行反倾销法的过程中适用的法律包括实体规则和程序规则两部分。从自由裁量权可被行使的角度看，行政机关在实施行政行为时在实体上和程序上都应当享有自由裁量权，行使其中任何一方面的自由裁量权都有可能对裁决的后果造成影响。但是，正如本书一直阐述的信念，美国是最重视法律程序的英美法系国家，美国对法律程序重视的程度除了反映在其有一套严格的行政程序制度和司法审查制度之外，我们还可从美国的立法体例上窥见一斑。美国的关税法在立法内容和立法体系编排上采用的就是先程序规则后实体规则的技术惯例，这一点与大陆法系国家通常采用的立法体例截然相反。也就是说，在理论上，从美国反倾销法的立法体例上讲，美国反倾销法因袭了其重视和遵循行政程序规则的习惯和传统，基本可以排除其在制度设计的理念和内容上存在显著纰漏、瑕疵或不合理性的情形。因此，本书将研究美国反倾销行政机关行使自由裁量权的重点放在对美国反倾销法的实体规则部分的分析上，具有合理性、针对性和有效性，算是扼住了牛鼻子。

美国反倾销法中广泛存在的自由裁量权，并不为美国商务部和国际贸易委员会所专有，它是美国行政法律制度的核心价值之一。因此，对这一自由裁量权的评价必须将其置于美国整个行政法律制度之下，且不能脱离美国一直推崇和信仰的宪法原则和法律价值。在美国的反倾销法符合 WTO《反倾销协定》要求的情况下，我们不能简单地否定美国的反倾销法及其自由裁

① ［美］雅各布·瓦伊纳著、沈瑶译：《倾销：国际贸易中的一个问题》，商务印书馆 2003 年版，第 20 页。

② 这是指美国《1916 年反倾销法案》，由于该法案与 WTO《反倾销协定》不符，2003 年 4 月 3 日已经被美国宣布废止。

量权制度。由于美国反倾销行政机关通过大量行使自由裁量权导致倾销幅度提高后给外国企业对美国出口所带来的阻滞效应，扭曲了国际贸易的流量和流向，造成了不公平竞争。因此，对美国反倾销法中的自由裁量权问题的评价应当将其置于美国国内法和国际法两个层面进行。

一、授予反倾销行政机关广泛的自由裁量权并无行政法上的制度缺陷

美国是一个三权分立的国家，分权思想根深蒂固，分权制度严格而完善。同时，美国也是一个非常重视法律程序的国家，自然正义观念由来已久，程序公正法制弥久弥新。美国人生活中的这种思想、观念和制度同样体现在美国反倾销法的程序规则和实体规则之中。如果抛开对反倾销法实体规则的合理性的质疑，美国反倾销法设计的权力分离和职能分离的行政资源配置架构、行政行为的正当法律程序控制机制以及行政行为的司法审查监督体系无疑是令人信服的先进的法律制度。

在美国反倾销法的制度设计中，国会制定的成文法将反倾销的行政权力分别授予三个行政机关，即美国商务部、国际贸易委员会和海关和边境保护署，由它们分别行使行政调查权、追诉权、裁决权和执行权。在行政机关内部，在行使调查权、追诉权和裁决权的人员之间又实现职能分离。具体地讲，美国商务部负责进口产品的倾销及其幅度的调查与裁定；美国国际贸易委员会负责产业损害的调查与裁定；美国海关和边境保护署负责反倾销税的征收。这种行政权力既相互分立又互相制约以求平衡的法律制度，充分体现了美国宪法分权原则的核心价值。这一点，对业已根据 WTO《反倾销协定》的要求制定了本国反倾销法的世界贸易组织的一些成员国而言，它们未必能体悟到当初 GATT 照搬 1921 年的美国反倾销法时，美国已经通过关税及贸易总协定这个多边贸易管理体制对外输出了它的核心法律价值。

在美国的立法者看来，权力分立是行政法治的需要，但是，自由裁量权与法治并不冲突，他们甚至认为它是社会良性有序发展所必需。① 法治与人治对立，不是排除行政机关具有自由裁量权，只是反对人治中的专横、任性、自私自利。由于行政事务纷繁复杂，立法者不可能在任何问题上都制定周密的规则，特别是对于瞬息万变或新近出现的行政事务，很难制定规则；有时在某些领域内甚至不适宜制定规则，只能授权政府随机应变，根据情势自行处理。在现实的行政管理中，即使已经制定了规则的事项，有时在适用时也需要一定的灵活性，照搬规则只会导致不公平现象的产生，甚至与立法

① 参见王名扬著：《美国行政法》，中国法制出版社 2003 年版，第 554～557 页。

者制定规则时的初始意愿相悖。因此，法治和自由裁量权的关系并不是互相排斥，而是互相补充。想完全禁止或消除自由裁量权的存在，会导致国家的法律体系不能正常运行。相反，给予行政机关受控制的自由裁量权可以迅速因应社会的发展需要，提高行政效率，这早已被当代行政法学和社会实践所验证。

美国反倾销法是美国贸易救济法的重要组成部分，贸易救济的实质和目的主要是为那些遭受到所谓的倾销进口产品严重损害的国内产业提供一定时期的救济保护和调整时机，它所要维护的国际贸易的公平竞争是建立在保护美国国内产业的基础上的，美国国会制定的反倾销法的实体规则以及授予反倾销行政机关的自由裁量权都只能服从于贸易救济的目的。① 从被保护的对象来看，这一立法从一开始就偏离了其保证公平竞争的价值基础。

就美国反倾销行政机关的职责而言，美国商务部和国际贸易委员会执行反倾销法的行政任务正是执行国会制定的法律，贯彻国会的立法意图。正如本书前面所叙述的那样，美国反倾销行政机关在对倾销和损害进行调查和裁定的过程中，涉及众多的可自由裁量的因素，在成本、利润、费用以及价格调整中掩藏着复杂的会计运算，这些都构成了足以影响倾销裁定结论的变量，反倾销行政机关对上述各变量的采信权和裁定权正是来自国会立法的授权。美国国会在制定反倾销法时预留的这些模糊的、模棱两可的规则，就是为了不让反倾销行政机关自缚手脚，就是方便这些执法机关灵活执行反倾销法，以达到最大可能地保护美国国内产业的目的，这原本就是美国国会立法的用意所在。由于美国反倾销行政机关享有的自由裁量权都源自国会的立法授权，因此，反倾销行政机关行使的自由裁量权也符合美国一向倡导的行政法制的要求，在行政法学的理论上并无不妥之处。

正如分权原则一样，正当法律程序也是美国法治的基本原则之一。美国的立法者认为，为了保护公民的利益不受政府和官员不正当的侵犯，必须在程序方面对政府权力的行使加以限制。除美国宪法规定的正当法律程序以外，国会的立法也对政府的活动规定了一些程序，其中适用范围最广的是《1946年联邦行政程序法》。这个法律对行政机关制定法规，进行正式裁决以及司法审查和行政公开都规定了必须遵守的程序或标准。除该法规定的应当普遍适用的程序以外，国会有时还就特定的行政活动规定特定的程序，行政机关为了公正地行使权力，也往往自己制定程序规则，或根据法律的要求

① 参见罗昌发著：《美国贸易救济制度》，中国政法大学出版社2003年版，第136～141页。

制定程序规则。美国法院在司法审查中，也经常要求行政机关遵守公正的程序规则。①

美国行政法制对行政机关行使行政权力的程序性规范，也被美国反倾销法全面包含。美国的反倾销法等与反倾销有关的规范性文件除了满足美国行政程序法的一般要求外，对反倾销行政机关应当遵守的行政程序规范都作了更明确的规定。这些规定直接约束反倾销行政机关的行政行为，以避免行政专权和权力滥用。如果将美国的正当法律程序视为能很好地保护美国国内行政相对人的法律制度，那么，完全移植和包含上述程序制度的反倾销法程序规则对外适用的公正性是没有理由受到人们指责的。

为了控制行政机关的权力，美国法律构架中具有至今仍可被认为是世界上最完善的司法审查制度。美国反倾销法等所规定的司法审查的条件、范围和标准都符合美国行政法制的要求，美国国际贸易法院、哥伦比亚特区联邦巡回上诉法院以及美国联邦高等法院在审理反倾销案件、行使司法管辖权时也都遵守用尽行政救济原则，在审查范围上严守有限审查的惯常做法，在审查标准上适用“具备案卷记录中存放的实质性证据的支持或在其他方面符合法律”和“武断、任意、滥用自由裁量权或在其他方面不符合法律”两大标准，上述规则和做法与美国国内司法审查制度毫无二致。换句话说，美国反倾销司法审查的标准是国民待遇标准。难怪美国学者认为，美国的法律体系保证了行政机关在行使反倾销自由裁量权时给外国企业提供的保护标准已经超过了国际标准。② 从程序法来看，美国学者的这一论点是有法律根据和事实依据的。但是，这种观念是用美国反倾销法在行政程序和司法程序上的公正性掩盖了美国反倾销法在立法意图和实体规则上的人为保持的虚伪性。这就是美国反倾销法的奥秘所在，也是美国反倾销法蛊惑人心的实质！

从行政法学理论和反倾销制度的架构来看，本书不认为授予美国反倾销行政机关自由裁量权存在法理上的缺陷，真正的缺陷在于美国国会保护国内产业的立法意图和在实体规则上的过度授权。

二、授予反倾销行政机关广泛的自由裁量权体现了产业保护的立法意图

英国是世界上第一个完成工业革命的国家，美国最初对倾销的强烈指责便是针对英国的制造商们。美国独立初期，英国制造商一再被指控向美国倾

① 参见王名扬著：《美国行政法》，中国法制出版社2003年版，第56~59页。

② See Brink Lindsey and Dan Ikenson, *Reforming the Antidumping Agreement—A Road Map for WTO Negotiations*, *CATO institute*, No. 21, December 11, 2002, pp. 35-37.

销，用当时的话来说，英国人倾销的目的是有意“抑制”或“扼杀”年轻的美国工业。在当时的美国贸易保护者看来，如果能够指控外国制造商进行了倾销，那么就可以提供有效的借口并根据推断的结果，向受到外国不公平竞争危害的本国工业提供关税保护。整个19世纪，美国保护贸易主义论者都大肆渲染这种保护的理由，英国出口商便经常被指责其对美国出口的主要动机是想摧毁美国新兴制造工业。①

美国独立战争结束后，美国的工业获得了飞速的发展，美国也加入向外倾销的行列。至少从18世纪80年代开始，持续且有计划的出口倾销一直是美国制造商的一种惯常做法。1914年以前，占出口贸易很大一部分的美国制成品就是在以倾销价销售的基础上得到发展和维持的。美国钢铁公司便是在国外市场实施有计划倾销的美国康采恩中最突出的一家。试图制裁美国的钢铁公司在加拿大的倾销行为就是加拿大1904年颁布第一部反倾销法的最初起因。据说，美国钢铁公司在加拿大倾销马口铁板的目的，就是要把威尔士的产品从加拿大市场驱逐出去，由此导致该商品在1908年被加拿大列入受其反倾销法保护的商品清单中。

结合早期的倾销产品来看，倾销产品往往是大众型、大宗型的有形货物，倾销决不限于标准制成品，原料、直接提炼产品，尤其是矿产品，同制成品一样一直被人明目张胆地进行倾销。生铁、煤炭、原糖、原油、木材，所有这些产品在不同时期都曾由不同国家的厂商在海外进行过有计划的且持续的倾销。特制产品、获得专利和有注册商标的商品也都不曾免于被倾销。缝纫机、安全剃刀、现金计数器、打字机、手表、自来水笔等都曾由美国出口商以低于国内的价格在海外销售过。②

从倾销大量发生的时代算起，100多年的时光过去了，再比对当今各国大量被反倾销的产品结构，我们发现有着惊人的相似之处，那就是所谓倾销的产品对被倾销国而言，原本就存在国际贸易的比较优势，比如美国对中国进行反倾销调查的产品主要包括五金产品、蜡烛、玩具、鞋帽、服装、刹车鼓、刹车盘、轴承、食品、化工品、药品、小龙虾、缆绳、礼品盒等，这些

---

① 参见［美］Jacob Viner、沈瑶译：《倾销：国际贸易中的一个问题》，商务印书馆2003年版，第31页。

② 参见［美］Jacob Viner、沈瑶译：《倾销：国际贸易中的一个问题》，商务印书馆2003年版，第34～66页。上述被反倾销的产品系本书作者根据该书的描述总结。

产品技术含量不高，属于劳动密集型的产品。① 这些被诉的所谓的倾销产品是包括中国在内的发展中国家具有贸易比较优势的产品，但恰恰是包括美国在内的发达国家不具有贸易竞争优势的产品，或称之为劣势竞争产品。从国际贸易理论上讲，基于两者之间存在的比较优势的自由贸易，既符合优势互补的原则，也有利于提高美国国民的福利。但是，在美国产业界和立法者看来，如果允许这种自由贸易进行下去，美国的上述产业在自由竞争中必遭淘汰，与此相伴随的是工厂倒闭，税收减少，大量工人失业，社会的整体福利可能受到波及。② 因此，代表各个产业和选民利益的议员们当然不会坐视不理。这也难怪被反对的倾销行为是仅指给进口国带来产业损害的倾销，换句话说，在进口国的相关产业可以接受范围内的倾销，进口国是不反对的、不制裁的。

美国是世界上最直接、最裸露地表明国家利益至上的国家，美国对制定反倾销法的动机和目的同样暴露无遗。美国商务部负责反倾销调查的进口管理局门户网站的座右铭就是“抵制不公平贸易，捍卫美国产业和就业”。所谓不公平贸易是由于国外生产企业或出口企业在美国市场上以低于公平价格倾销产品或者有国外政府对其本国的出口企业提供补贴从而对美国生产企业构成损害，而贸易救济的目的就是为了抵制不公平贸易。③ 在美国的立法者看来，除了美国以外，其他贸易伙伴都存在不公平贸易的做法，损害了美国产业的利益，而美国反倾销法恰恰是消灭这一不公平贸易行为的利器。④

美国捍卫本国产业利益的决心在多哈会谈上可见一斑。2001 年 11 月，142 个国家的代表在多哈举行了新一轮的全球贸易谈判，贸易代表们就反倾销规则中较隐蔽的技术性问题和有争议的部分进行了谈判。美国强烈反对此次反倾销谈判，他们认为，反倾销规则的任何变动都将削弱美国法，导致美国公司不得不面临来自国外的不公平竞争。同年 11 月 7 日，即多哈回合谈

---

① 参见《中国应对国外贸易壁垒最新实务指南》（上册），国务院研究院 WTO 研究中心、中国社会科学院 WTO 研究中心编，经济日报出版社 2003 年版，第 679 ~ 785 页。此一特征系作者根据中国被反倾销的产品类型进行的总结，作者并未对中国所有被反倾销的产品类型进行统计分析，特说明。

② See Don P Clark, *Are Poorer Developing Countries the Targets of U. S. Protectionist Actions? Economic Development and Cultural Change*, Vol. 47, No. 1, Oct 1998, pp. 28-34.

③ See Joseph E Stiglitz, *Dumping on Free Trade: The U. S. Import Trade Laws*, *Southern Economic Journal*, Vol. 64, No. 2, Oct 1997, pp. 64-72.

④ See Christian A. Courad, *Dumping and Anti-dumping Measures from a Competition and Allocation Perspective*, *Common Market Law Review*, Jun 2002, pp. 43-48.

判前夕，美国参议院以 410 票赞成、4 票反对的结果通过决议，62 名议员还致信总统不要同意任何将会削减反倾销及其他贸易法的协议，他们声称："不幸的是，我们的很多贸易伙伴都坚持不平等贸易，继续试图削弱这些法律。"

这一观点在 2002 年 8 月美国国会通过的"贸易促进授权法案"（TPA 法案）中得以体现。该法案指出，任何贸易谈判都必须"严格地执行贸易法来确保美国利益，包括反倾销法、反补贴法以及保障法；反对降低惩罚不平等贸易有效性的协议，确保美国工人、农民及公司进行公平竞争，享受互惠、贸易的利益"。TPA 法案险乎包括就地否决修订案，即对于反倾销规则的任何个别条款的修订都将就地投票否决，该修订案在 TPA 法案的初案中通过了但在正式会议中被否决。考虑到国内的政治压力，克林顿政府和布什政府都反对把反倾销纳入新一回合贸易谈判的议事日程，克林顿政府拒绝就该问题改变态度，因此 1999 年没有进行该问题的谈判。布什政府本来想坚持克林顿政府的做法，但由于国际上出现了占压倒性优势的压力，后来他们同意将反倾销法纳入多哈回合谈判议程。布什政府尽管作出了重要让步，但却限制了谈判的范围。在美国的坚持下，多哈回合谈判包括以下内容：由于各成员国日益增长的需要，现就反倾销的惩罚措施予以改善，但这一改善以坚持原有的基本观念、准则和目标为前提，在谈判初期各成员国需提出对贸易壁垒的惩罚措施，以便于后期进一步加以完善。

从上述事例中，我们不难看出，美国的立法者肯定、坚持和维护现有的反倾销法，保护国内产业的态度和决心。在这个问题上，美国反倾销行政机关和美国国际贸易法院以及上诉法院的态度是完全一致的，他们的目的都是保证忠实地实施国会制定的反倾销法，美国反倾销行政机关制定的各项规章和实施的反倾销具体行政行为以实现美国国会保护美国国内产业的目标为最高价值追求。美国国际贸易法院和上诉法院在履行司法审查职能时以对反倾销裁决进行合理性审查为最低要求，以探求和维护国会的立法意图为最高标准。①

自 1979 年始，美国国会在制定新的反倾销及反补贴法律时，虽然仍泛泛宣称，对这些法律的执行应当是公平及公正的，但却在许多具体事项上明确表示了行政机关的执行应避免"偏袒进口商或不利于国内产业"的立法

① 参见 James V. Calvi and Susan Coleman, *American Law and Legal Systems*，高等教育出版社 2002 年版，第 43 ~ 48 页。

意图。① 美国反倾销法正是通过以上两个机关的相互配合和制约，实现了美国保护国内产业的立法意图。②

三、授予反倾销行政机关广泛的自由裁量权借助了模糊授权的立法技术

本书并不想轻易地认为，美国反倾销行政机关在履行反倾销法赋予的行政职能时，滥用了美国国会赋予的自由裁量权。因为所谓滥用是指反倾销行政机关在行使自己的权力时武断、任性和随意，或者说过度地自由。从理论上讲，评判行政机关是否武断、任性的标准和依据应当是行政机关据以从事行政行为、作出行政裁决的准据法，就反倾销自由裁量权而言，当然指的是美国的反倾销法。

正如本书前面所述，美国反倾销行政机关扩张使用的自由裁量权是依照美国国会立法所得。从权力来源来看，一方面是反倾销法本身在立法上留给了反倾销行政机关过多的可自由裁量的权力。按照美国行政法理论，这属于行政裁决的自由权。这是美国行政机关行政自由裁量权的最主要的权力来源。另一方面是国会赋予反倾销行政机关的行政立法权，比如反倾销手册和反倾销规章等都属于此类。美国反倾销行政机关制定这类行政性规章时，也可以授予自己自由裁量权。这些行政性规章往往在将国会立法进一步细化之际，将自己的意图变成行政机关的行动指南。这正如美国的行政法学者理查德 . B. 斯图尔特所说，“含糊的、概括的或模棱两可的制定法引发了自由裁量权”。③ 按照美国学者德沃金的观点，自由裁量权有三个来源。其一，立法机关可能授权某个行政机关在特定领域承担完全责任，并且明确指出，在这个领域内，行政机关的选择完全是自由的。其二，立法机关可能发布旨在控制行政机关的选择的指令，但是，由于这些指令的概括性、模棱两可性或者含糊性，它们并没有明确限定针对具体情形应作出什么选择。还可能存在第三个来源，即立法机关排除对行政行为的司法审查。如果我们在理论上认可这种对自由裁量权来源的划分，我们就会很轻易地发现在美国反倾销法里上述三种授权模式都存在。无论是实体上的还是程序上的，这种自由裁量权

---

① See Finger, J. Michael, *Dumping and Antidumping*, *The Rhetoric and the Reality of Protection in Industrial Countries*, *The World Bank Research Observer*, Vol. 7, No. 2, Jul 1992, pp. 12-13.

② 参见荆文辉、于建生：《美国反倾销法的贸易保护作用》，载《国际贸易问题》，1995 年第 6 期，第 38 ~ 40 页。

③ 参见理查德 · B. 斯图尔特著：《美国行政法重构》，商务印书馆 2002 年版，第 12 页。

的立法授权都大量存在（详见本书第二、三、四章）。特别是美国反倾销法关于行政当局对“非市场经济国家”的认定不受司法审查的规定，对像中国这类被认为是“非市场经济国家”的被诉企业而言，既感到委屈可又无可奈何！因此，我们不能简单地认为美国反倾销行政机关滥用了自由裁量权，而是它们过度地运用了立法授权给自己的自由裁量权，其根源在于授予其自由裁量权的立法本身。

四、行政控制体制遮蔽了反倾销行政机关广泛享有自由裁量权的事实

正如美国一向所标榜的以及如本书所述的，美国是法律程序至上的国家，无论是从美国反倾销法的立法体例，还是从美国反倾销法所包含的程序规则来看，美国反倾销法业已完全满足了行政程序规范化和标准化的美国行政程序法的要求。

行政权力分立和职能分离的制度安排使得反倾销行政机关的行政权力相互制约；调查权力法定和调查资料的保密和公开制度完全符合美国的阳光中的政府法和隐私权法；各个阶段的听证程序能保证利害关系人有权得到听证的通知、参加申辩、辩论、质证或者有机会发表自己的意见和建议，这些都符合“裁决前必须听证”的自然公正原则；在裁决时必须以“在案卷记录中存放的实质性证据”为依据作出裁决；在立法授权反倾销行政机关在一定范围内作出多种可能选择时，必须详尽地说明理由；反倾销行政机关虽然不必遵守先例，但是至少应当为其对既定惯例的偏离给出有说服力的充分理由。

然而，这些制度仅仅是促进了反倾销行政程序的形式正义，这些要求也可能对反倾销实体规则产生某种影响，但不可能纠正行政实体规则原本对反倾销行政机关授权的宽泛和慷慨。这些要求也可能会给利害关系人提供更多的救济方式以抵抗反倾销行政机关的制裁，可能会给法官们提供更多的理由，以寻求反倾销行政机关在程序上的瑕疵并以此来撤销其可疑的行政裁决。但是，由于反倾销行政机关享有的自由裁量权是一种实体权，它们在上述程序正义制度的要求面前通常均可冠冕堂皇且顺利过关。

五、司法审查制度掩盖了反倾销行政机关广泛行使自由裁量权的实质

行政决定必须接受司法审查，行政决定的程序必须方便司法审查。这既是美国行政法的传统，也是美国司法的传统。在测试国际贸易法院对美国商务部和国际贸易委员会的行政裁决进行司法审查的功效时，我们暂时可以抛

开美国数量经济学的学者们的研究成果对我们的影响。① 可以这样以为，司法审查的主要作用应当体现在司法审查的范围和标准上。反之，如果司法审查在这几方面的作用不明显或者作用很小，我们便可以断定，司法审查的作用是有限的，我们不能寄希望于司法审查能有效制约反倾销自由裁量权的扩张使用。

首先，从反倾销司法审查的范围来看。反倾销司法审查的范围包括两个方面，一个是对法律事实的审查；另一个是对法律结论（包括法律解释和法律适用两个方面）的审查。由于在司法审查中，法院将反倾销行政机关在认定事实时的地位等同于普通法中的陪审员，一般尊重行政机关对事实的认定，只要行政机关对事实的认定具有合理性，法院即使有不同的结论，也不能将行政机关的结论推倒重来。因此，法院对事实的审查只作有限的审查。在法律结论审查方面，法院主要审查反倾销行政机关对法律的解释和对法律的适用是否具有合理性。从法律解释来看，尽管法院享有解释法律的最高权威，但是在对反倾销法作法律解释方面，法院与反倾销行政机关相比未必有技术上和专业上的优势。这是因为：第一，反倾销法中需要作法律解释的领域往往是立法时较模糊、原本就不便清晰表述的领域，它需要反倾销行政机关根据实践发展作出自己的判断，以便作出的行政裁决能更好地保护美国国内产业利益；第二，反倾销行政裁决是一项技术要求高、运算烦琐的工作。② 从事反倾销行政裁决工作的人员多是在此领域有专长和熟悉企业运作的专家队伍，法官与之相比在专业上并不占有优势。在法律适用的审查方面，司法审查的作用在于审查反倾销行政机关将反倾销法适用于解决具体案件时的合理性。由于反倾销行政机关在适用反倾销法时多已形成了行政通例和习惯做法，这些方法均已经被利害关系方、代理律师、产业界和贸易界所熟知，除非涉及对某些新出现的情况要运用新的方法加以解决，否则，一般不会出现法律适用错误的问题。何况，即便不遵守先例，只要偏离先例具有合理的解释，反倾销行政机关的裁决也将被得到尊重。

其次，从司法审查的标准来看。反倾销司法审查的标准有两个，即“具备案卷记录中存放的实质性证据的支持，或在其他方面符合法律”和

① See Finger, J. Michael, *Dumping and Antidumping: The Rhetoric and the Reality of Protection in Industrial Countries*, *The World Bank Research Observer*, Vol. 7, No. 2, Jul 1992, p. 16.

② See Brink Lindsey, *The US Anti Dumping Law-Rhetoric versus Reality*, *Journal of World Trade*, Vol. 34, No. 1, 2000, p. 24.

"专横、任性和滥用自由裁量权或在其他方面不符合法律"。前一个标准主要适用于对事实裁定的审查，后一个标准除了适用于对事实裁定的审查外，也适用于审查行政机关行使自由裁量权时是否合理。无论法院在司法审查时适用哪一个标准，这种司法审查的实质都是对反倾销行政机关裁决的"合理性"进行审查。在事实认定、法律解释和法律适用的合理性审查中，所谓的"合理的"往往并不是唯一的，也并不是最好的，即便法院可能倾向于另一种解释或结论，也必须对反倾销行政机关的解释或结论给予尊重，而不能以自己的判断取代行政机关的判断。这一点已经为美国国际贸易法院的判例和法官的诠释所佐证。

美国是判例法国家，判例法的精华深藏在法官的判决意见里，法官的判决书以说理充分、分析透彻的特点见长，这是英美法的传统，也是英美法司法审判制度的优势。美国反倾销法规定的调查、追诉、听证和裁决程序既是一个行政裁决程序，实际上也是一个准司法程序，这一程序来源于普通法的审判程序，承担反倾销裁决职能的行政官员受过良好的判例法的教育，他们习惯和擅长在裁决中进行法律论证和逻辑推理，推崇以理服人。换句话说，承担反倾销案件裁决职能的行政官员熟谙裁决的规则、语言和技能，他们在裁决时使用的规则、语言和技能与法院的法官们使用的毫无二致；再者，他们在反倾销领域还享有一定的专业优势。因此，要求他们对事实的认定具有合理性，对法律的解释和结论具有合理性实在是他们专业知识范围内的事，这个要求并不是一个高标准的要求。

由于美国反倾销法中存在着很多属于反倾销行政机关可自由裁量的领域，反倾销案件在经过拥有扎实的专业知识、丰富的行政经验和精通法律文化的反倾销裁决官员裁决后，想通过适用"合理性"审查标准进行司法审查以达到对利害关系方进行司法救济的目的，其作用是可想而知的。这样讲，并不能理解为完全否定司法审查的作用，只是因为在反倾销司法审查中，原告诉争的对象多是反倾销行政机关行使自由裁量权不当的问题，仅用"合理性"来审查"自由裁量权"，犹如以抽象之物对抽象之物，难以奏效。

六、反倾销应对可能影响反倾销自由裁量权偏离"合理性"的幅度

美国反倾销法在适用中的一个值得注意的趋势是美国商务部计算的平均倾销幅度的大幅增长，美国反倾销机关每年立案调查的案件数量居高不下，案件数量的增加和反倾销税的提高意味着美国反倾销保护愈演愈烈，这一发展趋势主要源于美国商务部行使自由裁量权的广度和深度在不断地扩大和提高。表面上看来，反倾销行政机关行使了大量的原本属于立法授予自己的自

由裁量权，他们始终没有越雷池一步，美国的立法者也当然不会承认反倾销行政机关滥用了自由裁量权。他们认为，评价自由裁量权是否被滥用的标准不能以倾销案件的数量是否上升、倾销税率是否增长为标准，而应以反倾销行政机关在进行反倾销时是否超越立法授权为标准，以司法审查适用的“合理性”作为评判标准。只要反倾销行政机关行使自由裁量权时没有背离上述标准，就不能认为反倾销行政机关滥用了自由裁量权，当然也就不能认为反倾销的行政官员们在滥用反倾销法。① 由于国会制定反倾销法的立法意图原本就是为了保护美国的缺乏国际竞争力的产业，授予反倾销行政机关自由裁量权就是便于行政机关灵活行事，最大限度地和及时地对美国国内产业给予救济。站在美国国内法的角度看，美国立法者的辩解还是有一定的合理性的。因此，解决当前无辜的外国产品及企业屡遭反倾销制裁的办法，不是紧缩反倾销行政机关的自由裁量空间，甚至抛弃美国反倾销法中的自由裁量权制度，而是从反倾销制度本身找原因。

就反倾销制度的法律实效而言，美国是如此，以美国反倾销法为蓝本的国际反倾销协定也是如此，WTO 的成员国当然也都是如此。② 从多哈回合谈判上各国对反倾销法改革的态度看，唯有改变美国的立法态度才有可能改变国际反倾销制度的发展方向，唯有修改美国反倾销法才有可能修改国际反倾销制度。一句话，美国仍然掌控着国际反倾销制度的未来发展方向。

完善美国反倾销法在实体规则上存在的制度缺陷首先有赖于美国立法者们消除他们所抱有的贸易保护主义心态和放弃假定其他贸易伙伴们都在对美国进行不公平贸易的狭隘心理情结，或者另辟蹊径。从技术的角度讲，只要涉及大量而烦琐的价格比较、变量调整和数学运算以及抽象的“合理性”的认定、裁决和审查标准，对现有的反倾销法的修修补补就不可能妨碍反倾销法作为贸易政策工具被过度使用。因此，尽管反倾销规则已经置于国际多边体制之下，只要涉及大量的技术性操作，反倾销法一旦与各国的现实利益相结合，其执行效果就必然变异。看来，在以 WTO 为载体的多边贸易制度框架下，制定一种能避免反倾销法被广泛而又频繁地使用的合适的国际法制还存在着许多障碍。

---

① 美国立法者并不认为美国的反倾销法被滥用了。在美国的立法者看来，自由裁量权是否被滥用，应当以美国反倾销法作为评判标准，如果这种权力的使用并没有超越美国立法的授权，则不能称其为滥用。

② See Andrea LASAGNI, *Does Country-targeted Antidumping Policy by the EU Create Trade Diversion? Journal of World Trade*, Vol. 34, No. 4, 2000, p. 137.

许多经济学者认为，倾销问题应同其他市场问题一样严格按国家反垄断法来处理，其实这些想法忽视了反倾销立法的原始法律价值。因为在反倾销法的制定者和执行者看来，反倾销法关注的重点在于贸易公平，而不在于交易效益；反倾销法首先关注的是国内产业的福利，然后才是整个社会的福利。因为没有“公平秩序”的国际贸易，就不会有长久的效率，也会损及社会的整体福利。①

从法律理论上讲，贸易法和竞争法虽有各自调整的领域，但是在跨国交易的领域，它们也有许多调整的竞合区间。反倾销法所调整的领域就属于与竞争法竞合的区间。表面上看，似乎可以竞争法替代反倾销法，其实，在现有条件下将反倾销法纳入反竞争领域目前尚有许多国际法体制上的障碍。②

一个可供选择的折中方案可能是取消反倾销法（和反补贴法）而代之以保障措施法。③ 因为倾销计算（和补贴计算）不具有可行性，虽然保障措施也取决于损害裁定和涉及自由裁量权问题，但它不受倾销计算的局限。此外，采用保障措施还有其他好处。首先，它仅是暂时性措施，无须如反倾销措施和反补贴措施一样制定“日落”条款。其次，保障措施的处理方式比反倾销措施和反补贴措施更为公平，它给予各出口国以非歧视待遇，原则上保障措施的发动国应当获得保障措施被发动国的同意，当该措施被滥用时，被发动国可以采取对抗措施。④

鉴于美国当前对反倾销法改革所持的态度，笔者认为，以其他制度替代反倾销法制度或者对反倾销法实施大刀阔斧的改革的可能性并不大。不过，由于目前在美国内部和国际社会要求改革反倾销法的呼声异常高涨，美国面临着前所未有的压力。

2003 年 5 月 23 日，美国的 CATO 研究所发表了题为《反倾销法在世界蔓延与扩大对美国的威胁》的研究报告。报告指出，过去部分发达国家使用的传统的反倾销措施，最近在南非、阿根廷、印度等发展中国家使用的数量激增。据世界贸易组织统计，1995 年到 2003 年的第一季度，各成员国采

---

① See Christian A. CONRAD, *Dumping and Anti-dumping Measures from a Competition and Allocation Perspective*, *Journal of world Trade*, Vol. 36, No. 3, Jun 2002, pp. 33-45.

② 参见罗昌发著：《贸易与竞争之法律互动》，中国政法大学出版社 2003 年版，第 66 ~ 114 页。

③ See Christian . A. CONRAD, *Dumping and Anti-dumping Measures from a Competition and Allocation Perspective*, *Journal of world Trade*, Vol. 36, No. 3, Jun 2002, pp. 563-575.

④ 参见陈玉祥：《WTO 项下适用于 T&C 出口的保障措施条款之比较》，载《河北法学》，2005 年第 3 期，第 68 ~ 71 页。

取的反倾销措施中，美国、加拿大、欧盟和澳大利亚四大传统反倾销措施使用国及地区共提起反倾销案 490 件，占总数的近 35%，而其余的 912 件反倾销案几乎全为发展中成员所提起。使用反倾销制度的世贸组织成员国已发展到 36 个，印度更是该期间采取反倾销措施最多的国家，已取代美国成为头号反倾销措施使用国。这些新出现的反倾销制度的使用者将过去的传统使用者即发达国家作为频繁被使用对象。其中，对美国实施的案件数量已经高居世界第三位。报告指出，按被发动国家和地区统计，1995—2002 年的 8 年中，对美国发动的反倾销案件总数为 67 件，仅次于中国（212 件）、韩国（83 件）和中国台湾地区（69 件），居世界第四位。报告认为，“反倾销措施在世界范围内的滥用使美国的贸易利益遭受了很大损害”。报告举例说，由于外国对美国的出口产品实施反倾销措施，现在美国对墨西哥出口的再生胶片的出口下降了 81%，对加拿大的砂糖出口下降了 91%，对印度的化纤出口下降了 100%。美国在发动反倾销措施保护本国产业的同时，也由于被其他国家发动反倾销措施而失去商业机会。具有讽刺意味的是，报告研究表明，对美国发动反倾销调查最多的国家竟然是加拿大和墨西哥。这说明，在北美自由贸易区，美国的出口被对方最频繁地认定为是不公平贸易。

2003 年，美国国家经济研究局、卡托研究所、美国企业家协会等 3 家知名机构接连发表力作，对美国政府的反倾销制度进行了全方位的批评。美国国家经济研究局在其研究报告中指出，美国反倾销调查机关过度使用自由裁量权，人为提高了被诉企业的倾销幅度，严重扭曲了美国反倾销调查结论，为此呼吁细化 WTO《反倾销协定》，遏制类似美国商务部滥用自由裁量权行为的发生。卡托研究所更在《重塑反倾销协定：世贸组织谈判的路线图》中指出美国政府反倾销制度的使用已经与该制度的目标背道而驰，并质疑美国政府反对修改反倾销规则的立场。

反倾销制度的日益扩散导致人人自危，进而引发了广泛的争论。在世贸组织的多哈回合谈判中，在反倾销议题上形成出口方集团（反倾销制度受害者）和进口方集团（反倾销制度使用者）针锋相对的局面。前者是日本、韩国等贸易出超国家和依赖出口发展经济的发展中成员组成的 26 个成员方“联谊小组”，他们提出，反倾销措施日益扩散，已蜕变成为过度保护国内产业，而非制止不公平贸易的机制，因此，谈判的首要目标就是要避免反倾销制度的过激与滥用。然而，以美国为代表的进口方集团则强调保持反倾销制度在内的贸易救济制度的有效性，反对就反倾销制度进行任何实质性修改。

尽管经过乌拉圭回合谈判后，WTO《反倾销协定》与过去相比已有较大完善，但仍漏洞百出，广受诟病，WTO《反倾销协定》正处在面临激烈改革的十字路口。不过，尽管反倾销法存在如此众多的制度缺陷和在适用中引发了诸多国家间的激烈冲突，但是在该制度仍属国际贸易法制度的一个重要组成部分，并仍被各成员国合法使用的情况下，我们对反倾销法的研究，对反倾销法的适用不但不能减弱，而且还应当加强。

综上所述，同在所有其他国家一样，反倾销措施作为美国政府的一种贸易政策工具，在反倾销自由裁量权制度的精妙配合之下发挥了难以言状的功能。这种功能也正如自由裁量权制度的性质一样，模棱两可，让人琢磨不透。这恰如美国杰出的法律经济学家理查德·A. 波斯纳所说的："一个国家在世界进口市场的份额越大，其报复威胁就越有力。同时，这样的国家可能也有买方垄断力，所以也就在实践中很难决定其有保护主义倾向的措施是真正的保护主义措施还是仅仅是一种贸易报复。作为一个巨大的进口商，美国在其自身的贸易政策上也利用了这种模棱两可性。"① 这句话也许可以援引来作为对"美国滥用反倾销自由裁量权的真实性和正当性"的恰当注解。

① 参见理查德·A. 波斯纳著、蒋兆康译、林毅夫校：《法律的经济分析》（上），中国大百科全书出版社 1997 年版，第 406 页。

结语：研究美国反倾销自由裁量权制度对中国的启示

一、对中国完善反倾销法的启示

从法律精神和立法技术的层面看，美国反倾销法无疑有很多值得我们借鉴和学习的地方。该法在形式上体现了美国立法对本国人和外国人平等保护的法律精神，反映了权力分立、职能分离、程序公正、司法审查的现代行政法制思想和司法控制理念，它将美国国内的行政程序法律制度贯穿于美国反倾销法的各个方面。但是在本质上，该法充分体现了美国国会的贸易保护主义立法意图和美国国家利益至上的国家本位主义立法思想,① 这种立法意图和立法思想是通过立法授予反倾销行政机关广泛的自由裁量权这一技术手段来巧妙地实现的。而且，自由裁量权不是美国反倾销法所仅有，它存在于美国贸易救济法的各个领域。② 从这个角度讲，包括反倾销法在内的美国贸易救济法的本质特性便昭然若揭了。

反倾销自由裁量权其实是一把双刃剑。一方面，它能便利于反倾销行政机关根据现实需要灵活执法，使反倾销行政机关的行政行为能很好地服务于国家贸易保护主义的需要。尤其是在今天，那些制定了本国反倾销法的国家纷纷拿起反倾销这个法律武器，或者说是政策工具，来保护本国产业时，我们更有理由强化反倾销行政机关的自由裁量权。但是另一方面，作为一种普遍存在的行政行为，反倾销自由裁量权的恰当使用及合理运行需要一整套行政运行体系和司法监督体制提供制度性支撑；与此同时，它对行政机关的工作人员和司法审判人员的素质也提出了更高的要求。否则，自由裁量就会变

① 例如，1983 年美国德州仪表公司起诉日本公司倾销 256K“动态随机存储器”，可最终调查结果表明，构成损害的“国内产业”全是几家在美国的日本公司。针对这种情况，美国在其《1988 年综合贸易和竞争法》中作出修改，将该类外国公司排除在“国内产业”的定义之外。

② 参见罗昌发著：《贸易与竞争之法律互动》，中国政法大学出版社 2003 年版，第 1 ~ 6 页。

成行政不作为或滥作为，法治就成了人治。因此，单纯主张借鉴美国反倾销法中的自由裁量权制度，是对美国反倾销法，包括美国贸易救济制度的误解，是一叶障目和断章取义，当然也是不全面、不科学和不现实的学习方法。明确地指明这一点，是本书的义务所在。正如本书始终强调的，自由裁量权与权力分立、职能分离、程序正义与司法审查等法律原则和制度是一个有机的整体，不可分割。尤其是在中国，如果单纯提倡扩大行政机关的自由裁量权，更会加剧有法不依，执法不严的乱象。尤其对涉外经贸事务而言，处理不当容易引发国际争端。不过，借鉴美国或其他西方国家包括自由裁量权在内的一整套成熟的行政管理制度和完善的司法审查制度，是一种比较可行和务实的选择。

研究美国反倾销自由裁量权问题对中国完善反倾销制度的启示可以概括为以下几点：

（1）我们必须厘清，一国制定和实施反倾销法律制度的实质就是为本国的企业创造一个公平竞争的贸易环境，反倾销是进口国保护本国产业免受不公平竞争损害的政策工具，这一立法理念必须得到确认。今后中国反倾销法的任何修订和完善以及执行都必须服从于这一立法理念。也就是说，作为一种国际贸易救济的政策工具，反倾销法原本就是为本国国内产业免受不公平贸易损害提供保护的，尽管反倾销行政机关在决定是否提供这种保护时，还会兼顾国内的公共利益，但是，至少行政机关在对产业损害与公共利益进行利害权衡时，也是将国内产业免遭损害放在优先地位的。

（2）中国反倾销法的程序制度应当完全符合 WTO《反倾销协定》的要求，应当保证公开透明、自然正义、平等保护和司法独立，应当将程序公正放在首位，将程序制度的完善放在首位，做到有法可依，有章可循。借鉴美国反倾销法，特别是将美国反倾销法所包含的程序性行政制度引入中国至少有两大好处。从宏观层面上讲，程序公正和司法审查正是当前中国行政制度和司法制度的“软肋”，在倡导“以人为本”，“创建和谐社会”的今天，强调程序公正和司法审查非常必要。因为没有程序公正，就没有法律公正可言；没有司法审查，法律公正就没有制度保障；没有司法审查，行政行为就难有公信力，政府就不可能有威信。从微观层面上讲，强调程序公正和司法审查也符合 WTO《反倾销协定》和 WTO 其他规则的要求，WTO《反倾销协定》所表达的公开与透明、司法独立、自然正义、司法审查的法治精神无不体现在程序公正和司法审查之中。不同的是 WTO《反倾销协定》对各成员国提出了最低标准的要求。① 美国反倾销法规定的程序公正和司法审查制度以美国现行的行政法制度和司法审查制度为依托，它所使用的技术、适用的规则和遵从的标准在当今世界上都是先进的。20 世纪 80 年代，中国的执政党和政府已一再表明了中国将推动行政管理体制改革的决心，并加强了依法行政、依法治国的各种尝试性改革，从这个意义上讲，首先在中国推行行政程序制度改革是最可行的，也是最先能做好的事情。这种改革触碰的现实利益格局最小，成本最低，又有现实的蓝本可供借鉴，既适应了 WTO 对各成员国行政法治的要求，也为今后中国的其他行政体制改革和政治体制改革创设了制度性的运行机制。所以，中国以实施国际贸易救济制度为契机，先期在涉外经济管理体制上推动行政程序性制度改革，将是一件一石二鸟的重大改革举动。

（3）中国反倾销法的实体制度应当以 WTO《反倾销协定》的要求为最高标准，在立法的语言表述上应努力寻求与其保持一致，在实际操作上应力图借鉴美国等发达国家的经验和做法。在立法上应当授予反倾销行政机关自由裁量权；在执法上应允许反倾销行政机关行使自由裁量权；在司法审查时应当秉持合理审查标准，尊重反倾销行政机关的自由裁量权。我们无须树立我们是适用反倾销法的“先进分子”的国际形象，相反，我们在适用反倾销法时，一切以符合 WTO《反倾销协定》为最高标准，以维护国家利益为最高目标，才是务实的做法。

（4）要加强对反倾销法与其他贸易救济法关联性的研究，建立和完善中国的贸易救济制度。从最近几年国际贸易争端的走向来看，有由过去较多地运用反倾销措施保护国内产业，向运用多种手段包括保障措施和反补贴措施保护本国产业的倾向。② 因此，掌握了美国反倾销法的制度构架，对中国今后完善、实施反倾销法，参与国际反倾销法的修改工作以及参与 WTO 其他规则的制定，无疑都有指导意义。③ 这对于中国在发展对美国的贸易时，从容应对美国的贸易规则，积极推动 WTO 规则本土化，多手段、多方式、

① 参见栾信杰：《中国现行反倾销制度与 WTO 反倾销规则差异性比较分析》，载《世界贸易组织动态与研究》，2003 年第 1 期，第 32 ~ 37 页。

② 参见韩立余编著：《世界贸易组织（WTO）案例分析》，中国人民大学出版社 2002 年版，第 235 ~ 301 页。

③ 参见张向晨著：《发展中国家与 WTO 的政治经济关系》，法律出版社 2000 年版，第 89 ~ 94 页。

多层面保护中国的国内产业都大有裨益。①

二、对中国行政机关和司法机关处理反倾销案件的启示

为了抵制进口产品低价不公平竞争行为，维护公平竞争的国际贸易秩序，从20世纪90年代中期起，中国开始了反倾销立法工作的进程。1994年颁布的《中华人民共和国对外贸易法》确立了反倾销的基本原则。1997年3月25日国务院颁布了《中华人民共和国反倾销和反补贴条例》，2001年10月31日国务院第46次常务会议通过了《中华人民共和国反倾销条例》，并于2002年1月1日起施行。2001年12月中国入世后，中国根据世贸组织规则修改和完善了反倾销立法。2004年4月6日，全国人大常委会修订并颁布了新的《中华人民共和国对外贸易法》，该法对实施贸易救济措施作出了更加明确的规定。2004年国务院根据WTO《反倾销协定》颁布了修订后的《中华人民共和国反倾销条例》（以下简称《反倾销条例》）。2002年以来，中国主管反倾销事务的政府部门陆续制定了涉及反倾销立案、倾销调查、损害调查等一系列的部门规章。2003年发布的《最高人民法院关于审理反倾销行政案件应用法律若干问题的规定》，完善了对实施反倾销措施的司法审查制度。这些法律、法规、部门规章和司法解释的陆续出台，标志着中国业已构筑了反倾销法律体系。

中国在不断强化反倾销立法工作的同时，也逐步尝试适用反倾销法和采取反倾销措施为本国产业提供贸易救济。1997年12月10日，原中国外经贸部根据国内新闻纸企业的申请，对分别来自韩国、美国和加拿大等国的进口新闻纸发起了反倾销立案调查。对于中国反倾销的立法和实践来说，1997年是具有标志性意义的一年，它表明中国开始运用WTO框架下的国际反倾销规则来保护本国产业免受成员国企业从事的不正当贸易侵害，用贸易救济措施来制裁不公平贸易行为，以维护公平竞争的贸易秩序和贸易环境。截至2007年底，中国共对外发起反倾销150起，② 中国反倾销立案数的迅速上升，导致国外有人惊呼中国开始了飓风暴雨式的反倾销。③ 从已决案件的整体情况来看，中国反倾销调查机关能严格依照法律规定的条件和程序进行立

---

① 参见陈玉祥：《ATC后影响中国T&C产品对美国出口的主要贸易规则分析》，载《国际贸易问题》，2004年第8期，第40~45页。

② 按照世界贸易组织的统计口径得出。

③ See Thomas Weishing HUANG, *The Gathering Storm of Antidumping Enforcement in China*, *Journal of World Trade* Vol. 36, No. 2, 2002, pp. 255-283.

案和裁决，利害关系方大多数能给予调查合作，反倾销维护了公平市场秩序并促进了公平竞争。但是，就已经裁决的案件的反响来看，还有些值得进一步完善的地方。① 与一些世贸组织成员反倾销规则的建立和实施已有近百年的历史相比，中国的反倾销立法、执法和司法还是稚嫩的。因为，毕竟我们开展此项工作只有短短十多年的时间，中国与这些成员相比，在反倾销法的语言表述、程序规则、机构设置、运行机制、人员配备等方面仍存在较大差距。

通过对美国反倾销自由裁量权问题的研究，结合中国反倾销立法、执法和司法的实际，本人认为，中国政府主管反倾销事务的部门和司法机关应对以下几个方面加以重视和改进。

1. 完善程序规则，保障程序正义

程序正义是英美法法律思想的精髓，也是 WTO 规则宣示的法治精神。通过对美国反倾销法的研究，我们明显地感到，美国反倾销法的程序规则是一套非常缜密细致，并通过精心设计的规则体系，虽然美国反倾销实体规则中存在的大量自由裁量权的事实让人感受到自身的权益可能得不到保障，行政机关及其官员可能会滥用自由裁量权，但与此同时，反倾销法中如影随形的完善的程序规则多少也让人获得了行政官员的行政权力被严格地制约，自己有权依法寻求多重救济保护的感觉。相比之下，中国现行的反倾销制度还应在程序规则上多下工夫，进一步完善。就操作规程而言，凡是行政程序上的行政行为，我们务必将工作做细致、做扎实，凡是中国《反倾销条例》作了明确规定的，反倾销行政机关必须严格按照要求执行，不要在操作程序上给应诉方留下可援引作为抗辩裁决的理由和借口，尤其不要在立案、调查、听证、裁决和执行等程序方面授人以柄。② 当然，我们也知道，中国的反倾销行政程序规则很难置身于中国现行的行政程序规则之外，这正如一个国家的行政程序规则受制于该国的整体法制环境和法治水平，正如美国反倾销法中包含的程序规则只是该国一般性行政法程序规则的正常体现，而不是美国为了在对外贸易关系中特意体现美国的法治优越性而专门设计的一样。

2. 行政权力分立，维持行政机关相互制约

中国在 2003 年 3 月组建商务部以前，对倾销的调查和确定由对外贸易

① See Kermit W. Amsted & Particular Norton, *China's Antidumping Laws and the WTO Antidumping Agreement*, *Journal of World Trade*, Vol. 34, No. 6, 2000, pp. 75-78.

② See Kermit W. Amsted & Particular Norton, *China's Antidumping Laws and the WTO Antidumping Agreement*, *Journal of World Trade*, Vol. 34, No. 6, 2000, pp. 34-36.

经济合作部（以下简称外经贸部）负责；对损害的调查和确定，由国家经济贸易委员会（以下简称国家经贸委）负责；涉及农产品的反倾销国内产业损害调查，由国家经贸委会同农业部进行。这种安排基本体现了权力分立，既相互配合，又相互制约的行政法原则。但是组建商务部后，在商务部内部分别设立了进出口公平贸易局和产业损害调查局，原来分别由外经贸部和国家经贸委分别行使的倾销调查和损害调查的职能，改由这两个局分别承担。也许有人说，改前和改后本质上都是一样的，因为所有的部委和部委下设的机构都隶属国务院领导，可在行政法学看来，改前与改后的制度安排还是存在本质区别的。至少改前体现了权力分立，而改后只能体现职能分离。要知道，美国设立商务部和国际贸易委员会分别负责反倾销事务的目的，不是实行相互制衡保护外国被诉方的合法权益，而是防止美国的行政部门及其官员发生渎职和懈怠，不能忠实履行保护美国产业的职能，辜负了国会通过反倾销法保护美国工业的立法意图。因为在立法者看来，既然反倾销法的功能就是为国内产业提供贸易救济，保护本国产业免受不公平竞争，那么，是否存在这样一种可能，即负责反倾销事务的行政官员受到外国被诉方的不正当影响，不能依法履行这种“卫士”的职责，而让本国产业和国家利益受损呢？“经济人假设”① 为立法者的这种担忧提供了理论依据，而中国商务部郭京毅受贿案②是延续这一担忧的充足理由。再者，维持权力分立的机构设置也可在某种程度上提升中国政府行为的国际公信力，向国际社会展现中国政府开明和公正的政治形象。

3. 严格依法裁决，重视以理服人

WTO《反倾销协定》是各国制定和实施反倾销法的法律依据，也是各国采取反倾销措施应当满足的最低法律标准。鉴于此，对于 WTO《反倾销

① “经济人”的概念来自亚当·斯密《国富论》中的一段话：每天所需要的食物和饮料，不是出自屠户、酿酒家和面包师的恩惠，而是出于他们自利的打算。不说唤起他们利他心的话，而说唤起他们利己心的话，不说自己需要，而说对他们有好处。此后，西尼尔定量地确立了个人经济利益最大化公理，约翰·穆勒在此基础上总结出“经济人假设”，最后帕累托将“经济人”这个专有名词引入了经济学。“经济人”即是以完全追求物质利益为目的而进行经济活动的主体。“经济人假设”是指追求自身利益或效用的最大化，它是个体行为的基本动机。理性选择假设是指个人在选定目标后对达成目标的各种行动方案根据成本和收益作出选择。当一个人在经济活动中面临若干不同的选择机会时，他总是倾向于选择能给自己带来更大经济利益的那种机会，即总是追求最大的利益。

② 郭京毅受贿案，是指原商务部条约法律司巡视员郭京毅在任公职期间大肆收受贿赂、严重犯罪一案。

协定》规定模糊和模棱两可的条款，中国的反倾销法无需太过详尽具体；对于 WTO《反倾销协定》已有明确规定和限制的部分，中国的反倾销法在立法条文上不宜背离。由此，凡是中国反倾销法已有明确规定的，中国反倾销行政机关应当严格遵守。是否遵守以及选择遵守的方式都很重要，也许从裁决的结果来看，我们确实严格遵守了，但从程序或步骤看，我们作出的裁决可能难以让他人信服。比如，按照 WTO《反倾销协定》，国内申请者应当能代表国内产业，对此，中国《反倾销条例》与 WTO《反倾销协定》一样已有硬性规定。WTO《反倾销协定》第 4 条第 1 款规定："本协议所使用的'国内产业'一词，应解释为国内相同产品的全部生产商，或者是他们之中的那些生产商，其合计总产量构成全部国内产品产量的大部分。"① 中国《反倾销条例》第 11 条规定："国内产业，是指中华人民共和国国内相似产品的全部生产者，或者其总产量占国内相似产品全部总产量的主要部分的生产者。"② 但是，本书作者通过查阅 1999 年至 2001 年中国反倾销行政机关对 6 起案件所制作的最终裁决书后发现，所有的裁决书均没有对申请者的代表资格作出解释。③ 只是说"外经贸部在审查了申请材料之后，认为这 6 家企业有资格代表中国聚酯薄膜产业提出申请"。④ 或者"外经贸部在审查了申请材料之后，认为这三家企业的总产量已占相同或者相似产品全部总产量的大部分，有资格代表中国不锈钢冷轧薄板产业提出申请"。⑤ 至于这些申请人各自在国内产业中所占的比重以及他们合计所占的产业比重，裁决者没有使用数据进行说明。中国反倾销行政机关在裁决书中未就"国内产业"代表资格进行充分说明的问题，已经引起了国外学者的关注和议论。⑥ 本人认为，外界提出的这些异议，原本完全是可以避免的。

4. 根据记录在案卷中的实质性证据进行裁决，说明必须充分

---

① WTO《反倾销协定》第 4 条第 1 款。

② 中国《反倾销条例》第 11 条。

③ 这六起案件分别是：1999 年 6 月加拿大、韩国和美国进口新闻纸反倾销案；2000 年 8 月韩国进口聚酯薄膜反倾销案；2000 年 9 月俄罗斯进口冷硅钢片反倾销案；2000 年 12 月日本、韩国进口不锈钢冷轧薄板反倾销案；2001 年 6 月日本、美国、德国进口丙烯酸酯反倾销案；2001 年 12 月韩国、日本和泰国进口聚苯乙烯反倾销案。说明：上述日期均为即原外经贸部作出最终裁决的时间。

④ 2000 年 8 月韩国进口聚酯薄膜反倾销案。

⑤ 2000 年 12 月日本、韩国进口不锈钢冷轧薄板反倾销案。

⑥ See Thomas Weishing HUANG, *The Gathering Storm of Antidumping Enforcement in China*, *Journal of World Trade*, Vol. 36, No. 2, 2002, pp. 255-283.

由于法律文化的差异以及中国司法和行政机关在制作法律文书中形成的习惯和做法，中国的法律文书在内容上普遍存在叙述不充分，论证不翔实，推理不严密，说理不透彻等毛病。如果按照英美法系国家制作裁决书的标准，这显然是不够的。本书并非一味追捧西方国家，尤其是英美裁决书模式，有意贬损中国的司法裁决文书水平。但是，英美法系国家的审判法官和听证官员在撰写裁决书时，沿袭和保持的叙事清晰，引证充分，说理透彻，重视逻辑推理，强调以理服人等传统和习惯，的确能给人心悦诚服之感。我们也不得不承认，这是英美法系国家司法的强项。① 此外，WTO 专家小组和上诉机构的专家在制作报告书时也同样习惯于英美法系国家的这种文书制作模式。为应对外国反倾销被诉方的抗辩以及世界贸易组织争端解决机构的审查，本人认为，在反倾销裁决书的制作要求上应该提高标准，即做到行政裁决司法化，司法文书规范化。② 这无论对增强中国反倾销案件裁决书的公信力，还是对提高中国行政机关和司法机关制作法律文书的质量都大有裨益。再者，世界经济的一体化和国际经济法的趋同化业已对中国法律文书的制作模式提出了挑战。

同样地，本书在研究了上述 6 起案件的裁决书后发现，说理不充分的情形在多起案件的裁决书中均存在。比如，在新闻纸反倾销案的裁决书中，中国反倾销行政机关在说明选择确定正常价值方法时认为，“正常价值的确定应首先考虑进口产品的国内销售，其次是第三国出口价格或结构价格”；在叙述加拿大豪森纸浆纸业有限公司的正常价值的确定时，裁决书写道：“豪森纸浆纸业公司在答卷中称其在调查期内没有国内销售。在初裁公布后，该公司也未提供补充证据或证明材料，故对于该公司正常价值的计算，无法以其国内销售为基础进行。经过对该公司提供的材料进一步审查后，外经贸部决定根据《中华人民共和国反倾销和反补贴条例》第 4 条第 2 款的规定，采用豪森公司 1997 年财务报告中提供的相关数据，采取生产成本加合理费用、利润的结构价格的方式来计算并确定其正常价值。”③ 仔细对比分析，我们发现第二段的结论与第一段的表述是矛盾的。因为既然第一句已经表明

---

① 国外的一些法学院专门开设了法律分析和写作课程，如 The University of Michigan Law School 就专门开设了“Research and Analysis in Amer Law”课程。

② 其实，关于这一点，早在肖扬同志任最高人民法院院长时就已经提及了。肖扬院长曾说：“现在的裁判文书千案一面，缺乏认证推理，看不出判决结果的形成过程，缺乏说服力，严重影响了司法公正的形象。”

③ 参见宋和平、黄文俊主编：《反倾销法律制度概论》，中国检察出版社 2003 年版，第 209 页。

要“首先考虑进口产品的国内销售，其次是第三国出口价格或结构价格”，而原外经贸部却没有详细说明在放弃采用国内销售后，没有采用第三国价格而是采用结构价格的事实与理由。也许根据记录在案卷的证据原外经贸部有理由认为，采用结构价格是合理的选择。但是，在裁决书中我们没有看到对此有详细的说明，因而裁决结论给人以武断之虞。正确的推理做法，应当是先逐一说明排除选择国内销售价格和第三国销售价格的事实和理由，最后说明采用结构价格的事实和法律依据。在本案中，还有一个事例非常典型。裁决书在裁决各被诉企业的倾销幅度时，裁定所有美国公司的倾销幅度为78%。但在分析各被诉企业的正常价值时，裁决书唯独没有对美国企业的倾销事实进行说明。事后查明得知，原来是所有美国公司均没有参加反倾销调查。按照中国《反倾销条例》的规定，对于没有参加反倾销调查的公司，原外经贸部是有权根据“可获得的最佳信息”进行裁决的，但为何在裁决时不说明裁决倾销幅度为78%的事实与依据呢？这确实是一个遗憾！

5. 采用模糊立法，充分行使自由裁量权

从实体规则看，反倾销法授予反倾销行政机关的实体权力可以被认为就是由法律明确授予的权力和可自由裁量的权力两部分组成。本书在各章节所列举的美国反倾销行政机关惯常使用的各种自由裁量权，都可被中国反倾销行政机关借鉴。

从保护本国国内产业的角度看，一国对反倾销法的利用程度和效率主要体现在对反倾销自由裁量权使用的广度和深度上，体现在对反倾销自由裁量权使用的水平上。过度使用并不一定就是滥用，只有武断、任性地行使自由裁量权，才构成滥用反倾销自由裁量权。要做到这一点，就需要实体规则与程序规则相互精妙地配合，就像美国反倾销法一样，程序规则能充分体现公平正义，但实体规则的规定模棱两可，以至于严密的行政控制制度和司法审查制度覆盖的是一堆模棱两可的行政规则。再加上美国有一支高水平的、训练有素的行政官员和司法队伍能够熟练地运用这套体制，这使得他们在广泛地行使自由裁量权时深藏不露，游刃有余，而外国被诉者虽屡遭诉讼，却只能口含黄连，腹吞断牙。因此，中国反倾销行政机关在行使自由裁量权时只要对自己的决定作了充分性说明，就不要怕授人以柄。

此外，对中国应诉企业在应诉国外反倾销的过程中，针对国外反倾销机关行使自由裁量权时已经出现的带有争议性的问题，中国应当加以研究，并尽量回避。比如，如果反倾销调查涉及的应诉企业较多时是否需要在通知书中逐一列明的问题（现在中国暂时还没有出现此问题）。美国的通常做法表明，在此种情形下就可不列明。此事看似虽小，实则影响较大。因为未被明示列入的利害关系方如果不应诉，将承担对己不利的倾销税率后果。

三、对中国被诉企业应诉反倾销案件的启示①

自由裁量权制度是美国行政法上的一项重要制度，同时，自由裁量的方法也是反倾销行政机关广泛使用的裁决方法。这项制度既有立法授权，也有法理基础。这种方法既符合法律规定，也一向为司法审查所尊重。这项制度贯穿于反倾销行政行为和司法审查的各个程序，对反倾销案件的裁决结果有着重要影响。

中国是世界上被反倾销最多的国家之一，在各个被诉案件的裁决中，争议最大的一般不会是对中国出口企业适用的法律或采取的措施是否合法和正当的问题，而是合理性的问题，其实质就是各国反倾销行政机关对中国企业进行反倾销调查时行使的自由裁量权是否合理的问题。在美国对中国企业进行反倾销调查的实践中，中国先后被视为“国家控制经济国家”、“非市场经济国家”，美国对中国出口被诉产品在计算正常价值时使用有别于市场经济国家的计算方法，即“替代国价格”和“生产要素价格”等方法，这使得中国出口被诉产品与其他外国被诉产品相比，在被诉时可能给予美国反倾销行政当局更多地使用自由裁量权的机会，也使得中国被诉企业被裁定的倾销幅度更具随意性，从而加大了中国企业被反倾销的可能。由于美国反倾销法的实体规则和程序规则业已被中国实务界和业界所掌握，也由于美国商务部、国际贸易委员会以及国际贸易法院等司法审查机关在处理反倾销事务时一直广泛行使和尊重行政机关享有的自由裁量权，因此，从某种意义上讲，应诉反倾销，就是应对反倾销中的自由裁量权。

基于前文所述，笔者认为，中国出口被诉企业在应诉时主要应当把握好以下几个问题：

1. 关于遵守先例

“遵守先例”是美国商务部和国际贸易委员会在裁决时应当遵守的基本原则。这项原则是对反倾销行政机关自由裁量权的一种约束性制度安排。在应诉时，中国应诉企业可以事前搜集、研究美国反倾销行政当局已经裁决的案例，从中找出与应诉案件相关的部分，总结出美国反倾销行政当局带有“先例”性质的习惯做法，并针对这些做法进行重点准备、重点突破。当反倾销行政当局在裁决时偏离原有的“先例”时，被诉方有权要求美国行政

① 参见陈玉祥：《反倾销应对不等于反倾销应诉》，载《国际商报》，1998 年 8 月 25 日，《法周刊》理论版。

当局给予合理的说明和解释。

2. 关于穷尽行政救济

“穷尽行政救济”是美国司法审查的另一项基本原则。遵守这项原则的目的是限制法院对行政案件的司法管辖权，同时，也是防止利害关系人滥用司法救济，浪费司法资源。因此，为避免出现因未穷尽行政救济而向法院提告时遭法院拒受的不利情况，中国企业在参与美国商务部及国际贸易委员会的倾销及损害调查时，应及时、全面地对这两个机关所作的初裁及终裁发表意见，并在必要时要求举行听证会，对一些关键问题必须阐述自己的观点，同时为这两个机关提供询问问题及收集信息的机会，以便为自己将来可能参与的诉讼程序奠定基础。

3. 关于事实认定

关于事实的认定应当注意两个问题。一是美国商务部和国际贸易委员会对事实的认定负主要责任或者说享有很大的话语权，尽管利害关系人对事实的认定不服时可以要求进行司法审查，但是按照美国司法审查制度，法院对事实的认定一般尊重行政机关的结论，即便法院裁决撤销原行政机关的裁决，一般也是发回行政机关重新审理，以便其修补不充分的事实认定。因此，应当重视行政机关对事实认定的结论，将应诉的重点放在行政裁决阶段，不要寄希望能通过司法审查挑战这两个机关对事实认定享有的权威。二是由于事实认定以案卷中记录的证据为依据，非在案卷中记录的证据和裁决后再提交的证据不被美国行政机关接受。因此，应当积极配合问卷调查和实地核查，在反倾销行政机关作出裁决前应当尽力收集和提供证据。此外，由于在司法审查阶段，法院对事实认定进行司法审查时，将仅对记录在案卷中的实质性证据进行审查，并且法院对此采用合理性审查标准。因此，被诉企业在决定对反倾销行政机关所作的事实认定是否向国际贸易法院上诉时，可以此标准进行合理性自我审查。如果其结论具有合理性，则不必上诉；如果其结论不具有合理性，则可以考虑上诉。

4. 关于法律结论

法律结论涉及两个问题，即法律解释和法律适用。在一般的反倾销案件的裁决中，由于先前已有裁决和判例对模糊的、模棱两可的立法作出了解释，通常不涉及法律解释问题；如果涉及对法律的解释，只要反倾销行政机关的解释具有合理性，即便在此之外还有其他合理解释，反倾销行政机关的解释将会得到维护和尊重。对于法律的适用，反倾销行政机关的裁决和法院的司法审查也均采用合理性原则，只要反倾销行政机关的推理和结论具有合理的联系，其结论将被维持。因此，中国被诉企业在决定上诉前应当自我审查反倾销行政机关的结论是否具有合理性，以便理性地决定如何有针对性地寻求司法救济。

5. 关于 WTO 争端解决机制

从法律程序上讲，WTO 为成员国提供了将反倾销争端提交其裁决的救济途径。由于美国国际贸易法院已经判决，WTO 专家组和上诉机构所作的报告对美国不具有法律约束力。① 因此，中国被诉企业不应抱有在对美国反倾销行政机关或美国法院业已裁决的案件不服时，寻求将其诉至 WTO 争端解决机构裁决的不切实际的想法。再者，按照 WTO《关于争端解决规则与程序的谅解》的规定，任何成员方的企业或个人均不能成为 WTO 争端解决机构的当事人，当然也就不能将其在其他成员国中已经裁决结案但不服的案件提交争端解决机构裁决。②

6. 关于应诉重点

从目前美国反倾销行政机关处理来自中国的被诉产品倾销案件的实践来看，诉争的焦点一般在于正常价值的计算。虽然美国反倾销法允许中国被诉企业申请“市场经济国家”认定，并对中国申请者所在行业进行“市场导向产业”测试，允许通过该项测试的中国申请者享有与“市场经济国家”被诉企业同等的待遇，但是，由于受已经发生的多起申请认定失败的案例的影响，被诉企业一般很难在这方面有大的突破。③ 因此，中国企业的应诉重点应当放在美国商务部和国际贸易委员会裁决中涉及的非规则性和操作性的细节问题上。比如，美国商务部拒绝给予中国被诉企业分别税率是否合理对出口价格或出口构成价格的计算是否合理；选择的替代国是否符合法定条件；对原材料、人工、水、电、制造间接费用、SG&A 费用、利润等生产要素选择的替代价格或成本是否合理；就紧急情况所作的认定是否合理；对国内相似产品、国外相似产品所作的认定是否合理；对国内产业的界定是否恰

① See John H. Jackson, *The Jurisprudence of GATT & the WTO*, *Insight on Treaty Law and Ecomomic Relations—The Great 1994 Sovereignty Debate*: *United States Acceptance and Implementation of the Uruguay Round Results*, 高等教育出版社 2002 年版，第 367 ~ 398 页。

② 关于 WTO 争端解决机构的受案范围，《关于争端解决规则与程序的谅解》第 1 条第 1 款即有明确规定。《关于争端解决规则与程序的谅解》第 1 条第 1 款规定：“本谅解的规则和程序应适用于按照本谅解附录 1 所列各项协定（本谅解中称“适用协定”）的磋商和争端解决规定所提出的争端。”

③ 这些案例包括 1996 年“中国输美镀铬螺母倾销行政复审案”、1997 年“中国输美淡水小龙虾尾肉倾销案”、1998 年“中国输美腌制蘑菇倾销案”和 2000 年“中国输美靛蓝染料倾销案”。

当；对实质损害或实质损害威胁和实质性阻碍新工业的建立所作的认定是否合理以及对实质损害或实质损害威胁进行的累积评估是否合理等方面。这些既是反倾销自由裁量权使用较多的领域，也是对反倾销裁决结果影响较大的地方。一句话，中国应诉者关注和抗辩的对象，应当是“合理性”问题，而不是“正确性”问题。不过，从这些年来中国被诉企业应诉的效果来看，所有这些抗辩能否有效，在很大程度上取决于中方在举证时能否提交具有满足关联性、合法性和真实性的会计凭证，① 而反倾销诉讼中的会计举证往往是中国被诉企业的共同软肋。② 在众多的反倾销案件中，中国企业败诉最直接的原因是被诉企业会计举证的资料通用性差，会计举证不被听证官采信。不被采信的主要理由包括：财务会计资料不完整；未提供经审计的会计报表；国家控制着大多数供应商；没有出口许可证；禁止在国内销售；国家干预员工薪酬的制定等。西方调查者认为，大多数中国企业提交的财务账目不完整，其中相当部分未经过审计或没有按照国际会计准则经由注册会计师进行独立审计。现实中，还有企业为了应付反倾销核查而请注册会计师进行突击审计。上述种种情形，大大降低了中国被诉企业会计举证的可信度，使得被诉企业试图通过会计举证以抗辩反倾销裁决的期望化作泡影。

---

① 颜延著：《反倾销司法会计》，中信出版社2003年版。

② 会计举证是指应诉企业为了证明自己的出口产品没有对进口国形成倾销而提供相关的成本、费用等会计、财务方面的证据。在反倾销的诉讼中，被调查企业是否严格执行公认的会计准则，企业的会计账簿、产品的生产成本以及其相关的费用等是否清晰可靠，对于以被诉企业的产品成本为基础认定倾销和裁定倾销税的结果至关重要。由于各国的会计准则在不同程度上存在差异，且各国的反倾销法要求企业执行的会计准则不尽相同，这种会计制度上的差异给中国被诉企业应诉反倾销造成了体制性的障碍。要扭转中国企业反倾销会计举证的被动，还需中国政府转变观念，对中国的会计制度进行系统性改革，加快中国会计准则的国际化进程。

附录一：美国法典第19卷——反倾销法[①]

第1673节　反倾销税的征收

如果

（1）行政当局裁定一类或一种外国产品正在或将在美国市场上以低于公平价值的价格销售，和；

（2）委员会裁定，

（A）美国的一项产业：（ⅰ）受到实质性损害，或（ⅱ）受到实质性损害威胁；或（B）美国某一产业的建立受到实质性阻碍，是由于该产品的进口，或由于该进口产品的销售或可能销售，则对该产品应在其他正常税收之外征收反倾销税，反倾销税税额为该产品公平价值超过出口价格（或推定出口价格）的差额。

外国产品的销售应包括该产品的任何租赁协议，租赁也应被视为产品的销售。

第1673a节发起反倾销调查的程序

（a）由行政当局发起

（1）一般规定

只要行政当局根据其掌握的资料，认为有理由发起正式调查；以确定征收反倾销税的要件是否存在，则应当发起反倾销调查。

（2）有关持续倾销的案件

（A）行政当局可以建立一监督计划，就来自于另外的供应国的一类或

① 本附录仅为研究、阐释美国反倾销制度之用，故只将美国关税法中与本书研究内容有关的部分条文摘译出来，不可等同于美国反倾销法的中文译本使用。摘译时使用的名词术语、语言风格尽量与正文保持一致。为了使摘译后的语言尽量简明易懂，摘译时并未力求忠实于原文。摘译时参考了韩立余的《美国关税法》（法律出版社1999年版）中的部分内容，在此深表谢意。

一种进口产品进行不超过一年的监督，如果：对该类或该种产品有两个以上的反倾销令有效；根据判断，行政当局认为有理由相信或怀疑来自于一个或更多另外的供应国的持续性、损害性倾销和行政当局认为这种特别的倾销形式正在引起国内产业的严重商业问题。

（B）如果行政当局认为有充足资料对另外的供应国根据本项发起正式调查，行政当局应马上发起此调查。

（C）“另外的供应国”指一个目前没有被置于反倾销调查下，也没有对从该国进口的该类产品征收反倾销税的国家，该类产品指（A）项所指的一类或一种进口产品。

（D）如果根据（B）发起的正式调查的结果，行政当局和委员会应在实际可行的范围内，加速根据本部分已经采取的程序。

（b）申请发起

（1）申请要求

当利害关系方代表国内产业，向行政当局提出申请，申请书具备了反倾销法规定的征收反倾销税的必备因素，并且申请人为支持申请同时提交了可合理得到的资料，则应发起一项反倾销调查。

（2）向委员会提交申请

申请人在向行政当局提交申请的当天，也应交一份申请书副本给委员会。

（3）依申请采取的措施

行政当局一经收到申请，就应向申请书中所列明的所有出口国政府发出通知，并向该国合适的代表送交一份申请书的公开版本。

在行政当局决定是否发起调查以前，行政当局不接受任何人的未经要求的口头或书面信息。

行政当局和委员会不应披露有关在根据（1）之规定提交申请前提交审查和评议的申请草案的信息。

（c）申请裁定

（1）一般规定

（A）初步裁定的时限。除非另有规定，申请书递交后 20 日内，行政当局应根据其掌握的资料，先经过检查确认申请书中提供的证据是准确的、充分的，然后裁定申请书对规定的征税的必要因素是否均有指控以及是否含有支持该申请的申请人提供的合理的可获得的资料，并裁定申请是否为国内产业或代表国内产业递交的。

（B）时限的展期。在行政当局需要进行民意测验或以其他方法裁定国内产业对该申请的支持时，行政当局可以在特殊情况下，将“20天”延长至“最多40天”。

（2）肯定性裁定

如果裁定均成立，行政当局应发起调查以裁定目标产品是否正在或将要以低于其公平价值的价格在美国销售。

（3）否定性裁定

如果裁定不能成立，行政当局应驳回申请，终止程序，并书面通知申请人该裁定的理由。

（4）对国内产业支持的裁定

（A）一般规定

行政当局应确定，申请由产业或代表产业提起，如果：

（ⅰ）支持申请的国内生产商或工人至少占国内同类产品总生产量的25%；且（ⅱ）支持申请的国内生产商或工人至少占生产同类产品的表示支持或反对申请的国内产业的生产量的50%。

（B）不予考虑的一些情形

（ⅰ）与外国生产商有关系的本国生产商。在决定国内产业的支持时，行政当局应忽略那些反对申请的国内生产商，如果该生产商与外国生产商有关联。除非该国内生产商能证明作为国内生产商，他们的利益将因征收反倾销税而受到不利影响。（ⅱ）作为进口商的生产商。行政当局可以对同时又是被诉产品的进口商的那些同类产品的国内生产商不予考虑。

（C）区域产业的特殊规则

如果申请声称该产业系地区产业，行政当局在裁定申请是否由国内产业或代表国内产业提交时，应对国内产业进行民意测验。

（D）征求产业的意见

如果支持申请的国内生产商或工人占国内同类产品生产量的比重不足50%，行政当局应：

（ⅰ）对国内产业进行民意测验或依赖其他资料以确认是否有符合要求的对申请的支持；或（ⅱ）如果国内产业的生产商人数众多，行政当局可以在裁定国内产业支持时采用有效的统计抽样方法对国内产业进行民意测验。

（E）利害关系方的意见

在行政当局作出是否发起调查的决定前，任何将成为发起调查的合格利害关系方的人，可以就国内产业支持问题提交意见或资料。在行政当局已作出是否发起调查的决定后，将不再重新考虑就国内产业是否支持作出的裁定。

(d) 就裁定通知委员会

行政当局应立即将其作出的任何裁定通知委员会。

如果裁定是肯定的，根据行政当局与委员会可能建立的，防止没有信息提供者的同意或未根据保护令，披露行政当局给予保密对待的资料的程序，向委员会提供其可能掌握的有关调查的信息。

(e) 紧急情况下的资料

如果在发起调查后的任何时间，行政当局认为有合理根据怀疑：

(1) 该产品有在美国倾销或在其他地方倾销的历史，或 (2) 进口该产品的进口商知道或应当知道该产品的出口商以低于其公平价值的价格销售目标产品，则行政当局可以要求海关专员就该产品的进口加快编制资料。一经收到该种请求，海关专员应当收集入境的该产品的数量和价值的资料，并根据行政当局指定的时间提交资料（至少30天一次），直至作出了最终裁决，终止调查或行政当局撤销了该种要求。

第1673b节 初步裁定

(a) 委员会就损害存在合理迹象的裁定

(1) 一般规则

除非申请被行政当局驳回，委员会应当在规定的时限内，根据在作出裁定时所掌握的资料，裁定是否存在合理的证据表明：(A) 美国的一项产业 (ⅰ) 受到实质性损害；或 (ⅱ) 受到实质性损害威胁，或 (B) 美国某一产业的建立受到实质性阻碍，是由于该产品的进口，并且该产品的进口是不可忽略的。

如果委员会发现该产品的进口可忽略，或作出了否定的裁定，调查应终止。

(2) 委员会裁定的时限

委员会应于下列时间内作出 (1) 的裁定：

(A) 在申请是由代表国内产业提出的情形下，委员会应在收到申请之日后的45天内；或者如果行政当局依据产业意见调查之需要延长了裁决时间，则委员会应在收到行政当局发起调查的通知之日后的25天内作出裁定；并且 (B) 在调查是由行政当局决定发起的情形下，委员会应在收到行政当局发起调查的通知之日后的40天内作出裁定。

(b) 行政当局的初步裁定

（1）反倾销调查的期限

（A）除非另有规定，行政当局应在自发起调查之日起的140天内根据裁定时所掌握的资料，裁定是否有合理依据相信或怀疑该产品正在或将以低于其公平价值的价格销售。（B）涉及的短周期产品：如果作为二次违反者的生产商占该调查产品的重大比例，则将“100天”延长至“140天”；或者如果作为多次违反者的生产商占该调查产品的重大比例，则将“80天”延长至“140天”。

“二次违反者”是指一个已两次被裁定存在倾销的短周期产品的生产商。

“多次违反者”是指一个已三次以上被裁定存在倾销的短周期产品的生产商。

（2）放弃核实资料权利的初步裁定

行政当局应在发起调查后的75天内促使一个指定的官员审查在发起调查后60天内收到的有关该案的资料以及如果有足够的资料显示可以据此作出初步裁定，当任何一当事方要求披露信息时，则向申请人或任何利害关系方披露所有获得的非秘密资料和所有应当披露的其他信息。

在此种披露后的3天内（不包括周六、周日和法定公共假日）对之进行资料披露的申请人和每个当事方都可以向行政当局提供一个书面的不可撤销的对资料核实的弃权书，即就行政当局收到的资料放弃核实的权利以及一个不可撤销的书面协议，愿意让行政当局根据那时记录的已获得的资料作出初步裁定。

如果行政当局从对之进行了资料披露的申请人和每个当事方那里及时地收到了弃权声明和同意协议以及行政当局发现作出合理的初步裁决的资料已充足，则在发起调查后的90天内，根据发起调查后60天内汇集的资料作出最初裁定。

（3）可忽略的倾销幅度

行政当局应对任何微小的加权平均倾销幅度予以忽略，如果倾销幅度不足该产品从价税的2%或相当的特定比率，则认为加权平均倾销幅度是微小的。

（c）对特别复杂案件的延期

（ⅰ）该案由于以下原因变得异常复杂：（Ⅰ）需调查的交易或需考虑的调整数量众多并且复杂；（Ⅱ）出现的问题是新问题；或（Ⅲ）必须调查的厂家数量众多；和（ⅱ）初步裁定需更多的时间。

行政当局可以推迟作出初步裁定，但不得迟于行政当局发起调查之日后的190天，除非申请人递交书面申请，向行政当局表明同意展期。

（d）行政当局裁定的效力

如果行政当局的初步裁定是肯定的，则行政当局应当；

（1）为单独调查的每一位出口商和生产商裁定一个估计的加权平均倾销幅度，和为没有单独调查的所有出口商和生产商裁定一个估计的“所有其他人”倾销幅度。

应当对每笔入境的该产品，命令其提供行政当局认为合适的押金、保证金或其他保证，数额根据估计的加权平均倾销幅度或估计的“所有其他人”倾销幅度确定，从其中选适用的一种。

（2）根据该裁定，应当命令在下述较晚的日期中止对该产品入境的清关：裁定在《联邦公报》上公布的日期；或发起调查的通知在《联邦公报》上公布后的60天。

（3）应当向委员会提交所有该裁定根据的、并且委员会认为与委员会作出损害裁定相关的资料，行政当局与委员会应制定一种提交程序来防止对行政当局给予保密对待的资料的披露，但当事方同意披露或在保护命令下的披露除外。

行政当局根据（1）和（2）指示的有效期不得超过4个月，但经代表该产品出口的相当比例的出口商的请求，行政当局可延长至6个月。

（e）紧急情况下的裁定

（1）一般规定

如果申请人在他的最初申请中或在行政当局作出最终裁定日前20天的任何时间作出的修改中指称存在紧急情形，则行政当局应立即根据那时它所掌握的信息，裁定是否有合理根据相信或怀疑：（A）进入美国或其他地区的该进口倾销产品存在倾销和实质性损害的历史，或进口该产品的人知道或应当知道出口商在以低于公平价值的价格销售该产品并且由于此种销售，有可能会带来实质性损害；且（B）该产品在一段相对较短的时期大量进口。

（2）中止清关

如果行政当局的裁定是肯定的，则中止清关。

（f）裁定的通知

当委员会或行政当局在本节项下作出裁定时，委员会或行政当局（根据个案情况）应就此项裁定通知申请人以及调查的其他各方和委员会或行政当局（合适的那一个）。行政当局在此项通知中应包括裁定所根据的事实与结论。在裁定作出的期间届满后5天内，委员会应将其裁定所根据的事实与结论通知行政当局。

第1673c节　调查的终止或中止

（a）调查因撤销申请而终止

（1）一般规定

（A）申请的撤销。在申请人撤销申请或行政当局自行撤销申请时，在行政当局或委员会通知调查各方后，可以终止本章下的调查。（B）再次提起申请。如果在撤销申请后3个月内，又提出了一项新的申请，要求就撤销了申请的产品和来自于另一国的该产品征收反倾销税，则行政当局和委员会可以在根据新的申请发起的调查中使用就已撤销了的申请进行的调查所收集到的资料。

（2）对数量限制协议的特殊规定

（A）一般规定。行政当局可以不因接受限制该产品对美国进口数量的谅解协议或其他协议而作出终止调查决定，除非行政当局满意地认为根据这种协议终止调查是出于公共利益。

（B）公共利益因素。作出有关公共利益的决定时，行政当局应当考虑：（ⅰ）根据对消费价格的相关影响和该商品供应的充足性，该协议是否会对美国消费者产生比对该产品征收反倾销税更不利的影响；（ⅱ）对美国国际经济利益的相关影响；和（ⅲ）对生产同类产品的国内产业的竞争力的相关影响，包括对该产业就业和投资的影响。

（C）预先协商。在作出关于公共利益的决定前，行政当局应在可行的范围内，询问：（ⅰ）受到潜在影响的消费产业，和（ⅱ）受到潜在影响的同类产品的国内产业的生产商和工人，包括不属于调查当事方的生产商和工人。

（3）委员会终止调查的限制

委员会不能终止调查，除非行政当局已作出了初步裁定。

（b）完全消除低于公平价值销售或停止该产品出口的协议

行政当局可以中止调查，如果占该产品几乎全部进口额的出口商（们）同意：（1）在中止调查日后6个月内，停止对美国出口该产品，或者（2）修改价格以完全消除协议产品的公平价值高于出口价格（或构成出口价格）的差额部分。

（c）消除损害影响的协议

（1）一般规定

如果行政当局裁定案件情况非常特殊，它可以在接受占该产品几乎全部进口额的出口商（们）的修改价格协议后中止调查，如果该修改价格协议能够完全消除该出口产品对美国的损害以及如果：（A）可以阻止国内同类产品因该进口产品而受到的价格抑制或降低；且（B）每一位出口商的每一笔进口货物的估计公平价值高于出口价格（或构成出口价格）的差额都不超过加权平均差额的15%。加权平均差额是指在调查期间所检查的出口商的所有低于公平价值的进口的估计公平价值高于出口价格（或构成出口价格）的差额。

(2)“非常特殊情况”的定义

(A) 非正常情况是指：（ⅰ）中止调查比继续调查对国内产业更有益，和（ⅱ）调查是很复杂的。

(B)“复杂”一词是指：（ⅰ）需要调查的交易或考虑的调整为数众多；（ⅱ）出现的问题是新问题；或（ⅲ）牵涉到的企业数量众多。

(d) 其他规定和条件

行政当局不应接受一项本节（b）或（c）项下的协议，除非：（1）它满意地认为中止调查是出于公共利益，和（2）美国可以对该协议进行有效的监管。如果实际可行，行政当局应向协议中的出口商（们）提供不接受该协议的原因以及在可能的范围内，给他们一个机会就此提出意见。

(e) 中止调查的程序

中止一项调查之前，行政当局应当：

(1) 将其中止该项调查的意图通知申请人并询问申请人，并且在行政当局中止调查日至少30天前通知其他调查各当事方和委员会；（2）在通知申请人的同时提供一份协议草案的副本以及对该协议如何履行或执行的解释，和该协议如何符合和满足要求的解释；（3）允许所有的利害关系方在中止调查通知公布日之前，为此提交意见和资料。

(f) 中止调查的效力

(1) 一般原则

如果行政当局接受（b）或（c）规定的协议，并据此裁定中止调查，则行政当局应中止调查，公布中止调查的通知，并就该产品发布肯定性的最初裁定；委员会应中止其对该产品正在进行的调查；中止调查于公告通知之日生效。

(2) 进口清关

如果行政当局接受的是（b）所指的协定，则对该进口产品的清关不应中止；如果根据同一案件先前作出的肯定性最初裁定中止了对该货物进口的清关，则对清关的中止应当终止；且已交的押金、保证金或其他保证予以退还或取消。

如果行政当局接受的是（c）所指的协定，则对该产品进口的清关应予以中止，或者如果对该产品进口的清关已根据同一案件先前作出的肯定性的最初裁定予以中止，则此项中止清关应继续有效，所要求的保证应予以调整以反映该协议的效果。

（3）调查继续进行

如果行政当局或委员会作出最终裁定是否定的，则该协议不再有效力，并且调查应终止；或如果行政当局和委员会在该节项下的最终裁定是肯定的，则该协议应继续有效。

（g）应要求继续的调查

如果行政当局在公布中止调查通知之日后的20天内，从以下各方收到请求继续调查的要求。该要求来自（1）占对美国出口的该产品出口额重大比例的生产商或生产商们，或（2）作为调查当事方的利害关系方，则行政当局与委员会应当继续调查。

（h）对中止的复审

（1）一般原则

中止一项调查后20天内，调查当事方又是利害关系方的当事方，可以通过向委员会提交申请，并向行政当局发出通知，请求对此项中止进行复审。

（2）委员会调查

委员会在收到复审请求后，在该请求递交日后75天内，决定该产品进口引起的损害是否已因协议而完全消除。如果委员会的决定是否定的，调查应于公布该决定之日重新恢复。

（3）复审期间继续中止清关

对该产品入境中止清关应自在《联邦公报》上公布中止调查通知日起第20天终止；或者如果关于中止调查的复审得出肯定的裁定，则是公布委员会此肯定的裁定之日。如果委员会的裁定是肯定的，则行政当局应终止的中止清关和要求提供的保证金、其他担保和押金应予以取消或退还。

（ⅰ）协议的违反

（1）一般规定

如果行政当局认为协议正在或已经遭到违反，或再也无法满足该小节和本节（d）的要求，则在该裁定公布当日，应当：

（A）对迟于以下日期进口的未清关货物中止清关：（ⅰ）中止清关通

知公布前 90 天；或（ii）这些货物首次入仓或被提出仓库以供消费之日。（B）如果调查没有结束则恢复调查，则如同在本段的裁定日作出肯定性的初步裁定。（C）如果调查已经结束，则发布征收反倾销税令对被中止清关的货物征收反倾销税。（D）如果行政当局裁定违反协议是故意的，则通知海关专员根据第（2）款采取相应措施和（E）将该措施通知申请方、调查过程中的各利益方和委员会。

（2）需受民事惩罚的故意违反

任何人故意违反行政当局接受的协议将受到民事惩罚。这一惩罚的数目、方式及程序与本法规定的对欺诈性违反的处罚相同。

（j）不考虑协议的裁定

在作出最终裁定时，或进行审查时，在行政当局已终止中止调查，或继续调查的案件中，委员会和行政当局应考虑所有的被调查商品，而不考虑中止协议的效果。

（k）行政当局发起的调查的终止

行政当局在通知调查各方之后可以终止发动的任何调查。

（l）对非市场经济国家的特殊规则

（1）一般规定。行政当局在接受与一非市场经济国家所达成的限制其向美国出口的被调查商品数量的协议的情况下，可中止本节项下的调查，如果行政当局确定：（A）这一协议符合要求；且（B）将阻止由于该被调查商品的进口所引起的国内产品价格的抑制或降低。

（2）协议的失败。如果行政当局确定，这一协议不再阻止被调查商品的进口，造成国内产品价格的抑制或降低，则（i）的规定不适用。

（m）地区性产业调查的特殊规则

（1）中止协议。如果委员会作出一地区性产业决定，则行政当局将向那些出口额占在该地区销售的所有涉案商品绝大多数的出口商提供一个达成协议的机会。

（2）中止协议的条件。任何协议必须符合协议的所有条件，除非委员会是在肯定性的最终裁决中，而不是在肯定性的初步裁决中作出地区性产业裁定，任何协议在反倾销令公布之后 60 天内可被接受。

（3）中止协议对反倾销令的效力。如果一个协议在反倾销令发布后被接受，则行政当局将废止反倾销令，返还现金押金或保证金，取消保证所提供的任何担保，并指示海关对在反倾销令生效期间进口的所有涉案商品予以清关放行并不予征收反倾销税。

第1673d节　最终裁定

(a) 行政当局的最终裁定

(1) 一般规定。在作出初步裁定的75天内，行政当局将对涉案商品是否正在或可能会在美国市场上以低于公平价值的价格销售作出最终裁定。

(2) 裁定期限的延长。行政当局可以将最终裁定的作出日期推迟至初步裁定作出之日后的135天内，只要下述各当事方提出书面推迟申请：(A)在对某一产品的调查中得到肯定性的初步裁定，占该被调查产品出口量相当份额的出口商；或（B）初步裁定为否定性结论的调查程序中的申请人。

(3) 紧急情况的裁定。如果行政当局的最终裁定是肯定的，且有关方主张紧急情况的存在，那么，裁定必须对以下事实作出裁定：(A) 进入美国或其他地区的该进口倾销产品存在倾销和实质性损害的历史；或进口该产品的人知道或应该知道出口商在以低于公平价值的价格销售该产品并且由于此种销售，有可能会带来实质性损害；且（B）涉案商品在一段相对较短时间内有大量的进口。即使委员会作出否定的初裁，上述裁定也可以是肯定的。

(4) 微小倾销幅度。行政当局将不考虑加权平均倾销幅度。

(b) 委员会的最终裁定

(1) 一般规定

委员会应对以下事实作出裁定：(A) 美国的一个产业是否受到实质性损害；或是否受到实质性损害威胁；或（B）在行政当局作出肯定性初裁的情况下，相关商品的进口或销售是否会对美国相关产业的建立造成实质性阻碍。

如果委员会认为涉案产品的进口是可忽略的，则调查应终止。

(2) 行政当局作出肯定性初裁后的损害裁定的期限

如果行政当局作出的初裁是肯定性的，则委员会作出损害裁定的时间将不迟于下列日期：(A) 行政当局作出肯定性初裁之日后的120天，或（B）行政当局作出肯定性最终裁定后的45天。

(3) 行政当局作出否定性初裁后的损害裁定的期限

如果行政当局作出的初裁是否定性的，但其作出的最终裁定是肯定性的，则委员会应在该肯定性的最终裁定作出后的75天内作出最终裁决。

(4) 某些额外裁决

(A) 委员会溯及适用的标准

（ⅰ）一般规定。如果行政当局所作的裁定为肯定性的，则委员会应在其最终裁决中对上述裁定所涉及的进口是否会严重削弱反倾销令的补救效力作出裁定。（ⅱ）在作出上述评估时，委员会将考虑以下相关因素：进口的时间及数量；进口存货的迅速增加和任何其他表明反倾销令的补救效力将被严重削弱的情形。

（B）如果委员会的最终裁决认为没有实质性损害但存在实质性损害威胁，则委员会在最终裁决中必须裁定，没有实质性损害是否由于行政当局作出的肯定性裁定所涉及的进口商品被中止清关所造成。

（c）最终裁决的效力

（1）行政当局作出的肯定性裁定的效力

如果行政当局作出的裁定是肯定性的，则：

（A）行政当局将向委员会提供其作出裁定所依据及委员会认为与裁定有关的所有信息。信息的提供将按照行政当局与委员会确立的防止泄露行政当局给予机密待遇的信息的程序进行，除非取得该资料提供者的同意或在“保护令”下披露。

（B）（ⅰ）行政当局应（Ⅰ）确定分别接受调查的出口商、生产商的估计的加权平均倾销幅度和（Ⅱ）根据第（5）款确定没有被分别调查的其他所有出口商、生产商的估算的“所有其他人”的倾销幅度。（ⅱ）行政当局将命令针对每一笔进口的涉案商品提供其认为适当的现金押金、保证金或其他担保，这些押金、保证金或其他担保的数量依据适用的估计加权平均倾销幅度中估计的所有其他人的倾销幅度确定。

（C）当行政当局作出否定性的初裁时，行政当局应命令中止货物清关。

（2）命令的发布；否定裁决的效力

如果行政当局与委员会作出的裁决均是肯定的，则行政当局应发布征收反倾销税令。如果上述两项裁决中的任何一项是否定的，则调查将在发布否定性裁决的当日终止，并且行政当局应：

（A）终止中止清关；（B）退还或解除现金押金、保证金或其他担保。

（3）否定裁决的效力

如果行政当局或委员会分别作出的裁决是否定的，那么，行政当局应：

（A）终止中止清关令溯及适用的效力；（B）退还或解除针对有关货物的进口提供的押金、保证金或其他担保，这些货物的进口清关依据行政当局的命令被溯及地中止。

（4）肯定裁决的效力

如果行政当局作出的裁决是肯定的，那么，行政当局应：

（A）继续溯及既往的命令中止清关和提交押金、保证金或其他担保；（B）如果行政当局作出的初裁是肯定的，而终裁是否定的，则行政当局应修改相应的中止清关令及规定的担保要求以适用于在中止清关令发布之前90天内为消费而入关或从仓库提取的未清关的产品。（C）如果行政当局作出的初裁是否定的，则所有的中止清关令及规定的担保要求将适用于在中止清关令发布之前90天内为消费而入关或从仓库提取的未清关的产品。

（5）估计的“所有其他人”倾销幅度

（A）一般规定。估计的“所有其他人”倾销幅度是指一个等同于被个别调查的出口商与生产商的估算加权平均倾销幅度的加权平均数量，不包括零幅度、最小幅度及依可获得事实所确定的幅度。（B）例外。如果确定所有接受个别调查的出口商及生产商的估算加权平均倾销幅度为零或最小，或这一幅度的确定完全是依可获得事实作出的，行政当局将可以使用任何合理的方法来确定未接受个别调查的出口商与生产商的估计的“所有其他人”倾销幅度，包括对接受个别调查的出口商与生产商的加权平均倾销幅度进行简单平均。

（d）裁定通知的发布

行政当局或委员会在依据本节作出任何裁定时，必须将裁定的内容及其依据的事实与法律结论相互通知对方，同时通知申请人及调查的有关各方，并将裁定的通知刊登于《联邦公报》上。

（e）文书错误的更正

行政当局应建立一套程序以及在本节所述的最终裁决发布之后的合理时间内，更正在最终裁决中的文书错误。这一程序将保证所有利益各方有机会针对这类错误提出他们自己的看法，在本节中，“文书错误”包括加、减及其他数学计算方面的错误，由于不准确的抄写、复制和类似情况造成的抄写错误及其他行政当局认为属于行政方面的非故意造成的错误。

第1673e节　税额的确定

（a）反倾销税令的发布

在接到委员会作出的肯定裁决的通知后7天内，行政当局应发布反倾销税令，该令：

（1）指示海关官员确定反倾销税额，这一税额等于行政当局收到确定税额依据的满意信息后的6个月内该商品的公平价值超过出口价格（或推定出口价格）的数额，但无论如何不得迟于（A）生产商或出口商的会计年度结束后12个月（在该期限内该商品为消费而入关或从仓库中提取），或（B）在向美国出口前该商品没有销售的情形下，生产商或出口商的会计年度结束后的12个月（在该期限内该商品在美国销售给不是该商品出口商的人）；

（2）包括对涉案商品的描述，并达到行政当局认为必要的详细程度；和；

（3）要求在涉案商品进口清关前交纳确定的反倾销税押金，交纳的时间与交纳该商品正常关税押金的时间相同。

（b）反倾销税的征收

（1）一般规定。如果委员会作出的最终裁决认为造成实质性损害，或者实质性损害威胁仅仅是因为执行中止清关而没有变为损害事实，则被中止清关的该商品的进口应被征收反倾销税。

（2）特殊规则。如果委员会作出的最终裁决认为有造成实质性损害威胁，但与（1）款所述实质性损害威胁不同，或者认为对美国某一产业的建立构成实质性阻碍，则在委员会作出的肯定裁决的通知发布后，涉案商品应被确定征收反倾销税，并且行政当局应退回或解除在该日前涉案商品为保证交纳反倾销税而提供的保证金、保函或其他担保。

（c）早期税额决定作出前为估计税额所提供的担保

（1）免除估计税押金的条件

行政当局可以允许，在不超过（a）命令发布之日后的90天内，提交保函或其他担保以替代（a）（3）要求的交纳估计的反倾销税保证金。如果：（A）由于下列原因，调查没有被指定为非正常复杂案件（ⅰ）需要调查的交易或需要作出的调整的数量和复杂性；（ⅱ）提出问题的新奇性；或（ⅲ）其活动需要调查的厂商的数量；（B）调查中的终局裁决没有延期；（C）在制造商、生产商或出口商以行政当局要求的形式和期限内提交给行政当局的信息的基础上，行政当局相信在（a）命令公布后的90天内，会作出对命令中规定的所有制造商、生产商或出口商的产品公平价值和出口价格（出口构成价格）的裁定，该产品在下列通知公布日或之后并在委员会作出肯定性终裁前，为消费入关或从仓库中提取：（ⅰ）行政当局作出肯定性初裁；或（ⅱ）如果初裁是否定性的，但终裁是肯定性的；（D）（C）规定的一方提供了可信赖的证据，表明商品的公平价值超过出口价格（推定出口价格）的数量明显少于（a）反倾销税令规定的超出数额；且（E）有关公平价值和出口价格（或推定出口价格）的数据适用于以通常商业数量并在正常的贸易过程中的销售，该销售的数量足以形成充分的比较基础。

（2）通知；听证

如果行政当局允许为预交的估算的反倾销税提供保证金，应：（A）在《联邦公报》上刊登其行动通知；（B）在确定商品的公平价值与出口价格（或推定出口价格）之前，就有关利益方的申请举行听证会。

（3）作为反倾销税基础的裁定

行政当局应在《联邦公报》上刊登有关公平价值与出口价格（推定出口价格）裁定的结果，这一裁定应作为本节通知所涉及商品的进口确定其反倾销税的基础，同时也作为制造商、生产商或出口商制造或出口的商品，在未来进口时确定其预交反倾销税的基础。

（4）商业秘密信息的提供；书面意见

在作出是否允许以提供保函或其他担保来替代估算的反倾销税保证金的裁定前，行政当局应：

（A）向所有的利益方，以保护令的形式，提供所有的商业专有信息；（B）向所有的利益方提供针对是否允许以提供保函或其他担保来替代估算的反倾销税保证金发表书面意见的机会。

（d）对地区性产业的特殊规则

（1）一般规定。在委员会作出地区性产业裁决的调查中，行政当局将在最大可能的限度内，将估税范围限制在调查阶段所涉及地区具体的出口商或生产商所出口或生产的涉案商品。

（2）对新的出口商和生产商的例外。在反倾销税令发布之后，如果行政当局发现一新的出口商或生产商正向有关地区出口涉案商品，行政当局应指令对新的出口商或生产商出口或生产的涉案商品估定税额。

第1673f节　对估算的反倾销税保证金与反倾销税令最终核定的关税差额的处理

（a）据1673b（d）（1）（B）估算的反倾销税的保证金

如果被估算的保证金的数额，或者依此估算要求的保函或其他担保提供的金额，与根据反倾销税命令所决定的反倾销税金额不同，则在委员会所作的肯定性裁决的通知公布之前，为消费而入关或从仓库提取的商品的入关的差额：（1）保证金、保函或其他担保低于反倾销税令所定税额范围的，则不予考虑；或者（2）保证金、保函或其他担保高于反倾销税令所定税额范围的，则应予以退回或者解除。

（b）据1673e（a）（3）估算的反倾销税的保证金

如果所交存的估算的反倾销税保证金的数额，与根据公布的反倾销税令所裁定的反倾销税金额不同，则在委员会所作的肯定性裁决的通知公布之前，为消费而入关或从仓库提取的商品的入关的差额：（1）保证金低于反倾销税令所定税额范围的，应予征收；或者（2）保证金高于反倾销税令所定税额范围的，应连同利息一起退回。

第1673g节　反倾销税的有条件支付

（a）一般规定

对于所有在反倾销税令公布之日或之后为消费而入关或者自仓库提取的反倾销税令所规定的商品，海关官员不得将此等类别或种类的商品交给进口商品的人或者因此而进口商品的人，除非此人符合（b）的要求，并且向适当的海关官员，按照行政当局评估的反倾销税税额交付了保证金。

（b）进口商要求

为满足本节要求，进口商应：

（1）向适当的海关官员提供进口商品的出口价格（或者推定出口价格）所必需的信息，和行政当局认为据本分章征收的任何反倾销税所必需的其他信息；（2）保存并向海关官员提供行政当局根据规定所需要的有关商品销售的记录；（3）向海关官员宣誓他不是出口商，或者如果他是出口商向海关官员申报已知的商品的推定出口价格，或者当时不知，在商品在美国销售或成为销售协议的标的的30天内申报；（4）向海关官员支付或者同意支付反倾销税税额。

第1673h节　对短生命周期产品的分类

（a）产品的分类

（1）请求

（A）一般规定。在商品成为两个或者两个以上的肯定性倾销裁定之后的任何时间，有资格的国内组织可向委员会提出请求，要求建立关于短生命周期的产品的分类。

（B）内容。据（A）提交的请求应：（ⅰ）指明作为肯定性倾销裁定对象的短生命周期产品；（ⅱ）详细列明申请人要求包括在与肯定性倾销裁定的产品同一种类中的短生命周期产品；（ⅲ）详细列明申请人特别从产品种类中排除的短生命周期产品；（ⅳ）提供（ⅱ）和（ⅲ）包括和排除的理由；（v）根据美国统一关税使用的名称指明该商品。

（2）对请求充分性的裁定

收到（1）项请求后，委员会应当（A）要求行政当局立即确认作为请示之基础的肯定性裁决；且（B）裁定被确定的肯定性裁决所涉及的商品是否为短生命周期商品以及裁定申请人是否为有资格的国内组织。

（3）通知；听证

如果裁定是肯定性的，（A）委员会应当在《联邦公报》上公布收到请求的通知以及（B）就被要求的产品分类提供发表意见的机会，包括公开听证的机会，如果有任何利害方要求的话。

（4）裁定

（A）一般规定。在不迟于发出请求之日后的90天内，委员会应当裁定短生命周期产品的范围，并指明该产品是在该请求中确定的肯定性倾销裁定的对象。（B）申请人没有要求的修正。（ⅰ）委员会可随时自行作出裁定，修正已建立的任何产品分类的范围。但（ⅱ）委员会仅可在已采取下列行动后，才能作出修正的裁定：（Ⅰ）在《联邦公报》上公布建议修改的通知；且（Ⅱ）为利害方提供了听证的机会与提交书面意见的时间。（C）裁定的基础。在作出（A）和（B）的裁定时，委员会应确保每个产品分类由相似的短生命周期商品组成，该短生命周期商品是通过相似的流程，在相似条件下生产，并且具有相似的用途。

（b）定义

（1）合格的国内组织。指美国的制造商或生产者，或者是代表美国产业的经认证的协会或经承认的协会或工人组织，而该商品与两个或两个以上的肯定性倾销裁定对象的其他商品相似或直接竞争，或者与该其他商品相似，以至于足以让人认为与该商品一同归入根据这一节建立的产品监控分类。

（2）肯定性倾销裁定。肯定性的倾销裁定是指（A）在提交请求之前的8年期间内，由行政当局作出的任何肯定性的最终裁定，该裁定导致发布的反倾销税令要求提交不低于从价税的15%的估算的反倾销税的保证金；或者（B）任何肯定性的初步裁定（ⅰ）在提交请求之前的8年期间内，行政当局在调查的过程中，由于中止清关的原因没有作出最终裁定；且（ⅱ）商品正常价格超过出口价格（或者推定出口价格）的评估的平均数额不低于从价税15%的裁定。

（3）肯定性倾销裁定的被调查商品。一制造商的短生命周期商品应被视为肯定性倾销裁定的对象，就制造商短生命周期商品的正常价格超过该商品的出口价格，作出单独的裁定；并且特别确认具有在肯定性倾销裁定或者作为肯定性倾销裁定的结果而发出的反倾销税命令里的制造商名称。

(4) 短生命周期商品。“短生命周期商品”是指委员会断定可能在投入商业销售之后4年内，由于技术的进步会变得过时的任何产品。“过时”是指不再具有新颖技术的一种形式。

第1675节 对决定的行政复审

(a) 定期复审

(1) 一般规定

反倾销税的实施决定或中止调查的通知发布一周年后，应至少于每12个月内复审一次，行政当局应在收到有关方面的请求和在《联邦公报》上公布复审的通知后（A）复审并重新确定反倾销税税额或税率；且（B）根据达成的关于中止调查的协议，审查协议的执行情况和倾销幅度，并把复审结果、重新核定的税率或税额或应收取的保证金或重新开展调查的通知发布在《联邦公报》上。

(2) 反倾销的确定

(A) 行政当局应确定每批受调查产品的公平价值和出口价格（或出口构成价格）和每批进口产品的倾销幅度。

(B) 为新出现的出口商和生产商确定反倾销税税率或税额。

(ⅰ) 一般规定。如果行政当局收到受调查产品的某一出口商或生产商的请求并且能证明该出口商或生产商在调查期间没有向美国出口被实施反倾销税的有关产品；且该出口商或生产商与在调查期间向美国出口被调查产品的任一出口商或生产商没有关联关系，则行政当局应根据本款的规定，为该出口商或生产商分别确定其倾销幅度。(ⅱ) 审查期限。在反倾销税令公布日开始的6个月期限届满后开始的自然月，或在此之后6个月期限届满后开始的自然月，行政当局应依据（ⅰ）开始审查，如果要求审查的申请是在该6个月期限内提出的。(ⅲ) 提供保函或担保。行政当局应于复审开始时，指示海关部门允许进口商选择在复审结束前提供保函或担保以代替交纳被复审产品的每批进口保证金。(ⅳ) 时间限制。行政当局应于复审开始之日起180天内作出初裁，并于初裁发布后90天内作出终裁。如果行政当局认为案件十分复杂，上述180天期限可延长到300天，90天期限可延长到150天。

(C) 裁定的效力

本段的裁定应是裁定产品入关时确定反倾销税和估算保证金的基础。

(3) 时限

(A) 初裁和终裁。行政当局应在征收反倾销税的决定、有关结论或中止调查协议公布周年日所在月份的最后一天后的 245 天内作出初裁，并在自初裁发布之日后的 120 天内作出终裁。如确定无法在上述期限内结束复审，行政当局可以将上述 245 天期限延长为 365 天，将 120 天期限延长为 180 天。如果终裁能在初裁发布之日起 300 天内作出，则行政当局可以只延长终裁的期限而不延长初裁的期限。

(B) 进口清关。如果行政当局根据复审结果下令进口产品清关，则清关应立即进行，最迟应在向海关发出指示后的 90 天内完成。如果海关不能在 90 天内清关，财政部长依有关方面的请求，应说明其中的原因。

(C) 司法审查的效力。如果终局裁定正在接受司法审查和已根据清关指示或根据有关规定中止清关，则行政当局应在司法审查裁决作出后的 10 天内，将该决定发布于《联邦公报》上，并根据审查结果，向海关发出有关清关指示。在此情况下，90 天期限将从行政当局发出上述指示之日起起算。

(4) 反倾销税的吸收。在作出的反倾销税决定发布 2 年或 4 年后的复审期间，行政当局可根据请求，裁定实施的反倾销税是否被国外生产商或出口商因与美国国内的进口商之间存在的关联关系而吸收。行政当局应通知委员会关于该反倾销税被吸收的调查结论，以便委员会能在复审时进行参考。

(b) 基于情势变更的复审

(1) 一般规定

只要行政当局或委员会收到有关信息材料，或有利害关系方要求对以下内容进行复审：(A) 一项肯定性最终裁决的反倾销税命令；(B) 接受的中止协议；(C) 继续调查的肯定性终裁显示情况发生了变化，并要求对作出的终裁或达成的协议展开复审，则行政当局或委员会应在《联邦公报》上公布复审决定并对上述裁定或协议展开复审。

(2) 委员会审查

委员会应 (A) 裁定撤销上述命令或决定是否会导致实质损害继续存在或重新出现；(B) 裁定中止协议是否会继续完全消除被诉产品进口造成的损害影响；且 (C) 在已开展的继续调查导致的肯定性终裁中，则裁定终止中止协议是否会导致实质损害继续存在或重新出现。

(3) 举证责任。在委员会根据本条开展复审期间有关方面要撤销反倾销税的决定或有关结论，则应举证说明情况确实发生了变化，并足以应全面终止调查或中止协议。

(4) 对审查期限的限制

如果没有适当的理由，在裁定或中止通知公布后的24个月内，委员会不应审查其作出的终局裁定，或中止的调查；且行政当局也不应审查其作出的终局裁定，或中止的调查。

(c) 5年期复审

(1) 一般规定

通常，以下内容自发布之日起5年后，行政当局或委员会应进行复审，以确定撤销反倾销的决定或全面终止调查是否会导致继续存在或重新出现倾销及其实质损害：(A) 反倾销税的决定或中止调查的通知；(B) 关于维持命令或中止协议的裁定。

(2) 发起复审的通知

自所指日期开始5周年届满30天前，行政当局应在《联邦公报》上发布将根据本条进行复审的通知，同时要求有关方面提交：(A) 表示愿意参与复审活动并按行政当局和委员会的要求提供有关信息材料的声明；(B) 关于撤销实施反倾销税的命令或全面终止调查可能带来的后果的说明；(C) 以及行政当局或委员会可能要求的其他信息材料或产业数据。

(3) 对复审通知的答复

(A) 没有答复。如果有关方面对复审通知没有任何回应，行政当局应于复审开始后的90天内发布最终裁定，撤销反倾销的命令或全面终止调查。(B) 不充分的答复。如果有关方面对通知的答复不够完整，行政当局应于复审开始后的120天内，或者委员会在复审开始后的150天内，基于已掌握材料发布最终裁定，而无须做进一步调查。

(4) 有关利益方放弃参与的复审

如果某一利益方根据本节放弃参与复审，行政当局应裁定，撤销反倾销的决定或全面终止调查将可能导致有关该利益方的倾销的继续或恢复。

(5) 复审的进行

(A) 完成审查的时间限制。除非根据规定完成复审，行政当局应自复审开始之日起240天内作出终裁。如果行政当局作出肯定的终裁，委员会应在自复审开始之日起360天内作出终裁。(B) 时间限制的延长。如果行政当局或委员会裁定案件为特别复杂，他们可以延长作出裁决的期限至多90天。如果行政当局延长作出终裁的期限，但委员会没有延长作出终裁的决定，则委员会应在行政当局的最终裁决发布之日后120天内作出最终裁决。

(C) 特别复杂的情况。属于特别复杂的情况：(ⅰ) 有大量需要处理的情况；（ⅱ）需处理的问题异常复杂；（ⅲ）涉及数量庞大的公司；（ⅳ）实施反倾销税的命令或中止调查属于本款D项的情况，或对某一过渡命令的复审。

（D）分组审查。委员会经与行政当局协商，可以对将受复审的有关命令或中止的调查进行分类，如果其认为这种分类既合理又会提高行政效率。如果对这些决定或中止的调查进行了分类，则委员会应自行政当局对分类表中最后的决定或协议作出终裁的通知发布后的120天内作出终裁。

（6）特殊过渡规则

（A）对过渡性命令复审的程序。（ⅰ）发起。所有过渡命令的复审都应于该命令发布后第42个日历月开始，且应不晚于该命令发布5周年日发起。（ⅱ）完成。过渡性命令的审查应不晚于发起审查后的18个月完成；所有过渡性命令的审查应不晚于该命令发布5周年后的18个月完成。（ⅲ）嗣后审查。上述时限同样适用于所有嗣后过渡性命令5年限的复审，但以“维持原命令的裁定日”代替“命令发布日”。（ⅳ）撤销和终止。任何过渡性命令都不能在世界贸易组织协议对美国生效之日起5年期限届满前被撤销。

（B）过渡复审的顺序。行政当局经与委员会协商，应本着适当地提高行政效率的原则，先作出的命令应尽可能先行复审。

（C）过渡命令的定义。过渡命令是指实施反倾销税的决定或指《1921年反倾销法》中的结论；或中止某一调查。

（D）过渡命令的发布日。过渡命令将视为在WTO协定对美国生效日发布，如果该命令是依据管理当局和委员会进行的调查。

（d）命令或结论的撤销；已中止调查的终止

（1）一般规定

行政当局可经复审后全部或部分撤销某一反倾销税的决定或作出的结论，或终止已中止的某一调查。

（2）5年审查

在据本节（c）进行的审查中，行政当局应撤销某一反倾销税决定或结论，或终止已中止的某一调查，除非行政当局裁决认为，倾销可能继续存在或再次出现，且委员会裁决认为，实质损害可能继续存在或重新出现。

（3）撤销或终止的适用

撤销某一决定或结论或终止调查的裁定应适用于自该裁定作出之日或此后入关或从仓库提取用于消费的未清关产品。

（e）听证

行政当局或委员会应根据某一有关方面的请求，举行与审查有关的听证。

(f) 不再存在中止协议的裁定

如果委员会的裁定是否定的，中止协议将视为从委员会的裁定发布之日起未被接受，行政当局和委员会应继续审理，并视中止协议已被违反，除非后来发布的任何决定都未对在上述日期前为消费而入关或从仓库提取的货物实施反倾销税。

(j) 文书错误的更正

行政当局应制定一程序，以使文书错误能在有关最终裁定发布后合理期限内得以更正，该程序应确保有关利益方能对该错误提出意见。“文书错误”一词包括加、减或其他计算方面的错误及复制、复印或类似其他非故意行为产生的错误。

第1675a节 有关第1675节(b)和(c)复审的特殊规则

(a) 关于实质损害继续存在或重新出现的可能性的裁定

(1) 一般规定

在行政审查中，委员会应当裁定，如果要撤销某一决定或终止已中止的调查在可以预见的合理期限内是否可能导致实质损害的继续或恢复。委员会应考虑，如果撤销某一决定或终止已中止的调查，有关产品可能的进口数量、进口价格或对国内产业的影响。委员会应考虑：(A) 有关决定作出或中止协议被接受前所作出的损害裁定，包括进口数量、价格影响及对有关产业的影响；(B) 有关产业状况的改善是否与相关决定或中止协议有一定关系；(C) 若撤销该决定或中止协议有关产业是否会轻易受到损害及行政当局作出的关于关税吸收的调查结论。

(2) 数量

在评估撤销有关决定或终止已中止的调查后有关产品的可能进口数量时，委员会应考虑有关决定被撤销或全面终止调查后有关产品的可能进口量是否为绝对庞大或相对于美国国内的生产和消费量相对庞大。应全面考虑的有关经济因素包括：(A) 出口国生产能力的潜在提高及现有未利用的生产能力；(B) 有关产品的现有库存的潜在增长；(C) 有关产品向美国以外国家出口的现有障碍；(D) 若该外国的有关产品的生产能力现被用于生产其他产品，则潜在的生产转移能力情况。

(3) 价格

在评估撤销有关决定或终止已中止的调查后有关产品进口对价格的影响时，委员会应考虑：（A）和国内相似产品相比，有关产品的进口可能造成的急剧削价；（B）有关产品在美国的出口价格对国内生产的相似产品的价格可能带来的严重抑制和挑战。

（4）对国内产业的影响

在评估撤销有关决定或终止已中止的调查后有关产品进口对产业的可能影响时，委员会应该考虑可能影响美国有关国内产业现状的所有相关经济因素，包括但不限于：（A）在产量、销量、市场份额、利润、生产力、投资收益和生产能力利用等方面的潜在下降；（B）对现金流量、库存、就业、工资、增长、筹资能力和投资等方面造成的潜在负面影响；（C）对有关产业当前的发展和生产开拓能力，包括在国内相似产品的衍生产品和更新换代产品的开发开拓能力方面可能造成的消极影响。

委员会应在一定的商业周期范围内和该有关产业特殊的竞争环境下评估本款的所有相关经济因素。

（5）裁定根据

委员会应予考虑的某一有关因素的存在或不存在，都不应必定导致委员会裁定有关决定被撤销或调查被全面终止后实质损害是否会在一可合理预见的期限内可能继续存在或重新出现。在作出上述裁定时，委员会应考虑到撤销决定或终止调查的影响不会马上显现，而可能经过一段较长时期后才会表现出来。

（6）倾销幅度

在作出行政复审裁定时，委员会应考虑倾销幅度的数额。

（7）累积倾销

如果进口产品之间或其与美国国内相似产品之间存在竞争，则委员会可累积评估从所有国家进口且均在同一天受到复审的有关产品的数量和进口影响。如果委员会裁定某一进口对国内相关产业可能没有明显的负面影响，则其在评估有关产品进口的累积数量和影响时不应把该类进口考虑进去。

（8）区域性产业的特殊规则

在确定某一区域性产业的分析是否适合复审中的裁定时，委员会应考虑若撤销决定或全面终止调查后确定的标准是否能被满足。

（c）对倾销继续存在或重新出现的可能性的裁定

（1）一般规定

行政当局应裁定撤销反倾销税或全面终止有关调查是否可能导致相关产品继续或重新以低于正常价值的价格销售。行政当局应考虑：（A）过去调查和复审确定的加权平均倾销幅度和（B）反倾销税决定发布或中止协议接受前和接受后有关产品的进口数量。

（2）其他因素的考虑

如果有充分理由，行政当局也应考虑其认为有关的其他经济因素，如价格、成本和市场情况。

（3）倾销幅度的数量

行政当局应向委员会提供撤销决定或全面终止调查后可能普遍存在的倾销幅度的数额。

（4）特殊规则

（A）倾销幅度为零或最小的处理

（1）（A）所述的倾销幅度若为零或最小，则行政当局不能仅据此裁定撤销反倾销税决定或全面终止调查可能不会导致继续或重新以低于公平价值的价格销售。

（2）最小标准的适用

行政当局应适用根据税额周期的审查和基于情形变化的审查所采用的最小标准。

第1677节　定义、特殊规则

为本分章之目的

（1）行政当局

“行政当局”一词代表商务部长或依法律规定应履行本篇下行政当局职责的任何其他的美国官员。

（2）委员会

“委员会”一词系指美国国际贸易委员会。

（3）国家

“国家”一词代表一个其他国家、一个政治性实体、独立区域、或一国之属地。除了适用反倾销调查程序的目的之外，该词还可代表美国以外的2个以上国家、政治实体、独立区域或国家属地联合组成的关税联盟。

（4）产业

（A）一般规定

“产业”一词代表境内相同或类似的产品的全部生产者，或者其总产量占国内相同或相似产品全部总产量的大部分的生产者。

（B）关联方

（ⅰ）如果一个与被调查产品相同或相似的产品的境内生产者与该产品的进口经营者或出口经营者有关联，或者该生产者也是被调查产品的进口经营者，在适当的情形下，该境内生产者可能被排除在“产业”之外。（ⅱ）为适用第（ⅰ）之目的，一生产者同一出口经营者或一进口经营者将被视为有关联，前提是：（Ⅰ）该生产者直接或间接控制该出口经营者或进口经营者；（Ⅱ）出口经营者或进口经营者直接或间接控制了生产者；（Ⅲ）第三方直接或间接控制了生产者和出口经营者或进口经营者；（Ⅳ）生产者和出口经营者或进口经营者直接或间接地控制第三方，并且有理由相信这种联系导致该生产者行为不同于一非关联的生产者行为。

为适用本项，如果一方在法律上或实际操作中能对另一方作出限制或指示，即被视为直接或间接地控制后者。

（C）区域性产业

在适当情形下，美国某一特定产品市场可以被划分为2个以上市场，并且每一市场内的生产者可以被当做一单独产业，如果（ⅰ）该类市场中的生产者在该市场售出其生产的全部或几乎全部与被调查产品相同或类似的产品；（ⅱ）该市场的需求在实质程度上不是由位于国内其他区域范围内的该产品的生产者提供的。

如果倾销产品或受到国内补贴的产品集中涌入一封闭市场，并且由于倾销进口或受到其国内补贴的产品的进口使得该市场的全部或几乎全部生产者正在遭受实质损害或实质损害威胁或对建立该产业产生实质阻碍，则即使全部境内产业，或总产量占国内相同或相似产品全部总产量的大部分的生产者并未受到损害，在适当情形下，仍可能裁定存在对该产业的实质损害、实质损害威胁或对建立该产业造成实质阻碍。本项下“区域性产业”一词是指某一区域内被当做独立产业对待的境内生产者。

（D）产品线

如果现有资料允许根据诸如生产过程或生产者利润之类的标准对生产作出分别归类，那么倾销进口或补贴产品的进口造成的影响应根据该相同或相似产品的美国生产情况来加以评估。如果国内相同或相似产品的生产基于上述标准并不具有同一性，那么对倾销进口或补贴产品的进口造成的影响的评估，应建立在对包括该境内相同或相似产品在内的最狭窄的一组或一系列产品进行检查的基础之上，因为针对这类检查可以提供必要的信息。

（E）生产加工农产品的产业

（ⅰ）一般规定。依据（V）目规定，在对由初级农产品加工而成的加工农产品的调查中，该初级农产品的生产者或种植者将被视为该加工农产品产业的一部分，如果（Ⅰ）该加工农产品是该初级农产品通过一条单一连续的生产线加工而成的；并且（Ⅱ）该初级农产品的生产者或种植者同该加工农产品的加工者之间存在着经济利益实质上的一致性。根据委员会的判断，这些经济因素包括价格、市场增值或其他的经济相互关系（不论此类经济利益的一致性是否建立在法律关系的基础之上）。

（ⅱ）加工。为适用本项，某加工农产品应被视为由初级农产品通过一条单一连续生产线加工而成，如果（Ⅰ）该初级农产品实质上或全部被投入到该加工农产品的生产之中；（Ⅱ）该加工农产品实质上或全部由该初级农产品加工而成。

（ⅲ）相关经济因素。为适用（ⅰ）（Ⅱ）之目的，除了它考虑的与经济利益一致性相关的其他因素外，委员会应当（Ⅰ）在考虑价格因素时，考虑该初级农产品同加工农产品价格之间的关联程度；（Ⅱ）在考虑市场增值时，考虑该初级农产品的价值是否在加工农产品价值中占有重要比例。

（ⅳ）初级农产品

为适用本项，"初级农产品"一词是指任何农业产品和渔业产品。

（ⅴ）本项的终止

如果美国贸易代表通知行政当局和委员会，本项的适用与美国承担的国际义务不一致，则本项终止适用。

（7）实质损害

（A）一般规定

"实质损害"一词是指并非无关紧要的、非实质性的、或不重要的损害。

（B）数量及其影响

在对实质损害效果进行初裁和终裁时，委员会（ⅰ）应当考虑（Ⅰ）被调查产品的进口数量；（Ⅱ）被调查产品之进口对美国国内相同或相似产品价格的影响；（Ⅲ）该调查产品之进口对国内相同或相似产品生产者的影响，但仅限于生产者在美国本土的生产活动范围之内；和（ⅱ）可考虑与是否由于进口的原因而存在实质损害的裁定有关的其他的国内经济因素。

在终局裁定的通知中，委员会可据情况解释（ⅰ）所考虑的每一因素，并证实（ⅱ）所考虑的每一因素，并详细阐述该因素与其裁定之间的关联性。

（C）相关因素之评估

（ⅰ）数量。委员会应当考虑无论单就绝对数量而言，抑或与美国的生产或消费相比较而言，该产品的进口数量或该数量的任何增长是否重大。

（ⅱ）价格。在评估该产品的进口对价格造成的影响时，委员会应当考虑（Ⅰ）与美国国内相同或相似产品的价格相比，该进口产品是否曾经以明显的低价销售；（Ⅱ）该产品之进口是否导致价格显著下跌或显著阻碍了价格上升，而这种上升本是应该发生的。

（ⅲ）对国内产业的影响。委员会应当评估造成美国产业现状的所有相关经济因素，这些因素包括但不限于（Ⅰ）在产量、销售、市场份额、利润、生产率、投资收益和生产能力的利用等方面的实际或潜在的下降；（Ⅱ）影响国内售价的因素；（Ⅲ）在现金流动、库存、就业、工资、增长、筹措资金的能力和投资等方面的实际或潜在的消极影响；（Ⅳ）对国内产业目前的生产与发展的努力的实际或潜在的消极影响，这些努力包括试图发展该境内相同或相似产品的一种衍生或者先进型号的产品。

（ⅳ）受控制的生产。如果国内生产者将其生产的相同或相似产品的绝大部分在境内转移至生产一下游产品，并且将他们的大部分相同或相似产品在商业市场上销售，同时委员会发现（Ⅰ）已生产的在境内转移加工成下游产品的国内相同或相似产品没有进入该产品的商业市场；（Ⅱ）该国内相同或相似产品是生产下游产品的主要材料；（Ⅲ）在商业市场上出售的本国相同或相似产品并未普遍地应用于下游产品的生产，那么委员会在确定市场份额和对（ⅲ）目中列明的财政表现有影响的因素时，应当首要集中考察该境内相同或相似产品的商业市场。

（D）农产品特殊规则

（ⅰ）委员会不能因为现行市场价格达到或超过最低支持价格，便确定对美国农产品生产者不存在实质损害或实质损害的威胁。（ⅱ）针对农产品，委员会应当考虑在政府收入和价格支持计划上增加的任何负担。

（F）实质性损害威胁

（ⅰ）一般规定

在确定是否因被调查产品的进口（或进口货物的销售）造成对美国境内产业的实质性损害威胁时，在其他相关经济因素中，委员会应当考虑（Ⅱ）在考虑到其他出口市场吸收增加的出口产品的可能性之后，预示着美国对该被调查产品的进口存在大量增长可能性的出口国现有的未加以利用的生产能力或其生产能力急速大量的增长；（Ⅲ）该被调查产品进口数量和市场渗透的显著增长率，而这预示着进口有大量增长的可能；（Ⅳ）该被调查产品是否以某种价格进入，而该价格很可能会显著削减或抑制境内市场价格，并导致进一步的进口需求的增长；（Ⅴ）被调查产品的库存；（Ⅵ）产品转换的潜力，前提是国外的能生产被调查产品的设备正在被用来生产其他产品；（Ⅶ）在本篇下同时涉及一初级农产品和由该农产品加工而成的任何产品的调查中，如果委员会针对该初级农产品或该加工农产品（并非同时针对二者）作出肯定性裁定，因产品转换而导致进口增长的可能性；（Ⅷ）对现有国内产业的发展和生产的努力产生的实际或潜在的消极影响，而这些努力包括试图发展境内相同或相似产品的一种衍生的或者先进型号的产品；（Ⅸ）任何其他可证实的不利趋势，该趋势预示由于美国进口（或销售进口）被调查产品（不论当时是否正在进口）而极有可能产生实质损害。

（ⅱ）裁决根据

除非委员会签署一项命令或接受一项中止协议，否则它在作出有关进一步的倾销或补贴进口是否紧迫和是否会因进口而产生实质损害的决定时，应将（ⅰ）目中陈列的所有因素作为一个整体来加以考虑。（ⅰ）目要求委员会予以考虑的任何因素的存在与否对决定之形成未必起到决定性的导向作用。这一决定不能仅仅建立在推测和假设的基础之上。

（ⅲ）在第三国市场倾销的效果

（Ⅰ）一般地，委员会应当考虑在第三国市场上的倾销（已由针对与本调查中相同主体生产或出口的相同类别或种类的产品作出的在其他 WTO 成员方市场的倾销裁定或反倾销救措施所证明）是否意味着对本国产业有实质性损害威胁。在其调查过程中，委员会应当就此问题向国外制造商、出口经营者或美国的进口经营者征求信息。（Ⅱ）WTO 成员方市场是指 WTO 任一成员方的市场。（Ⅲ）欧共体应视为一个外国。

（G）实质损害的累积评估

（ⅰ）一般规定

一般地，委员会应当累积评估从所有国家进口的该被调查产品的数量和影响：（Ⅰ）于同一天提交的请求书；（Ⅱ）于同一天发动的调查；（Ⅲ）如果这些进口产品在美国市场上彼此竞争并同其境内相同或相似产品展开竞争，于同一天提交请求书，并于同一天发动调查。

（ⅱ）例外

委员会不应当按累积评估进口的数量和影响，如果（Ⅰ）行政当局针对该进口已作出初步的否定性裁决，除非行政当局随后又在委员会作出最终决定之前作出一终局的肯定性决定；（Ⅱ）该进口来自于某一国家，而针对该国的调查已经终止；（Ⅲ）在对《加勒比海地区经济复兴法》中规定的某一受惠国作出决定时，应在第（ⅰ）目允许的限度内，将来自该国的被调查产品的进口同来自其他受惠国的被调查产品的进口累积起来评估进口的数量和影响，超过这一限度的进口不予累积评估；（Ⅳ）进口来自于同美国签有自由贸易区协定的一成员方，并且该自由贸易区已于 1987 年 1 月 1 日之前开始生效运行，除非委员会作出决定认为由于从该国进口的原因，境内产业遭受了实质损害或面临实质损害的威胁。

（ⅲ）最终调查的记录

委员会按第（ⅰ）目累积评估进口数量和影响，进而作出最终决定时，应当依据它已作出最终决定的第一次调查中收集的记录作出各项决定，除了行政当局在随后结束的调查中公布最终决定以外，委员会应当允许各方在随后的调查中就行政当局的最终决定发表意见，并应当将这些意见同行政当局的最终决定一起记录在档用于随后的调查。

（ⅳ）区域性产业裁决

在涉及区域性产业且委员会决定进口的数量和影响应累积评估的调查中，该评估应基于进口到委员会确定的区域的数量和影响。（ⅲ）款适用于该调查。

（H）实质性损害威胁的累积评估

在可操作的范围内，委员会可以对来自下列各项所指的所有国家的进口被诉商品的数量和价格幅度进行累积评估：（ⅰ）在同一日提交请求书；（ⅱ）在同一日发起调查；（ⅲ）在同一日内提交投诉状和发起调查，只要这些进口是相互竞争，并与美国市场上的国内相同产品相竞争。

（9）利害关系方

"利害关系方"一词意指：

（A）被诉商品的外国制造商、生产商或出口商，或美国进口商，或其主要成员为此类商品的生产商、出口商或进口商的贸易或商业组织；

（B）生产或制造此种商品，或出口此种商品的国家的政府；

（C）国内相同产品的美国生产者、制造者或批发商；

（D）经证明或确认的工人团体或组织，其能代表美国境内从事相同产品的制造、生产或批发的产业；

（E）其主要成员是在美国从事国内相同产品的制造、生产或批发的贸易或商业组织；

（F）其主要成员是由（C）（D）（E）项中描述的涉及国内相同产品的相关利益方组成的团体组织；

（G）按照本篇发起的对涉及从事加工农业产品的生产的任何调查中，有关加工农业产品的生产在（4）（E）款中有界定，贸易组织或联盟，只要其能代表：（ⅰ）加工商；（ⅱ）加工商和生产商；（ⅲ）加工商和种植者，但如果美国贸易代表通知行政当局和委员会，认为这一项的适用将与美国承担的国际义务不相符时，此项将中止适用。

(10) 国内相同产品①

“国内相同产品”意指相同的产品或在没有相同产品的情况下，在特征和用途上非常相似的产品，该产品的适用取决于按本篇进行的调查。

(11) 委员会的肯定裁定

如果委员会的委员们有关决定的投票，被均衡地分为肯定与否定的两种，应被视为委员会作出肯定的决定。委员会在决议前应对是否存在下列事项作出裁定：(A) 对美国某一产业的实质性损害；(B) 对这种产业的实质性损害的威胁；(C) 由于进口此商品，对美国建立一新的产业产生实质性阻碍，对这些问题的任一项肯定性表决都将被视为肯定的裁定。

(12) 货物生产国或制造国的确定

基于A分篇之目的，如果货物是在一国生产或制造，则此货物即被视为此国商品，而不管是否直接从此国家进口，也不管进口时货物的状态是否与从此国家出口时的状态相同，或是由于再生产的原因而改变了其状态。

(14) 销售，或在没有销售的情况下发出销售要约

“销售，或在没有销售的情况下发出销售要约”意指：销售，或在没有销售的情况下，对下列作出要约：(A) 所有的进行批发的购买商；(B) 在正常的贸易过程中，向一个或更多的有选择的购买商以一定的数量，公平反映货物市场价值的价格发出要约，而不管购买商对货物的品质或用途作出的限制。除非发现这种限制是影响货物的市场价值的，对此，应在按照货物被卖出或发价卖出的情况计算价格时作出调整。

(15) 正常贸易过程

“正常贸易过程”意指在被诉商品出口之前的一段合理时间内，与同类或同种产品相比较已在贸易中正常流通的状况和实践，行政当局应在各种交易过程中考虑下列各项销售和交易，并将之排除在正常贸易过程之外。

(16) 外国相似产品②

“外国相似产品”是指下列各项中依次裁定的产品。

(A) 被诉产品和其他在物理特征上相同的产品，并在同一国家由同一人所生产。

(B) 产品：（ⅰ）产于同一国家，且与被诉产品属于同一生产商；（ⅱ）与被诉产品在构成的材料和使用目的上相同；（ⅲ）与被诉产品在商

① 也可译做“国内相似产品”。
② 也可译做“国外相同产品”。

业价值上大体相同。

(C) 产品：(ⅰ) 与被诉产品产于相同的国家，由同一人制造、属于同一基本种类；(ⅱ) 与被诉产品在使用目的上相同；(ⅲ) 行政当局确定，与被诉产品具有合理的可比性的产品。

(17) 通常商品数量

在不同情况下被诉产品在所考察的市场上按不同的数量以不同的价格出售，“通常商品数量”是指这种产品以一定的价格出售的数量总和，且以这种价格出售的数量比以其他任何价格出售的产品数量的总和要大。

(18) 非市场经济国家

(A) 一般规定

“非市场经济国家”是指由行政当局确定的那些不按成本和价格构成的市场原则运作，商品在该国的销售不反映其公平价值的国家。

(B) 应考虑的因素

在据(A)作出裁定时，行政当局应考虑：(ⅰ) 此外国货币与其他国货币的可兑换程度；(ⅱ) 此外国工人工资水平在多大程度上是由工人同管理者的自由谈判来决定的；(ⅲ) 其他国家的企业在这一国家建立合作企业或进行其他投资的准入程度；(ⅳ) 政府对生产资料所有或控制的程度；(ⅴ) 政府对企业资源分配、产品价格及产量决定权的控制程度；(ⅵ) 行政当局应当合理考虑的其他因素。

(C) 裁定的效力

(ⅰ) 对一外国作出的非市场经济国家的裁定将一直有效，直至这一裁定被行政当局推翻；(ⅱ) 行政当局可以按照(A)项在任何时候对任何国家作出裁定。

(D) 不受司法审查的裁定

不管其他法律条文的规定，行政当局作出的任何裁定在已发起的任何调查中均不受司法审查。

(E) 信息的搜集

经行政当局要求，海关专员应向行政当局提供提交给他的或他得到的、行政当局认为与非市场经济国家的商品有关的所有公开和保密的信息。行政当局应防止据本节取得的保密资料被公开披露。

(19) 等同销售的租赁

在为本分章之目的确定某一租赁是否等同于销售时，行政当局应考虑到：(A) 租赁的期限；(B) 行业内的商业惯例；(C) 交易的背景；(D) 进行租赁的产品是否融入了租赁方或进口方的营运活动；(E) 在实践中，这种租赁是否会在相当长的时期内继续或重新租赁的可能性；（F）其他相关因素，包括这种租赁交易是否允许规避征收反倾销税或反补贴税。

(20) 政府进口的适用

(A) 一般规定

除本段另有规定外，美国政府部门或机构进口或为其使用进口的商品（包括美国统一关税表第98章规定的商品）应征收反补贴税或反倾销税。

(B) 例外

国防部进口或为其使用进口的商品不应据本分章征收反补贴税或反倾销税，如果（ⅰ）该部门取得或为其使用的商品（Ⅰ）来自该部门在1988年1月1日与其签订了有效的谅解备忘录，并继续有类似（包括延长）的协定，或替代协定的国家；且（Ⅱ）进口时符合有效的谅解备忘录的条件；或者（ⅱ）商品没有实质上的非军事用途。

(21) 美国加拿大协定

指美国—加拿大自由贸易协定。

(22) NAFTA

指北美自由贸易协定。

(23) 入关

在行政当局确定的适当情形中，该词包括第1401（s）节定义的由进口商发起的对账程序产生的对账入关。进口商为被调查商品入关在反倾销或反补贴程序中的责任，将附属于相应的对账入关。为实施本分章之目的，对账入关的中止清关应相当于相应的单独入关的中止清关。但为本目的的对账入关的中止清关，不排除为其他目的的清关。

(24) 可忽略的进口

(A) 一般规定

（ⅰ）低于3%。从一个国家进口到国内市场，由委员会裁定为相同产品的商品，只要进口的数量小于在最近12个月中，以可以调查的数据统计的进口到美国市场的所有此种产品总量的3%，则属于可忽略的进口。

（ⅱ）例外。如果根据同一日发起的调查证明，从所有国家进口的此种商品总量超过了在可计算的12个月期间内进口到美国市场的此类产品总量的7%。

（ⅳ）威胁分析中的可忽略性。如果委员会确定从某一国家的进口具有潜力，在最近时间内从这一国家进口到美国的此类商品将超过总量的3%，或如同在（ⅱ）中所述的从所有国家进口的总和将超过进口到美国市场的总量的7%，委员会将不视其为可忽略的进口。委员会对此种进口的考虑只基于对实质性损害威胁的裁定。

（C）进口量的计算

为（A）和（B）之目的，在计算进口量时，委员会可基于现有的统计进行合理的评估。

（D）区域产业

据（4）（C）作出区域裁定的调查中，委员会据（A）和（B）的检查，应依据在出口到区域内销售的被调查商品的数量，代替进口到美国的所有被调查商品的进口量。

（25）被调查商品

系指本分章或第1303节的调查、审查、中止协定、命令或《1921年反倾销法》的决定范围内的该类或该种商品。

（28）出口商或生产商

指被调查商品的出口商、生产商或在适当时指二者。在准确计算与该商品的生产和销售有关的已产生成本、费用和实现的利润的必要限度内，出口商或生产商包括被调查商品的出口商和同一被调查商品的生产商。

（29）WTO协定

指3501（9）定义之协定。

（30）WTO成员和WTO成员方

就美国适用WTO协定来说，指一国或单独的关税区（WTO协定第1条的含义内）。

（31）GATT1994

系指附于WTO协定的关税与贸易总协定。

（32）贸易代表

指美国贸易代表。

（33）关联人

下列人应视为相关联的或相关人：（A）家庭成员，包括兄弟、姐妹（不管是单亲或双亲血缘）、配偶、前辈、嫡系子孙；（B）一组织或类似组织的官员或董事；（C）合伙人；（D）雇员和雇主；（E）任何直接或间接占有、控制或持有5%或超过5%的发行在外的有表决权的该组织或相关组织的股票的人；（F）两个或多个直接或间接共同控制或受控或处于相同控制的任何人；（G）控制任一其他和类似的人。

基于本款之目的，一人应被视为控制着另一人，如果此人在法律上或操作中处于限制或指导另一人的位置。

（34）倾销

“倾销”是指被诉产品以低于公平价值销售或可能以低于公平价值销售。

(35) 倾销幅度或加权平均倾销幅度

(A) 倾销幅度

“倾销幅度”是指被诉产品的公平价值超出出口价格或出口构成价格的数额。

(B) 加权平均倾销幅度

“加权平均倾销幅度”是指通过分割由各单个的出口商或生产商决定并按其出口价格或出口构成价格决定的全部倾销幅度来最后确定的百分比。

(C) 倾销幅度的大小

委员会使用的倾销幅度的大小应是：(ⅰ) 行政当局在发起反倾销调查的通知中公布的初裁裁定的倾销幅度；(ⅱ) 行政当局在委员会的行政管理记录结束前，最新公布的终裁裁定的倾销幅度；(ⅲ) 在对基于变化情形的行政审查中，行政当局对倾销继续或恢复的可能性作出裁定时确定的最新的倾销幅度。(ⅳ) 在五年复审中，行政当局对倾销继续或恢复的可能性作出裁定时确定的倾销幅度。

第 1677a 节　出口价格和出口构成价格

(a) 出口价格

“出口价格”指在被诉商品进口之前，外国生产商或出口商将其首次出售（或协议出售）给无关联的美国购买商或无关联的中间商时的价格，由(c) 分节调整。

(b) 出口构成价格

“出口构成价格”指在该商品进口前后，由其生产商或出口商或由与他们有关联的销售商在美国首次出售（或协议出售）给与生产商或出口商无关联的购买商时的价格。

(c) 出口价格和出口构成价格的调整

用以确定出口价格和出口构成价格的价格应：

(1) 增加：(A) 如该价格中没包括时，所有内外包装的成本和费用及其他有关备运至美国的包装费用；(B) 出口美国后，因出口国已征税而予以扣除或免征的进口税；

(2) 扣减：(A) 该商品从出口商原起运地到美国目的地产生的任何附加成本、费用和美国的进口税；(B) 如果该价格中已包括时，出口国就该商品征收的任何出口税或其他费用。

（d）对于出口构成价格的额外调整

出口构成价格也应减去：

（1）生产商、出口商或相关联销售商在美国境内销售该商品（或已增值的该商品）而产生的一般费用。（A）在美国销售该商品的佣金；（B）与销售直接相关的费用，如借贷费用，保证金；（C）销售商代购买商支付的任何销售费用；（D）据（A）、（B）、（C）项没有扣减的任何销售费用。

（2）进一步生产或组装的成本（包括额外的材料和劳力），但本节（e）所述的情形除外。

（3）分配给（1）和（2）所述费用的利润。

（e）对进口后增值商品的特别规则

当与出口商或生产商有关联的当事方进口该商品后，使其实质上增值可能超过该商品的价值时，行政当局将采用下列价格之一确定出口构成价格。在有足够的销售数量提供比较的合理基础时，行政当局认为下列的销售状况是合适的参考：（1）出口商或生产商销售同一商品给无关联当事方的价格；（2）出口商或生产商销售其他相关商品给无关联当事方的价格。如果销售数量不足以构成第（1）或（2）款中比较的合理基础，或行政当局认为上述的价格均不合适，那么出口构成价格可以其他合理基础确定。

（f）确定利润的特别规则

（1）一般规定

一般而言，利润应以实际总利润乘以所适用的比率来确定。

（2）定义

为本小节之目的，

（A）可适用百分比

指根据美国的总费用除以总费用确定的百分比。

（B）美国的总费用

指（d）（1）和（2）规定的总费用。

（C）总费用

指下述第一类所适用的，由于外国生产商和出口商或其代表及与他们有关的美国销售商或其代表在该商品的生产和销售中产生的所有费用：（ⅰ）如果行政当局为确定公平价值或出口构成价格而提出的，该商品在美国销售或外国相似产品在出口国销售而产生的费用；（ⅱ）包括该商品在内的最狭窄的一类商品在美国和出口国销售而产生的费用；（ⅲ）包括该商品在内的最狭窄的一类商品在所有国家销售而产生的费用。

（D）所有实际利润

指外国生产商、出口商和第（C）项所述的关联当事方在同一商品上赚取的总利润。

第1677b节 公平价值

（a）确定

在据本分章确定被调查商品是否以低于公平价值正在销售或可能销售时，应在出口价格或出口构成价格与公平价值间进行公平的比较。为了取得与出口价格或出口构成价格的公平比较，公平价值应据以下规定确定。

（1）公平价值的确定

（A）一般规定。该商品的公平价值应在与确定出口价格或出口构成价格的销售时间对应的合理时间内确定。

（B）价格。（ⅰ）外国相似产品在出口国以消费为目的，且在正常贸易过程中，在与出口价格或出口构成价格同一贸易水平下，以商业上通常的数量，首次出售的价格（或在没有成交情况时，以销售报价为准）；（ⅱ）外国相似产品在出口国或美国以外的国家为消费目的而售出的价格（或销售报价）。（Ⅱ）出口商或生产商在其他国家销售的外国相似产品的总数量（如数量不合适，以价值计算）等于或多于该商品在美国销售或出口到美国的总数量（或价值）的5%；（Ⅲ）由于其他国家特殊市场状况而妨碍与出口价格或出口构成价格的适当比较，行政当局没有肯定的裁定。

（C）第三国销售。（ⅰ）外国相似产品没有如（B）项（ⅰ）所述那样在出口国以销售为目的的销售（或要约销售）；（ⅱ）外国相似产品在出口国的销售总量（如数量不合适，以价值计算）不足以与该商品在美国销售作适当比较；（ⅲ）出口国的特别市场状况使得公平价值不能与出口价格或出口构成价格作适当比较。

（2）虚构市场

在反倾销税决定发布后，如果不同形式的外国相似产品售价发生不同变动，意图减低公平价值超过出口价格（或出口构成价格）的差额，那么这种变动可能被行政当局裁定为构成虚构市场的证据。

（3）从中间国出口

当被调查商品从中间国出口到美国时，公平价值应据中间国确定，但如果（A）生产商在销售时知道该商品要用于出口；（B）该商品只是在第三国转运；（C）外国相似产品在第三国的销售不满足条件；（D）外国相似产品非在第三国生产。

公平价值可在被调查商品的生产国确定。

（4）构成价值的使用

如果行政当局认为该商品的公平价值不能确定，那么该商品的公平价值可以是该商品的构成价值。

（5）间接销售或报价销售

如果外国相似产品是经由关联当事方销售或报价，该关联当事方销售外国相似产品的价格可被用来确定公平价值。

（6）调整

（1）（b）小段所述的价格应

（A）增加：内外包装的成本和所有其他为包装备运至美国而付出的成本费用。

（B）扣减：（ⅰ）如已包括在价格内，则外国相似产品内外包装成本和所有备运至交货地产生的其他成本费用；（ⅱ）如已包括在价格中，即外国相似产品从原装运地到美国目的地而产生的任何附加成本费用；（ⅲ）可扣减或免征对外国相似产品或配件直接征收的任何税，但限于已增加或包含在该产品的价格中的税额。

（C）增加或扣减：出口价格或出口构成价格与该价格之间的差额（但本节其他规定的差额除外）的数额的增加或扣除，该差额为行政当局满意的部分或全部是因为：（ⅰ）被调查商品销售或同意销售给美国的数量，大于或小于外国相同产品销售或同意销售或报价销售的数额的事实；（ⅱ）外国相同商品用于确定正常价值的事实；（ⅲ）销售情形中的其他差异。

（7）其他调整

（A）贸易水平。应考虑对出口价格或出口构成价格与（1）（B）规定的价格之间的差额作适当调整（本节所作的差额调整除外），该调整整体或部分是由于出口价格或出口构成价格与公平价值之间的贸易水平的差异。如果贸易水平差异（ⅰ）牵涉到不同的销售行为；（ⅱ）公平价值据以确定的国家，在不同贸易水平下，价格差额一致会影响价格的可比性。

在前述情形下，调整的数额将基于确定正常价值国家内的两种贸易水平的价格差异确定。

（B）出口构成价格的抵消。当公平价值建立在一种比出口构成价格更高级的分销层次，但现有资料无法确定贸易调整的基础，公平价值应扣减在确定外国相似产品公平价值国家发生的间接销售费用，但不应超过扣除的费用。

(8) 构成价值的调整

据 (e) 确定的构成价值可以根据本分节作适当调整。

(b) 低于生产成本的销售

(1) 裁定

任何时候，行政当局有合理理由相信或怀疑，据以确定公平价值的外国相似产品是以低于生产成本的价格销售，则行政当局应确定是否该销售是低于生产成本。(A) 已经在延长的时期内销售出实质性的数量；(B) 不是以合理期间内能收回所有成本的价格，该销售在确定公平价值时可以不予考虑。

当不予考虑该销售时，公平价值应基于外国相似产品的正常贸易过程中的剩余销售。如果不存在正常贸易过程中的销售，公平价值应基于该商品的构成价值确定。

(2) 释义与特殊规则

对本小节来说，

(A) 相信或怀疑的合理理由。如果行政当局发起的调查或进行的审查中，各利害关系方基于观察的价格或构成价格或成本，提供用于确定公平价值的外国相似产品以低于该产品生产成本的价格销售的信息；或 (ⅱ) 在涉及具体出口商的审查中，行政当局在调查中或如果完成审查、在最近完成的审查中根据 (1) 不予考虑部分或全部出口销售，即存在合理的理由，相信或怀疑外国相似产品的销售是以低于该产品的生产成本价格销售。

(B) 延长期限。“延长期限”指一段期间，一般为一年但最少不少于6个月。

(C) 实质数量。(ⅰ) 该销售数量达到确定公平价值的销售数量的20%或者以上；(ⅱ) 确定公平价值的每单位加权平均价低于该销售的每单位加权平均生产成本。

(D) 成本的收回。如果该售价低于每单位生产成本，但在调查或审查期内高于每单位的加权平均成本，该价格将被认为在合理期间内收回了成本。

(3) 生产成本的计算

为本部分之目的，生产成本等于：(A) 原材料和构成物的成本以及在一般贸易过程中，该外国相似产品在一般生产期间内所发生的任何其他加工费；(B) 有实际资料证明的、相关出口商在生产和销售外国相似产品时的一般销售、管理费用；(C) 无论何种性质的内外包装成本以及所有其他因包装备运发生的费用。

如果公平价值是基于外国相似产品在出口国以外的国家为消费目的的销售，那么确定原材料成本时应不予考虑在出口国征收的出口时予以退还的国内税和处理费用。

（c）非市场经济国家

（1）一般规定

如果（A）该商品是从非市场经济国家进口；并且（B）行政当局认为凭现有的资料无法确定该商品的公平价值，行政当局将根据生产该产品时使用的要素价值加上一般的费用和利润以及内外包装的成本和其他费用来确定公平价值。生产要素的估价将根据该要素在市场经济国家或行政当局认为合适的国家的最佳可得资料作出。

（2）例外

如果行政当局认为确定该商品公平价值依据的资料不充足，则行政当局以如下商品价格为基础确定公平价值：（A）与该商品有可比性商品的价格；并且（B）在一个或多个与该非市场经济国家经济发展水平有可比性的市场经济国家生产，且在包括美国在内的他国销售的商品的价格。

（3）生产要素

为（1）段之目的，生产商品使用的生产要素包括但不限于：（A）所需的劳动时间；（B）采用的原材料的数量；（C）能耗和其他设备的消耗量；和（D）有代表性的资本成本，包括折旧。

（4）生产要素的估价

对生产要素估价时，行政当局要尽可能利用下列一个或多个市场经济国家内生产要素的价格或成本：（A）经济发展水平与该非市场经济国家有可比性的市场经济国家；和（B）是可比较商品的主要生产国。

（d）有关跨国公司的特别规则

在调查过程中，当行政当局确定：

（1）生产并出口商品到美国的厂家是由直接或间接拥有或控制设立在另外一国或数国生产外国相似产品厂家的个人、企业或公司所直接或间接拥有或控制；

（2）（a）（1）（c）适用；和

（3）由出口国以外的一个或多个厂家生产的外国相似产品的公平价值，高于设立在出口国的厂家生产的外国相似产品的公平价值。

被调查商品的公平价值应参考外国相似产品自出口国以外的一个或多个生产厂家以实质数量售出时的公平价值确定。行政当局在根据本段作出任何裁定时，应对外国相似产品在出口国外的生产设施生产时的生产成本（包括国内税收、劳动力、材料和一般管理费）与外国相似产品在出口国的生产设施生产的生产成本之间的差额进行调整，直到当局满意为止。在确定非出口国生产外国相似产品的公平价值时，应以出口国进口时的价格为准，并参考出口国的成本，对所有内外包装成本以及将被调查商品备运至美国所发生的其他成本费用进行调整。

（e）构成价值

进口商品的构成价值指：

（1）在一般贸易过程中，该商品的一般生产时间内所用的材料和构成成本或生产中发生的加工费。

（2）（A）由特定出口商或生产商在生产和销售中发生或取得的一般销售和管理费用及利润金额。（B）如果与（A）所述金额有关的实际资料无从获得，那么：（ⅰ）以与该商品同一普通类别的商品在外国以消费为目的的生产和销售中所发生和取得的一般销售、管理费用以及利润的实际金额为准；（ⅱ）外国相似产品在外国以消费为目的的一般贸易过程中，出口商和生产商因生产和销售发生和取得的需经调查或审查核定的一般销售、管理费用和利润的实际加权平均数额；（ⅲ）以其他任何方式发生或取得的一般销售，管理费用加上利润的数额，但是利润不能超过出口商或生产商（（1）目所述除外）在外国为消费目的而销售与该商品同一普通类别产品时正常发生的金额。

（3）所有无论何种性质的内外包装成本以及将该商品包装备运至美国所发生的所有其他费用。

为（1）段之目的，材料成本的确定不应考虑出口国对该原材料或其处理征收的、该原材料制成的被调查商品出口时减免或退回的国内税。

（f）计算生产成本和构成价值的特别规则

（1）成本

（A）一般规定

成本应根据该商品出口商或生产商的记录计算，如果该记录采用出口国（适当时，以生产国）广泛接受的会计准则且能合理反映生产成本和该商品的销售状况。行政当局要考虑所有的有关成本适当分摊的证据，包括那些由出口商或生产商及时提供的证据，如果该分摊方法出口商或生产商已经用过，尤其是在适当的摊销和折旧期内，同时业已考虑资本支出和其他开发成本。

（B）非再发生的成本

成本应根据现在或/和将来发生的非再发生的成本作适当调整。

（C）初始成本

（ⅰ）一般规定。成本应根据其在调查或审查期内受初始运营影响的程序而作适当调整。

（ⅱ）初始运营。对初始运营仅在下列情况下进行调整：（Ⅰ）生产商使用新的生产设备或生产新的产品需要另外的重大投资；（Ⅱ）生产因受到初始生产阶段的技术因素限制而没有达到商业化生产水平。

对（Ⅱ）而言，商业生产的初始阶段在初始期结束时终止。在确定是否达到商业生产水平时，行政当局应考虑与初始运营没有关系的、可能影响加工生产量的因素，如需求、季节性或商业周期。

（ⅲ）初始运营的调整。通过使用初始运营期结束时已发生的有关商品的单位生产成本替代初始运营期内已发生的单位生产成本来进行初始运营的调整。如果初始运营期限超过调查或审查的期限，行政当局应使用最近的可以合理取得、分析和验证的生产成本数据，而不能影响调查或审查的及时完成。初始运营期在达到具有商品、生产商或产业特征的商业生产水平时结束。

（2）不予考虑的交易

关联人之间直接或间接的交易，可以不予考虑，如果在考虑价值因素时，代表该因素的数量不能公平地反映出该国市场中该商品销售通常反映出来的数量。如果不予考虑该交易，且没有其他可供考虑的交易，数量的确定应依据无关联人之间的交易数量的现有信息。

（3）主要投入规则

在关联人之间的交易涉及其中一个关联人对商品的主要投入的情况下，如果行政当局有合理理由相信或怀疑，该投入价值代表的数量低于该投入的生产成本，则行政当局可在有关该生产成本的现有信息的基础上，确定主要投入的价值，如果该成本超过据（2）确定的该投入的数量。

第1677b-1节　货币兑换

（a）一般规定

在反倾销诉讼程序中，行政当局得依据货物买卖达成当天的汇率将外币兑换成美元；如果买卖所使用的外币汇率是依据远期外汇买卖合同确定，那么由远期外汇买卖合同确定的汇率将作为外币兑换成美元的依据，汇率的波动将不作为考虑的因素。

（b）外币价值的持续变动

如果外币对美元的汇率持续变动，则行政当局应给出口商至少 60 天的时间调整它们的出口价格以反映这种持续的变动。

第 1677c 节　听证程序

（a）调查听证

（1）一般规定

行政当局与委员会在作出最终裁定之前，应调查中任何一方的请求，必须在调查过程中举行一次听证。

（2）例外

对于在 6 个月内来自于同一国家的货物提起的调查程序（但是在两个调查程序的最后决定作出之前），委员会在任何一项调查过程中举行的听证程序必须与（1）款的两个调查相一致，除非委员会考虑到特殊情况要求某个调查必须举行一次听证。当该款所涉及的听证程序被当事人弃权时，委员会应当准许任何一方提交此类相关的书面意见。

（b）程序

本法所说的任何听证程序必须在《联邦公报》上发出通知后提起，并且需要准备一份能让公众理解的听证文本。听证会不受《美国法典》第 5 卷第 551 条款的约束，或者不受《美国法典》第 5 卷第 702 节的约束。

第 1677e 节　基于已知事实作出的裁定

（a）一般规定

如果：

（1）记录中必要的信息尚未可知；或者；

（2）相关利益方或其他任何人（A）未提交行政当局或委员会依据本法所需要的信息；（B）没有在最后截止期限内按照要求的形式与内容提交这方面的信息；（C）实质性延误了依据本法所进行的程序；（D）虽然提交了这方面的信息，但该信息不能证实，行政当局或委员会必须按规定，依据已知的信息作出决定。

（b）不利推论

如果行政当局或委员会发现，一利益方未能合作，没有尽最大能力满足行政当局或委员会对信息的要求，则行政当局或者委员会在作出适当的裁定时，可从现有事实中选择使用对该利益方不利的信息。该不利推论可包括对从下列方式取得的信息的信赖：（1）申请；（2）调查中的终局裁定；（3）以前的行政审查；或（4）记录中的其他信息。

（c）对第二手资料的确认

当行政当局或委员会基于第二手资料而并非依据调查或审查取得的资料作出决定时，行政当局与委员会应视情况所需，最大限度地按实际情况，确认这些从不同的独立渠道收集而来的第二手证据。

第 1677f 节　信息资料的利用

（a）公开信息资料

（1）公共信息的作用。应当组建一个与外国补贴做法和反补贴措施有关的信息库，公众只需支付复印成本费便可以获得有关这方面信息的复印件。

（2）调查报告的进展

行政当局与委员会应当不时地应调查相关方的要求向他们告知有关调查的进展情况。

（3）单方面会议

行政当局与委员会应当对以下各方之间的任何单方面的会议保持一份记录，如果与程序有关的信息在该会议上提供或讨论过：（A）提供有关信息资料的相关利益方或任何其他方；和（B）负责作出决定的人或者对负责作出决定的人作出最终建议的人。该单方面的会议记录必须包括出席会议者的身份、日期、时间、地点和提交或讨论问题的概要。

（4）概要和非保密信息

行政当局与委员会必须公开（A）在程序进行中收取的任何专有性信息，如果其已被公开或者是被用来确认一个特定方的营业情况；（B）所提交的与程序有关的信息如果未被提交人指定为专有性信息。

（b）专有性信息资料

（1）专有性信息应当保密

（A）一般规定

提交给行政当局或委员会的资料如果被提交人确定为专有性信息，在未经提交人同意的情况下，不得公开，但不适用于：（Ⅰ）直接负责有关调查工作的行政当局或委员会的官员或雇员；或（Ⅱ）直接对有关欺诈行为进行调查的美国海关总署的官员或雇员。

（B）其他要求

行政当局与委员会必须对作为专有性信息的请求作如下要求：（ⅰ）或者（Ⅰ）对所提交的资料作一个足够详细的非保密概要，以允许对提交的保密信息的实质内容有合理的了解；或（Ⅱ）信息不适于作成概要的声明及其原因；并且（ⅱ）或者（Ⅰ）一份符合（c）分节规定，允许行政当局或委员会在接到行政保护令时公开所提交的保密信息的声明；或（Ⅱ）一份关于所提交的专有性信息即使存在行政保护令时也不能公开的声明。

（2）不受保障的指定。如果行政当局或委员会基于资料的性质与内容或者从公共渠道可获知的资料裁定，任何有关专有性信息的指定是不受保障的，那么它应当通知提交资料的人，并要求其提交有关此种指定的理由。除非其说服行政当局或委员会接受该项指定是受保障的或者撤回指定，行政当局或委员会视情况所需必须将资料退回给提交方，在行政当局或委员会将材料退回给提交方时，提交方可以在规定的时间内提交与退回的资料相关的其他资料。

（3）行政审查

提交给行政当局或委员会指定为专有性的资料，在针对同种货物的任何此类调查中，在审查程序被撤销或结束之日起 2 年内均可被调查机构作为资料使用。

（c）某些专有性信息据保护令的有限公开

（1）行政当局或委员会的公开

（A）一般公开

在收到有关申请必须将所有收到的专有性信息披露给程序中涉及的相关利益方时，行政当局或委员会应对在程序中向其提交的、或其取得的商业保密信息（特权信息、机密信息和有明确的要求不得公开的特定信息），依据保护令向程序中的各利益方公开，不管该信息何时提交。在调查过程中获得的客户名称不应被行政当局披露，除非等到调查结束或者调查被中止时作为结果依据而被公布，委员会可能会在调查过程中推迟披露客户的名称，直到提起听证程序前的一段合理时间为止。

（B）保护令

信息据以公开的保护令，必须包含行政当局或委员会根据法律要求保护此类资料是否合适的内容。行政当局或委员会应通过规章规定行政当局或委员会确定为适当的制裁，包括禁止从事与该机构有关的活动。

（C）裁定的时间限制

行政当局或委员会视情况所需得依照下述规定作出将资料公开的决定：

（ⅰ）不迟于信息提供后的 14 天（如果提交给委员会初裁则为 7 天）。

或（ⅱ）如果Ⅰ资料提交人反对将其资料公开；或Ⅱ资料的容量太大或太复杂，则从提交资料日起不迟于30天内公开（如果提交给委员会初裁则为10天）。

（D）裁定作出后的信息公开

如果据（C）的裁定是肯定的，则（Ⅰ）在裁定作出之日或之前提交给行政当局或委员会的专有性信息必须于决定作出之日依据保护令的具体规定予以公开；（Ⅱ）在裁定作出之日后提交给行政当局或委员会的资料应按（d）送交。

（E）不予公开

如果提交资料给行政当局或委员会的一方，拒绝依保护令公开信息资料，行政当局应退还该信息资料以及非保密的概要，并且在作出最后决定时对该资料与概要的内容不予考虑。

（2）依据法院命令公开资料

如果行政当局拒绝公开资料的要求，那么有关当事方可以向美国国际贸易法院申请颁布命令，指示行政当局或委员会公开有关资料。在向调查的所有各方发布通知及提供记录在案的听证机会后，法院根据其视为适当的条件发出命令（该命令不停止或中止调查），指示行政当局或委员会公开申请要求的依保护令可以公开的全部或部分信息，并规定违反该命令的制裁措施，如果法院发现，根据法院程序中适用的标准该命令存有依据，且（A）行政当局或委员会拒绝据（b）（1）公开信息；（B）由他人代为要求信息的人是与取得或发现信息有联系的调查方的利益方；且（C）与要求相关的信息的提交方，在听证前已被通知本节的要求及出席听证的权利。

（d）送达

在程序进行过程中，提交给行政当局或委员会的任何书面资料包括一些专有性资料，必须同时送达给参加程序的相关利益方，如果该资料是保护令所要求的。行政当局或委员会不能接受任何没有随附送达证明和有关保护令复印件的资料，专有性资料仅应送达给按照保护令规定的程序所涉及的相关利益方，非保密的概要说明必须送达给参加程序的所有其他利益方。

（h）消费者和产业用户提供意见的机会

行政当局和委员会应为被调查产品的产业用户、具有代表性的消费者组织提供机会，以便他们提供有关倾销或者实质性损害的信息。

（i）裁定的公布

一般地，当行政当局或委员会作出裁定时，应当公布支持裁定的事实与结论，并在《联邦公报》上公布裁定的通知。

第 1677f-1 节　平均抽样；加权平均倾销幅度的确定

（a）一般规定

在确定出口价格或出口构成价格或正常价值时以及在行政复审中，如果有相当数量或种类的被调查产品存在，行政当局可使用统计方法许可的平均抽样，而且可不考虑对商品的价格或价值不重要的调整。

（b）平均和抽样的选择

选择平均和抽样的权限属于行政当局。在最大可能的范围内，行政当局应当对选择出口商、生产商或商品种类的方法，与出口商和生产商进行协商。

（c）倾销幅度的确定

一般地，行政当局在确定倾销幅度时，应当确定各个被调查商品的出口商和生产商的单独的加权平均倾销幅度。例外：

如果被调查商品的出口商或生产商的数量过大，导致不可能确定他们各个单独的加权平均倾销幅度，则行政当局可根据其选取的现有信息，对被调查商品的出口商或生产商或商品种类进行抽样；或者根据来自于出口国的最大数量的可合理核查的被调查商品的出口商和生产商的可获得信息，以确定合理数量的出口商或生产商的加权平均倾销幅度。

（d）低于公平价值的确定

（1）调查

一般地，行政当局在进行调查时，应当通过如下方法裁定被调查商品是否低于公平价值在美国市场销售：（ⅰ）通过比较正常价值的加权平均与可比商品出口价格（或出口构成价格）的加权平均；或者（ⅱ）比较单个交易的正常价值与可比商品单个交易的出口价格（或出口构成价格）。例外：

如果存在买方、区域或者季节差异明显的可比商品的出口价格（或出口构成价格），且行政当局解释使用上述方法时不考虑该差异的影响，则行政当局应通过比较正常价值的加权平均与可比商品单个交易的出口价格（或出口构成价格），来裁定被调查商品是否低于公平价值在美国销售。

（2）审查

在行政复审中，当就单个交易的出口价格（或出口构成价格）与外国相同产品销售的加权平均价格进行比较时，行政当局应当将确定加权平均价格的时间限制在不超过与单个出口销售的自然月最对应的自然月的期限内。

第 1516a 节　对反倾销裁定的司法审查

（a）对裁定的审查

（1）对非依案卷记录作出的某些裁定的审查

下述裁定在《联邦公报》上公布 30 天内，与此裁定有关的利害关系方，可在美国国际贸易法院寻求诉讼，并按该院的规则向法院递交传唤令和申诉状，就裁定所认定的事实和作出的结论提出异议：

（A）行政当局作出的不发起调查的裁定；

（B）委员会作出的不基于变化了的情形审查裁定的裁定；

（C）委员会就是否存在实质损害、实质损害威胁或实质阻碍新工业建立作出的否定性裁定；

（D）行政当局或委员会作出的终局裁定。

（2）对依案卷记录作出的裁定的审查

下述裁定在《联邦公报》上公布 30 天内，与此裁定有关的利害关系方，可在美国国际贸易法院寻求诉讼，并按该院的规则向法院递交传唤令和申诉状，就裁定所认定的事实和作出的结论提出异议：

（A）行政当局和委员会作出的肯定性终裁（包括该裁定中的任何否定部分）；

（B）行政当局和委员会作出的否定性终裁（包括由起诉人选择的、明确排除任何公司或者产品的肯定性裁定的部分）；

（C）行政当局和委员会在行政复审中作出的终裁；

（D）行政当局作出的中止反倾销税或调查的裁定，包括在中止协议达成时因一个继续调查而产生的、任何改变已经计算的倾销幅度或者此种计算理由的终裁。

（E）委员会对中止协议进行审查后对被诉产品的损害效果作出的裁定。

（F）行政当局就某特定种类的商品是否属于现有的反倾销决定或反倾销令所描述的产品种类范围所作出的裁定。

附录二：美国反倾销条例[①]

（美国商务部于1989年3月28日公布，并于1989年4月28日生效）

第一节　一般规定

第一条　范围

本条例对根据经修正补充过的《1930年关税法》第七编之规定征收反倾销税时应遵守的程序和实施细则作了补充和规定。本条例还融合了根据《1984年贸易和关税法》第六编及《1986年税收改革法》第十八编第二部分第三章之规定而作出的修改条款。

第二条　定义

1. “关税法”系修正补充过的《1930年关税法》。

2. “委员会”系指美国国际贸易委员会。

3. “外国”系指某一外国国家或外国某一行政区，外国某一附属领土或外国某一占领。

4. “海关”系指美国财政部下属的美国海关总署。

5. “商务部”系指美国商务部。

6. “倾销差价和加权平均倾销幅度”。(1) 倾销差价系指某种产品的外国市场价值高于美国价格的差额。(2)“加权平均倾销幅度”系指将总的倾销差价除以总的美国价格得到的倾销幅度。

7. “事实性资料”系指：(1) 对调查问卷的初次或补充回答；(2) 支持起诉的数据和对事实的陈述；(3) 其他数据和对事实的陈述；(4) 书面证据。

---

① 资料来源：中国贸易救济信息网，http：//www.cacs.gov.cn，本书在收录时对原文作了适当修改。

8.“本国”系指生产某种商品的本国。

9.“进口商”系指进口或让他人为其进口货物的人。

10.“产业”系指在美国生产某种相似产品的生产商的整体，但是商务部长根据《关税法》第七百七十一条第4款B项裁定不能包括在内的生产者除外（比如本身又是该产品进口商，或者与进口商、生产者或出口商有联系的生产商）。根据《关税法》第七百七十一条第4款C项之规定，如果一批生产者在美国某一特定的区域市场上销售其生产的全部或几乎全部产品，并且该种相似产品不是由位于美国其他区域的生产商大量提供，那么可以将该批生产者视做本条前述的某一产业。

11.“利害关系人”系指：(1) 某种产品的生产者，出口商或美国进口商，或由某种产品进口商的大部分组成的行业协会或商会；(2) 生产该商品的本国政府；(3) 美国生产某种相似产品的生产者或销售商（不限于零售商）；(4) 由作为该产业代表的工人或由美国某种相似产品的销售商（不限于零售商）组成的、经政府批准认可的工会或商业团体；(5) 由生产或销售美国生产的相似产品的大部分生产者或销售商组成的行业协会或商会；(6) 由本条第 (3)、(4) 或 (5) 项规定的利害关系方的大部分成员组成的协会。

12.“调查”。某一项调查系指自调查发动通知公布之日起，到下述通知或命令的第一次公布之日止的调查：(1) 关于调查终止的通知；(2) 关于撤销调查的通知；(3) 因否定性终裁生效而使程序终止的通知；或 (5) 商务部长所颁布的一项命令。

13.“商品”系指作为调查对象的，为进口到美国而已被销售或可能被销售的某一类或某一种商品。

14.“命令”系指商务部长根据本条例第二部分第十一条的规定颁发的命令或根据《1921年反倾销法》颁布的调查结论。

15.“诉讼参与方”系指通过递交有关事实性资料或书面争议意见的方式，积极参加部长在作出某项可能受到司法审查的特定裁决时所进行的调查活动的任何利害关系人，参加过前一项裁决活动的利害关系人不会因此而改变其作为后一次由部长作出裁决并可能提交司法审查的活动的“诉讼参与方”的地位。

16. 本条例所指的“人”不仅包括所有的利害关系人，而且包括被认为合适的任何其他个人或企业。

17.“诉讼程序”系指一项开始于提出起诉之日或本节第一条所指的“发动调查”的通知公布之日，结束于下述通知的首次公布之日的程序：

(1) 驳回起诉的通知；(2) 撤回起诉的通知；(3) 终止调查的通知；(4) 具有终止诉讼程序效力的否定性初裁的通知；(5) 撤销某一命令的通知；或 (6) 某项调查中止的通知。

18.“生产者和生产”。“生产者”系指某种产品的制造商或生产者；“生产”系指对某种产品的制造或生产。

19.“转售商”系指部长用其销售来计算外国市场价值或美国价格的人(不限于生产该种商品并自销的生产者)。

20.“销售和可能发生的销售”。“销售”，包括销售合同以及与销售具有相同意义的租赁；“可能发生的销售”系指某人发出的不可撤回的要约。

21.“部长”系指商务部长或其委托授权的人。部长已授权主管商务部进口局的部长助理根据本条例第二节第八条第九款以及第十条之规定作出最终裁决，并根据本条例第二节第十二条第3款的规定作出最终的复查结论。主管进口处、调查处及核查处的诸部长副助理则被授权处理有关反倾销的其他事宜。

第三条 诉讼程序记录

1. 官方记录

部长应将每一案件的诉讼程序的官方记录按照本条例第三节第一条第4款所规定的地点存放于商务部进口管理司的中心记录室。部长应将其在诉讼程序中所制作、收取或获得的有关事实的信息、书面争议意见或其他材料记入记录中。记录中还应包括关于诉讼的政府备忘录，主管机关方面当事人的单方面会见的备忘录，公布在《联邦公报》上的决定、通知以及各次听证会的笔录。官方记录不包括未按规定时间交存的任何有关事实的信息、书面争议意见，也不包括部长根据本条例第三节第一条第2款第 (3) 项及同节第二条第4款、第6款或同节第四条第3款之规定退回给提交者的其他材料。官方记录中包括的资料可分为公开性资料、专有资料、特许性资料以及保密性资料几个类型。为适宜《关税法》第五百一十六条第 (一) 款第2项第 (2) 目的宗旨起见，该种记录是诉讼程序每一阶段中应该受到司法审查的官方记录。

2. 公开性记录

部长应在中心记录室保存一份关于每一诉讼程序的公开性记录。该记录包括本条第1款所指的所有材料。这种资料是部长认为可以公开的资料，其中包括本条例第一部分第四条第1款所指的公开性资料、政府备忘录或部长决定可以向一般公众公布的政府备忘录的部分内容以及所有的裁决结论、通知和听证会笔录。公开性记录可对公众开放，供公众查阅及在中心记录室复印（详见本条例第三节第一条第4款的规定）。部长可对提供有关文件副本收取适当的费用。

3. 对记录的保护

除非经部长发布命令或因法律规定，不得将任何记录或记录的任何部分从商务部取出。

第四条　公开性资料、秘密资料、机密资料、绝密资料

1. 公开性资料

部长一般认为下述资料属于公开性资料：（1）业经公开刊登或提交人以其他方式向公众提供的某一种事实性资料；（2）提交人并未提出将其作专有资料处理请求的事实性资料；（3）提交人虽已提出将其作专有资料处理请求，但就其格式而言并不能联系到或被用以确定某一个特定人的行为的事实性资料；（4）可以公开获得的某一外国的法律、条例、决议、命令和其他官方文件，包括其英译本及（5）与诉讼程序有关的并未说明应该由某人专有的书面争议意见。

2. 秘密资料

如提交人已说明，部长一般应将下列事实性资料列为秘密资料。（1）与产品性质或生产过程有关的商业秘密或行业秘密；（2）各种生产成本（但是生产零件本身不属于秘密资料，除非某一特定零件属于行业秘密）；（3）各种销售成本（但销售渠道不属于秘密资料）；（4）各种营销方法（但并非指那些向公众提供的营销方法）；（5）每笔销售的价格，可能发生的销售的价格，或其他要约定价［但不包括下列：（Ⅰ）如按公开价目表制定的各种价格的组成部分，比如交通运输费用；（Ⅱ）销售日期；（Ⅲ）不符合本条第2款第（1）项所指内容的产品说明］；（6）特定顾客、销售商或供应商的名字（但不是指销售目的，也不是指某个顾客、零售商、供应商的商号，除非这种目的或商号可能会暴露名字）；（7）每笔销售的确切的倾销差价；（8）提供该种秘密资料的特定的人的名字以及（9）其泄露将可能对资料提供者的竞争地位造成重大损害的一切商业资料。

3. 机密资料

依照有关特许资料的法律原则，部长不得将其泄露给公众或诉讼当事方的资料，得视为机密资料。

4. 绝密资料

绝密资料是指根据1982年4月2日颁布的《第12356号行政命令》以

及随之可能发布的补充行政令而应加以保密的资料。

第五条 《1984年贸易及关税法》的生效日期

根据《1984年贸易及关税法》(在本部分中为了条文引用简便，以下简称“1984年法”)第六百二十六条的规定；根据1984年法第六编作出的关税法修正案的生效情况如下：

1. 除本条下述第(2)、(3)、(4)项规定外，1984年法第六编所补充的，与部长属下的主管机关有关的修正案，自1984年10月30日起生效。

2. 按照1984年法第六百零二条、第六百零九条、第六百一十二条和第六百二十条之规定作出的，与部长主管的机关有关的修正案，自1984年10月30日或其后开始的所有调查或行政复议之日起立即生效。

3. 根据1984年法第六百二十三条作出的，与司法审查有关的修正案，自1984年10月30日或其后提起诉讼或立案的民事诉讼的提起或立案之日起生效。

4. 尽管本条的第1款、第2款对生效日期已作规定，但如果部长认为按照上述第1款、第2款执行将会妨碍商务部遵守法律规定，那么，部长仍然可以在1984年10月24日之后实施修正案的规定。

第六条 最小加权平均倾销幅度

1. 忽略不计的最小加权平均倾销幅度。除了本条第2款规定的情形外，部长将不考虑其加权平均倾销幅度按价格或其他相似方法计算不到0.5%的案件。

2. 根据微量倾销差价进行的估算。为了计算某一项反倾销税，部长不得将很小数目的倾销差价忽略不计。

第二节 反倾销税的实施程序

第一条 自行发动

1. 一般规定

(1) 如果部长根据包括其在根据本条第3款之规定进行监督期间所得资料在内的资料得出结论：认为有必要对有关产品进行调查，那么，部长就应发动调查，并在《联邦公报》上刊登“发动反倾销调查”的通知。

(2) 上述通知应包括：

a. 在同委员会协商后作出的对该产品的说明（如果合适的话）；b. 生产该产品的本国的国家名称以及产品从其进口的那个国家以外的中间国（见本条例第四节第七条）的名称或产品从其境内转运的那个国家的名称；和 c. 关于支持征收反倾销税（如果资料准确）的可得资料的摘要。

2. 提交给委员会的资料

部长在发动调查时要通知委员会，并且向委员会及其直接参与该案调查的各位成员提供商务部已发动调查和委员会认为与作出损害裁决有关的一切资料。

3. 对倾销的持续性跟踪监督

（1）如果部长从可以查得的资料（包括根据本条请求部长予以监督的资料）中得出如下结论，那么他（她）就可以对从根据本节所发布的两个或两个以上命令所管辖商品的同类或同种商品的供应国进口的商品进行为期不到一年的监督：a. 有理由认为或怀疑从一个或一个以上的其他供应国装运的货物存在着某种特别的、持续的侵害性倾销；b. 这种特别的倾销正在对某一特定工业造成严重的商业问题。（2）本条中的“其他供应国”是指那些本条第 3 款第（1）项所指的那类或那种货物未受到已生效的反倾销令管辖并且未受正在进行的反倾销调查管辖的供应国。（3）部长应尽快根据本条第 3 款第（1）项所作的监督结果依本条第 1 款的规定对该产品发动调查。

第二条　起诉要求

1. 一般规定

本条例的第一节第二条第 11 款第（3）项、第（4）项、第（5）项或第（6）项所指的任何利害关系方，都可以代表某一产业根据本条规定提出起诉，请求有关机关对某产品征收与其倾销差额相等的反倾销税，如果该人有理由认为：（1）该种产品正在或有可能将以低于公平价值的价格进行销售；且（2）该产业受到了严重损害，或严重损害的威胁，或其建立受到了该产品倾销的严重阻碍。

起诉书中的事实性资料应当附上本条例第三节第一条第 9 款所规定的证明。

2. 起诉书的内容

起诉书应包括起诉人所能合理地获得的下述内容：

（1）起诉人以及起诉人所代表的任何人的名字和地址；

（2）其所代表的那个产业的名称，包括该产业的其他人的名字及地址

（如果该产业人数众多，则至少应在起诉书中根据可得的公开资料指出在最近12个月内其单独产量占整个产业2%或2%以上的人员的有关资料）；

（3）说明起诉人是否已根据《关税法》（见《美国法典》第一千三百三十七条、第一千六百七十一条）第三百三十七条或《1974年贸易法》（见《美国法典》第二千二百五十一条或第二千四百一十一条）第七百零二条，或者《1962年贸易扩大法》（《美国法典》第一千八百六十二条）第二百三十二条之规定对该种商品提出过进口法律救济的请求；

（4）一份对该种商品的调查范围，包括该商品的技术特征和用途以及目前的美国关税分类目录号码作了界定的详细说明；

（5）生产该产品的本国名称以及中间出口国的名称（如果该产品是从本国以外的其他国家进口，见本条例第四部分第七条之规定）或产品从其境内转运的国家名称（见本条例第四十六条第3款之规定）；

（6）起诉人认为在美国市场以低于公平价值进行销售的每个人的名字和地址以及其每个人最近12个月内销售量占该产品对其出口总额的比例（如果人数众多，则至少应说明销售量已达或已超过对美国出口总额2%的出口人的情况）；

（7）与根据本条例第四节的规定计算该产品的美国价格和外国市场价格有关的所有事实性资料（特别是书面证据），如果无法提供有关外国销售或成本的资料，则应提供根据美国生产成本加以调整使之能反映本国生产成本的有关资料；

（8）如果该种产品是来自一个经部长查明为国家控制经济的国家，则在起诉书中应提供与根据本条例第四节之规定用本节第十二条所指的方法来计算与外国市场价值有关的事实性资料；

（9）在最近两年和起诉人认为更加具有代表性的任何其他期间内该种产品的销量和销售值，如果在这两年内并无进口，那么应提供与进口销售可能性有关的资料；

（10）起诉人认为进口该商品的人的名字和地址，或可能进口该商品的人的名字和地址（如果没有实际进口的话）；

（11）关于对某一产业的严重损害、严重损害的威胁或其建立的严重阻碍（如19CFR207.11和207.26所指）的事实性资料；

（12）如果起诉人根据本条例第二节第六条之规定指控存在"紧急情况"，那么在起诉书中还应提供以下有关资料：a. 难以修补的严重损害；b. 在一个相当短的期间内大量进口；c. 存在倾销的历史；或者进口者明知生产者或零售商正在从事第二节第六条第1款所指的低于外国市场价值的销售；

（13）起诉人提出起诉所依据的任何事实性资料。

3. 同时提交委员会

起诉人必须在同一天将起诉书送交委员会和部长，并且在提交给部长时说明此种同时提交的情况。

4. 获得专有资料待遇的资格

除非起诉人符合本条例第三节第二条规定的条件，否则部长对于起诉人请求给予专有处理的事实性资料不予考虑。

5. 起诉补充材料

部长应允许当事人按时提出起诉补充材料。起诉人应在同一天将某一份补充材料提交委员会和部长，并在提交给部长时说明这种情况。新的指控是否按时应根据本条例第三节第一条而定。

6. 起诉书提交地点、时间、格式和份数

见本条例第三节第一条第 4 款、第 5 款和第 6 款的规定，这些规定适用于本条款。

7. 通知本国代表

一旦收到起诉书之后，部长应将本条例第三节第一条第 5 款第（2）项所指的一份起诉书的公开译本，递交生产受起诉产品的本国驻华盛顿特区的代表。

8. 对小企业的帮助

（1）部长应对符合《关税法》第三百三十九条规定的小企业提供技术性的帮助，以便使其能准备起诉书。如果部长认为小企业已提出的起诉书不符合本条例第十三条规定的要求，那么部长可以不予帮助。

（2）如果要获得其他有关起诉的资料可与负责调查的助理副部长联系，联系地址为华盛顿特区 20230（302）877-5497，宾夕法尼亚大街，西北第 14 号街，美国政府商务部 B099 号房间，商务部国际贸易署进口司。

9. 在诉讼程序开始前限制联系

在部长决定是否发动一次调查之前，部长不得接受来自本条例第一节第二条第 11 款第（1）、（2）项所指的利害关系方的口头或书面联系，但是属程序性的调查例外。

第三条　对起诉理由充分性的裁决

1. 对起诉理由是否充分的裁决

在根据本条例第二节第二条之规定提交起诉书后 20 天内，部长应对以下事项作出裁决：起诉是否恰当地指出了可对其产品按《关税法》第七百三十一条征收反倾销税的根据；起诉书是否包括支持起诉且起诉人可以合理地得到的资料，是否由利害关系方按本条例第一节第11款第（3）、（4）、（5）或（6）项的规定提交了起诉书。

2. 调查开始的通知

如果部长根据本条第1款之规定裁定起诉理由充分，那么他（她）就应当发动一项调查，且在《联邦公报》上刊登关于"开始反倾销调查"的通知。通知应当包含本条例第二节第一条第1款第（2）项所指的内容。部长应在发动调查时将此种情况通知委员会，并且为委员会及其直接参与调查的所有成员提供那些关于部长据以发动调查以及委员会认为与损害调查有关的所有资料。

3. 起诉理由不足

如果部长根据本条第1款之规定裁定起诉理由不充分，他（她）就会驳回全部或部分请求，如果合适的话并可以终止调查程序。他（她）应当在通知中告诉起诉人驳回请求的理由，并且应就驳回起诉请求一事在《联邦公报》上刊登关于"驳回征收反倾销税的起诉请求"的通知，通知中应概要说明驳回的理由。

第四条　要求免受反倾销税命令管辖的请求

1. 任何希望不对其产品发布反倾销税命令的生产者或转售商都应在部长根据本条例第二节第一条或第三条之规定刊登发动调查通知之日起30天内向部长提交一份不可撤回的要求免受反倾销税命令管辖的书面申请。

2. 上述申请人应随同申请书附送下述材料；

（1）该人对于下列情况的证明：a. 该人在本条例第四节第二条第2款第（1）项所指的最短期限内销售或可能销售的本条例第一节第二条第20款所指的商品时，并不存在倾销差价；b. 该人在近期内保证不以低于外国市场价值的价格销售其产品以及；

（2）如果该申请人不是该商品的生产者，那么应在申请书中附上该商品供应商、生产者根据本条第2款第（1）项所作的证明。

3. 部长应在每一项调查中尽可能对上述申请作出调查。

第五条　初步裁定

1. 一般规定

（1）部长应在起诉提出之日或发动调查的通知公布之日起60天之内根

据当时可以得到的关于是否有合理依据认为或怀疑该产品以低于公平价值的价格进行销售的资料作出裁决。除非委员会已作出肯定性的初步裁决，否则他（她）不得作出初裁。

（2）部长的裁决应包括以下内容：a. 裁决所据以作出的事实性和法律结论；b. 如果存在差价，关于受到调查的每个人估计的加权平均倾销差价以及未受到调查的人的适当的倾销幅度以及 c. 对于本条例第二节第六条第2款第（2）项 a 所规定的紧急情况的初步裁定。

（3）如果上述初步裁决是肯定性的，那么，部长在裁决中还应：a. 对初步裁决作出之日或该日后进入境内或从仓库运出以供给消费之用的所有商品的入境作出中止结算的命令；b. 通知海关要求根据本条被宣布暂停入境的那些商品提供相当于加权平均倾销差价的现金存款和银行债券担保，以此采取临时反倾销措施。

（4）部长应在《联邦公报》上公布关于“肯定性（否定性）的初步反倾销裁决”的通知，该通知包括预估的加权平均倾销差价（如果存在差价的话）以及依本条例第三节第六条作出的要求各方提出抗辩意见的邀请。

（5）部长应就上述情况通知该诉讼程序的所有当事方以及委员会。

2. 关于特别复杂的调查的期限的延长

如果部长作出某一调查特别复杂的决定，他（她）就可以将作出初步的裁决的期限延长到程序开始之日起的 210 天之内。上述部长决定是依据下列明示的调查结论作出的：（1）被告对于调查正在予以合作；（2）该调查是特别复杂的，理由是：a. 交易数额巨大，交易性质复杂或依本条例第四部分所进行的调查极为复杂；b. 提出了新的议题，或 c. 生产者和转售商人数众多以及（3）需要增加调查时间以作出初步裁决。

3. 根据起诉人的请求而延长调查期间

如果起诉人在预定的部长的初步裁决作出之日的 25 天以前提出延长调查期限的申请并说明理由，那么除非出现可驳回该请求的相反理由，否则必须在自起诉提出之日后 210 天内作出初步裁决。

4. 延长调查期的通知

如果部长根据本条第 2 款或第 3 款之规定，将作出延长初步调查期限的决定，那么他（她）最迟应在作出初步裁决之日前约 20 天通知该程序的所有当事方，并在《联邦公报》上公布关于“延长反倾销调查期间”的通知，在通知中应说明延长调查期间的理由。

5. 加快作出初步裁决

部长最迟应在本条例第十五条所指的调查开始之日起第 75 天审查头 60

天的调查记录。如果已提供的资料足以供部长作出初步裁决，那么部长即应向起诉人以及请求公布的任何当事方披露一些已提供的公开性和秘密资料(其规定见本条例第三节第四条)。如果在透露资料之后三个营业日之内所有获得透露的当事方均提交了一份不可撤回的放弃进一步核实的书面弃权报告，并同意根据调查开始之日起第 60 天的调查记录作出初步裁决，那么，部长应在自调查之日起 90 天内作出一项加快了的初步裁决。

6. 委员会获得资料的途径

部长应当为委员会及其直接参与诉讼程序的所有成员提供部长已作出裁决和委员会认为与损害裁决有关的所有资料。

7. 披露

在作出初步裁决以后，部长应对那些请求获知有关资料的当事各方就其在裁决过程中使用的计算方法作出进一步的解释。

第六条　关于紧急情况的调查结论

1. 一般规定

如果某一起诉人在部长作出最终裁决的预定期限 21 天以前向部长递交了一份指控存在紧急情况的书面控诉，并附有支持该指控的事实性资料，或在部长根据本节第一条之规定进行的自行调查中发现存在紧急情况，那么部长应当就以下事项作出一个调查结论：

（1）a. 受到调查商品的同类或同种产品在美国和其他地方是否有过倾销历史，或 b. 进口商是否知道或应当知道生产者或转售商此时正在以低于外国市场价值的价格销售其产品以及（2）该种货物是否在一个相对短的期间内大量进口。

2. 初步调查结论

（1）如果起诉人在部长根据本条例第二节第十条之规定作出的最终裁决届满之日前 30 天以前提出存在紧急情况的指控，那么部长应根据已获得的资料，就是否有合理依据认为或怀疑存在着本条第 1 款所指的紧急情况作出初步调查结论。

（2）部长作出该初步调查结论的期限如下：a. 如果关于紧急情况的指控是在预定的初裁之日 20 天前提出，那么，部长应在本条例第二节第五条所指的初步裁决之前作出关于紧急情况是否存在的初步调查结论；或 b. 如果关于紧急情况的指控是在预定的初裁之日的第 20 天之后提出，那么，部长在起诉人提出指控后 30 天之内应作出关于紧急情况是否存在的初步调查结论。部长应将此种情形通知委员会，并在《联邦公报》上公布关于初步调查结论的通知。

3. 中止结算

如果部长要作出一项肯定性的初步调查结论（即紧急情况存在），那么无论该调查结论是在第二节第五条所指的肯定性初裁之前还是在初裁之日作出，根据本条例第二节第五条所作出的中止结算的命令都应适用于在该项命令发布前第10天或前90天之内入境或者从仓库提出以供消费的所有商品。

如果部长在根据本条例第二节第五条所指的初裁之后作出初步调查结论，那么，部长就应补发中止结算的命令，该命令适用于在命令所规定的中止结算之日的第90天或前90天之内入境或从仓库提出以供消费的调查结论所涉及的全部商品。

4. 最终调查结论

对于在部长根据本条例第二节第十条之规定将作出最终裁决之日21天之前提出的关于紧急情况的任何指控，部长都应作出关于紧急情况的最终调查结论。假如最终调查结论为肯定性的，而部长并未作出肯定性的初步调查结论，那么，部长应对在其作为肯定性的初裁或终裁一个部分的中止结算命令发出之日前第90天或前90天之内入境或提出仓库以供消费的全部货物发出中止结算的命令。如果最终调查结论为否定性的，而部长已作出肯定性的初步调查结论，则部长应终止本条第3款所指的具有溯及力的中止结算的命令，并且命令海关退回作为担保的一切现金存款或付款保证书。

5. 自行发动调查的调查结论

在根据本条例第二节第一条所发动的调查过程中，部长可以在作出关于紧急情况的初步或最终调查结论时不考虑本条第2款和第4款规定的时间限制。

6. 大量进口

（1）在为本条第1款的宗旨而对于该种产品的进口是否数量巨大作出裁决时，部长应审查：a. 该批进口货物的数量和金额；b. 季节性销售旺衰情况以及c. 进口货物占该国消费的比例。

（2）在一般情况下，除非在本条第7款规定的期间内货物进口量增加额至少到达与该期间紧接的前一时期进口额的15%，否则部长不应认为存在着大量进口。

7. 相对短的期间

根据本条第1款的宗旨，部长一般认为相对短的期间是开始于程序开始，结束于程序开始后三个月的一段期间。然而，如果部长发现进口商或出口产品的生产者、转售商在诉讼程序开始前就已有理由预计到将可能发动调查，那么，部长可以把在更早些时候开始的大于三个月的时间视为相对短的期间。

第七条　调查终止

1. 撤回起诉

(1) 根据起诉人撤回起诉的请求，或在本节第一条所指的调查中根据自己的决定，在通知所有的诉讼参与方，并同委员会进行磋商后，部长就可以终止调查的进行。除了部长作出决定认为终止调查是出于公共利益以外，部长不得终止调查。

(2) 如果部长终止一项调查的进行，他（她）就得在《联邦公报》上公布关于“终止反倾销调查”的通知，如果有必要，同时公布一封说明撤回起诉或终止调查理由的与起诉人的往来信件。

2. 根据达成数量限制协议而撤诉

(1) 除非部长在考虑了《关税法》第七百三十四条第1款第（2）项B中所列举的所有要素后认为终止调查是为了公共利益，否则部长不得通过接受生产该产品的本国政府提出的或同该本国政府达成关于限制产品出口数量的或其他协议的方式终止某一项调查。

(2) 根据本条第2款第（1）项的宗旨，在决定一项终止调查的命令是否确实是为了公共利益而作出时，部长应尽可能同那些受到潜在影响的美国消费产业的有关代表以及各该产业中受到潜在影响的人（包括案件当事方）进行磋商。

3. 否定性裁决

一旦在《联邦公报》上公布了部长作出的否定性终裁裁决，委员会作出的否定性初裁或终裁裁决，该项调查就应终止进行。

4. 中止结算的终止

如果部长在先前已颁布了中止结算令，那么他（她）就应在本条第1款所指的终止调查的通知或在本条第3款所指的否定性裁决的通知公布之日颁发命令，以停止先前颁布的中止结算命令的效力，并命令海关退回作为担保的一切现金存款或付款保证书。

第八条　调查中止

1. 关于彻底停止低于外国市场价值的销售或停止出口的协议

如果部长认为中止调查是出于公共利益，他（她）就可以通过同占该种产品绝大多数的出口商（生产商或转售商）达成如下协议的方式，在作出最终裁决之前中止调查。这些协议是关于：（1）从调查中止之日起彻底停止低于外国市场价值销售的协议，或者是（2）在中止调查的通知公布之日起 180 天内开始停止出口该种产品的协议。

2. 关于消除侵害性后果的协议

（1）部长可以按照本条第 2 款第（2）项之规定在作出终裁之前中止一项调查的进行，如果部长：a. 认为中止是出于公共利益；b. 发现出现了特殊情形以及 c. 发现该项协议将彻底消除侵害性后果。

（2）部长可以通过同占该产品绝大多数的出口商（生产者或转售商）达成协议的方式按本条第 2 款第（1）项的规定中止某项调查的进行，假如他（她）发现：a. 该项协议将会防止美国生产的相似产品价格的压低或下降；而且 b. 该项协议将确保每个出口商的每批货物的入境，其倾销差价将不超过部长初步裁决（或在根据本节第八条第 9 款的规定继续进行的调查中作出的最终裁决）中所规定的加权平均倾销差价的 15%。

3. 绝大多数的定义

根据本条第 1 款以及第 2 款第（2）项的宗旨，其产品占绝大多数的出口商是指在商务部正在计算倾销幅度的时期或部长认为具有代表性的其他期间内，按其出口、销售的数量和金额计算，占全部商品总额不低于 85% 的出口商（生产者或转售商）。

4. "特殊情形"的定义

本条第 2 款中所指的"特殊情形"是指那些：（1）中止调查比继续调查对该产业更为有利的情形以及那些（2）交易数目巨大，或根据本条例第四节需要调整的数目巨大，提出了新的议题，或生产者和转售商为数众多的情形。

5. 监督

除非能对该协议实施有效的监督，否则部长不得承认该项协议。在对根据本条第 2 款达成的协议进行监督时，部长没有继续查明美国生产的产品或相似产品在美国的销售价格的义务。

6. 间歇期间不增加出口

除非该协议保证在它所规定的间歇期间内出口商品的数量不超过部长认为其有代表性的可比期间内的出口数量，否则部长不得承认该项协议。

7. 中止调查的程序

（1）出口商（生产商和转售商）应当 a. 在部长根据本节第十条作出终裁的法定期限届满之日 45 天前（包括届满前第 45 天）向部长提交一份草拟的协议以及 b. 在不迟于部长作出初步承认的第二天向诉讼其他参加方提

供一份被部长初步认可的协议文本。

(2) 部长应：a. 在其中止调查之日30天前向所有诉讼参加方通知计划的中止调查事宜，并且为各方提供一份经初步认可的协议文本（该协议应包括遵守监督的程序以及关于协议符合本条规定的声明）；并 b. 就计划的中止调查事宜与起诉人磋商。

(3) 部长应当为所有利害关系方以及美国政府机关提供一个机会，以便使他们在部长作出最终裁决10天前向部长提交书面抗辩意见和事实性资料。

8. 对协议的承认

(1) 如果部长认可了一项协议，中止了一次调查，那么他（她）就应在《联邦公报》上公布包括协议条文的关于“中止反倾销调查”的通知。如果部长尚未公布肯定性的初裁裁决通知，他（她）就应将此裁决通知包括进去一并公布。在认可某项协议时，部长可依据其在作出肯定性初裁过程中或其后所得出的有关事实和法律的结论。

(2) 如果部长依照根据本条第1款达成的协议宣布中止某项调查，他（她）就应当宣布开始或继续执行中止结算的命令。如果部长在先前已命令中止结算，那么在中止调查通知生效之日起应颁布停止先前颁布的中止结算的命令，并命令海关退回作为担保的一切现金存款或付款保证书。

(3) 如果部长依照根据本条第2款达成的协议宣布中止某项调查的进行，他（她）就应视情况颁布中止结算的命令。在委员会根据《关税法》第七百三十四条第（8）款结束对因当事人请求而对该协议进行的审查以前，原先的中止结算命令亦不失效。如果委员会在公布中止调查通知之日后20天以内未收到任何要求复查的请求，那么部长应公布以前的中止结算的命令将在公布中止调查通知后第21天起停止生效。

(4) 如果委员会根据《关税法》第七百三十四条第8款受理了对协议进行复查的事宜，并作出该协议并不会消除侵害性后果的决定，那么部长应当在委员会的决定公布之日起重新开始调查，尽管部长在此日已作出了肯定性初裁。如果委员会作出该项协议将会消除侵害性后果的决定，部长就应继续停止该项复查的进行，并颁布命令使先前中止结算的命令在委员会决定公布之日起失效，并指示海关退回作为担保的一切现金存款或付款保证书。

9. 调查继续

(1) 在调查中止的通知公布后20天内（包括第20天），其货物占该种商品出口总额重大比例的某一出口商或多个出口商；或者本条例第一节第二条第11款第（3）、（4）、（5）项或第（6）项所指的某一利害关系方均可以书面形式请求部长继续进行调查。该方应同时向委员会提交一份请求继续调查的申请书。

（2）在收到上述申请书后，部长和委员会应立即继续进行调查 a. 如果部长和委员会将作出肯定性的终裁，那么中止调查的协议在符合部长的最终裁决中有关事实或法律的结论的情况下继续有效。本规定不得有损于本条第 8 款关于中止结算规定的效力。b. 如果部长和委员会作出一项否定性的终裁，则上述协议应归于无效。

10. 超过允许数量进口的货物

（1）部长得通知海关对于超过本条第 5 款的许可或本条第 1 款所指协议所答应的数量入境或从仓库提出以供消费的货物停止放行入境。（2）超过本条第 5 款或本条第 1 款所指协议许可的数量的进口货物应在海关的监管下予以出口或销毁。

第九条　协议的违反

1. 直接裁决

如果部长作出某一签字的出口方违反了某项据以中止调查的协议，那么部长不等出口商作出任何辩解，即可：

（1）对于在下列日期或期限入境或提出仓库以供消费的货物颁布中止结算的命令，下列日期或期限为：a. 取消该项协议的通知公布之前第 90 天；b. 违反协议的销售或出口的第一次入境或提出仓库以供消费之日。

（2）如果根据本节第八条第 9 款所进行的调查并未完成，那么，尽管部长已在取消的通知公布之日作出了肯定性初裁，并根据本条第 1 款第（1）项决定通知海关要求被中止结算的货物的进口商提供相当于在肯定性终裁中预估的加权平均倾销幅度的现金存款担保或付款保证书担保，以便实施临时措施，部长还是要重新开始调查。

（3）如果根据本节第八条第 9 款所进行的调查已经完成，那么部长就应对按本条第 1 款第（1）项实行中止调查的商品进口签发征收反倾销税的命令，并通知海关要求根据本条被颁布中止结算命令的商品的进口商提供其金额相当于肯定性终裁中所预估的加权平均倾销差价的现金存款担保或付款保证书担保。

（4）通知现在是或曾是诉讼参加方的所有人员及委员会，如果部长作出违反协议属于故意的决定，那么还应通知海关委员会，并且；

（5）在《联邦公报》上公布关于“反倾销令（重新开始反倾销调查）；撤销某项据以中止调查的协议的通知”。

2. 在通知和评议后作出裁决

(1) 如果部长有理由相信签字的出口商已经违反了协议，或发现该协议并不符合《关税法》第七百三十四条第4款之要求，但是却没有充分资料足以按本条第1款采取措施，那么部长就应在《联邦公报》上公布关于“请求对中止反倾销调查的协议加以评论的邀请”的通知。

(2) 在请求各方加以评论的邀请通知公布之后以及在对所收到的评论加以思考后：

a. 如果部长裁决某一签字出口商已违反了该协议，他（她）就应通过本条第1款第（5）项之规定对该出口商采用本条第1款第（1）项所指的适当措施；

b. 如果部长裁决该项协议已不再符合《关税法》第七百三十四条第4款的要求，那么他（她）就应：（Ⅰ）通过本条第1款第（5）项的规定采取本条第1款第（1）项所指的适当措施，但是采取原第1款第（1）项b所指措施的日期应是其销售或出口不符合《关税法》第七百三十四条第4款要求的商品第一次入境的日期或运出仓库以供消费的日期；（Ⅱ）通过认可一项根据本节第八条第1款的规定修正过的协议（不论部长是否已经根据此条款规定承认了原协议）的方式，来继续停止调查的进行，该协议在得到部长的承认时符合《关税法》第七百三十四条第4款的实施要求；部长还应在《联邦公报》上公布关于“中止反倾销调查的协议的修正”的通知；或（Ⅲ）通过承认一项根据本节第八条第2款的规定修正过的协议（无论部长是否已根据该条款认可了原协议）的方式继续中止该项调查，该项协议在经部长认可时，需符合《关税法》第七百三十四条第4款的条件；部长还应在《联邦公报》上公布关于“中止反倾销调查的协议的修正”的通知。如果部长以按本节第八条第2款之规定加以修正的协议为依据，命令继续中止调查进行，他（她）就应命令开始中止结算。该项中止结算命令的效力在委员会依《关税法》第七百三十四条第8款对该项经修正的协议复查完毕前不得停止。如果委员会在修正通知公布后第20天内未收到复查申请书，那么，部长就应宣布原先中止结算的命令在修正通知公布后第21天起停止执行，并通知海关退回一切作为担保的现金存款和付款保证书。如果委员会根据《关税法》第七百三十四条第8款进行复查，那么就应遵循第七百三十四条第8款第（4）项的规定。

c. 如果部长作出既不存在违反协议又不要求对该协议加以修正的裁决，那么，他（她）应在《联邦公报》上公布根据本条第2款第（2）项作出的裁决，裁决中应包括关于该裁决所依据的有关事实和法律的结论的陈述。

3. 签约方的追加

如果部长作出该协议不再符合本节第八条第 2 款第（1）项 a 所规定的条件，或已经签约的出口商不再占全部商品的绝大多数的裁决，那么，他（她）得要求修正该协议，以便包括其他参加签约的出口商。

4. “违反”的定义

本条所指的“违反”是指由于出口商的某一行为或疏忽失职而造成的对某项中止调查的协议条款的违反，但是经部长裁量认为该项行为或疏忽失职并非出于故意或属无关紧要的违反例外。

第十条　最终裁决

1. 一般规定

（1）在作出初裁后 75 天内（包括第 75 天）部长应就该商品是否正在进行低于公平价值的销售一事作出最终裁决。

（2）部长的裁决应当包括：a. 该裁决得以作出所依据的有关事实和法律的结论；b. 对每个被调查的当事人计算出的加权平均倾销幅度（如果存在倾销幅度的话）及 c. 根据本节第六条作出的最终调查结论（如果该结论恰当的话）。

（3）如果该裁决是肯定性的，那么他（她）还要：a. 对在部长作出的终裁通知公布之日或之后入境或提出仓库以供消费的一切进口商品颁布中止结算的命令，除非在先前部长已经颁布过此类命令；b. 通知海关对在部长作出的终裁通知公布之日或之后入境或提出仓库以供消费的一切进口商品收缴相当于根据本条第 1 款作出的预估的加权平均倾销差价的现金存款或付款担保书担保。

（4）部长应在《联邦公报》上公布“关于征收反倾销税的肯定性（否定性）终裁”的通知，该通知应当包括预估的加权平均倾销差价（如果存在差价的话）；

（5）部长应将上述情形通知各当事方及委员会。

2. 最终裁决期限的推迟

（1）对商务部的否定性初裁不服的起诉人，或者对商务部的肯定性初裁不服，并且其产品占受调查产品绝大多数的生产商或转售商，如果向商务部提交了推迟作出最终裁决的书面申请，并说明了申请理由，那么除非查获足以驳回请求的相反理由，部长应将作出终裁的期限延至公布初裁裁决后的第 135 天。

（2）如果部长将根据本条第 2 款第（1）项之规定作出推迟最终裁决期

限的决定，他（她）就应通知各诉讼参加方，并在《联邦公报》上公布“关于征收反倾销税终裁期限的推迟”的通知，通知中应说明推迟的理由。

3. 委员会获得资料的途径

应当为委员会及其直接参与该诉讼程序的所有成员提供部长据以作出终裁和委员会可能认为与损害裁决有关的一切资料。

4. 否定性终裁的效力

一旦在《联邦公报》上公布部长或委员会的否定性终裁，一项调查就应立即终止。如果部长在先前曾命令中止结算，那么应命令自该否定性终裁公布之日起，先前的命令立即停止生效，并通知海关退回作为担保的一切现金存款或付款保证书。

5. 披露

一旦作出最终裁决，部长应立即向申请披露有关资料的诉讼参与方作出在其作出裁决时所使用的计算方法的进一步说明。

第十一条　反倾销令

在收到委员会根据《关税法》第七百三十五条作出的肯定性终裁的通知之日起7天内，部长在《联邦公报》上公布关于“征收反倾销税的命令”的通知（译者按：简称反倾销令），该反倾销令的内容为：

1. 通知海关对被调查产品征收反倾销税，海关在征收反倾销税时应遵守部长根据当事人按本节第十二条第1款所提出的申请，或根据第十二条第3款之规定在完成每一项行政复议后发布的指示。

2. 通知海关要求在反倾销令公布之日或以后入境或提出仓库以供消费的每批受调查的进口商品的主人提供担保，担保的方式是向海关提交相当于部长在终裁中确定的加权平均倾销差价的现金存款或付款保证书。

3. 将商务部认定的、在据以计算倾销幅度的销售期间内其产品不存在倾销差价的所有生产者或转售商排除在反倾销令的管辖范围之外。

4. 如果在其终裁中，委员会发现存在着严重损害的威胁或严重阻碍某一产业建立的情况，那么，除非它同时发现如果不根据本节第五条第1款之规定颁布暂停结算的命令，就会产生严重损害的情况，否则，部长就应命令对委员会终裁裁决公布前入境或提出仓库以供消费的所有受查商品进口所发布的中止结算命令停止生效，并通知海关退回作为担保的一切现金存款和付款保证书。

第十二条　对反倾销令和中止调查的协议的行政复议

1. 行政复议的申请；撤回复议申请

(1) 在每一年的反倾销令公布的周年纪念月（即反倾销令或调查结论公布之日的周年纪念月所在的年历月）中，本条例第一节第二条第11款第(2)、(3)、(4)、(5)项或第(6)项所指的任一利害关系方，如果说明了他希望部长对这些特别的生产者和转售者进行复议的理由，就均可用书面形式请求部长对命令所涉及的特定生产者和转售商分别进行单独的行政复议；(2) 在同一月份内，反倾销令所涉及的生产者或转售商可用书面形式请求部长只对其本人进行行政复议；(3) 在同一月份内，该种商品的进口商也可用书面形式请求部长对于该进口商所进口产品的那个生产者或转售商进行行政复议；(4) 在每一年的调查终止裁决公布之日的周年纪念月（即调查终止裁决公布之日所在的年历月），本条例第一节第二条第11款所指的任一利害关系方，均可以书面形式请求部长对调查中止据以作出的协议所涉及的所有生产者或转售商进行行政复议；(5) 部长可以允许根据本条第1款之规定请求复议的申请人在复议开始通知公布之日起90天（包括第90天）内撤回申请。如果部长认为延长上述撤回复议申请期限是合理的，他（她）就可以对此期限加以延长。当复议申请撤回时，部长应在《联邦公报》上公布关于“终止对反倾销调查的行政复议”的通知，或关于“部分终止对反倾销调查的行政复议”的通知（如果这样做合适的话）。

2. 复议期间

(1) 除了本条第2款第(2)项的规定外，根据本条第1款作出的行政复议一般将覆盖在最近的周年纪念月紧接的前12个月内受查货物的入境、出口或销售。

(2) 对于在反倾销令或中止调查的裁决公布的第一个周年纪念月内收到的复议申请，根据本条第1款所进行的复议覆盖下列期间受查货物的入境、出口或销售，该期间始于根据本条作出暂停结关的命令之日或中止调查裁决作出之月，结束于紧接着第一个周年纪念月的前一个月。

3. 复议程序

在收到根据本条第1款之规定及时提交的复议申请后或在部长自行决定认为应进行复议后的合适时间内，部长：

(1) 应自该周年纪念月结束之日起15天内在《联邦公报》公布关于“发动反倾销行政复议”的通知；

(2) 在公布上述通知后30天内（包括第30天），一般要求向合适的利害关系方，或利害关系方的有关代表寄送征求复议所需的有关事实的资料的调查问卷；

（3）根据本条例第三节第六条进行核实（如果合适的话）；

（4）根据已得的资料，颁布初步复议结论，该初步结论包括：a. 初步复议结论据以作出的有关事实或法律的结论；b. 在复议期间内每个受到复议的当事人的加权平均倾销差价（如果存在差价）以及：c. 部长作出的关于某一协议的地位及履行情况的初步结论；

（5）在《联邦公报》上公布关于“反倾销行政复议的初步结论”的通知，通知中应包括加权平均倾销差价（如果差价存在的话）以及请求有关方面根据本条例第三节第八条提出的抗辩意见；并通知诉讼的所有参加方；

（6）在签发初步结论后，立即为请求披露有关资料的诉讼参加方就其在作出初步结论时使用的计算方法作出进一步的解释；

（7）在该周年纪念月之后的365天内签发最终复议结论，该结论应包括：a. 该最终复议结论据以作出的有关事实和法律的结论；b. 在复议期内每个被复议的人的加权平均倾销幅度；c. 部长关于协议地位及执行情况的结论；

（8）在《联邦公报》上公布关于“反倾销调查行政复议最终结论”的通知，通知中应包括加权平均倾销幅度（如果存在倾销幅度的话），并通知所有诉讼参加方；

（9）在作出调查结论后，立即为提出披露有关资料要求的参加方就其作出最终结论时使用的计算方法作进一步的说明；并且；

（10）在公布最终结论的通知后，立即通知海关对本条第2款所指商品征收反倾销税，并对该种商品将来的进口收缴其价值相当于预估的反倾销税的现金存款担保。

4. 对于调查中止据以作出的协议的可能取消或修改

如果在行政复议期间部长裁决认为或有理由认为一个签约的出口商违反了一项使调查中止的协议，或该协议不再符合本节第八条规定的要求，那么，部长可在按本节第十九条第2款对出口商采取措施的同时，推迟本条第3款第（7）项所规定的时限。

5. 反倾销税的自动征收

（1）如果部长未收到根据本条第1款第（1）、（2）、（3）项及时提出的申请，那么在反倾销令发布后，不必发布其他通知，部长即可通知海关对受查产品征收反倾销税，税款相当于在其入境或提出仓库以供消费时要求其为应纳预估的反倾销税提供的现金存款担保或付款保证书担保，并对以后的进口继续按前述命令收缴作为担保的现金存款。

（2）如果收到了按本条第一款第（1）、（2）、（3）项及时提出的申请，那么部长应根据本条第五款第（1）项之规定，通知海关对未提出申请的受查商品征收反倾销税，并对此后进口的该种商品继续收缴作为担保的现金存款。

6. 关于情势变更的复议

（1）如果部长从已经得到的包括根据本条规定提出的行政复议请求中所适合的资料在内的资料中，得出情势变化已足以进行复议的结论，那么部长就应：a. 在《联邦公报》上公布关于“因情势变化对反倾销调查进行行政复议”的通知；b. 如果有必要，向利害关系方或利害关系方中的有关代表寄送征求为复议所需资料的调查问卷；c.（如果适合的话）根据本条例第三节第六条进行核实；d. 根据已经获得的资料签发复议的初步结论，这些资料包括初步复议结论据以作出的有关事实与法律的结论，包括部长根据初步结论计划采取的任何措施的资料；e. 在《联邦公报》上公布关于“因情势变化对反倾销调查进行的行政复议的初步结论”的通知，该通知包括一项征求有关人士根据本条例第三节第八条提出抗辩意见的邀请；f. 将初步复议结论通知所有的诉讼参加方；g. 在签发了初步结论后，立即对申请披露有关资料的有关诉讼参加方就初步结论作出进一步的解释；h. 在部长进行复议之日起 270 天内（包括第 270 天），签发最终的复议结论，该最终结论应包括最终结论据以作出的有关事实和法律的结论和部长依据最终结论将要采取的一切措施（包括根据本条第 3 款第（9）项和本节第十五条第 4 款之规定所采取的措施）；I. 在《联邦公报》上公布关于“因情势变更而对反倾销调查进行的行政复议的最终结论”的通知；j. 将上述情形通知所有的诉讼参加方；k. 在签发最终结论后，立即对申请披露有关资料的各诉讼参加方就最终结论作出进一步的解释；

（2）对情势变更的复议申请，可在任何期间（包括在周年纪念月以外的期间）内提出；

（3）除非部长发现了充分的理由，否则在部长的肯定性初裁或中止调查进行的裁定公布之日起的第二个周年纪念月（即指反倾销令或调查裁决在其中公布的年历月）内，部长不得根据本条第 6 款之规定发动一项行政复议；

（4）如果部长认为有必要采取快速行动，他（她）可将本条第 5 款第（1）项 a 目和 c 目所规定的通知合并到关于“因情势变更而对反倾销调查进行行政复议及其复议的初步结论”的通知中去。在此种情形下，部长就应按照本条第 5 款第（1）项第 f 目的要求，向被商务部根据第三节第一条所指的资料列出的名单中所包括的所有利害关系方发出通知。

7. 快速复议

（1）自反倾销令公布之日起 7 天内（包括第 7 天），任一生产者或转售商均可以书面形式申请部长各对于该生产者或转售商的在下列日期入境或提出仓库以供消费的商品的装运进口进行一项快速行政复议。这些货物入境或提出仓库的日期为：a. 在部长的肯定性初裁公布之日或之后，或者在部长的终裁公布之后（如果部长的初裁是否定的话）；b. 在委员会的终裁公布之日后。

（2）上述申请必须附上部长认为为计算倾销差额所必需的资料。

（3）如果部长根据申请中所提供的资料得出结论，认为可在反倾销令公布之日起 90 天内（包括第 90 天）确定倾销差价，部长就应对提出申请的生产者成转售商进行一项快速行政复议。

（4）如果部长决定进行快速行政复议，他（她）应 a. 在《联邦公报》上公布关于"对反倾销调查进行快速行政复议"的通知，并将该情形通知所有的诉讼参加人，上述通知应当包含征求有关人士根据本条例第三节第八条提出评论意见的邀请；b. 通知海关接受在发动快速行政复议的通知公布之日或其后，并在反倾销令的公布之日后 90 天（包括第 90 天）内入境或提出仓库以供消费的进口每批货物所提交的付款保证书，该付款保证书是用来代替数额相当于确定的反倾销税税款的作为担保的现金存款的；c. 根据本条例第三节第六条之规定进行核实；d. 对申请披露有关资料的诉讼参加方就部长在分析中使用的计算方法作出进一步的解释；e. 签发复议的最终结论；该结论包括：（ⅰ）最终结论得以作出的有关事实与法律的结论以及（ⅱ）在复议期间存在的每个受复议的当事人的加权平均倾销幅度。f. 在《联邦公报》上公布关于"对反倾销调查所进行的快速行政复议的最终结论"的通知。该通知应包括加权平均倾销幅度（如果存在的话），并通知所有的诉讼参加方；g. 在签发最终结论后，立即对请求披露有关资料的有关诉讼参加方就部长在分析中所使用的计算方法作出进一步的说明；并且 h. 在公布最终结论后，立即通知海关对本条第 7 款第（1）项所指的货物征收反倾销税，并对该货物的将来的进口收缴相当于预估的反倾销税的作为担保的现金存款。

第十三条　预先采取的临时措施

本条规定适用于在委员会的肯定性终裁公布之日前入境，提出仓库以供消费的进口货物。如果部长在其肯定性初裁或肯定性终裁中要求该批货物提供担保的现金存款或付款保证书的数额不同于部长根据本节第十二条规定所计算出的倾销差价，那么，在作为担保的现金存款或付款保证书的数额大于倾销差价的数额的情况下，部长就应通知海关不管这个差别，即不再征收反倾销税；反之，若作为担保的现金存款或付款保证书的数额小于倾销差价，那么部长就应通知海关对该批商品征收其数额相当于根据本节第十二条计算出的倾销差价的反倾销税。

第十四条　超付或欠付款的利息

1. 一般规定

部长应通知海关支付或征收作为担保的相当于预估的反倾销税的现金存款和最终估定的反倾销税税额之间差额的利息，上述现金存款和反倾销税的对象都是在反倾销令公布之日或以后进入消费或提出仓库以供消费的入境货物。

2. 利率

根据本条第1款对任何期间应支付或征收的利息的利率，与按照《1954年国内税收法典》第六千六百二十一条之规定所确定的利率相同。

3. 期间

部长通知海关计算利息的期间始于海关要求某人为该批货物入境存交现金存款之日，结束于该批货物入境的结关之日。

第十五条　撤销反倾销令；终止已被暂停的调查

1. 因为不存在倾销而撤销反倾销令

（1）部长可以撤销某一项反倾销令，或终止一项被中止了的调查，如果他（她）作出下述结论的话：a. 截至反倾销令的撤销之日，该反倾销令或使调查中止的协议所涉及的所有生产者或转售商至少在此之前连续三年内销售其货物的价格从未低于外国市场价值；且 b. 上述人员在将来也不大可能以低于外国市场价值的价格进行销售。

（2）部长也可以部分撤销反倾销令，如果他（她）作出下述结论的话：a. 反倾销令所涉及的生产者或转售商中有一个或一个以上的人在被撤销日之前连续三年内销售其货物的价格从未低于外国市场价值；b. 上述一个或一个以上的生产者或销售商在将来也不大可能以低于外国市场价值的价格进行销售；c. 那些在部长的先前裁决中被认为曾经进行过低于正常价值的销售的生产商或转售商以书面方式答应：只要他们中任何人仍受反倾销令的管辖，那么如果部长一旦根据本节第十二条下结论认为该生产者或转售商在命令撤销后进行了低于外国市场价值的销售，他们就立即恢复到受原反倾销令管辖的状态。

2. 撤销反倾销令或终止调查的申请

在反倾销令或调查暂停裁决公布之日后的第三个周年纪念月（即反倾销令或调查中止的裁决公布之日的周年纪念日所在的月份）内，某一生产者或转售商可以用书面形式请求部长按照本条第1款之规定对申请人撤销某一项反倾销令，或者终止某项被暂停的调查。条件是，该生产者或转售商在申请中提交了下列材料：(1) 该人出具的能证实其在本节第十二条第2款所指的期间内所进行的货物销售从未低于外国市场价值和在将来也不进行低于外国市场价值的货物销售的证明以及 (2) 本条第1款第 (2) 项第C目所指的协议（如果可能提交的话）。

3. 撤销反倾销令的程序

(1) 收到按照本条第2款之规定按时递交的申请，部长应将该请求视为包括请求行政复议的申请，并根据本节第十二条第3款的规定进行复议。

(2) 除了遵守本节第十二条第3款的要求外，部长还应：a. 在公布本节第十二条第3款所指的通知的同时，公布关于“（部分）撤销反倾销令的申请”的通知，或关于“终止调查中止状态的申请”的通知；b. 根据本条例第三节第六条之规定进行核实；c. 将部长关于是否有合理依据认定撤销反倾销令或终止已被暂停的调查的要求已被遵守的裁决包括在根据本节第十二条第3款第 (4) 项之规定作出的初步复议结论之中；d. 如果部长根据本条第3款第 (2) 项c目之规定所作出的初裁是肯定性的，则应在根据本节第十二条第3款第 (5) 项公布初步复议结论的通知的同时，公布关于“（部分）撤销反倾销令的意向”的通知或关于“终止已被暂停的调查的意向”的通知。

(3) 如果部长将要撤销或部分撤销一项反倾销令，那么他（她）将命令原先发布对那些现在已经被撤销的反倾销令所涉及的商品实行中止结算的命令自复议期间届满之后第1天起停止生效，并通知海关退回作为担保的一切现金存款或付款保证书。

4. 因情势变化而撤销反倾销令或终止已被暂停的调查

(1) 部长可以撤销或部分撤销一项反倾销令，或终止一项已被暂停的调查，如果他（她）得出了如下结论的话：a. 该反倾销令或已被暂停的调查已经不再符合本条例第一节第二条第11款第 (3)、(4)、(5) 项或第 (6) 项所指的利害关系方的利益，或 b. 存在着足以撤销反倾销令或终止调查的其他情势变化。

（2）如果部长在任何时候从已经获得的资料（包括起诉人关于反倾销令已不再符合其利益的陈述）中得出结论认为，由于情势的变化已足以要求撤销反倾销令或终止已被暂停的调查，那么，部长就可以根据本节第十二条第6款之规定进行行政复议。

（3）除了遵守本节第十二条第6款规定的要求外，部长还应：a. 在根据本节第十二条第6款第（1）项a目之规定公布关于“因情势变化而对反倾销调查进行行政复议”的通知时，同时公布关于“对（部分）撤销反倾销令的考虑”的通知，或关于“对终止已被暂停的调查的考虑”的通知；b. 若本条第4款第（2）项所指的部长的结论是依据请求而作出的，那么，部长在本条第4款第（3）项a目所指的通知公布之日起，应为以下各方提供关于对撤销或终止的考虑的通知，以下各方是指政府列出的资料提供名单所列举的所有利害关系方以及部长认为有理由将其认定为美国的相似产品生产者或销售者的人员；c. 根据本条例第三节第六条之规定进行核实（如果核实是适合的话）；d. 在根据本节第十二条第6款第（1）项d目之规定作出的初步复议结论中加上下列裁决，即关于是否有合理依据认定当事方已经满足了因情势变更而对其撤销反倾销令或终止调查所需的要求的裁决；e. 如果本条上述第4款第（1）项d目所指的初步结论是否定的，那么，部长应在公布本节第十二条第6款第（1）项e目所指的通知时，同时公布关于“部分撤销反倾销令的意向”的通知或关于“终止已被暂停的调查的意向”的通知；f. 在根据本节第十二条第六款第（1）项h目之规定作出的最终复议结论中加上如下裁决，即关于是否有合理依据认定当事方已经满足了因情势变化而对其撤销反倾销令或终止反倾销调查所需的要求；g. 如果本条第4款第（3）项f目所指的终裁是肯定性的，部长应在公布本节第十二条第6款第（1）项所指最终复议结论的通知时，同时公布关于“（部分）撤销反倾销令”的通知，或者同时公布关于“终止已被暂停的调查”的通知。

（4）a. 如果在连续四年的周年纪念月内，没有利害关系方根据本条例第三十二条第1款之规定，请求对某一项反倾销令或某一项已被暂停的调查进行行政复议，那么在第五年的周年纪念日的第1天之前，部长将在《联邦公报》上公布关于“撤销反倾销令的意向”或关于“终止已被暂停的调查”的通知；b. 在本条第4款第（4）项a目所指的通知公布之日前部长应对下列人员提供上述日历指的通知，下列人员是指政府列出的资料提供名单上所列的所有利害关系方以及部长有理由将其认定为美国境内的相似产品生产商或销售商的其他人员；c. 如果到第五年的周年纪念月的最后一天为止没有利害关系方反对或一项根据本节第十二条第1款所作出的行政复议，那么，部长就应自此日起认定本条第4款第（1）项a目规定的关于撤销反倾销令或终止调查暂停的要求已经得到遵守，因此可以撤销该项反倾销令或终止该项被暂停了的调查，并在《联邦公报》上公布本条第4款第（3）项g目所指的通知。

（5）如果部长根据本条第4款之规定撤销了一项反倾销令或部分撤销了一项反倾销令，那么他（她）就应当命令他（她）先前颁布的对撤销期间所涉商品实行暂停结关的命令自该撤销生效之日起停止生效，并通知海关退回作为担保的现金存款或付款保证书。

5. 因对损害重新考虑而撤销反倾销令

如果委员会在一项根据《关税法》第735条第2款进行的行政复议中裁决：美国的某一项工业没有因为反倾销令或使调查暂停的协议所涉及的产品的进口而受到严重损害，或严重损害的威胁，或美国的某一工业的即将建立将因此受到严重的阻碍，那么部长就可以全部或部分地撤销一项反倾销令或终止某项已被暂停的调查，并应在《联邦公报》上公布关于“（部分）撤销反倾销令”的通知或关于“终止已被暂停的调查”的通知。

第十六条　反倾销税的补偿

1. 一般规定

（1）在计算美国价格时，部长扣除下列反倾销税税款，下列税款是指该产品的生产者或转售商：a. 代表进口商直接缴纳的；或b. 补偿给进口商的。（2）如果在发动反倾销调查前生产者或转售商向进口商保证反倾销税将不适用于下列产品，那么，部长在计算该产品的美国价格时，就不得将对此产品应征收的反倾销税从中扣除。下列产品是指：a. 在部长暂停结关的命令公布之日前销售的产品；及b. 在部长终裁公布之日前出口到美国的产品。在一般情况下，部长在计算某批产品的美国价格时，对于出口商（包括生产者或转售商）对进口商关于反倾销税的补偿只作一次扣除。

2. 证明

进口商在结关手续办理之前应向某个地区海关的关长提交一份以下形式的证明。特此证明：我已经（或从未）同他人签订了一项由制造商（或生产商、销售商、出口商）对于我从____国进口的____（系指货物名称）已被征收的反倾销税给予全部（或部分）支付或补偿的协议（或谅解）。该项货物的入境号码为____。该项货物是我在______年____月____日（或在______年____月____日之后，我在______年____月____日之前）购买的，但是它们是在______年____月____日（或______年_____月____日之后）出口的。

3. 推定

如果某一进口商没有按照本条第 2 款的规定提交上述证明，那么，部长得推定生产者或转售商已经对进口商被征收的反倾销税作了支付或补偿。

第三节　资料和争辩意见

第一条　事实性资料的提交

1. 期限的一般规定

（1）除了本条第 1 款第（2）项所指的时间期限外，向部长提交事实性资料的日期最晚：a.（在部长作出终裁时），不得迟于核查开始的法定期限届满之日前第 7 天；b.（在部长根据本条例第二节第二条第 3 款或第 5 款之规定作出关于行政复议最终结论的情况下），不得迟于关于初步复议结论的通知公布之日的前一天或关于发动行政复议的通知公布之日起第 180 天；c.（在部长根据本条例第二节第二条第 7 款之规定作出加速行政复议的最终结论的情况下），不得迟于由部长规定的日期。

（2）本条例第一节第二条第 11 款的（3）、（4）、（5）项或第（6）项所指的任一利害关系方提交的有关事实性资料，以对第一节第二条第 11 款第（1）项或第（3）项所指的某一利害关系方业已提交的事实性资料加以驳斥、澄清或修正。上述资料应在本条规定的提交这类事实性资料的时限的最终日期前提交，或在此类资料向有关的利害关系方提供之日起 10 天后提交，或在这些资料在行政性保护命令下向该利害关系方提供之日起 10 天后提交。

（3）对于在可适用的时限过后提交的任何事实性资料，部长在作出最终裁决或最终复议结论时将不予以考虑，也不会将其保存于诉讼程序的记录之中。部长将会把这些资料退回给提交人，并说明退回的理由。

2. 对调查问卷的回答以及根据当局要求提交其他材料

（1）尽管有本条上述第 1 款的规定，部长仍可以要求任何人在诉讼的任何阶段提交有关的事实性资料。

（2）在对向某一利害关系方发出的要求其对调查问卷提出答复或提供其他事实性资料的书面要求中，部长应当规定答复的期限。在一般情况下，部长对于未经请求作出的调查问卷答复不加考虑，也不会将其保存在该诉讼程序的记录之中：对于在部长的初步裁决公布之日后递交的未经请求其回答的调查答复，部长在任何情况下也不会予以考虑。部长将会把这些未按时递交或被商务部拒绝接受的未经请求而递交的任何问卷答复退回递交人，并以书面通知说明退回的理由。

(3) 在一般情况下，部长不得延长调查问卷或要求提供其他资料的书面请求中规定的期限。但在期限届满之前，收到部长书面请求的人可请求将期限延长。该项请求必须以书面方式提出并说明请求延长的理由。只有下列商务部的成员才能对延长作出同意的批复：主管进口管理司的部长助理、部长副助理，主管调查处的部长副助理，主管核查处的部长副助理以及负责该项诉讼程序的办公室主任和业务分部主任。关于延长期限的批复必须以书面形式作出。

(4) 根据本条第 2 款的其他规定，对于行政复议的调查问卷的答复，当事方必须在收到问卷之日起 60 天内递交。

3. 关于某些指控的期限

(1) 对于本条例第一节第二条第 11 款第 (3)、(4)、(5) 项或第 (6) 项所指的起诉人和利害关系方在下列时限之后提出的关于亏本销售的指控，部长将不予考虑，即：a. 在一项反倾销调查中，上述指控不得迟于部长在调查后作出初步裁决的法定期限前第 45 天提出，除非另一方的与此有关的答复也不按时递交或内容不齐全，使部长认为可以另定时限。b. 在根据第二节第十二条第 3 款或第 6 款之规定进行的行政复议中，上述指控不得迟于发动复议的通知公布之后第 120 天，除非与此有关的另一次答复不按时递交，或内容不齐全，使部长认为可以另定时限。c. 在根据第二节第十一条第 7 款的规定作出快速行政复议的情况下，上述指控的提出不得迟于发动复议的通知公布后第 10 天。

(2) 除非某项指控在递交时附上有关的事实性资料，并且在法定期限届满之日 10 天前或部长作出初裁之日 10 天前提出，否则部长在某一项调查中不考虑该项指控。

(3) 对于本条第 3 款第 (1) 项或第 (2) 项所规定的期限，任何利害关系方均得在上述期限届满之前以书面方式申请予以延长。如果主管进口管理司的部长助理作出结论认为某项延期将有利于法律的正当实施，那么，该部长助理就可以将调查期限延长一个 10 天以内的期间，或将行政复议的期限作一个 30 天以内的延长。

4. 递交的地点、时间

所有文件应寄送或递交的地点是：华盛顿特区 20230 号，宾夕法尼亚大街和第 14 街，美国商务部进口司，中心记录室，B-099 号房间。在本节规定的所有期间内，部长对于收到的、并由中心记录室在收到的日期、时刻上盖了戳记的文书应予以考虑。如果期限届满之日不是一个工作日，部长就应接受考虑在该日之后的第一个工作日内递交的文书。

5. 格式和份数

（1）一般规定

除非部长改变了本条的要件，否则材料提供人应按本条第 5 款规定的形式提交一切资料。对于不符合本条第 5 款要求而提供的任何资料，部长将拒绝作为诉讼程序的记录予以接受。

（2）文书

在每一项调查中，每份文书应交 10 份副本，但不得包括计算机打印件，如果某人已经请求部长将部分文书作为专有资料处理，那么，只要交 5 份可以公开的文书就行了。其中应包括：根据本节第二条第 2 款之规定作出的任何摘要，以便代替该人已提请予以专有资料处理的部分。在每一次行政复议中，应分别提交 7 份副本和 3 份副本。在某项调查或行政复议中，如果为了诉讼的某一部分已准备起草文件，那么递交的文书应采用信笺大小的纸张，单面隔行打印。应确保每一份单独的文书副本在其首页上用任何开始的字母标明。在每一份文书的右上角应用下列格式标明下列情况：a. 第一行上应标明商务部案件号，但起诉书除外；b. 第二行应标明该文书的总页数（包括封面，附页以及未标明页码的纸张）；c. 第三行应说明该文书是用于调查，还是用于行政复议，如果是后者，应说明复议期限；d. 在第四行及以下各行中，应说明文书的任何部分中是否包含绝密资料、机密资料或秘密资料，如果包含上述资料，应注明上述资料的页码，并说明“该文书可以根据行政保护令加以解密”或“该文书不得根据行政保护令解密”（详见本节第二条第 3 款及第四条之规定）以及 e. 对于秘密资料的公开本，除了按上述 a 到 d 目的规定标上记号外，还应在首页上明显标明“公开本”的字样。

（3）计算机软盘及打印件

部长可以要求当事人递交用计算机软盘保存的事实性资料，除非部长作出裁决，认为提供资料的人没有以计算机打印格式保存资料，而且必须在时间和金钱方面承担不合理的额外负担后，才能用打印方式提供要求其递交的资料。在任一调查或行政复议中，计算机软盘递交时，应附上 3 份该软盘的打印件以及三份该打印件的公开本。

6. 英译本

除非部长对一份单独的文书放弃此项要求，否则任何外文文书应附一份已翻译成英文的英译本，一并递交。

7. 对其他诉讼当事方提供的文书副本

除了起诉书和根据第二节第八条第1款第（1）项a目之规定提出的中止调查的协议草案以及根据本节第二条第1款之规定提供的事实性资料等不需要提供给利害关系方的文书外，资料提供者应当用不受检查的第一类邮件或个人直接送达的方式，将文书的副本送交商务部提供材料的名单中的任一利害关系方。资料提供者应在每一份文书上附上注明收件人的证明，并对每一份文书说明送交日期及寄送方法。

8. 受领文书的当事人名单

中心记录室应当对每一项诉讼程序保存并提供一份受领文书的当事人名单。每一要求被列入名单的利害关系方应当委托一人收取提供给他的那些诉讼文书。

9. 证明

任何利害关系方在向部长提交事实性资料时必须附上本条第9款第（1）项所指的证明，如果该利害关系方有法律顾问或其他的法定代表人，则必须附上本条第9款第（2）项所指的证明。（1）如果该证明由该方负责提供事实性资料的负责人出具，则证明的格式如下：（姓名和职务），现被（利害关系方）雇佣，兹证明如下，①我已阅读过所附的文书；且②就我所知，本文书中所包含的资料是全面的，也是准确的。（2）如果事实性资料由该利害关系方的法律顾问或其他法定代表人提供，则证明应以如下方式作出：律师事务所（或公司）的先生（或女士），作为公司的法律顾问（或法定代表人），兹证明如下：①我已阅知本文书；且②该文书是依据____公司提供的资料作成的。我没有任何理由怀疑该文书具有任何严重的代理不当或忽略了任何事实。

第二条　要求予以专有资料处理的申请

1. 申请的递交及内容

（1）与某项诉讼有关的任何一个向部长递交事实性资料的人，均可以请求部长将该资料或其中特定的部分作为秘密资料处理。

（2）递交申请者应当在文书的每页上用括号将秘密资料括出的方法来确定某些秘密资料，并在每页的顶行中明白说明该资料属于“请求应给予专有处理的资料”。递交人应当对申请所涉及的每一项资料之所以有必要应给予本条例第一节第四条所指的秘密资料待遇作出充分的解释；上述请求应当作为包括上述资料的文件的一部分或应与正文有密切联系。

2. 可公开的摘要

所有要求给予秘密资料待遇的申请应当包括或附带下述材料：

（1）关于该秘密资料的一份摘要，它应同该文书的公开本合在一起（在一般情况下只要以实际资料的10%以内的文字加以归类或表示，那么，就算对资料作了适当的概括。如果某一数据材料的单独的部分内容很多，那么至少要对其中的1%的内容作上述适当的概括），或

（2）详细列举那些不能作出内容概要的秘密资料以及所有支持每部分结论的抗辩意见的说明。

3. 披露有关资料的协议

所有要求给予秘密资料待遇的请求，都应包括一份根据行政性保护令允许阅读的协议，或包括详细列出该专有资料的哪些部分不得泄露的说明以及所有支持该部分结论的所有抗辩意见。部长一般不会再给资料提供者一个就是否允许根据行政保护令同意要求进一步获知该资料的机会。

4. 因申请不符合要求而退回资料

对于资料提供者要求给予其资料保密处理，但申请不符合本条要求的情况，部长得退回该资料，且无论如何也不会考虑该项资料。如果部长退回资料，他就应对他退回资料和不予考虑的理由作出一份书面说明，除非当事人在收到商务部上述书面说明后的两个工作日内重新递交新的申请，且该新申请书符合本条的要求。

5. 在考虑申请期间资料的地位

在对是否允许对某项资料给予专有处理的申请进行考虑的期间内，部长不得泄露或公布该资料。部长一般不得迟于自收到申请之日起第14天作出裁决。

6. 秘密资料的处理

除非部长作出其他规定，部长依法向其披露有关资料的人不得将资料披露给任何其他人，部长将事实性资料进行披露的对象仅限于下列人员：（1）提出申请并根据本节第四条受到一项行政性保护令许可的某一利害关系方的代表；（2）接受当事人递交的资料且直接参加诉讼的商务部成员；（3）接受当事人递交的资料且直接参加诉讼的国际贸易委员会成员；（4）接受当事人递交的资料且直接参与同某项商品的反倾销诉讼有关的欺诈行为调查的海关工作人员；（5）提供者以书面方式特别授权可以接受对之披露资料内容的任何人以及（6）根据《联邦条例汇编》第19册第354章受到起诉的被告或被告的法律顾问。

7. 驳回要求给予秘密资料待遇的申请

如果部长裁决认为某项事实性资料的全部或某一部分不得给予秘密资料待遇，那么，就应通知资料递交者。除非递交者答应将该资料视作公开性资料。否则部长应退回该资料。并附上说明退回此种资料以及在诉讼中对要求给予秘密资料待遇的申请不加考虑的理由的书面通知。

第三条　免受披露的资料

特许资料或保密资料免受披露，不得向公众或利害关系方的代表们披露。

第四条　根据行政性保护令披露专有资料

1. 一般规定

如果部长裁决认为有关代表已经充分说明向其披露有关资料的必要性且将会适当地保护披露给他（她）们的资料的专有地位，那么部长就可以根据一项行政性保护令向诉讼参加方的代理人或其他代表披露有关资料。在决定是否要根据行政性保护令披露有关资料时，部长应当考虑到违反保护令进行制裁是否能切实有效，这些制裁措施包括本条第2款第（4）项中所指的措施。部长也应考虑到其在将来获得资料的能力。

2. 申请披露

（1）某一代表请求部长根据行政性保护令予以披露有关资料的申请书的提交日期，不得迟于下列日期中较迟的日期：a. 根据本条例第二节第一条发出的发动调查的通知在《联邦公报》上公布之日后第30天，或根据本条例第二节第十二条所进行的行政复议的发动通知公布之日后第30天。b. 该代表的当事人或雇主成为某一诉讼参加方之后的第10天，但是无论如何不得迟于本节第八条所指案情陈述按时提交之日。

（2）上述代表必须以商务部规定的标准格式（ITA—367）提交请求披露的申请，该标准格式的申请书只要求对被申请的资料的特别要点加以说明，这些特别要点既要符合部长用以决定是否披露的标准，也要符合可对那些尚未提交的事实性资料提出申请这一事实。

（3）上述申请应当使代表负有下述义务：a. 不得向递交者或由某一行政性保护令授权可以获得该资料的人以外的人披露专有资料；b. 仅在该资料递交的那个诉讼程序中使用；c. 在任何时候确保秘密资料的安全以及 d. 就明显违反保护令条款的情况立即向部长报告。

（4）申请书中应包含由上述代表作出的确认保证，该保证如下：a. 对被裁决已违反行政性保护令的代表，可给予本编第354章所列举的任何或全部制裁以及 b. 被裁决已违反行政性保护令的人，无论是一个合伙组织、联营组织还是雇员，该人所属的企业和任何合伙人，联营企业，该违反命令的人的雇主或雇员，都可受到本编第 354 章所列举的那些制裁措施的制裁。

（5）部长一般应在他（她）收到披露有关资料的申请后 14 天内根据行政性保护令作出是否披露有关资料的裁决。

3. 撤回秘密资料的机会

如果部长未经资料提供者同意决定根据行政性保护令披露有关秘密资料，部长应当向资料递交者提供一份裁决及其理由的书面通知，并允许递交者在两个工作日内从官方记录中撤回有关资料，部长对于已被撤回的资料将不予考虑。

4. 根据行政性保护令披露的资料的保存

（1）在将由部长作出的裁决递交司法审查的期间届满之日，或部长认为适当的早些时候（期满之日前的某日），如果诉讼程序的任一参加方均没有将裁决提交司法审查，则上述代表必须将根据本条规定披露的秘密资料，或包括这些秘密资料的其他资料（如记录或备忘录）全部退回或销毁。此时，该代表必须向部长证明他完全遵守行政性保护令条款的规定，并将所有的秘密资料退回或销毁。

（2）诉讼参加方代表在提请司法审查或在参与司法审查诉讼时，如果该诉讼参加方在部长将行政复议记录提交法院之后 15 天内申请法院颁布司法保护令，那么，该代表可以保留该秘密资料。如果法院对该方请求颁布司法保护令的申请予以驳回，该代表就必须在法院裁定驳回后 48 小时内退回或销毁全部秘密资料和包含秘密资料的所有其他资料，并根据本条第 4 款第（1）项之规定向部长作出证明。

5. 对行政性保护令的违反

本编第 354 章规定了对违反某项根据本条签发的行政性保护令的指控进行调查以及对违反这种保护令实施制裁措施的程序。

第五条　单方面会见

对于在提供与诉讼程序有关的事实性资料的任何人和部长委托授权由其作出有关裁决的人以及对之作出最终建议的人之间的任何单方面会见，部长均应准备一份书面备忘录，保存在官方记录中。该备忘录应当包括日期、时间、会见的举行地点、出席单方面会见的所有各方的名称及分支机构以及已提交的有关事实性资料的可以公开的摘要。

第六条　对资料的核实

1. 一般规定

(1) 部长应审查其所依据的作出裁决或结论的所有事实性资料。即应审查：a. 根据本条例第二节第八条第9款或第十条之规定作出的终裁中所包含的事实性资料；b. 根据本条例第二节第十二条第7款之规定作出的关于快速行政复议的最终结论中的事实性资料；c. 根据本条例第二节第十五条之规定作出的撤销反倾销令的裁决中所包含的事实性资料；d. 根据本条例第二节第十二条第3款或第6款之规定作出的最终行政复议结论中所包含的事实性资料（如果部长裁决存在着核实的充分理由）以及e. 根据本条例第二节第十二条第3款之规定作出的最终行政复议结论中所包含的事实性资料，但条件已发生下列变化：（ⅰ）本条例第一节第2条第11款第（3）、(4)、(5) 项或第（6）项所指的任一利害关系方在发动行政复议的通知公布之日起120天内（包括第120天）提交了要求核实的书面申请，且（ⅱ）在上述d、e目所指的两项复议中的任一复议过程中，部长均未根据本条进行核实。

(2) 如果部长裁决认为由于某项调查或行政复议中所包括的生产者或转售商人数众多，因此不能对每个人提供的相关资料进行核实，那么他就可有选择地核实具有代表性的资料。部长可将从这些具有代表性的人的资料中得出的核实结论适用于该项调查或复议所涉及的全部生产者或转售商。

2. 核查通知

在公布终裁、撤销反倾销令或行政复议的最终结果的通知时，部长应当指出其核实所采用的方法和程序。

3. 核查程序

在根据本条进行核实时，部长应当通知在其境内进行核实的外国政府，告诉它们商务部的工作人员将要同有关生产者或转售商见面，以核实已提交的事实性资料的准确性和完整性。作为核实工作的一部分，商务部的工作人员可以请求查阅所有的档案、记录，询问所有的生产者、转售商、进口商以及部长认为与业已递交的事实性资料有关的独立购买者。

第七条　可以获得的最佳资料

1. “可以获得的最佳资料”的使用

无论何时，只要出现下述情况，部长均可采用“可以获得的最佳资料”。下述情况系指：(1) 部长没有收到其要求当事人提供的关于现实性资料的完整的、准确的以及按时递交的答复，或（2）在规定的时间内无法对所提供的事实性资料的完整性及准确性进行核实。

2. 何谓“可以获得的最佳资料”

“可以获得的最佳资料”包括支持起诉的事实性资料以及本条例第一节第2条第11款第（3）、（4）、（5）项或第（6）项所指的利害关系方随后递交的事实性资料。如果某一利害关系方拒绝提供部长要求其提供的事实性资料或阻碍诉讼的进行，部长就可在裁决中考虑运用可以获得的最佳资料。

第八条　书面意见和听证会

1. 书面意见

在根据本条例第二节第八条第9款或第十条作出终裁或根据第二节第十二条作出最终结论时，部长只考虑关于案件的书面意见或书面辩驳意见，而且这些意见必须在本条规定的时间内提出、除非意见经部长请求（且在部长决定的时间内提出），否则对于本条规定的时限之后递交的任何书面意见，部长均不会予以考虑。在诉讼进行的任何时候，部长得向任何利害关系方或美国政府任何机构就任何问题提出书面意见，对于在本条所规定或部长所规定的时限之后提出的任何书面意见，部长均得退回给递交人，并附上说明退回该文书理由的书面通知。

2. 请求召集听证会

在部长的初裁或初步复议结论公布之日起10天内（包括第10天），除非部长改变了时限规定，否则任何利害关系方得请求部长对将提出的意见和辩驳意见举行公众听证会。请求举行听证会的当事方应尽可能确认在听证会上要提出的各种意见。在听证会上，某一利害关系方只能依据该方的关于案情陈述的辩论要点作出正面陈述，并且只能依据该方的辩驳要点提出反驳意见。

3. 案情陈述意见书

（1）任一利害关系方或美国政府任一机构可以递交一份关于案情陈述的意见书，该意见书：a. 必须在部长作出的初裁裁决公布之日起50天内提出，除非部长变更了该期限；b. 在根据本条例第二节第十二条第3款或第6款之规定作出的初步复议结论公布之日起30日内提出，或 c. 在某次根据本条例第二节第十二条第7款之规定所进行的快速行政复议中由部长直接规定的任何时候提出。（2）案情陈述意见书应当分别将所有论点全部列出，这些论点是递交者认为与部长的终裁或最终复议结论始终有关的，包括在初裁或初步复议结论公布之前当事人已提交的任何意见。

4. 反驳意见书

在部长作出的初裁或初步复议结论的通知中规定的时限内（或本条例第二节第十二条第7款所指的快速行政复议中部长指定的时间内），通常是在案情陈述意见书递交的时限之后5天之内（在反倾销调查的情形下）或7天之内（在行政复议的情形下），任一利害关系方或任一美国政府机构均可递交一份“反驳意见书”，反驳意见书应当分别将所有的反驳意见全部列出，这些反驳意见只能对案情陈述意见书中提出的论点进行反驳。

5. 意见书的提供

陈述意见书或反驳意见书的递交人应当向将在诉讼的某一阶段业已递交的案情陈述意见书或反驳意见书的任何利害关系方或政府机构提供一份副本。如果该诉讼参加方已根据本条例第三节第一条第8款之规定指定了一个在美国的代理人，则上述意见书的递交应在该意见书递交部长的同一天当面送达此代理人，或用邮件或派急件投递人在次日送达此代理人。如果指定的代理人不在美国，则应用不受检查的第一类邮件送达。提供者应当在每份意见书中附上一份列出收件方（或其代理人）的名单、送寄时间或方法的证明书。

6. 听证会

如果某一利害关系方根据本条第二款之规定递交了召集听证会的申请书，则部长应当在其初裁或初步复议结论的通知中规定的日期（或在本条例第二节第十二条第7款所指的快速行政复议中由部长指定的日期）举行一次公众听证会，除非部长改变了上述日期。在一般情况下，某项调查中举行的听证会应在反驳意见书提交的指定日期2天后进行，某项行政复议中举行听证会应在反驳意见书提交的指定日期7天后进行。

（1）部长应将听证会的一份完整笔录存放在该诉讼的公开记录和官方记录中，并且在听证会上宣布利害关系方如何才能得到该笔录的副本。

（2）听证会的主席可由商务部的下列成员之一担任：①进口管理司的部长助理、②部长副助理、③主管调查处的部长副助理、④主管核查处的部长副助理或⑤负责诉讼事宜的办公室主任或业务主任。

（3）听证会不受《行政诉讼法》的制约；如果有证人证词，那么这些证人证词不能以宣誓方式作出，也不能用来与另一利害关系方或证人的证词对质。在听证会期间，主席可以询问任何利害关系人或证人，并可以要求他们提交附加书面意见。

7. 递交的地点和时间

本条例第三节第一条第4款的要求适用于本条。

8. 意见书的格式和份数

本条例第三节第一条第 5 款的要求适用于本条。但是在进行行政复议时，当事人应递交案情陈述意见书副本 10 份及其公开件副本 5 份，其中包括根据本节第三条第 2 款作成的可公布的摘要。

第四节　美国价格、公平价值及外国市场价值的计算

第一条　美国价格的计算

1. 一般规定“美国价格”系指某种受调查产品的购买成交价格或出口商销售价格。在计算美国价格时，部长应使用与本条的第一节第二条第 20 款就所指的销售有关的资料，如果没有现成的销售资料，则可使用可能进行的销售的有关资料。

2. 购买成交价格

“购买成交价格”系指在进口日期之前，输美商品的外国生产者或转售商销售或可能销售该产品的价格。如果在对进口商进行销售时没有反映出这些价格，那么部长就应该按照本条第 4 款之规定对于有关的成本和费用作适当的调整。只要使用购买成交价格作为美国价格，并且有理由认为对进口商的销售价格并没有反映在将商品从出口国运出时发生的成本和费用，部长就可以根据本条第 4 款的规定对这些成本和费用作出适当的调整。

3. 出口商销售价格

“出口商销售价格”是指在进口前后，出口商（指《关税法》第 771 条第 13 款规定的出口商）或别人替出口商代为销售或可能在美国销售某种产品的价格，该种价格要按照本条第 4 款和第 5 款的规定加以调整。

4. 美国价格的调整

（1）部长应当在美国价格中加上以下费用：a. 不包括在价格中的、在将货物包装停当以备装运到美国的过程中所发生的集装箱、遮盖物的成本及其他费用；b. 出口国本应征收但因该商品的出口而已经予以退回或不予征收的一切进口税；c. 出口国本应对该产品或部件直接征收但因该商品的出口而业已退回或不予征收的任何国内税，但是上述税收仅限于在出口国销售某种产品或其相同产品时加进或包括在其价格中的税收；d. 为抵消某项出口补贴而对该商品征收的反补贴税。

（2）如果下列费用包括在价格之内，那么，部长应在美国价格中扣除下述费用或负担：a. 在将货物从出口国装运地运到美国交货地的过程中发

生的任何成本和费用以及美国进口税，但本条第 4 款 d 目所指的费用除外；b. 出口国征收的任何出口税，出口关税或除出口税和出口关税以外的其他费用，或《关税法》第 771 条第 6 款第（3）项所指的其他费用。

5. 对出口商销售价格的其他调整

（1）在美国销售该产品时所支付的佣金；（2）出口商自行销售或别人替出口商代销该产品时一般会发生的费用，或根据通用的会计原则可以摊派到该商品中去的费用及（3）在进口之后卖给不是出口商的人之前对该产品的加工或组装过程中所增加的价值；部长可以从加工或组装过程中发现的原材料、装配成本或其他费用。

第二条　公平价值

1. 与外国市场价值的联系

在调查中使用的公平价值，是对外国市场价值的一种估价。除非作出相反的特别说明，本部分提到的“外国市场价值”就是“市场价值”，而本部分提到的“公平价值”不一定指外国市场价值。

2. 受审查的销售

（1）对于在起诉提出的那个月份或部长发动调查的月份的第一天前的第 150 天到该月第一天之后第 30 天内这一段时间内销售的货物，部长一般应当对其美元金额或数量不少于 60% 的商品进行审查，但是部长也可对他认为适合的任何其他期间或可以替代前述期间的时间内销售的商品加以审查。

（2）如果部长对于本条第 2 款第（1）项所指期间内所销售的其金额或数量不到 85% 的商品进行审查，他就应该通知受到影响的外国政府，告诉它们受到审查的总销售额的比重是多少。

第三条　在计算外国市场价值时所使用的销售额

1. 销售额以及销售要约

在计算外国市场价值时，部长应当使用本条例第一节第二条第 20 款所指的销售资料以及销售要约的发价资料，但是一般只有在没有现存的销售资料，而且部长认为可以合理地期望该发价被接受时，才会考虑到要约价格。

2. 虚假的销售额和要约

在计算外国市场价值时，部长应拒绝考虑那些虚假的销售和要约发价资料。

3. 受到限制的销售

当用以计算外国市场价值的销售额受到限制时，在认为适合时，部长可以调整价格，以补偿使该产品的价格受到影响的购买者所受到的限制。

第四条　不同价格水平下的销售

1. 加权平均价格或各种加权平均价格

如果部长可以用来计算外国市场价值的销售的价格发生变化（在按照本条例第四节的第十五条、第十六条、第十七条及第十八条之规定进行扣除之后），那么，部长通常应当依据各种价格的加权平均价格来计算外国市场价值。

2. 具有决定作用的价值

如果在调查期间部长用以计算外国市场价值的金额超过该产品总额80%的销售均以同一价值进行，那么部长就可以该种价格的销售额为基础计算外国市场价值。

3. 其他合理方法

如果部长认为本条第2款之规定不能适用，且本条第1款的规定也不合适，那么，部长就可以用其视为合适的其他方法来计算外国市场价值。

4. 低于生产成本的销售

本条第1款或第2款之规定，部长不得适用于根据本条例第二节第一条之规定不予考虑的销售。

第五条　有联系的人之间进行的交易

1. 对关系户的销售

如果某一生产者或销售商向《关税法》第771条第（13）款所指的关系户销售某种产品或其相似产品，则只有当这种销售的价格与该生产者或销售商在把同种产品销售给非关系户时的价格具有可比性时，部长才能依据此类销售来计算其外国市场价值。

2. 通过关系户的销售

如果某一生产者或转售商通过上述某一关系户销售某种产品或相似产品，那么部长应当依据该关系户的销售价格来计算该产品的外国市场价值。

第六条　根据国内价格计算外国市场价值

1. 一般规定

（1）在一般情况下，部长应当依据该种产品或其相似产品在生产该商品的东道国的主要市场上销售所使用或要约所报的价格来计算外国市场价值，上述销售应该是以一般商业数量且在供国内消费的正常贸易渠道中进行的。如果下述成本及费用没有被包含在该销售价格中，则在计算外国市场价值时应加上在将商品包装停当以备装运到美国的过程中所发生的集装箱、遮盖物的成本及其他费用。

（2）当以本条例第四节第一条第2款所指的购买成交价格为基础来计算其美国价格时，部长应按本条第1款第（1）项之规定，依据生产者或转售商在将向美国出口的商品销售时的价格来计算外国市场价值。

（3）当以本条例第四节第一条第3款所指的出口商销售价格为基础来计算美国价格时，部长应当按本条第1款第（1）项之规定，依据进口商将该货物销售给《关税法》第773条第5款第（4）项所指的非关系户时的价格来计算外国市场价值。

2. 正常贸易渠道

在确定是否属于正常贸易过程时，部长应当考虑在本条第1款所指的时间以前一段合理的期间内同类或同种产品的国内贸易是否正常这一情况。

3. 换船装运

如果该种货物不是从生产该产品的本国直接进口，而只是通过另一国换船转运到美国，那么，除非根据本条例第四节第七条之规定，否则部长不得依据该种产品或其相同产品在转运国销售的价格来计算外国市场价值。

第七条　来自整个中转国的出口

如果出现下列情况，部长就应以该种产品或其同种产品在中转国市场上的销售情况而不是以原产地国销售情况来计算外国市场价值。下列情况为：1. 某一中间国国内的一个转售商从生产者那里购买了该产品；2. 该种产品的生产者（在将产品销售给转售商时）不知道该转售商意图向哪一国出口该产品；3. 该种产品进入了该中转国的商业流通领域，但是在该中转国并未经过实质性的加工改装，且4. 该产品随后向美国出口。

第八条　在国内销售额不合适时如何计算外国市场价值

1. 一般规定

除了本条例第四节第十三条的规定外，如果在被查期间该种产品或其同种产品供本国国内消费的销售额大大小于同期它向第三国出口的数量（一般情况下，不到其对第三国销售总量的5%），因此不宜用该国国内销售额来作为计算外国市场价值的基础，那么，部长则应根据本节第十九条或第二十条之规定来确定该产品的外国市场价值。

2. 第三国销售价格优先考虑

如果在规定的时间内能获得合适的资料，并且这些资料能够被核实，那么部长通常会优先考虑依据对第三国的出口销售价格来确定外国市场价值，然后才会考虑用推定价值来计算外国市场价值。

3. "第三国"的定义

本条及本部分第九条所指的"第三国"是指除生产受调查产品的本国或美国以外的任一其他国家。

第九条　根据第三国销售价格计算外国市场价值

1. 一般规定

（1）如果以向某一第三国的出口销售为基础来计算外国市场价值，那么部长在确定外国市场价值时应当依据该产品或其相同产品向某一第三国的出口价格加上不包括在价格内、在将该产品包装停当以备装运到美国的过程中所发生的集装箱、遮盖物的成本或其他费用。

（2）如果根据本节第一条第 2 款之规定以购买成交价格为基础确定美国价格，那么部长应当根据本条第 1 款第（1）项之规定，依据生产者或转售商在将出口美国的产品销售时的价格来确定外国市场价值。

（3）如果以本节第一条第 3 款所指的出口商销售价格为基础来确定美国价格，那么部长就应当依据进口商在美国将该产品销售给《关税法》第 773 条第 5 款第（4）项所指的非关系户时的销售价格来计算本条第 1 款第（1）项所指的外国市场价值。

2. 对第三国的选择

部长在一般情况下，应按照下述标准来选定第三国。这些标准为：（1）与出口到美国的产品相比，出口到该国的某种产品或其相似产品比出口到其他国家的上述产品具有更大的相似性，而且部长裁决认为上述产品在该国的销售已达到一定规模；（2）上述产品在该第三国的销售数量最大，大于在原产地国或美国销售的数量；且（3）就市场的组织及发育程度而言，该第三国与美国最为相似。

3. 对多个第三国的选用

为了能根据本条第 2 款的规定确定合适的销售数量，部长可以将多个第三国的销售相加起来。

第十条　依据构成价值计算外国市场价值

1. 计算构成价值的方法

如果以构成价值为基础来确定外国市场价值，那么部长在计算外国市场价值时应加上：

（1）在生产此类产品或其相似产品过程中使用的原材料的成本（包括生产该产品的本国对这些原材料或其组合处置应直接征收的在该产品出口时免除或退回的任何国内税）以及在本条第2款所规定的时间内在生产此类产品或其相似产品过程中所采用的任何形式的组装或加工的成本（该种成本使得该种特定的产品得以在正常贸易过程中生产）。

（2）本国生产者在正常贸易渠道中，以通常的商业数量销售某种同类或同种产品时发生的一般管理费和利润，但是一般管理费不得超过本条第1款第（1）项所指的成本的10%，且利润额不得超过上述管理费和本条第1款第（1）项所指的成本两者之和的8%。

（3）在将产品包装停当以备装运到美国的过程中所发生的集装箱、遮盖物的成本和其他费用。

2. 计算构成价值的时间

（1）如果以本条例第四节第一条第2款所指的购买成交价格为基础来计算美国价格，那么，部长就应以该生产者或某一转售商在销售输美商品之前发生的有关成本及费用为基础来计算本条第1款所指的构成价值。

（2）如果以本节第一条第3款所指的出口商销售价格为基础来计算美国价格，那么，部长就应以进口商在美国向某一非关系户销售该产品时所发生的有关成本及费用为基础来计算本条第1款所指的构成价值。

3. 与关系户的交易

在根据本条第1款之规定计算构成价值时，部长可以不考虑在《关税法》第773条第5款第（4）项所指的关系户之间发生的关于零件的交易，按照本条第1款之规定本应对上述交易予以考虑，但是由于其在关系户之间发生，故不能公正地反映出该零件市场上通常的销售额。如果部长不考虑某一项交易，但是没有其他的交易以供考虑，那么，部长可以根据可得到的资料，依照假如交易在非关系户之间发生的情况下该交易应有的数额来计算构成价值。

第十一条　在低于生产成本销售情况下对外国市场价值的计算

1. 对亏本销售不予考虑

如果部长有合理依据认为或怀疑他（她）所得以根据本节第六条、第九条或第十三条之规定将其作为计算外国市场价值基础的销售是一种低于生产成本的亏本销售，那么，在计算外国市场价值时，部长将不考虑下述销售。如果这些销售：(1) 业已长时间大量进行；且 (2) 在正常贸易过程中的某一合理期间内不能收回全部成本。

2. 在盈利销售不适合的情况下使用推定价值

如果部长不考虑本条第 1 款所指的销售价格，并且得出结论认为其余的盈利性销售也不适合用以计算外国市场价值，那么，部长就可以本节第二十条所指的构成价值为基础来确定外国市场价值。

3. 对生产成本的计算

部长应依据原材料成本、组装成本以及一般管理费来计算生产成本，但是在生产该种产品或其相似产品时发生的利润则不得包括在生产成本之中。

第十二条　对于来自国家控制经济国的商品的外国市场价值的计算

1. 一般规定

如果部长裁决认为某种产品的原产地国是国家控制经济国，故根据本节第六条、第九条或第十二条之规定，用该种产品或其相似产品的销售价格或要约发价来计算其外国市场价值是不合适的，那么，部长在计算外国市场价值时应优先依据：(1) 根据本节第六条、第九条计算出来的，该国家控制经济国在供国内消费或向别国（包括美国）销售该产品或相似产品时使用的价格；(2) 根据本节第十条计算出来的该种产品或其相似产品的构成价值。

2. 经济的可比性

为本条第 1 款的规定起见，应当依次优先选用下述经济水平的非国家控制经济国的价格或成本来确定受调查产品的外国市场价值：(1) 部长认为其经济发展水平与原产地国的经济发展水平具有可比性的某一非国家控制经济国（美国除外），部长在考虑这一点时，是以公认的标准为基础的，这些标准包括人均国民生产总值，基础设施的发达程度（特别是指生产受调查产品或其相似产品的工业部门的基础设施水平）等；(2) 其经济发展水平与原产地国没有可比性的非国家控制经济国（美国除外），在此种情形下，部长应对其业已知道的原材料和组装成本的差异作出调整，然后才能以该国的价格或成本计算受调查产品的外国市场价值。

3. 生产要素的使用

如果部长认为其经济发展水平与本国具有可比性的非国家控制经济国不生产受调查产品或其相似产品，那么就可先依据原产地国在生产该种产品时使用的生产要素价格确定构成价值，然后以该种构成价值来计算该种产品的外国市场价值。其中生产要素系指生产该种产品需要耗费的劳动时间、原材料数量以及能源数量，但不仅限于以上三者。用上述构成价值来确定外国市场价值有一个假设条件，即假定部长能从原产地国生产者那里获得有关这些要素的资料，且能对它们进行核实。部长应当依照与本国经济发展水平具有可比性的非国家控制经济国的相同生产要素价值来确定上述生产要素价值。在计算该种构成价值时，还应当加上《关税法》第773条第5款第（1）项B目所指的一般管理费和利润额以及同条第5款第（1）项c目所指的其他费用。

第十三条　依据跨国公司的销售来确定外国市场价值

在计算《关税法》第773条第5款所指的跨国公司销售的某种产品的外国市场价值时，应遵守该条款的规定。

第十四条　调整外国市场价值的主张

根据本节第十五条到第十八条之规定提出应对外国市场价值作出适当调整的任一利害关系方，都必须使其主张符合部长的要求。

第十五条　数量的差异

1. 一般规定

在将美国价格与外国市场价值作比较时，部长一般应采用具有可比性的该产品的销售数量。只要部长认为任何价格差异是部分地或全部地由销售数量的差异造成的，那么部长就应当对这些由数量差异造成的价差作合理的扣除。在作出此类扣除时，部长还应考虑其他事宜，比如应考虑到有关国家对那些在正常贸易渠道中购买某种货物的人给予数量性价格折扣的惯例。

2. 以用数量性价格折扣进行的销售为基础来计算外国市场价值

如果出现下列情况，部长应当以在销售时给予数量性折扣的交易为基础来计算其外国市场价值。下列情况是：（1）在审查期间或至具有代表性的期间内，该生产者或转售商在销售该种产品或其相似产品时，按同一幅度作出了至少为销售价20%的价格折扣；（2）该生产者令人信服地证明：上述折扣明显反映了因生产数量的增加而导致的单位生产成本的节省。

3. 以附带数量性价格折扣的销售额为基础来计算加权平均外国市场价值

如果某生产者或零售商的做法不符合本条第2款的要求，那么部长将依据某种加权平均价格或包括已给予折扣的销售价格在内的价格来计算该种产品的外国市场价值。

4. 在确定是否已给予价格折扣时，反映该种折扣的公开价目表并不具有决定作用

只有生产者或转售商在受调查产品的交易及市场价目中能证明它们是按照价目表中的规定定价时，才有可能承认该价目表中的价格。

第十六条　销售情况的差异

1. 一般规定

（1）在计算外国市场价值时，部长应当对由于销售情况的不同而产生的真正的价格差异作出一个合理的调整。条件是部长认为这种价差（部分或全部）是由于销售情况的不同而产生的。在一般情况下，部长应当将差异的调整限制于与被比较的销售有直接关系的情况。

（2）部长将予以调整的销售情况方面的差异通常是指那些相关的佣金、信贷条件、技术援助和服务情况的差异。部长还应对生产者或转售商在销售货物时发生的销售费用（比如广告）的差异作合理的调整，但是这种扣除只限于那些由该生产者或销售商代替其顾客承担的费用的差异。

2. 特殊规则

（1）尽管本条第 1 款作了如此规定，如果部长对于其中一个市场上的佣金作了合理的考虑，而在另一市场上不存在佣金，那么，部长通常仍然可以对其他的销售费用作合理的考虑。但是，这种考虑仅限于在一个市场上发生的其他销售费用或在另一市场上发生的佣金的情形（无论哪一个更小一些）。

（2）在将外国市场价值同出口商销售价格作比较时，部长应当在外国市场价值中合理地扣除下述所有费用。这些费用系指在销售该种产品或其相似产品时所发生的费用，但本条第 1 款第（1）项或第（3）项所指的费用不包括在内。

3. 合理考虑

在确定什么是对销售情况的差异所作的合理考虑时，部长通常应考虑生产者或转售商所负担的不同的成本，但也要适当地考虑这种差异对于该种产品的市场价值差异的影响。

第十七条　物理特征的差异

1. 一般规定

在计算外国市场价值时，部长对被比较的产品的物理特征的差异而导致的全部或部分价差应作出合理的扣除。

2. 合理扣除

在判断对因物理特征差异而导致价差的扣除是否合理时，部长一般应考虑到生产成本的差异，但在合适的情形下，也可考虑到产品市场价值的差异。当被比较的商品具有相同的物理特征时，部长就不应认为其生产成本存在差异。

第十八条　贸易水平

部长通常应基于在相同的贸易水平上所进行的买卖来计算产品的外国市场价值和美国价格。如果在同一贸易水平上成交的数量不足以用来进行公平的价格比较，那么部长就应当根据此种产品或其相似产品在与美国市场的贸易水平最为接近的水平上所进行的买卖来确定其外国市场价值，并对影响价格可比性的因素作出适当的调整。

第十九条　对无关紧要的调整不加考虑；平均和抽样技术的使用

1. 无关紧要的调整

对于外国市场价值的调整，如其影响是无关紧要的，那么部长就可以不加考虑。在一般情况下，如果某一单项调整所涉及的产品价值不到其外国市场价值的0.33%，或任何系列调整所涉及的产品价值不到其外国市场价值的1%，部长就可以对此不加考虑。上文中所说的系列调整系指对由于销售条件、产品物理特征及其贸易水平的不同而导致的价格差异所进行的调整。

2. 平均计算法或抽样技术

(1) 在计算美国价格或外国市场价值时，只要涉及数额巨大的买卖或其影响重大的调整，部长就可以使用平均计算法或抽样技术。

(2) 部长应当选择合适的、具有代表性的样品进行抽样计算。

第二十条　货币换算

1. 换算规则

部长应当根据《关税法》第522条(《美国法典》第31卷第5151条C款) 之规定，将某一外国货币换算成美国货币，这种换算应按本节第十六条、第十九条或第二十条所指的汇率进行。

2. 调查的特殊规则

为了调查的目的起见，部长可作如下的推定：生产者、转售商和进口商都是在一段合理的时间内从事贸易；并且会考虑到由于现行汇率的持续变化而导致的价格变化。若商品的价格受到临时性汇率浮动的影响，则部长在进行公平价值比较时，就可将仅仅是由于此种汇率浮动而导致的美国价格与外国市场价值之间的任何价差排除在倾销差价之外。

附录三：美国国际贸易委员会反倾销和反补贴手册①

前　言

本手册的目的是为那些提起反倾销或反补贴申诉及随后进行调查的有关公众提供一个非官方指南。反倾销和反补贴法案是由美国国际贸易委员会（以下简称委员会）和美国商务部（以下简称商务部）共同执行的。在此法案下，各个机构有其专门职责。本手册虽然常常提到商务部，但我们的意图仅在于详细说明委员会在此全过程中所起的作用。按照设计，本手册是非官方的和摘要性的，应与以下法令和文件结合起来使用：相关法令（如《1930年关税法》及以后对该法案所作的增补的修改）；委员会的运行规则和程序；委员会对法令和规则的解释以及有关司法案例，等等。上述法令和文件均比本手册更加权威。

目　录

① 资料来源：中国贸易救济信息网，http：//www.cacs.gov.cn，本书在收录时对原文作了适当修改。

（六）紧急情况的资料

（七）损害的资料

（八）结论

第二部分　调查程序

一、案件调查的先后次序

（一）提交申诉书和发起调查

（二）委员会的初步调查阶段

1. 成立调查机构和制定初步调查阶段的时间表

2. 问卷调查

3. 小组成员会议和情况通报

4. 小组工作报告和备忘录

5. 情况通报和投票

6. 委员会的意见和决定

（三）商务部的初步调查阶段

（四）商务部的最后调查阶段

（五）委员会的最后调查阶段

1. 最后阶段的时间安排

2. 问卷调查

3. 听证前小组工作报告

4. 听证和情况通报

5. 小组最终的工作报告和备忘录

6. 记录终止和调查各方的最终评论

7. 情况通报和投票

8. 委员会的意见和裁决

二、商业专有信息

三、行政保护条例的运作程序

四、主要的法律概念

（一）国内相同或类似产品和美国的产业

1. 地区性产业

2. 相关各方

（二）累积

（三）可忽略的进口

（四）受制生产

（五）其他法律概念

第一部分　申诉程序

一、总述

利害相关方可向委员会和商务部提起反倾销或反补贴的申诉，指控由于进口商品正以或可能以低于公平价值（LTRV）在美国销售，或这些进口商品得到一国或多国政府的补贴，使美国有关产业遭受实质性损害或实质性损害的威胁，或有关产业的建立遭受实质性的阻碍。对于某一进口商品，各利害相关方可以同时提起反倾销和反补贴申诉，申诉书可涉及多个国家。反倾销和反补贴申诉书可以作为一份文件提出，一份申诉书也可以（并且常常是）同时针对多个国家提出。

二、申诉书的准备

本章内容应结合参看委员会调查办公室和商务部共同制定的《反倾销申诉指南》和《反补贴申诉指南》（统称为《申诉指南》）中的调查问卷。如《申诉指南》所述，商务部（关税法指定的“执行当局”）一般在收到一份填写好的调查问卷后就可以考虑进行反倾销或反补贴的最初调查。但是，通常的做法是申诉人提交一份申请书，而非调查问卷。不管怎样，委员会和商务部的官员总是乐于在申诉书正式提交前有个审阅的机会，这一审阅以迅速的方式进行，同时该申诉的内容得到严格的保密。申诉书中的任何不妥之处都会通知申诉人。这对申诉人是有利的。因为这些不妥之处若不及时改正就可能推迟甚至阻碍最初调查的进行。有了申诉书的草本，这两个机构就可以开始为正式提起申诉做准备工作。

一般来说，申诉书有概述和结论，但必须包括一些基本的资料。申诉书通常以下列格式呈递，如《申诉指南》中所示：A. 一般背景资料；B. 关于进口商品和国内相同或类似产品、出口商和进口商的描述；C. 补贴的资料和低于公平价值的价格资料；D. 紧急情况的资料；E. 损害的资料。

（一）概述

概述是可有可无的，其典型形式是一个简短的陈述，说明由于倾销和（或）进口补贴，对美国的相同或类似产业造成实质性损害，或实质性损害威胁，和（或）对该产业的建立造成实质性阻碍，明确指出进口的商品和出口的国家，说明由谁和代表谁提起申诉，并请求商务部和委员会提起反倾销或反补贴调查。

（二）一般背景资料

申诉书在这一部分应提供申诉人和与进口商品的特性及用途相同或非常类似的产品的国内产业的详细资料。应写明提起申诉的每一家公司、工会或行业协会的名称和地址，并提供一些背景资料，描述申诉人与该产业的相关程度（例如：生产起始年份、占全美国产量的大概份额、产品范围、投资范围、公司联营机构状况、所有权变动情况等）。

法令规定，申诉书必须代表某一产业提起。当符合以下标准时，可以认为一份申诉书是代表该产业提起的：（ⅰ）支持申诉的国内生产商或工人其产量占到国内相同产品或类似产品总产量的25%以上；（ⅱ）支持申诉的国内生产商或工人其产量占到已表示支持或反对申诉的那部分生产商或工人所生产的国内相同或类似产品的50%以上。如果申诉书未得到占国内相同或类似产品总产量份额50%以上的国内生产商或工人的支持，商务部就必须在此产业内进行投票表决或依靠其他信息来裁定此申诉是否得到了规定的支持水平。如果这一产业内生产商为数众多，那么商务部可以采用任何统计上有效的抽样方法在此产业内进行投票表决，以此裁定该申诉是否得到支持。我们建议申诉人应尽可能清楚地证明他们是代表某一产业提起申诉的。常见的做法有：几个生产商作为共同申诉人（也可以独立实体的形式或联合起来以特别委员会的形式）提起申诉；生产商与工会或行业协会一起作为共同申诉人提起申诉；申诉人还可以从国内工业、工会或行业协会中未申诉的成员那里取得支持信。申诉在这一部分里除了提供申诉人的资料之外，还应写明不是申诉人的各美国生产商的名称、详细地址和电话号码，对其中最大的生产商还应提供一些一般的背景资料，如其相对规模，生产设备所在地以及最近四五年内任何公司进入和退出本产业及所有权变动情况的具体信息。申诉书还应该注明是否有企业主要为国内消费生产；据申诉人看来，在此产品定义范围内，厂商的生产过程和产品范围是否有重大差别，等等。最后，这一部分还必须说明申诉人是在过去12个月内提起申诉的，还是正在申诉；是否准备就同一被调查商品依据其他规定寻求其他形式的救济。如果是的话，申诉人应详述其正在寻求的救济及活动进展情况。

（三）关于进口商品和国内相同或类似产品、出口商和进口商的描述

申诉书在这一部分的开头应对进口商品下一个清楚简洁的定义，说明此商品的技术特征或确切的性质，毫不含糊地把它与其他不应在调查范围之列的商品区分开来。这一定义既要有足够的涵盖性，以得到有效的救济，防止任何企图规避可能签发的命令的行为，同时又要有严格的限定性，以免把并未造成损害的进口商品包括进来。申诉人应意识到，委员会将从全美所有生产与调查范围内描述的进口商品（即被控商品）“相同或类似”的产品的生产商那里寻求资料。事实上，扩大范围就扩大了产业的规模。定义进口商品时必须注明在美国协调关税表（HTS）下此商品的相应关税分类。在定义的基础上，申诉人还应进一步扩展，详细描述该商品，包括其固有的物理性质，制造过程中使用的原材料，进口商品与美国企业生产的产品的区别及此产品的主要和次要用途等。目录、销售记录、图表及其他描述性材料都是有用的，可作为申诉书的附件。对本节的第二个要求是定义“国内相同或类似产品”。这一定义应尽可能清楚、确切，不致引起诸如何种商品应包括在内还是不应包括在内之类的问题。如可能，在描述国内相同或类似产品时，还应讨论委员会通常在分析国内相同或类似产品时考虑的6个要素，这在本手册第二部分中有说明。

对本节内容的其他要求还包括：（1）写明进口品正从、或可能从哪一个或几个国家进口；（2）外国制造商、生产商和出口商的名称、地址、电话及电传号码，美国进口商的名称、详细地址、联系人。如果申诉人知道对美国出口的数量和价值及其进入港口，也应把这一信息提供给委员会和商务部。对美国出口的数据应涵盖最近3个日历年份和按日期计算的当年及上年期的数据。

（四）补贴的资料

申诉书中有关这一部分的内容完全属商务部的管辖范围之内。申诉人应参看《关税法》的701、702（b）、771（5）、771（6）各条款及《联邦管制条例》（C、F、R）的355.12（b）（7）条款（19C、F、R，§355.12（b）（7））。要想获得进一步的指导可以与进口管理局助理部长商务办公室联系。Tel：（202 482 1780）

（五）低于公平价值的价格资料

本部分内容也完全属商务部的管辖范围。申诉人应参看《关税法》的731、732（b）、772和773各款及C、F、R的353.12（b）（7）条款（19C、F、R、§355.12（b）（7））。要想获得进一步的指导可与进口管理局助理部长的商务办公室联系。Tel：（202 482 1780）

（六）紧急情况的资料

关于反倾销和反补贴，法案中都有“紧急情况”条款，法案许可在一定条件下征收有限的追溯性关税。申诉人可在申诉书中提出处于紧急情况，也可在距商务部作出最后决定前20天对申诉书进行的修改中提出。在征收这种追溯性关税前，商务部和委员会必须分别独立作出处于紧急情况的肯定决定。一旦对紧急情况作出肯定决定，那么就将对未完税通关的进口商品追溯90天征税，即对在正常起征日前90天内进口的或从海关仓库中提出的商品征税。这一条款有助于实现两个目标：（1）遏制进口商通过在申诉提起后（施以救济前）立即大量进货的方法来规避反倾销、反补贴法案的企图；（2）当上述情况发生时对其后果提供救济。商务部首先必须就是否存在紧急情况作出决定；如果这一决定是肯定的，且委员会也就国内工业是否遭受重大损害作出了肯定的最后决定，那么接下来委员会还必须再另外决定商务部最后确定为存在的紧急情况中的进口产品是否可能严重削弱即将签发的反倾销或反补贴令的救济效果。在作决定时，除其他相关因素外，委员会应考虑以下因素：（1）进口时间及数量；（2）进口存货的迅速上升；（3）任何其他意味着反倾销和反补贴令的救济效果会被严重削弱的情况。

如果申诉人提出了紧急情况，而在停止被调查商品的完税通关前进口商品大量涌入，那么不管这一情况是否发生在关税可溯及的90天期内，申诉人都应提供资料表明这将削弱救济效果。申诉人还应提供资料证明在相当短的期间内发生了商品的大量进口。在反倾销申诉中，申诉人应提供资料证明过去曾有过倾销历史并造成了实质性损害，或进口商已知或应知出口商在以低于公平价值销售。在反补贴申诉中则应指明此项补贴是违反补贴协议的。

（七）损害的资料

申诉书在这一部分应提供支持性资料，证明由于所指控的不公平进口，给国内产业造成了实质性损害。关税法把“实质性损害”定义为“不是无关紧要、非实质性或不重要的损害”。法律规定委员会应考虑以下各因素：（1）被调查商品的进口数量；（2）此商品的进口对国内相同或类似产品在美国市场上的价格造成的影响；（3）在美国国内生产经营环境中考察此类商品的进口对国内相同或类似产品的国内生产商的冲击。

在估计进口数量时，根据要求委员会可以用绝对量或占美国产量或消费量的相对份额来表示，据此考虑进口的数量或数量的增长是否显著。在估计被调查商品的进口对价格的影响时，委员会受命考虑：（1）与美国国内相同或类似产品价格比较，进口商品是否有显著的低价销售行为；（2）此商品的进口是否在显著的程度上压低了价格，或显著地抑制了本会发生的价格上涨。

在考察被调查商品对国内相同或类似产品的生产商的冲击时，委员会应审查一切与美国产业有关的经济因素，包括（但并不限于）以下各因素；(1) 产出、销售、利润、市场份额、生产率、投资回报、生产能力利用的实际和潜在的下降；(2) 影响国内价格的因素；(3) 对现金流动、存货、就业、工资、增长、增加资本的能力和投资的实际和潜在的负面影响；(4) 对国内产业目前发展状况的实际和潜在的负面影响，包括对开发此国内相同或类似产品的派生产品或升级产品的努力的负面影响；(5) 在反倾销调查中，还要决定倾销幅度的大小。国会规定，委员会应考虑影响到受损产业的商业周期和竞争状况，在此背景下审查一切相关经济因素。

申诉中应包括统计数据，用以支持申诉书提出的论断。即：由于所指控的不公平进口，国内产业已遭受到实质性损害或实质性损害的威胁。一般说来，这些数据应涵盖最近3个日历年份和按日期计算的当年及上年期的数据。申诉书应尽可能呈递实际数据而非估计数。关于国内产业的数据，应呈递申诉公司的实际数据。如果并非所有生产商都是申诉人，或无法得到包括所有被调查产品的生产商的全部产业公开数据，那么也可以提供对此产业整体的估计数据，关于进口数据，如果能从商务部得到资料（即当HTS中的相关关税分类正好与被控进口产品相吻合的情况下），就应呈递实际数据；如果相关关税分类中包括不在调查之列的产品，且这些产品在统计上影响显著，可能会极大地扭曲进口的大小或趋势的话，那么可以使用估计数据。

申诉书至少应包括以下与重大损害问题有关的统计数据，并以表格形式呈递：

(1) 从被指控以低于公平价值销售和（或）含补贴商品的每一国所进口的该商品的数量和价值以及从世界各国进口的相同或类似商品的数量和价值。

(2) 某一代表性的被指控为以低于公平价值出售和（或）被补贴的进口产品在美国的价格以及由申诉人在国内生产、向同一级别的客户出售、与进口商品处于直接竞争中的相同或类似产品的价格。所呈递价格数据至少应包括最近5个季度的单位价格，以美元计算，精确到美分，并注明单位。

(3) 国内与被指控以低于公平价值销售的进口产品和（或）受补贴的进口产品的相同产品或类似产品的生产能力、产量、国内销售额、出口销售额和期末存货量。提出申诉的公司的数据和美国该产业作为一个整体（包括提出申诉的公司在内）的数据需分开提交。生产能力、产量、存货量的数据用数量表示（标明度量单位），国内销售额和出口销售额需用数量和价值两种数据表示。

（4）国内与被指控以低于公平价值销售的进口商品和（或）受补贴的进口商品相同或类似产品的生产及相关工作从业人员的人数和这些从业人员的工时数。提出申诉的公司的数据和美国该产业作为一个整体（包括提起申诉的公司在内）的数据需分开提交。

（5）美国在生产被指控以低于公平价值销售的进口商品和（或）受补贴的进口产品的相同或类似产品的过程中的收入和损失数据（净销售额、销货成本、毛利润或毛损失）；销售、日常和管理费用及营业净收入（或净损失）。如果被调查产品的必要成本数据在提出申诉公司的会计记录中无法获得，可以采用包括被调查产品在内的下一级会计科目的数据。提出申诉公司的数据和美国产业作为整体（包括提出申诉公司在内）的数据需分开提交。数据可以日历年为基础报告，也可以按会计年度报告（标明每个报告公司会计年度的结束日期），如果会计年度数据更容易得到的话。

除了以上数据，申诉书中还应指明申诉公司要求委员会在调查问卷中收集价格信息的每一特定产品。申诉书中还应列出每一个提出申诉的公司在提出申诉以前3年间所有由于被调查产品的原因而导致的销售量和收入损失。销售额和收入损失的指控都应在申诉方可以做到的合理范围内尽可能地标明数量和价值，销售额损失和收入损失的时间（年、月）以及有关企业（客户）的名称、地址和电话号码。最后，申诉书应提供与国内产业由于被调查以低于公平价格销售的进口商品和（或）受到补贴的进口商品的原因而受到实质性损害或受到实质性损害威胁问题有关的所有其他信息。在受到实质性损害的问题上，法律规定：当决定美国产业是否因为被调查的商品的进口而面临实质性损害威胁时，除其他相关因素外，委员会应考虑：

（Ⅰ）如果被调查商品包含可抵消的补贴，由管理当局呈递的诸如该种补贴的性质（特别是这种补贴是否被包含在《补贴协议》第3款或第6.1款中）和被调查商品的进口量是否有增加的可能性这样的资料；

（Ⅱ）能够表明被调查商品对美国的出口有大量增加的可能性的出口国国内现存但未被使用的生产能力或即将实现的生产能力的巨大增长，这里还应考虑到该国是否拥有其他出口市场来吸收该国的新增出口；

（Ⅲ）能够表明被调查商品的进口具有大量增加的可能性的显著的进口数量增长率或市场渗透能力；

（Ⅳ）被调查商品是否以可能对国内价格造成显著压低或抑制效果的价格进口，而且可能增加对进口的进一步需求；

（Ⅴ）被调查商品的库存；

（Ⅵ）如果该国目前正被用于生产其他产品的设施可以被用来生产被调查商品的话，该国进行这种产品转换的潜力；

（Ⅶ）对于本标题下的任何同时涉及未加工过的农产品的进口（在（4）（E）（iv）段的含义范围内）和这些农产品的加工产品的进口调查，如果委员会针对未加工农产品或加工过的农产品（但不同时针对两者）按《美国关税法案》705（b）（1）节或F35（b）（1）节作出肯定的决定，应考虑由于产品转换的原因导致进口增加的可能性；

（Ⅷ）对于国内产业现有的产品开发和生产的努力的现实的和潜在的负面效应，这种努力包括开发国内相同产品的派生产品或升级产品；

（Ⅸ）任何别的能够表明由于被调查商品（无论其在当时是否正被进口）的进口（或进口产品的销售）而存在重大损害可能性的可证实的不利趋势。

法律还规定委员会应把这些因素作为一个整体加以考虑以断定是否将要发生被倾销的或受补贴的产品的进一步进口以及断定是否由于进口的原因将导致重大损害，除非颁布一条法令或达成一项暂停进口的协定……要求委员会考虑的这些因素，其存在与否……将不一定对于委员会的决定具有决定性的指导作用，这样的决定不应仅建立在推测和猜想的基础上。

最后，申诉方可以提出美国的某一产业的建立由于被调查商品的进口或销售或类似销售的行为的原因受到实质性阻碍。法律中没有定义“实质性阻碍”，但是考察以往案例中的这一问题后，委员会会从检查美国的产业是否已经建立起来开始着手。如果美国生产商已经开始了产品的生产，而且他们的经营是稳定的，就认为该产业是已经建立起来的。在作出评估时，委员会会检查下列因素：（1）美国的产业从何时开始生产；（2）生产是稳定进行还是开开停停的；（3）与整个国内市场相比，国内生产的规模；（4）美国的产业是否已达到一个合理的“平衡点”；（5）生产活动是否真的形成了一个新产业或仅仅只是一家现有企业的一个新产品系列。如果并没有建立起产业，委员会将考虑产业的表现是反映了正常的起步阶段的困难，还是反映了被调查产品的进口对产业的建立构成了实质性阻碍。

（八）结论

结论通常是一个简洁的，一段或两段的陈述，认定被调查商品在美国以低于公平价值销售和（或）受到补贴，且美国生产相同产品或类似产品由于该种进口而受到实质性损害或受到实质性损害威胁。该陈述后面通常是对被调查商品征收反倾销税和（或）反补贴税的要求。

第二部分　调 查 程 序

一、案件调查的先后次序

反倾销和反补贴案件的全部调查程序可分为5个阶段，每个阶段以商务部或委员会作出一个决定而结束：（1）提交申诉书和发起调查；（2）委员会的初步调查阶段；（3）商务部的初步调查阶段；（4）商务部的最后调查阶段；（5）委员会的最后调查阶段。有些阶段彼此部分重叠，将在下面给予解释。除商务部的初步决定（在第3阶段）之外，商务部或委员会在其他阶段作出的否定性决定都将终止这两个机构的调查程序。

这5个阶段的法定截止日期如下：发起调查在提交申诉书之后20天内，委员会初步决定在提交申诉书之后45天内，商务部初步决定反倾销案在委员会初步决定后115天内，反补贴案在委员会初步决定后40天内，商务部最终决定在商务部初步决定后75天内，委员会最终决定在商务部初步决定后120天或在商务部最终决定后45天，选择两者中较晚的一个。

（一）提交申诉书和发起调查

利害相关方需同时（即在同一天）向商务部和委员会，提交反倾销或反补贴申诉书。申诉书被提交后的20天内，商务部就申诉书是否包含征收一项关税必需的要素和包含支持该申诉的申诉方合理可获得信息作出决定。如果其决定是肯定的，商务部就发起调查以确定是否存在补贴或倾销；如果决定是否定的，它就否决该申诉并终止整个程序。

（二）委员会的初步调查阶段

在申诉书被提交后45天之内，委员会将基于当时可获得最佳信息决定是否有理由指控被调查商品的进口对美国的一个产业造成实质性损害或实质性损害威胁，或美国一个产业的建立受到实质性阻碍。委员会初步调查阶段可分为6个阶段：（1）成立调查机构和制定初步调查阶段的时间表；（2）问卷调查；（3）小组成员会议和情况通报；（4）小组工作报告和备忘录；（5）情况通报和投票；（6）委员会的意见和决定。

1. 成立调查机构和制定初步调查阶段的工作时间表

一旦接受了合格的申诉书，一个六人小组就被指派进行调查，小组成员包括：一名调查员，一名产业分析员，一名经济学家，一名会计师/审计师，一名律师和一名总调查员。小组成员制定初步调查阶段的时间表并准备一份在《联邦公报》上发布的调查机构通知。该通知的目的是向公众提供关于该项调查的信息和将遵循的时间表。该通知和时间表在正常情况下在收到申诉书后一两个工作日内得到批准。

除申诉方以外的任何人若想作为调查中的一方出现，必须通过秘书长向委员会递交一份“加入申请”。加入申请可以是一封信或一份文件，简要陈述加入调查的原因和就调查事项向委员会提供资料的意图。委员会秘书长认为有正当理由加入调查的人将被允许在调查中作为一方出现。秘书长把该人列入接受公共服务者的名单，这就表明接受该人的加入申请。在初步调查阶段递交的加入申请需在不晚于《联邦公报》发布委员会通知后7天提交给秘书长。

2. 问卷调查

在仔细研讨了申诉书和当时可获得其他信息之后，小组起草问卷，就委员会作出初步决定所需的情况向美国生产商、美国进口商和外国生产商进行询问，对于涉及非常多的企业的案件，问卷将送交这些企业中的代表企业，除了这种情况问卷将送交所有的美国生产商。类似地，问卷通常寄给所有被调查商品的进口商，特别是从被调查国进口该种商品的进口商。

如果进口商非常多，可以从中选出一个代表。对于外国生产商发出的问卷只送交给被调查国的该种商品的生产商。美国生产商和进口商的问卷通常在收到申诉书后1～3个工作日内寄出，外国生产商的问卷通过他们企业的律师转递，通常要晚一点。

起草问卷中，一开始必须解决的关键问题是确定一种或几种需要收集数据的产品。委员会必须评估生产与被调查商品“相同或类似”产品的美国“产业”所受到的损害以作出初步调查决定。法律定义“产业”为“国内相同或类似产品的生产商整体，或那些国内相同或类似产品的总产量占该产品国内总产量大部分的生产商们……”。法律定义“国内相同或类似产品”为“与被调查产品相同或类似，或在不是相同或类似的情况下，与被调查产品在特性和用途上最为相近的产品”。换言之，在评估对于国内产业的损害情况之前，委员会就必须首先定义国内相同或类似产品。但是，直到初步调查阶段后期委员会才作出决定，而调查小组在调查开始设计问卷时就必须选择收集损害数据的产品（或多种产品）。用于收集数据目的的产品（或多种产品）的选择基于对申诉书的研讨和该产业的个人的讨论及委员会产业分析员的见解。一旦确定了相同或类似产品，就将按照一种与受调查产业的特性相符的标准格式起草问卷。

美国生产商的问卷通常包括四部分。第一部分问一些有关企业组织结构和活动的一般性问题以及是否和为什么支持或反对该项申诉。第二部分询问生产能力、产量、存货、商业性装运量、出口装运量、内部消耗、公司转换、雇员、工时、工资支付和采购方面的数据。第三部分是财务数据，包括被调查产品带来的收入损失的数据、财务费用数据、企业研究开发费用和资产估值以及涉及进口商品对于资本和投资影响的问题。第四部分询问售价和其他与价格有关的信息以及可归因于被调查进口商品的收入损失和销售额损失（如果没有包括在申诉书中）。

美国进口商的问卷通常包括3个部分。与对美国生产商的问卷相同，第一部分涉及企业的组织结构和活动。第二部分询问被调查商品的进口数据、商业装运、出口装运、内部消耗、公司转换和进口商品库存的数量和价值。第三部分询问被调查进口商品的售价数据和与价格有关的其他信息，类似于美国生产商的问卷。

外国生产商的问卷由三部分组成。前两个部分包括与该企业在被调查国和在美国的经营状况有关的一般性问题。第三部分询问企业生产能力、产量、本国市场装运量、向美国和其他市场的出口量以及被调查商品库存方面的数据。

3. 小组成员会议和情况通报

委员会大约在进入初步调查阶段3周后召开一次公开会议。会议一般由委员会的调查长主持，受命进行该项调查的小组成员也到会，但委员会的委员不参加，在会上给予支持该申诉的各方和反对该申诉的各方各1个小时（支持方1个小时，反对方1个小时）陈述支持自己立场的法律条文和事实以及证人证词，由申诉方开始。不属于以上各方的第三方可在会议前请求提交一份说明自己立场的简短陈述。发言者不必宣誓，但被提醒对其适用18U、S、C§1001关于虚假和误导性陈述的规定以及在有起诉时此会议记录可用于司法审理。主持会议的官员和小组成员在证人陈述后可以提问，但不允许进行反复盘问和由对方提问。在双方都完成陈述后，每方被给予10分钟反驳对方的陈述并概括己方的陈述，从申诉方开始进行。会议由一名与委员会签约的法庭记录员记录，记录副本在下一工作日由记录部门提供。

鼓励各方在会议后3个工作日内提交会后情况通报，通报材料不超过50页（双倍行距）。第三方也可在同一时间段内提交与调查事项有关的简短情况通报。

4. 小组工作报告和备忘录

小组工作报告是由调查员、产业分析员、会计/审计师和经济学家在总调查员的指导下完成的一个客观的、事实陈述性的文件。它包括通过调查问卷、公共档案、实地访问、电话访问和其他来源获得的所有统计数据和数据分析及其他信息。它也涉及与调查有关的各种事实，包括各方在会议上或在情况通报中提出的问题。小组工作报告并不就委员会最终必须作出的决定作任何建议。

由总调查员复查和委员会各办公室人员后继复查之后，小组工作报告在开始调查大约5周后转交给委员会。在1个工作日内，首席律师将一份由小组成员律师完成的法律问题备忘录转交给委员会，指出调查中的有关法律问题，概括正反两方面的观点并提供相关的法律意见。由委员会1名或多名委员要求提供的备忘录也由小组在此时递交。

5. 情况通报和投票

大约在收到小组报告4个工作日后，委员会召集公开会议通报调查情况并投票。这时，委员会委员可以在决定赞同小组报告之前就调查情况向小组成员提任何问题。然后，委员就调查所涉及的国家进行投票。参与决策的委员们多数票意见形成委员会的决定。出现赞同票和反对票票数相等的情况时算作赞同。在公开情况通报和投票之前，委员会用一段时间认真研究记录在案的所有文档，包括小组报告和备忘录、会议记录和情况通报。在这段时间内，单个委员也可以就调查事项与小组成员进行私下交流。

6. 委员会的意见和决定

法律要求委员会在申诉书提交之日后45天内向商务部部长提交其初步调查决定，或者一般情况下在公开情况通报和投票后一个工作日内提交。这样，委员会有5个工作日来完成并向商务部提交用来解释其决定的“意见”。同时，小组在这段时间内准备并向商务部提交一份公开的小组报告，其中删除了所有涉及具体公司或机密的信息。委员会的决定将在《联邦公报》上发布，如果该决定是肯定的，那么进行最后阶段调查的通知也将随后在《联邦公报》上发布，委员会的决定和意见将通过Internet向公众提供电子版本（网址：www. usitc. gov）。一份包括委员会决定、意见和公开的小组报告的出版物由委员会所属的出版署印刷装订。如果委员会作出否定的决定，或委员会发现进口量是微不足道的，调查过程就此终止。

（三）商务部的初步调查阶段

在正常情况下，假设委员会已作出肯定的初步调查决定，商务部将基于当时可获得最佳信息，对于反倾销案在申诉书提交日之后160天内或对于反补贴案在85天内，就是否有理由相信或怀疑被调查进口商品正在或可能按低于公平价值销售，或被调查商品受到可抵消的补贴的问题作出决定。

如果商务部的初步调查是肯定的，它将命令暂停所有对被调查商品的输入或提货进行完税通关。如果这些商品是用于《联邦公报》发布商务部初步决定之日及该日以后的时间内消费的话，这时进口商被要求为每一笔被调查商品的输入上交现金押金或债券押金，金额基于估计的加权平均倾销幅度，或估计的可抵消补贴率。即使商务部作出了否定的决定，它仍将继续进行最后阶段的调查，但这时不再要求进口商交纳现金押金或债券押金。

（四）商务部的最后调查阶段

在正常情况下，对于反倾销案在申诉提交之日后235天内，或对于反补贴案在160天内，商务部将就被调查进口商品是否正以或可能将以低于公平价格销售，或被调查商品是否正受到补贴的问题作出最后决定。

（五）委员会的最后调查阶段

在正常情况下，对于反倾销案在申诉提交日后280天内或对于反补贴案在205天内，委员会将就是否由于被调查商品的进口而导致美国的一个产业受到实质性损害或受到实质性损害威胁，或美国一个产业的建立受到实质性阻碍的问题作出最后决定。委员会的最后调查阶段可分成8个阶段：（1）最后阶段的时间安排；（2）问卷调查；（3）听证前小组工作报告；（4）听证和情况通报；（5）小组最终的工作报告和备忘录；（6）记录终止和调查各方的最终评论；（7）情况通报和投票；（8）委员会的意见和裁决。

1. 最后阶段的时间安排

委员会最后调查阶段始于收到商务部（以信件或在《联邦公报》上发布通知的形式）作出肯定的初步决定的官方通知之时。委员会立即指派一个六人小组进行该项调查。小组将制定出一份最后阶段工作时间表并准备一份在《联邦公报》上发布的时间安排通知。委员会一般在收到商务部初步决定后一到两周内核准该通知和工作时间表。任何希望在最后调查阶段作为调查中的一方出现的人都必须向委员会秘书长提交一份加入申请，或在初步调查阶段就已提交加入申请。已在初步调查阶段提交了加入申请的各方在最后调查阶段不再提交新的加入申请。任何希望成为调查中的一方但又没有在初步调查阶段提交加入申请的人可以在距离预定的听证会日期21天以前提交加入申请。

2. 问卷调查

在仔细审阅初步调查阶段的全部记录，特别是审阅委员会所收集的有关影响的数据之后，工作小组草拟问卷。该问卷从美国的生产者、进口者、购买者以及外国的生产者获取必要的信息，以便委员会能作出最后决定。这些草拟的问卷在委员会作出初步决定之后，商务部作出初步决定之前，在各方中传阅评议。各方的评议在秘书长处存档，供各方调查备用。

工作小组审阅并归纳评议，从而进一步提出更加恰当的问卷，呈递给委员会批准。被正式批准的问卷被送至所有的美国的生产者、进口者和外国的生产者。他们在调查阶段需回答问卷上有关生产和进口的问题。被要求回答问卷的还可以包括工作小组有理由相信：在初步调查阶段有他们进行生产和进口的记录的企业。这些正式问卷的结构，基本上与初步调查阶段的问卷结构相同，尽管产品分类有某些不同，有些问题有所增加或减少，而所收集的数据，是更新和更近期的。购买者的问卷被送至该产品的重要的购买者手中，在某些案件中，达到50家消费企业。在某些案件中，有大量的消费者，调查的范围被限制在一些最大的购买者中，或者，如果事实上消费者企业都很小，则进行抽样调查。购买者的问卷一般由5个部分组成。第一部分，与生产者和进口者的问卷一样，是与企业的组成和活动有关的问题。第二部分，要求提供在美国、被指控的国家和非指控的国家，所购买的被调查商品数量和价值的数据。第三部分，提出一些问题，有关该产品的市场特征，厂商在购买中的一些活动。第四部分，由一系列的问题组成，有关国内产品、被指控的进口商品和未被指控的进口商品之间的竞争状况，并对这些产品在价格、数量、服务、交货和其他销售因素上的情况进行比较。第五部分，要求提供国内同类型产品和被指控产品的实际购买价格。生产者、进口者、购买者的调查问卷，在商务部最初裁决通知发出后大约一到两周内被寄出，外国生产者的调查问卷在此之后（经常是通过这些生产者的律师）很快发出。

3. 听证前小组工作报告

听证前小组工作报告（见调查前期阶段中有关小组工作报告部分）在听证前情况通报截止日前约5个工作日或听证前约9个工作日被呈交给委员会和调查相关各方。这份报告中包含调查过程中可以得到的最新数据。相关各方提交的情况通报为分析案情提供了统计基础，也使委员会成员和相关各方能把听证过程中的讨论建立在共同的基础上。

4. 听证和情况通报

委员会非常鼓励当事人各方充分准备听证前的情况通报。听证前约4个工作日为听证前的截止日。听证前的情况通报是一方证实其论据的主要工具。对于其长度并无限制，但应尽可能精确，并限于同委员会的决定有关的信息和论据，这些信息和论据应最大限度地利用委员会的讨论记录。

非当事人也可在同一时限内就调查有关的信息提交一个简要的书面陈述。

委员会在商务部宣布其最终裁决或委员会调查最后阶段进行至一个半月到两个月时举行公开听证。听证由委员会主席主持，若主席缺席则由另一位委员主持，所有委员都应尽可能参加，听证过程实际上也是一个澄清事实的过程，其目的在于允许利益各方表达其观点，允许各位委员进行提问以获取作出裁决的有用信息。

在听证前几天内由调查主管主持一个听证前会议以决定听证过程的时间分配和基本规则。任何人如想出席听证则必须在听证前至少 3 个工作日或听证前会议之前至少 2 个工作日（以先发生的日期为准）之前向委员会秘书长递交参加听证的申请。出席听证者名录将记入档案，在听证开始后申诉方和被控方各被给予 5 分钟简述其观点，由申诉方先开始。一般来讲这一阶段不会有提问。接下来申诉方和被控方开始使用分配给他们的基本时间（典型的是 1 小时），在这段时间内双方要给出证据，这一阶段仍从申诉方开始。非当事人在听证前也可要求获准在听证时对其了解的情况作一简要陈述。在双方及相关证人提出证据之后由各委员和工作小组进行提问，被控方如需要也可进行提问，各位委员提问的时间一般来讲要长于双方提出证据的时间。这些问题及回答不占用当时正提供证据一方被规定给予的时间。这些提问及回答占据了听证总时间的一半，各位委员也可对其他各方（非提交证据的各方）提问或要求其进行陈述。在分配给双方的基本时间内可直接提出证据，相互质询对方证人，作出反驳对方的总结性陈述和给出扼要的论据。总结性陈述在听证结束时进行，由申诉方先进行，其后是被控方。所有在听证中作证的人在作证前向秘书长宣誓。委员会鼓励各方在听证前准备证人陈词（证言）。这类陈词的准备在听证前至少 3 个工作日之内应完成，证言应简短、切题，范围应限于这一方对听证前情况通报中所包含的信息和论据所作的总结和其他各方在听证前情况通报中对信息和论据所作的分析，还包括在听证前截止时尚未得到的信息，证人可根据笔记，准备好的书面陈述词或根据他们的律师或其他人提出的问题进行发言，如证人在听证前至少 3 个工作日之前同听证协调机构作出安排，至少委员会可为证人提供其需要的全套视听设备，听证会由委员会指定的法庭书记员记录整理，整理结果在下一个工作日可以从记录公司得到。

委员会可以使一部分听证私下进行（除了在行政保护条例下有权获取商业秘密的各位委员、工作小组主要成员和调查参与者之外可以避开任何个人）。要求私下提交听证证据的各方必须向秘书长提交书面报告，表明其有充分的理由，委员会极力促使各方尽可能在调查的早期阶段提出类似要求，但不得迟于听证前 7 天。

委员会非常鼓励各方提交听证后的情况通报。听证后 4 个工作日为情况通报的截止日。情况通报的长度限于 15 页双倍行距的公文用纸，但不包括在听证过程中回答委员会问题的信息。非当事人也可在同一时限内就调查事项呈交一份简要的书面陈述。

5. 小组最终的工作报告和备忘录

在听证后情况通报截止日后大约两周小组最终的工作报告被呈交给委员会和各当事人（见与调查前期阶段相关的工作报告准备）。最终的工作报告以及工作小组准备的其他文件，听证的记录材料，当事人的情况通报和记录中的其他信息为委员会提供了作出最终裁决的基础。2 个工作日后，工作小组向委员会呈交一份具有法律效力的备忘录，或根据个别委员的要求呈交其他备忘录。

6. 记录终止和调查各方的最终评论

委员会在工作报告公布后的 5 个工作日结束记录（即停止接收新的有关事实的信息）。届时调查各方被允许审查所有的公开信息和在行政保护条例之下调查各方所得到的、以前没有披露的商业专有信息。在停止记录后 3 个工作日，调查的各方被给予一个机会对于他们原来没有得到的所有信息的精确性、可靠性和可验证性进行评述。最终各方的评论意见不包括新的有关事实的信息，其长度被限制在 15 页双倍行距的公文用纸之内。

7. 情况通报和投票

在记录结束后的 5 个工作日和调查最后阶段结束的法定期限前 6 个工作日委员会举行一次情况通报和公开表决。在表决前，委员会将仔细审查记录，也可以要求工作小组提供非公开的简报。举行通报和公开表决时，各委员在通过工作报告之前对工作小组就他们所考虑的和调查有关的问题进行提问，然后对调查涉及的各国进行表决。

8. 委员会的意见和裁决

依照法律规定，在商务部作出最初裁决的 120 天内或商务部作出最终裁决的 45 天后，委员会要向商务部呈交其最终的裁决（两个期限以后发生的为准）。在举行通报表决和上交最终裁决期间，委员会把其观点诉诸书面并解释其裁决的理由。工作小组则准备一份公开出版的报告，报告中隐去了有关个别公司或事关机密的信息。委员会的裁决和观点大众可以通过网络（www. usitc. gov）得到。一份包括委员会的裁决、观点以及删除了商业专有信息的工作报告的出版物由委员会所属的出版机构负责发行。

一些情况下，委员会必须就其最终裁决给出附加的调查结果。如果商务部作出的肯定性的最终裁决认为存在紧急情况，而委员会作出的肯定性的最终裁决认为对国内产业造成了实质性损害（而不仅是产业实质性损害的威胁），委员会必须作出附加裁决，说明商务部认为存在的紧急情况是否可能严重地损害即将征收的反倾销税和反补贴税的纠正性效果。如果委员会作出的肯定性的最终裁决认为存在实质性损害的威胁，则必须就如果不中止对已报关的被调查商品的结算是否会造成实质性损害给出附加的调查结果。这一调查结果决定了反倾销税和反补贴税征收的有效日期。如结果是肯定性的，则在结算中止日起征；如结果是否定的，则起征日为委员会在《联邦公报》上公布其肯定性的最终裁决的日期。相似地，如果委员会的结论，是阻碍了美国某一产业的建立，则起征日为委员会最终裁决的公布日。

商务部在接到委员会关于造成实质性损害，产生对国内产业实质性损害的威胁和阻碍国内产业建立的肯定性最终裁决通知后7天内要依法在《联邦公报》上颁布征收反倾销税或反补贴税的命令，进口商在报关商品结算之前要依照要求缴纳一笔相当于预计的反倾销税或反补贴税的现金押金。

在反倾销税或反补贴税征收令颁布后或调查中止后不迟于5年，法律规定商务部和委员会要进行日落条款审查，以决定如果取消反倾销税或反补贴税或中止调查是否“可能导致倾销或补贴的延续和实质性损害情况的再度发生”。商业部在审查之后会取消征收反倾销税、反补贴税的命令，除非其认为倾销或补贴将延续或再次发生并且委员会也认为实质性损害可能再次发生或延续。

二、商业专有信息

委员会从美国生产者、进口者、购买者外国生产者那里获得了大量个别公司的商业专有信息，调查问卷是获得商业专有信息的主要渠道。统计上的商业专有信息被加总并在工作报告中列成表以备委员会在分析国内产业状况时使用。委员会会在提供和分析统计数据时使用经验法，即如果加总数字仅包括一到两家公司，或包括3个或更多的公司，但其中1个至少占据总量的90%或其中2个至少占据总量的75%，则加总数字是机密的。在这种情况下，委员会不会披露实际的加总数字而只会把讨论局限于公开的资料，仅仅描述趋势和方向（上升或下降），如果是财务数据，则只说明这一产业是盈利的或非盈利的。商业专有信息的提供者（调查问卷的答复者）如有充分理由则可要求把对产业趋势所作的一般性描述也列为商业专有信息。在行政保护法下能够获悉商业专有信息和各方在其公开出版的书面意见中讨论统计数据时也需遵守同样的原则。

三、行政保护条例的运作程序

在为保证商业专有信息的机密性而设计的行政保护条例之下，委员会可依法向可信任的人透露商业专有信息。这些有资格在行政保护条例下获得商业专有信息的人（授权申请人）包括以下几种（他们都是调查的各方而且是利益方的代表）：(1) 律师；(2) 这一律师管理和控制下的顾问或专家；(3) 在委员会面前经常出现的顾问或专家；(4) 如果调查中的各方且是利益方不是由律师代表的，那么其选定的代表具有获得商业专有信息的资格。委员会自己的律师可以作为授权申请人，但其必须没有参与竞争性的决定。

有兴趣在行政保护条例下获取商业专有信息的授权申请人必须在《联邦公报》刊登调查通知之前向秘书长呈交一份申请（见附录D)。在行政保护条例申请截止日后，秘书长会建立一份行政保护条例的服务表，里面包括所有申请得到批准的授权申请人。所有且只有名列行政保护条例服务表上的各方才能获得生产者、进口者、购买者问卷答复的副本以及含有商业专有信息的申诉、各方提供的情况通报和其他文件、工作报告、工作小组提交委员会的公开备忘录和各委员意见的副本。调查前期阶段列在行政保护条例申请表上的各方，在调查的最后阶段不必重填一份申请而只需向秘书长交一封信表明其急欲参加调查的最后阶段。委员会以信来确认调查前期阶段列于行政保护条例服务表之上的人是否加入到调查的最后阶段。新的授权申请人仍需填写行政保护条例申请表。

所有名列行政保护条例服务表的当事人同表上其他各方要共同对调查问卷的答复、含有商业专有信息的申诉、通报以及其他提交的文件副本负责。每一份含有商业专有信息的文件都必须附有保证这些文件被妥善保管的责任书。在接收含有商业专有信息文件最后期限之后的一个工作日之内各方必须上交含有商业专有信息文件的公开版本，问卷答案除外。

名列行政保护条例服务表上的个人严禁把获得的商业专有信息泄露给名字没有列在服务表上的其他人，任何违反规定的人都要受到惩罚，包括：(1) 违反规定的人及其合伙人、助手、雇主、雇员从确定其违反规定的决定公布后最多7年内不得以任何身份参与委员会的相关活动；(2) 提交美国律师协会；(3) 如果是律师、会计师和其他专职人员，提交给各自相应的行业协会的行业职业道德机构；(4) 其他委员会认为合适的处罚，包括公布或从记录中去除违反规定者、其代表或其代表的一方所呈交的任何信息或情况通报，拒绝其在调查的现阶段或将来阶段从委员会进一步获取商业专有信息。如果要获得委员会行政保护条例程序的进一步信息，请参阅《关税法》(19、U、S、C § 1677fcc) 777 (c) 条，《委员会规则》207.7 (19C、F、R § 207.7) 和《反倾销、反贴补调查中行政保护条例应用的介绍》(第2版)、USETC 出版物 2961，秘书长办公室 1996

年4月。

四、主要的法律概念

（一）国内相同或类似产品和美国的产业

在决定美国一个产业是否由于被调查商品而受到实质性损害或受到实质性损害的威胁或某一产业在美国的建立受到实质性阻碍时，委员会必须定义“国内相同或类似产品”和“产业”。法律中把“产业”定义成“国内相同或类似产品生产者的集合或者这些生产者的国内相同或类似产品总产出占据了这一产品总的国内产出的主要部分”。“国内相同或类似产品”在法律上规定为“相同的产品或如果不相同的话，在特征和用途上与被调查产品最相似的产品”。

调查中委员会关于适宜的国内产品的确定是根据哪个或哪些产品适用于法律的“相同或在特征和用途上最相似”的标准。在定义国内相同或类似产品时，委员会一般要考虑一系列因素，包括：(1) 物理特性和用途；(2) 产品的可变换性；(3) 销售渠道；(4) 消费者和生产者对此产品的感觉；(5) 一般制造设备和雇员的使用；(6) 如果适宜的话考虑价格。单独一个因素都不是决定性的，委员会可在特定调查事实的基础上考虑其他相关因素。一般来讲委员会会忽略被调查商品的细微区别并寻找可能的同类产品。委员会所定义的国内同类产品可能比商业部定义的进口商品的种类或等级广泛得多，或者说委员会根据进口商品的种类或等级会找到两个或更多的国内相同或类似产品。

在一些调查中产生了是否应该把半成品和被调查的制成品列入同一相似产品的问题。在分析这一问题时，委员会考虑下列因素：(1) 深加工的必要性和成本；(2) 商品在不同阶段的可变换性；(3) 在生产的早期阶段半成品是否被作为制成品使用；(4) 成品和半成品是否有显著独立的用途或市场；(5) 在生产的早期阶段这一产品是否包含或被赋予制成品的基本特征或基本功能。一旦委员会在一项特定的调查中决定了国内相同或类似产品，它就会把产业定义为包括所有美国相同或类似产品的生产者。这一规则存在两点例外，委员会可能会发现存在以下“适宜的条件”：(1) 把国内产业定义为包括一个特定美国地理区域内所有相似产品的生产者；(2) 从国内产业中排除某些“相关方”。这些例外在关于“地区性产业”和“相关方”的部分中加以讨论。在一些案例中委员会面临着是否仅根据一个特定生产者的国内业务就足以将其确定为国内产业的一员的问题。考虑到这个问题，委员会考察了与美国厂商生产相关的活动的总的性质，特别是：(1)

厂商资本投资的来源和程度；(2) 美国生产活动涉及的技术专业知识；(3) 产品在美国的附加值；(4) 就业水平；(5) 产于美国的部件数量和类型；(6) 在美国直接进行国内相同或类似产品生产的行为和其他成本。

1. 地区性产业

法律规定：适宜的条件下，美国一个特定的产品市场可以被划分为两个或更多的市场，而每个市场之内的生产者可以被当成一个单独的产业，条件是：(Ⅰ) 在这个市场中生产者售出全部或近年全部他们所生产的被调查的国内相同或类似产品；(Ⅱ) 这个市场的需求在很大程度上没有得到满足，因为被调查商品的生产者也在美国其他地方进行生产。在这些适宜的条件下委员会很可能认为，存在着对一个产业的实质性损害，实质性损害的威胁和某个产业建立的实质性阻碍，即使国内产业的整体或国内同类产品的总产量占这一产品总国内产量很大部分的生产者并没受到实质性损害，此时只要倾销或补贴的进口商品流向封闭市场造成实质性损害，实质性损害的威胁或对某产业建立的实质性阻碍即可。"地区性市场"一词意即一个地区之内的国内生产者被看成一个独立的产业……委员会以前曾发现，适宜的条件在应用于地区产业分析时是存在的，在这一区域中由于产品附加值较低或运输成本很高使得产品在这一区域的生产必然是分割或隔绝的。而国际贸易法庭则提出要警惕武断或随意地臆造地区性市场。"如果委员会发现由于被调查进口产品的原因对地区性产业造成实质性损害、实质性损害的威胁或对地区性产业建立的实质性阻碍，那么商务部应尽可能仅根据调查期内向这一区域出口被调查商品的个别出口者和生产者所拥有的被调查商品估税。"

2. 相关各方

法律规定："如果国内相同或类似产品生产者和被调查商品的进口者或出口者是相关方，或国内相同或类似产品的生产者也是被调查商品的进口者，这些生产者在适宜的条件下可以被排除出这一产业。"生产者和进口商或出口商在下列情况下被认为是相关方：(Ⅰ) 生产者直接或间接控制进口、出口者。(Ⅱ) 出口者或进口者直接或间接控制生产者。(Ⅲ) 第三方直接或间接控制生产者和出口者或进口者。(Ⅳ) 生产者和出口者或进口者直接或间接控制第三方而且有理由相信这一关系使生产者的行为不同于一个非相关的生产者。一方如果在法律上或经营地位上对另一方实施限制或引导则被认为直接或间接地控制着另一方。对于相关方条款的应用，委员会很谨慎。如果一位美国生产者符合上述相关方的条件，则委员会要决定是否存在把这个生产者排除出国内产业的"适宜条件"。这种排除的目的在于尽量减小由于把相关方包括进去，而相关方可以免予被调查商品的负面效果——造成国内产业状况相关加总数字的扭曲。举例来说，如果一位美国的生产者和外国出口者有关，外国的出口者把其出口运往美国以避免和相关的美国生产者进行竞争，委员会便可以决定存在把相关的美国生产者排除出国内这一产业的“适宜条件”。

委员会在决定是否存在排除相关方的适宜条件时要考察以下因素：（1）相关方在国内生产中所占的比重；（2）进口被调查商品的生产者，他选择进口的原因是受益于不公正的贸易行为还是使其得以继续生产和在国内市场进行竞争；（3）相关方和这一产业其他生产者的相对地位，也就是说，无论把相关方包括进去或排除出去都会扭曲产业内其他生产者的数据。国际贸易法庭同意委员会排除相关方的做法，条件是：生产者同外国出口者有关而且似乎从倾销进口商品的持续低价中获得好处或外国出口者以避免和美国相关进口商/生产者进行竞争的方式向美国出口。

（二）累积

在评估对国内产业的实质性损害时，法律规定：“委员会应累积地估计来自于所有国家的被调查商品的数量和进口的效应，立案和在同一天自动开始的调查都应依据这种累积，如果这种进口彼此之间以及同美国国内市场相同或类似产品构成了竞争。”在评价对国内产业可能造成实质性损害的威胁时，法律规定：“委员会可以累积地估计来自于所有国家的被调查商品的数量和进口的效应，立案和在同一天自动开始的调查都应依据这种累积，如果这种进口彼此之间以及同美国国内市场相同或类似产品构成了竞争。”

在决定进口商品是否彼此竞争及同美国相同或类似产品构成竞争时，委员会一般考虑以下4个因素：（1）不同国家的进口商品以及进口商品同国内相同或类似产品之间可替换的程度，包括对特定客户要求和其他质量相关问题的考虑。（2）来自于不同国家的进口商品和国内相同或类似产品在同一地理意义上的市场上现有的销售和卖方报价。（3）来自于不同国家的进口商品和国内相同或类似产品是否存在共同的或相似的销售渠道。（4）进口商品是否在市场上同时出现。尽管单独任何一个因素都不是具有决定意义的，所列的因素也是可添加的，但这些因素为委员会决定是否进口商品彼此之间以及和国内相同或类似产品之间存在竞争提供了一个框架。仅仅竞争的合理重叠才被允许。

（三）可忽略的进口

法律规定，如果发现被调查商品的进口是可忽略的进口，则调查在没有确定损害的情况下结束。可忽略的进口在法律上被定义为在立案或开始调查前可得到的最近12个月的数据表明相对国内相同或类似产品来说，来自于一国的商品进口量不到美国这一商品总进口量的3%。然而，如果被调查的几个国家这种商品的进口量每一个都少于被调查商品进口总量的3%，但加总后在数据收集有效期12个月内占美国这种商品进口总量的比重超过7%，则来自于这些国家的进口不能认为是可忽略的。在分析进口威胁时，当被调查商品具有以下潜在趋势时，则委员会不能作出裁决认为进口是可忽略的，即：在数据收集有效期12个月内来自于一国的被调查商品占这一商品进口总量的比重不足3%，但在将来会显著超过3%或者对于所有被调查国家来说，尽管单个国家满足3%的标准，但加总后会显著地超过7%。在涉及来自发展中国家进口的反补贴税调查中，委员会以“4%”和“9%”的标准各自替代了上面的“3%”和“7%”标准。

（四）受制生产

法律规定：“如果国内厂商将大量的相同或类似产品的生产内部转移至下游生产并且在商品市场上大量销售相同或类似的产品，同时如果委员会发现：（Ⅰ）转移至下游产品的加工生产的国内相同或类似产品并未进入相同或类似产品的商品市场。（Ⅱ）国内相同或类似产品是下游产品生产中决定性的物质投入，并且（Ⅲ）在商品市场上出售的国内相同或类似产品通常并非用于下游产品的生产，则委员会在决定市场份额和影响金融运作的要素时，重点将集中在国内相同或类似产品的商品市场上。”

（五）其他法律概念

“实质性损害”、“实质性损害的威胁”、“实质性阻碍”等概念在第一部分“申诉程序”中提及，“紧急情况”在第一部分的“紧急情况的资料”章节中提及。

第三部分　历史概述

一、反倾销法

美国国会于1916年通过了第一部反倾销法，该法案通过联邦法庭抵制那些在美国倾销外国产品的贸易伙伴国。但在该法令下的要求——特别是证明意图的需要是难以满足的，这就促使国会考虑制定一部改进的反倾销法。于是1921年又通过另一部反倾销法，然而直到1979年才提出财政部对倾销行为进行调查和征收反倾销税的基本法规。

第二次世界大战后，在讨论成立国际贸易组织的过程中，美国根据其《1921年反倾销法》起草了一份反倾销法案，这一提案成为关贸总协定

（GATT）的第6条的基础，并成为世界各国反倾销法的基本模式。

在肯尼迪回合的多边贸易谈判中通过了1967年GATT反倾销守则，该守则完善了GATT第6条中的概念，通过规定反倾销调查的程序对第6条作了补充。该法则于1968年6月1日正式生效。它将GATT的所有缔约国置于GATT第6条的约束之下。

在20世纪70年代的东京回合多边贸易谈判中对GATT第6条进行了修订，使反倾销守则与当时尚在磋商中的补贴和反补贴协定相适应。一个与反倾销措施相关的关于GATT第6条的新的协议于1980年1月1日正式生效了。

在1979年所通过的贸易协定法中，国会采用了修订后的GATT反倾销守则。1979年法案的第一部分废除了《1921年反倾销法》，并在《1930年关税法》中加入了新的第7条，贯彻了GATT反倾销协定的相关条款。此外，1979年的法案对主要内容和程序也作了修改，并将反倾销法的执行职责从财政部移交给商务部。

《1984年贸易和关税法》中第6条及《1988年综合贸易与竞争法》中的第二部分第1条中C分条对反倾销法作了更进一步的修正。该法案对反倾销法中有关对被调查国家进口"累积"及"实质性损害的威胁"问题的规定进行了修正。该法案还通过了反规避及倾销法的规定，对相关"紧急情况"、"实质性损害"、"实质性损害的威胁"等条款作了一定的修改。

于1995年1月1日生效的乌拉圭回合协定对美国反倾销法作了最近的修正，一些有关的修改是根据乌拉圭回合协定的要求进行的。在乌拉圭回合协定下还成立了世界贸易组织（WTO）。乌拉圭回合协定中纳入了原有或修改过的关贸总协定条款，包括1994年对总协定第6条达成的协定。依据乌拉圭回合协定的规定，世界贸易组织的所有成员方都必须自动遵守1994年通过的反倾销协定。乌拉圭回合协定修正了法案中对实质性损害、实质性损害的威胁、紧急情况、地区性产业、相关各方及"累积"等问题的规定。1985年法案还增加了关于受制生产和可忽略的进口的新规定，并通过日落条款来决定是否应在5年后撤回反倾销命令。

二、反补贴法

美国在不平等贸易上的最早立法是1897年通过的反补贴法。该法直到1979年才作了实质上的改变以适应东京回合多边贸易谈判中通过的协定。

1979年以前的法案要求财政部对那些可以从对出口的"奖金或补贴"中获益的厂商的可纳税进口商品征收反补贴税。1922年国会对该法案作了修改，使其适用面扩大到那些从制造或生产中即可获得“奖金或补贴”的进口商品。在1974年以前该法案只适用于可纳税商品，并且不要求进行损害评估，而1974年贸易法将反补贴税法的适用面扩大到免税进口商品，并且必须进行损害评估。

在东京回合的多边贸易谈判过程中，GATT第6条通过了一项关于采取补贴和反补贴措施的协定。美国及其大多数贸易伙伴国在该协定上签了字。这项通常称为“补贴守则”（Subsides Code）的关于补贴和反补贴措施的协定要求在施加反补贴税前需提供损害证据。然而GATT中的原先条款却允许美国立法无须进行损害评估即可征收反补贴税。

在通过1979年贸易协定时国会采用了GATT的补贴守则。1979年立法作出的最重要的修改是要求对涉及该协定签字国进口商品及所有反补贴税案件都进行损害评估。而在《1930年关税法》中已存在的第303条，经过1979年立法的修正后，用以处理涉及从非该协定缔约方进口的案件，条款规定除了涉及免税进口商品的案件外，从这些国家进口的商品不能进行损害评估。1979年法案除了内容上和程序上的改变外，还将反补贴税法的执行职责从财政部转交至商务部。

《1984年贸易和关税法》第6条及《1988年综合贸易与竞争法》第二部分第1条C分条对反补贴法作了更进一步的修正。另外1984年立法修改了反补贴法中关于被调查国的进口“累积”和“实质性损害的威胁”问题的条款。1988年法案还制定了反规避反补贴税法的条款并对法案中有关“紧急情况”、“实质性损害”及“实质性损害的威胁”的条款作了修改。

1995年1月1日生效的乌拉圭回合协定对美国反补贴税法作了最近的修正，废除了《1930年关税法》的第303条，并根据乌拉圭回合协定的要求对法案及有关补贴和反补贴措施的协定作了修改。在协定下，所有的世贸组织成员方需自动遵守1994年的补贴协定。这与从前有了很大的不同，在原来的关贸总协定体系中，成员方可自行决定是否遵从协定中的规定。

乌拉圭回合协定修改了法案中关于“实质性损害”、“实质性损害的威胁”、“紧急情况”、“地区性产业”、“相关各方”及“累积”等方面的规定。1995年法案还增加了对“受制生产”和“可忽略的进口”问题的新规定，并通过日落条款来决定是否在5年之后撤回征收反补贴税的命令。

三、涉及第7条的案例经验

在1980—1995年财政年间，依据《1930年关税法》第7条，委员会共收到31 124件有关反倾销及反补贴税的申诉。这些案例涉及从被调查国出口的总计价值近350亿美元的商品进口。其中34%的申诉得到了委员会和商务部的肯定决定，并最终发布了实施反倾销或施加反补贴税的命令。而40%的申诉得到了委员会的否决。其余26%的申诉，由商务部终止或延缓了调查，或给出了最终的否定决定。

附录E中的不同图形显示了1980—1995年委员会依据反倾销及反补贴法规定的整体及个别形式提起申诉的数量以及受到调查的进口商品的价值，其他图形显示了对这些申诉的处理及被卷入调查的主要国家。

附录（略）

参考文献

一、中文类

（一）著作

［1］张慧龙编著：《欧美反倾销法对策》，吉林科学技术出版社 1993 年版。
［2］张玉卿编著：《国际反倾销法律与实务》，中国对外经济贸易出版社 1993 年版。
［3］盛建明著：《反倾销国际惯例》，贵州人民出版社 1994 年版。
［4］王承斌主编：《西方国家反倾销法与实务》，中国对外经济贸易出版社 1996 年版。
［5］杨坚著：《国际反倾销法律、案例与对策》，南开大学出版社 1996 年版。
［6］曾令良著：《世界贸易组织法》，武汉大学出版社 1996 年版。
［7］伯纳德·施瓦茨著、王军译：《美国法律史》，中国政法大学出版社 1997 年版。
［8］理查德·A. 波斯纳：《法律的经济分析》，中国大百科全书出版社 1997 年版。
［9］尤先迅著：《世界贸易组织法》，立信会计出版社 1997 年版。
［10］彭文革、徐文芳著：《倾销与反倾销法论》，武汉大学出版社 1999 年版。
［11］李炼著：《反倾销：法律与实务》，中国发展出版社 1999 年版。
［12］韩立余译：《美国关税法》，法律出版社 1999 年版。
［13］韩立余译：《美国外贸法》，法律出版社 1999 年版。
［14］李圣敬著：《反倾销法律与诉讼代理》，法律出版社 2000 年版。
［15］张晓东著：《中国反倾销立法比较研究》，法律出版社、中央文献出版社 2000 年版。
［16］王景琦编著：《中外反倾销法律与实务》，人民法院出版社 2000 年版。
［17］熊思浩编著：《反倾销案例》，经济日报出版社 2000 年版。

[18] 张向晨：《发展中国家与 WTO 的政治经济关系》，法律出版社 2000 年版。
[19] 周旺生主编：《法理学》，法律出版社 2000 年版。
[20] 对外贸易经济合作部进出口公平贸易局编著：《国外对中国产品反倾销、反补贴、保障措施案例集：美国卷》，中国对外经济贸易出版社 2002 年版。
[21] 孔祥俊著：《WTO 法律的国内适用》，人民法院出版社 2002 年版。
[22] 韩立余编著：《世界贸易组织（WTO）案例分析》，中国人民大学出版社 2002 年版。
[23] 沈岿译、[美] 理查德 . B. 斯图尔特著：《美国行政法重构》，商务印书馆 2002 年版。
[24] 何勤华：《外国法制史》，法律出版社 2002 年版。
[25] 新华国际经贸 WTO 法律咨询中心主编：《中国对外贸易经济合作与 WTO 法典》，万方数据电子出版社 2002 年版。
[26] 宋和平、黄文俊主编：《反倾销法律制度概论》，中国检察出版社 2003 年版。
[27] 于永达主编：《反倾销 MBA/MPA 案例》，清华大学出版社 2003 年版。
[28] 吴喜梅著：《WTO 反倾销立法与各国实践》，郑州大学出版社 2003 年版。
[29] 张新娟著：《反倾销法律的理论与实践》，中国社会科学出版社 2003 年版。
[30] 罗昌发著：《贸易与竞争之法律互动》，中国政法大学出版社 2003 年版。
[31] 罗昌发著：《美国贸易救济制度》，中国政法大学出版社 2003 年版。
[32] 国务院研究院 WTO 研究中心、中国社会科学院 WTO 研究中心编：《中国应对国外贸易壁垒最新实务指南》（上册），经济日报出版社 2003 年版。
[33] 刘晓丹主编：《美国证据规则》，中国检察出版社 2003 年版。
[34] 王名扬著：《美国行政法》，中国法制出版社 2003 年版。
[35] [美] Jacob Viner 著，沈瑶译：《倾销：国际贸易中的一个问题》，商务印书馆 2003 年版。
[36] 张燕著：《应战美国反倾销：美国国际贸易法院涉华反倾销案例介评》，法律出版社 2004 年版。
[37] 屈广清主编：《反倾销法律问题研究》，法律出版社 2004 年版。

[38] 刘敬东、姚臻主编：《反倾销案件行政复议、司法审查制度的理论与实践》，中国人民公安大学出版社 2004 年版。
[39] 尚明编著：《反倾销——WTO 规则及中外法律与实践》，法律出版社 2004 年版。

（二）论文

[1] 张玉卿：《从新守则看国际反倾销的趋势》，载《国际贸易》，1994 年第 4 期。
[2] 卢荣忠、柯少强：《美对华反倾销刍议》，载《厦门大学学报》，1994 年第 4 期。
[3] 张月姣：《中国对反倾销应采取的对策》，载《国际经贸消息》，1994 年第 3 期。
[4] 张玉卿：《从新守则看国际政治倾销的趋势》，载《国际贸易》，1994 年第 5 期。
[5] 徐天西：《国际反倾销的基本态势及中国的对策》，载《郑州大学学报（哲社版）》，1994 年第 5 期。
[6] 李圣敬：《反倾销：一个亟待解决的贸易问题》，载《改革之声》，1994 年第 18 期。
[7] 周莉：《反倾销：理论目标与现实冲突》，载《国际贸易问题》，1995 年第 4 期。
[8] 荆文辉、于建生：《美国反倾销法的贸易保护作用》，载《国际贸易问题》，1995 年第 6 期。
[9] 杨力军：《论美国反倾销实践中"市场导向工业"的标准与适用》，载《国际贸易问题》，1995 年第 10 期。
[10] James M. Default：《美国反倾销的行政审查》，载《经济译文》，1996 年第 4 期。
[11] 顾炜威：《反倾销：申诉方与应诉方权利义务不平等》，载《政治与法律》，1996 年第 5 期。
[12] 吴玲利：《反倾销对中国对外贸易的影响及其法律对策》，载《甘肃政治学报》，1996 年第 2 期。
[13] 龚牙凡：《论反倾销规避与欧美反倾销立法》，载《政治与法律》，1996 年第 5 期。
[14] Simon Holmes：《欧盟新反倾销法下的反规避规则》，载《经济日报》，1996 年 2 月 13 日第 8 版。
[15] 宋锡祥：《欧盟新修正反倾销法及其法律对策》，载《政治与法律》，

1996 年第 5 期。
[16] 张艾清:《美国反倾销法“特殊规定”的不合理性及其对策》,载《贵州民族学院学报》,1996 年第 2 期。
[17] 朱享安:《对华反倾销狂潮——特征、危害、成因及法律对策》,载《社会科学家》,1996 年第 2 期。
[18] [美] 詹姆士 . M. 德瓦尔特:《美国反倾销的行政审查》,载《经济译文》,1996 年第 4 期。
[19] [日] 长冈贞男:《反倾销措施的动向和今后的改革》,载《国际贸易译丛》,1997 年第 4 期。
[20] 吴其霆:《关于中国反倾销条例的一些思考》,载《国际贸易问题》,1997 年第 10 期。
[21] 张玉卿:《国际反倾销法律与实务》,载《律师实务》,1997 年第 8 期。
[22] 盛建民:《反倾销法关于‘产业建立之重大阻碍’的认定及中国立法之建议》,载《国际贸易》,1997 年第 10 期。
[23] 谢永辉:《中国出口商品如何对待反倾销》,载《国际贸易问题》,1998 年第 6 期。
[24] 夏曙光:《中国反倾销应诉和复审回顾》,载《国际商报》,1998 年 12 月 25 日第 4 版。
[25] 陈玉祥:《反倾销应对不等于反倾销应诉》,载《国际商报》,1998 年 8 月 25 日,《法周刊》理论版。
[26] 李长城:《加入 WTO 对国内反倾销立法应对》,载《理论月刊》,2001 年第 11 期。
[27] 曹罗欣:《试论美国反倾销法认定低于成本销售的不公平性》,载《中国与 WTO》,2001 年第 5 期。
[28] 曹罗欣:《美国反倾销法认定价格歧视存在的不公平性》,载《经济与法》,2001 年第 9 期。
[29] 陈玉祥:《构建中国反倾销防范机制的法律分析》,载《新经济 · 新管理 · 新理念》,经济日报出版社,2001 年版。
[30] 王海英:《WTO 反倾销协定与中国反倾销法的完善》,载《烟台大学学报》,2002 年第 1 期。
[31] 王佑斌:《中止协议在反倾销诉讼中的应用》,载《世界贸易组织动态与研究》,2002 年第 7 期。
[32] 文杰:《建立中国反倾销司法审查制度的思考》,载《世界贸易组织动

态与研究》，2002 年第 10 期。
[33] 栾信杰：《“国内工业”——美国反倾销法中的“灰色区域”》，载《国际贸易》，2003 年第 4 期。
[34] 栾信杰：《中国现行反倾销制度与 WTO 反倾销规则差异性比较分析》，载《世界贸易组织动态与研究》，2003 年第 1 期。
[35] 陈玉祥：《试析中国反倾销行政诉讼的受案范围》，载《当代法学》2003 年第 9 期。
[36] 陈玉祥：《中国反倾销行政诉讼程序制度研究》，载《政法论坛》2004 年第 1 期。
[37] 陈玉祥：《ATC 后影响中国 T&C 产品对美国出口的主要贸易规则分析》，载《国际贸易问题》，2005 年第 4 期。
[38] 陈玉祥：《WTO 项下适用于中国 T&C 出口的保障措施条款之比较》，载《河北法学》，2005 年第 3 期。

二、英文类：

(一) Books

[1] Winston K. Zees, U. S. *Antidumping Law and Its Application to Imports from the People's Republic of China*, Baker & Mckenzie, 1985.
[2] Amsterdam, *Antidumping Law and Practice in the United States and the European Communities: A Comparative Analysis*, Elsevier Science, 1987.
[3] Patrick Messerlin, *Antidumping Law and Developing Countries*, *International Economics Department*, The World Bank, 1988.
[4] John H. Jackson & Edwin A. Vermulst, *Antidumping Law and Practice—A Comparative Study*, Harvester Wheatsheaf, 1989.
[5] Bruce E. Clubb, *United States Foreign Trade Law*, Volume 1. Little, Brown and Company. Boston, 1991.
[6] Anne O. Krueger, *The Political Economy of Trade Protection*, University of Chicago Press, 1996.
[7] J. Michael Finger, *Antidumping: How It Works and Who Gets Hurt*, University of Michigan Press, 1993.
[8] Greg Mastel, *American Trade Laws after the Uruguay Round*, M. E. Sharpe, 1996.
[9] N. Y. Armonk, *Antidumping Laws and the U. S. Economy*, M. E. Sharpe, 1998.

[10] Terence P. Stewart & Amy S. Dwyer, *WTO Antidumping and Subsidy Agreements: A Practitioner's Guide to Sunset Reviews in Australia, Canada, the European Union, and the United States*, Kluwer Law International, 1998.

[11] Won-Mog Choi, *"Like Products" in International Trade Law: towards a Consistent GATT/WTO Jurisprudence*, Oxford University Press, 2003.

[12] Patrick C. Reed, *The Role of Federal Courts in U. S. Customs and International Trade Law*, Oceana Publications Inc., 1996.

[13] [美] Ernest Gellhorn and Ronald M. Levin, *Administrative Law and Process*, 法律出版社 2001 年版。

[14] John H. Jackson, *The Jurisprudence of GATT & the WTO: Insight on Treaty Law and Ecomomic Relations*, 高等教育出版社 2002 年版。

[15] James V. Calvi and Susan Coleman, *American Law and Legal Systems*, 高等教育出版社 2002 年版。

[16] Ralph H. Folsom and Michael W. Gorden and John A. Spanogle, *International Trade and Investment*, 法律出版社 2004 年版。

[17] [美]托马斯伯·根特尔、肖恩·D. 墨菲合著:《国际公法》(英文版),法律出版社 2004 年版。

(二) Articles

[1] Charlene Barshefsky, *Non-Market Economies in Transition and the U. S. Antidumping Law: Remarks on the Need for Revaluation*, *Boston University International Law Journal*, Fall 1990.

[2] Harold H. Bruff, *Can Buckley Clear Customs? Washington and Lee Law Review*, 1992, 49 (4).

[3] Jim C. Chen, *Appointments with Disaster: the Unconstitutionality of Binational Arbitral Review Under the United States-Canada Free Trade Agreement*, *Washington and Lee Law Review*, 1992, 49 (4).

[4] J. Michael Finger, *Dumping and Antidumping: The Rhetoric and the Reality of Protection in Industrial Countries*, *The World Bank Research Observer*, 1992, 7 (2).

[5] David Polyester, *The US Search for "Net Esp" Anti-dumping Comparisons When Value is Added after Importation and before Sale*, Journal of world Trade, 1995, (4).

[6] B. Peter Rosendorff, *Voluntary Export Restraints, Antidumping Procedure*,

and Eomestic Politics, *The American Economic Review*, 1996, 86 (3).

[7] Peter D. Ehrenhaft, *Policies on Imports from Economies in Transition: Two Case Studies*, *World Bank*, 1997.

[8] Joseph E. Stiglitz, *Dumping on Free Trade: The U. S. Import Trade Laws*, *Southern Economic Journal*, 1997, 64 (2).

[9] Michael P. Leidy, *Macroeconomic Conditions and Pressures for Protection under Antidumping and Countervailing Duty Laws: Empirical Evidence from the United States*, *IMF Staff Papers*, 1997, 44 (1).

[10] Asif. H. Qureshi, *Drafting Anti-Dumping Legislation-Issues and Tips*, *Journal of world Trade*, 1998 (6).

[11] Don P. Clark, *Are Poorer Developing Countries the Targets of U. S. Protectionist Actions?*, *Economic Development and Cultural Change*, 1998, 47 (1).

[12] Lawrence M. Friedman, *Business and Legal Strategies for Combating Grey-Market Imports*, *International Lawyer*, 1998, 32 (1).

[13] Asoke Mukerji, *Developing Countries and the WTO-issues of Implementation*, *Journal of world Trade*, 1999 (12).

[14] James F. Nieberding, *The Effect of U. S. Antidumping Law on Firms' Market Power: An Empirical Test*, *Review of Industrial Organization*, 1999 (14).

[15] Vilaysoun Loungnarath and Celine Stehly, *The General Dispute Settlement Mechanism in the North American Free Trade Agreement and the World Trade Organization System—Is North American Regionalism Really Preferable to Multilateralism?* *Journal of World Trade*, 2000, 34 (1).

[16] Andrea LASAGNI, *Does Country-targeted Antidumping Policy by the EU Create Trade Diversion?* *Journal of World Trade*, 2000, 34 (4).

[17] Brink Lindsey, *The US Anti-dumping Law-Rhetoric versus Reality*, *Journal of World Trade*, 2000, 34 (1).

[18] Kermit W. Amsted & particular. Norton, *China's Antidumping laws and the WTO Antidumping Agreement*, *Journal of World Trade*, 2000, 34 (6).

[19] Jong Bum Kim, *Currency Conversion in the Antidumping Agreement*, *Journal of World Trade*, 2000, 34 (4).

[20] Christian A. Conrad, *Dumping and Anti-dumping Measures from a Competition and Allocation Perspective*, *Journal of World Trade*, 2002, 36 (3).

[21] Jong Bum Kim, *Fair Price Comparison in the WTO Anti-Dumping Agreement—Recent WTO Panel Decisions against the "Zeroing Method"*, *Journal of World Trade*, 2002, 36 (1).

[22] Alexander Polouektov, *Non-Market Economy Issues in the WTO Anti-Dumping Law and Accession Negotiations—Revival of a Two-tier Membership*, *Journal of World Trade*, 2002, 36 (1).

[23] Donald H. *Regan*, *Regulatory Purpose and Like Products in Article* Ⅲ: 4 *of the GATT* (*With Additional Remarks on Article* Ⅲ: 21), Law Review, 2002 (6).

[24] Thomas wei-shing Huang, *The Gathering Storm of the Anti-dumping Enforcement in China*, *The Cambridge law journal*, 2002 (4).

[25] Brink Lindsey and Dan Ikenson, *Reforming the Antidumping Agreement-A Road Map for WTO Negotiations*, *CATO institute*, 2002 (21).

[26] Thomas J. Prusa and Susan Skeath, *The Economic and Strategic Motives for Antidumping Filings*, *Weltwirtschaftliches Archiv*, 2002, 138 (3).

[27] Bruce A. Blonigena, Chad P. Bown, *A ntidumping and Retaliation Threats*, *Journal of International Economics*, 2003 (60).

[28] Kyung-Ho Lee, Jai S. Mah, *Institutional Changes and Antidumping Decisions in the United States*, *Journal of Policy Modeling*, 2003 (25).

[29] John Greenwald, *WTO Dispute Settlement: An Exercise in Trade Law Legislation? Journal of International Economic Law*, 2003, 6 (1).

[30] Simon P. Anderson & Nicolas Schmitt, *Nontariff Barriers and Trade Liberalization*, *Economic Inquiry*, 2003, 41 (1).

[31] Hidetaka Yoshimatsu, *U. S-East Asian Trade Friction: Exit and Voice in the Steel Trade Regime*, *Asian Affairs*, *An American Review*, Fall 2003, 30 (3).

[32] Bruce A. Blonigen, *Evolving Discretionary Practices of U. S. Antidumping Activity*, *Working Paper* 9625, *National Bureau of Economic Research* (April 2003) . available at http: //www. nber. org/papers/w9625.

[33] Lee D Hamilton, *US Antidumping Decisions and the WTO Standard of Review: Deference or Disregard?*, *Chicago Journal of International Law*, 2003, 4 (1).

[34] Jeffrey M. Drope and Wendy L. Hansen, *Purchasing Protection? The Effect of Political Spending on U. S. Trade Policy*, *Political Research Quarterly*,

2004, 57 (1).

[35] Adam Liptak, *Review of U.S. Rulings by Nafta Tribunals Stirs Worries*, *New York Times*, Apr 18, 2004.

[36] Benjamin H. Liebman, *ITC Voting Behavior on Sunset Reviews*, *Review of World Economics*, 2004, 140 (3).

[37] Aradhna Aggarwal, *Macro Economic Determinants of Antidumping: A Comparative Analysis of Developed and Developing Countries*, *World Development*, 2004, 32 (6).

[38] Dan Ikenson, *Poster Child for Reform: The Antidumping Case on Bedroom Furniture from ChinaCenter for Trade Policy Studies*, *Cato Institute*, 2004 (12).

[39] Douglas dsIrwin, *The Rise of U.S. Antidumping Actions in Historical Perspective*, *Working Paper*10582, *NBER Working Paper Series*, June 2004. available at http://www.nber.org/papers/w10582, National Bureau of Economic Research.

[40] Robert M. Feinberg, *U.S. Antidumping Enforcement and Macroeconomic Indicators Revisited: Do Petitioners Learn? Review of World Economics*, 2005, 41 (4).

[41] Michael O. Moore, *An Econometric Analysis of U.S. Antidumping Sunset Review Decisions*, *Review of World Economics*, 2006, 142 (1).

[42] Mustapha Sadni Jallab &James B. Kobak, Jr, *Antidumping as Anticompetitive Practice Evidence from the United States and the European Union*, *J ind Compet Trade*, 2006 (6).

[43] Douglas Nelson, *The political Economy of Antidumping: A survey*, *European Journal of Political Economy*, 2006 (22).

[44] Simon J. Evenett, *The Simple Analytics of U.S. Antidumping Orders: Bureaucratic Discretion, Anti-importer Bias, and the Byrd Amendment*, *European Journal of Political Economy*, 2006 (22).

[45] Robert W. McGee, *Ethical Aspects of Using Government to Subvert Competition: Antidumping Laws as a Case Study of Rent Seeking Activity*, *Journal of Business Ethic*, Springer 2008 (83).

[46] *EU Requests WTO consultations with US on 'zeroing' in anti-dumping cases-Geneva*, September 22, 2006.

[47] Chad P. Bown, Meredith A. Crowley, *Policy externalities: How U.S.*

antidumping affects Japanese Exports to the EU European, Journal of Political Economy, 2006 (22).

[48] Poonam Gupta and Arvind Panagariya , *Injury Investigations in Antidumping and the Super-Additivity Effect: Theoretical Explanation*, *Review of World Economics*, 2006, 142 (1).

[49] Michael O. Moore, *U. S. facts-available antidumping decisions: An empirical analysis*, *European Journal of Political Economy*, 2006 (22).

[50] Francis Tanczos, *Unfair Play: Examining the U. S. Anti-Dumping 'War' Against China*, *Washington Undergraduate Law Review*, Spring 2008, Ⅱ (3).

[51] Robert M. Feinberg and Kara M. Reynolds, *Friendly Fire? The Impact of U. S. Antidumping Enforcement on U. S. Exporters* , *Review of World Economics*, 2008, 144 (2).

[52] *U. S. Steel Makers*, *Union File Anti-dumping Case against China*, April 9, 2009. available at http://www. domain-b. com/industry/Steel/20090409_steel_makers. html.

后　记

这本著作是在我的博士学位论文的基础上整理而成的。本次出版时对原文的体系作了适当调整，对原文中的一些引证资料、参考文献、专有名词、标题和观点作了进一步的提炼和补充。

我于2002年9月考入武汉大学法学院，师从博士生导师张湘兰教授，主攻国际贸易法。2005年6月，我通过了博士研究生学位论文答辩，完成了博士研究生学业。博士毕业后，我有相当一部分精力用于法律实务工作和地方性课题的研究，因此，整理出版博士学位论文的工作便中止了下来。不过，这些年来，对博士学位论文的后期整理和完善工作一直处于时断时续的状态之中。

本书论及的问题源于我长期以来对美国贸易法，尤其是对美国贸易救济制度的一种好奇与心结。长久以来我一直对美国贸易法感兴趣，对美国的反倾销法感兴趣，我想以研究美国反倾销法作为切入点，逐步延伸至对美国贸易救济制度，进而拓展到对美国贸易法的研究。研读大量的文献资料后，我最终断定，美国反倾销法中的自由裁量权问题尚是国内外研究中的一个空白，于是我便将此作为研究选题。确定这个选题后，我得到了以下原本不曾预料到的两个方面的收获。

第一，从法律学科的门类上讲，反倾销法在中国法学门类中当属经济法的范畴，可在美国一些行政法学者看来，它又可归类于行政法学。就自由裁量权而言，它本质上就是行政法学范畴内的问题。因此，确定这一选题改变了我长期以来对专业研究方向的固守，从打算单纯地研究国际经济法中的反倾销制度，走向了研究兼跨国际经济法与美国行政法两大领域的美国反倾销法自由裁量权问题。真所谓“有心栽花花不开，无心插柳柳成荫”，这可能是科学研究的规律使然吧。

第二，一直以来，中国研究反倾销法的专家、学者大多将研究的重点放在对西方国家反倾销法制度的介绍和阐释上，或者专注于反倾销法中某些实体规则，很少有人系统地研究反倾销法中的程序性规则以及反倾销法的法学机理和运行机制（现在，已有研究程序规则的成果问世了）。事实上，正是美国反倾销法中体系完整、设计精巧的程序性规则及其运行机制，掩盖了美国反倾销实体性规则力图保护国内产业的本性，而勾联反倾销实体性规则与程序性规则的纽带就是反倾销法中广泛存在的自由裁量权制度。这个结论算得上是我研究美国反倾销法后的重大发现，可以说，这是美国反倾销法以及美国其他贸易救济制度的秘密所在，广泛存在的自由裁量权制度安排是美国反倾销制度中最具有杀伤力的武器。反倾销法产生的这种实效只有在西方国家，尤其是英美法系的国家才会有，在中国是难以产生的。虽然我们可以毫不费力地在反倾销法中借鉴和移植自由裁量权制度，但是我们现有的广受诟病的行政管理体制和司法审判制度，在形式上根本无法遮蔽本来就带有人治色彩的自由裁量权制度的缺陷；相反，它会直接暴露自由裁量权制度的弊端，放大自由裁量权制度的负面效果。因此，在人治传统深厚、法治基础薄弱的中国，当下最应当解决的，是如何推进中国的行政管理体制和司法审判体制的改革，当务之急且切实可行的，是制定和实施能反映普世法律价值的行政程序法。通俗地讲，就是只有先将行政官员们的行政行为规范了，才能再给他们自由裁量权。能得出上述启示，的确是我当初在确定这一选题时所没有想到的，通过研究美国反倾销自由裁量权制度所得到的这些收获，为我日后思索、承接几项社科课题提供了重大的理论支持，也使得日后我进一步研究反倾销制度乃至其他国际贸易救济制度具备了比较系统性的理论基础和多维度的国际视野。

博士毕业后，我先后承担了两项关于涉外经济管理体制改革的社科课题。在这两项课题成果中，我主张借鉴美国行政法的某些原则和制度；提出了诸如在行政机构设置上实行“权力分立、职能分离”，在行政运行机制上实行“行政控制、司法审查”的原则；倡导制定和实施一整套约束行政机关及其工作人员行政行为的行政程序性规范。我认为，在当今中国的现实背景下，探讨如何推进中国的行政体制改革是可行的，也是必要的。这在很大程度上是能够做，应当做，也是做得好的。就目前中国行政体制存在的隐性和显性弊端而言，行政体制改革的空间还很大，可做的事情还很多，其改革还远没有到无路可走的地步。

近些年来，中国在行政管理体制改革领域提出了一系列政策主张，推行了很多政策措施，比如中央政府和地方政府分别进行机构调整；提出了建设民主政府、服务政府和法治政府的目标；进一步推进政府信息公开和政务公开制度等，所有这些都可以在美国的反倾销法中找到制度的影子，甚至是答案。但是，中国政府提出和推行的这些观点和做法还是零碎的、分散的和粗浅的，它缺乏系统的、集中的和成熟的配套制度作支撑。也许，这正是中国

[illegible]

陋习、流弊和痼疾有了更全面、更直观和更深刻的体会。我认为，中国[illegible]社会领域取得的新人业绩，已让一向傲慢的西方不得不也低下身段，对[illegible]大国刮目相看。① 不过，我们[illegible]的快速增长，从根本上得益于中国具有的庞大的市场规模、强势的行政主导和稳定的[illegible]等因素，而中国在企业创新、技术储备和综合竞争力以及金融市场[illegible]、教育水平等方面还远远落后于世界发达国家。

鉴于此，本书中的一些观点或许对中国反倾销法以及其他贸易救济法的完善，对中国政界、业界和学界认识、利用和应对反倾销措施，对中国[illegible]开来的行政体制和政治体制改革，特别是行政运行机制的构建有所裨益。

尽管已三校其稿，但本书的错误与疏漏之处一定在所难免，恳请专家学者不吝赐教。

为了便于大家批评指正，在出版本书时，特将《美国法典》第19章有关反倾销法的部分、《美国反倾销条例》和《美国国际贸易委员会[illegible]反补贴手册》三部法律文件摘编、校译后收录在后。

衷心感谢我的导师张湘兰教授，是她引领我在武汉大学进[illegible]

① 根据国际货币经济组织公布的2010年GDP排名，以国际汇率计算的GDP总量，中国为5.75万亿美元；以购买力平价计算的GDP总量，中国为10.08万亿美元；以国际汇率计算的人均GDP，中国为4283美元；以购买力平价计算的人均GDP，中国为7518美元。中国的数据仅包含中国内地，不包括港澳台。中国按国际汇率计算的GDP总量已经超过日本，名列世界第二，相当于美国的39.3%。